Matthias Geyer ǀ Dirk Kurbjuweit ǀ Cordt Schnibben

OPERATION ROT-GRÜN

Geschichte eines politischen Abenteuers

W0189886

Deutsche Verlags-Anstalt
München

Bibliografische Information Der Deutschen Bibliothek
Die Deutsche Bibliothek verzeichnet diese Publikation
in der Deutschen Nationalbibliografie; detaillierte
bibliografische Daten sind im Internet
über <http://dnb.ddb.de> abrufbar.

© 2005 Deutsche Verlags-Anstalt, München
und SPIEGEL-Buchverlag, Hamburg
Alle Rechte vorbehalten
Typografie und Satz: DVA/Brigitte Müller
Gesetzt aus der Minion und der Syntax
Druck und Bindearbeiten: GGP Media GmbH, Pößneck
Printed in Germany
ISBN 3-421-05782-6

Inhalt

Vorwort

An diesem umstürzlerischen 27. September war Michael Naumann der Erste. Er stand mit seiner amerikanischen Freundin vor der SPD-Baracke in Bonn, gab Autogramme, und über sein Handy erfuhr er: Wir haben fünf Prozent Vorsprung vor der Union, wir stellen die neue Regierung. Da war es 17.25 Uhr, und Naumann, der bisher Verleger in New York gewesen war und demnächst Kulturbeauftragter der neuen Bundesregierung werden sollte, traute sich als Erster aus dem Schattenkabinett der SPD das auszusprechen, was wenig später zur Gewissheit wurde: Helmut Kohl war gestürzt, nach 16 Jahren hatten ihn die Deutschen abgewählt.

Rund um das Erich-Ollenhauer-Haus verbreiteten Zapfhähne und Bratwurstbuden Volksfestatmosphäre, und je schöner die Hochrechnungen in den folgenden Stunden wurden, desto mehr strahlten die Gesichter der Tausenden, die aus allen Richtungen herbeiströmten in festlicher Freude. Es war ein bisschen wie rund um ein Fußballstadion nach einem großen Sieg der Heimmannschaft, dazu passten die Autokorsos, die hupend mit Schröder-Plakaten die Adenauerallee rauf- und runterfuhren. Aber je eindeutiger das Ergebnis wurde und die Chance bot, nicht nur ein Regierungsbündnis zwischen SPD und CDU, sondern tatsächlich eine rot-grüne Bundesregierung zu bilden, desto aufständischer gebärdete sich die Freude.

So gegen 20 Uhr ließ sich Naumann wieder draußen vor der Tür blicken, bis dahin hatte er drinnen mit Schröder, Lafontaine und den anderen Bald-Ministern getrunken, und da sprach er schon von der Angst, die diese Euphorie in ihm auslöse, er spüre die Sehnsucht nach Erlösung, die Sehnsucht, dass schlagartig alles besser werden soll, was in 16 Jahren bis zur Karikatur erstarrt ist. Kein Kanzler könne diese Sehnsucht erfüllen.

Naumann redete sich in Rage und kippte sich Rotwein übers dunkelbraune Jackett, er wirkte sehr klug, sehr glücklich, sehr analytisch; wie jemand, der weiß, dass es stillos ist zu triumphieren, und dass es viel schlauer ist, schon die Grenzen der Freude zu erspähen, wenn andere noch damit beschäftigt sind das Ausmaß ihrer Freude auszukosten.

Ich fand die Angst von Naumann damals zu rhetorisch, irgendwas muss man ja sagen, wenn man als Journalist und Verleger politische Macht in die Hände gelegt bekommt, aber natürlich war er mir sympathisch. Ein Mann, der schreiben kann, der mal bei der „Zeit" war und beim SPIEGEL, der Chef bei Rowohlt war, der viele Jahre in New York gelebt hatte – so einer jetzt in einer Regierung, in meiner Regierung, der muss einem sympathisch sein. Der ist wie ein Erlöser nach 16 Jahren Kanther, Stoltenberg, Wörner und wie sie alle hießen.

Es war ja nicht nur Naumann. Auch Jost Stollmann, von Schröder als Wirtschaftsminister ausgeguckt, machte wieder Lust auf Politik, ein klassischer Selfmademan, ein junger Computerunternehmer sollte die Wirtschaftspolitik des Landes bestimmen. Wohin ich an diesem Abend schaute, sah ich Leute aus meiner Generation, Bekannte, Kollegen, Freunde, die seit ein paar Stunden Machthaber waren, Werber, Referenten, Journalisten, die nun in den Apparat einzogen, der Deutschland regieren würde.

Sie hatten nicht das Strahlen von Karrieristen im Gesicht, sondern das ungläubige Grinsen von Lottogewinnern. Zu mächtig war ihnen der Fels aus Oggersheim erschienen, als dass sie wirklich geglaubt hatten, ihn einfach so abwählen zu können. Bei vier Bundestagswahlen hatten sie, hatten wir geglaubt, die Deutschen müssten doch begriffen haben, dass sie sich lächerlich machen vor der Welt, wenn sie ihr Land von einem wie Kohl repräsentieren lassen, doch trotzig hatten sie ihn wieder und wieder gewählt, bis wir sicher waren, in diesem Land würde sich nie etwas ändern.

Es hing eine Hoffnungslosigkeit über dem Land, die hoffnungsloser war als Mitte der sechziger Jahre – die wurde schließlich durch die Apo und Willy Brandt verscheucht. In der Nacht, als Helmut Kohl gestürzt wurde, glaubten viele, die Aufbruchstimmung der späten sechziger und frühen siebziger Jahre könnte das Land durchströmen, das „Mehr Demokratie wagen" von damals und ein Aufbruch, der das Denken so verändern könne, wie es die Ostpolitik vermochte. Ich eilte als Reporter durch diese Nacht, hatte am Morgen Rot-Grün gewählt, fühlte mich auch als Sieger, schrieb über Naumann und seine Angst ein paar Dutzend Zeilen, telefonierte sie durch und ließ mich dann von Siegesfeier zu Siegesfeier treiben, bis ich gegen Mitternacht in der Landesvertretung von Niedersachsen vor verschlossener Saaltür stand. Dahinter feierte Schröder mit Stollmann und anderen, auch

BDI-Präsident Hans-Olaf Henkel durfte gratulieren, ich trank und redete mit Dirk Kurbjuweit, der für die „Zeit" die Wahlnacht verfolgte, über den neuen Kanzler. Er war uns beiden im Wahlkampf seltsam unprofiliert vorgekommen, kein Mann mit einer Mission, sondern nur ein Mann mit einem Willen. Aber wir waren neugierig darauf, uns widerlegen zu lassen.

Wann schlug die Neugier in Skepsis um? Schwer zu sagen, aber schon die Neujahrsansprache von Schröder, drei Monate nach der Wahl, schaute ich mir wieder mit derselben lächelnden Distanz an, mit der ich auch Kohls jährlichen Versuch verfolgt hatte, uns optimistisch ins neue Jahr treten zu lassen.

Schröder blieb mir immer viel näher als Kohl, er war mir nie peinlich, ich fühlte mich gut repräsentiert, wenn er Clinton traf oder Putin und ich mir vorstellte, was Amerikaner und Russen von unserem Kanzler halten mögen, aber er blieb mir immer so rätselhaft und ziellos, wie ich ihn während des Bundestagswahlkampfes erlebt hatte.

Einer seiner engen Mitarbeiter erzählte mir, Schröder habe vier Wochen vor der Wahl nicht daran geglaubt, wirklich Kanzler zu werden, und so planlos wirkte er vor und nach der Wahl. Bei genauer Betrachtung, und die setzte schnell nach der Enttäuschung ein, verdankte Schröder seinen Wahlsieg nicht einem auf Absichten und Programmen basierenden Wählerauftrag, sondern einer seltsamen Mischung aus Überdruss, Kalkül und Zufall. Die Wähler wollten Kohl nicht mehr, zum einen. Schröder verkörperte, zum anderen, „irgendwie" den Neuanfang – weil er jünger war und für einen entspannteren Umgang mit der Macht stand. Den Wahlstrategen um Franz Müntefering und seiner „Kampa" gelang es, drittens, den Kandidaten im Wahlkampf wie einen modernen Staatsmann erscheinen zu lassen, der sich deshalb schon vor der Wahl einen Kanzlerbonus erarbeiten konnte. Viertens hatten sich um Schröder Leute wie Bodo Hombach gruppiert, die das Sozialgefüge des Landes und das Sozialgewissen der SPD „irgendwie" revolutionieren wollten. Und schließlich sorgte, fünftens, der SPD-Vorsitzende Oskar Lafontaine dafür, dass der neue Politikstil von Müntefering und die neuen Ideen von Hombach, die der SPD diskussionslos übergestülpt worden waren, nicht für große Unruhe sorgten in der Partei, sondern dass alles nach außen wirkte wie der große, geschlossene Aufbruch einer geläuterten Partei und ihrer Führungskräfte, die das Land endlich entstauben wollen.

Schon während der Koalitionsverhandlungen, spätestens in den ersten Regierungsmonaten wurde klar, dass in Wahrheit vier SPD-Gruppen versuchten, das Land zu regieren: Lafontaine und seine Keynesianer setzten auf staatliche Ausgabenpolitik. Hombach und seine Freunde wollten den Sozialstaat reformieren und staatliche Ausgaben reduzieren, wollten Tony Blair auf seinem „dritten Weg" folgen. Müntefering und seine Strategen glaubten an die Kraft des Politmarketing und den Wirtschaftsaufschwung, der alle Probleme lösen werde. Und Schröder? War davon überzeugt, alle drei Gruppen durch seine situative Entschlusskraft zügeln und in seinem Sinne lenken zu können, wohin auch immer – der vierte Weg.

Das führte zu einer programmatisch ständig schaukelnden Regierungsarbeit, zumal anfangs natürlich auch noch die Grünen versuchten, den Kurs zu beeinflussen, und dieses Hin und Her, links und rechts, dieses Vor und Zurück hatte nur drei Konstanten, die bald zum Markenzeichen dieser Regierung wurden: Kommission einsetzen (Rente, Zuwanderung, Gesundheit, Hartz), deren Ergebnisse öffentlich diskutieren lassen, abwarten, was überlebt, und das dann zögerlich und halbherzig umsetzen; Etikettenpolitik („Neue Mitte", „Deutscher Weg", „Ruhige Hand") und symbolische Inszenierungen (Holzmann, Green Card, Eliteuniversitäten) als Politikersatz; handwerkliche Schlamperei bei der Gesetzgebung, „Nachbessern" als Machttechnik.

Je länger meine Regierung im Amt war, desto unverständlicher war den Wählern, warum und wofür sie sie gewählt hatten. Als Regierung „der 68er" wird Rot-Grün gern bezeichnet, es stimmt, weil viele ihrer Minister 1968 im Studentenalter waren, es stimmt nicht, weil sie (Fischer ausgenommen) nicht Aktivisten der außerparlamentarischen Opposition waren, sondern Zaungäste. Und je länger sie im Amt waren, desto öfter fiel mir Helmut Schmidts ätzendes Urteil von 1993 ein, die Generation der 68er habe „keine ausreichende Führungskraft", deshalb habe sie solange gebraucht, um die Generation ihrer Eltern abzulösen.

Solange diese Generation nicht an der Macht war, hatte sie hohe Ansprüche an alle, die Macht hatten. Sie hatte von ihnen permanente Rechenschaft gefordert und Mitbestimmung der Machtlosen; sie hatte (erfolgreich) für den Ausbau des Sozialstaats gekämpft, für Chancengleichheit im Bildungswesen, für die Liberalisierung des Strafrechts, für Rüstungskürzungen. Sie wollte ein liberales und soziales, ein ökologisches und pazifistisches Deutschland, und sie sah in den Grünen und der SPD die Vollstrecker dieser Vision.

Seit die Generation an der Macht ist, muss sie erkennen, dass ihre Regierung dabei ist, das Land unsozialer, autoritärer und militanter zu machen. Die Kluft, zwischen denen, die gewählt haben, und denen, die gewählt wurden, wurde so groß wie nie zuvor in der jüngeren deutschen Geschichte. Warum?

Die gewählt wurden, wurden zu Getriebenen, mussten ihre Politik den Bedingungen von Terrorismus, Globalisierung und Wirtschaftskrise anpassen, versanken langsam im Sumpf der Wirklichkeit. Die gewählt haben, haben von den Gewählten erwartet, dass sie die Republik nicht grundlegend verändern, sie wollten ein Land, das in Wahrheit sozialökonomisch noch ein bisschen bewahrender werden sollte als die Kohl-Republik, aber kulturell viel liberaler und nach außen weltoffener und noch friedvoller wird.

Das rot-grüne Projekt war in den Augen ihrer Wähler eigentlich mehr ein kulturelles und ökologisches als ein politisches Projekt. Sie wollten eine moderne Republik, in der Schwule und Lesben heiraten dürfen, in der Windkraft die Atomkraft ablöst, in der Bildung und Kultur wichtiger sind als Polizei und Bundeswehr, in der Grönemeyer mehr zählt als der „Musikantenstadl", in der Frauen mehr Macht haben, Ausländer mehr Rechte und Ansehen.

Hätten die Wähler von Rot-Grün 1998 die Chance gehabt, ihren Ministern ein Programm zu diktieren, es wäre ein bisschen sozialdemokratisch, ein bisschen liberal, ein bisschen konservativ, ein bisschen grün, ein bisschen rechtspopulistisch, ein bisschen linkspopulistisch gewesen. Den Wählern von Rot-Grün fehlte eine Vorstellung davon, wohin das Land sich vor allem sozialökonomisch entwickeln sollte, die „neue Mitte" hatte kein Programm, keine Vision, keine Forderungen, es war ein Verteidigungsbündnis zur Abwehr des sozialen Abstiegs.

Wenn das Ideal einer Wahl so ist, dass Wähler eine Partei wählen, weil sie eine bestimmte Politik und ein bestimmtes Programm wählen wollen, dann muss man für 1998 konstatieren: Die Wähler der SPD und der Grünen wussten weder, was sie selbst für eine Politik wollten, noch wusste die gewählte Regierung, wie ihr Wählerauftrag aussah. „Das sinn- und begründungsloseste Regierungsbündnis seit Bestehen der Bundesrepublik" nennt der Parteienforscher Franz Walter das rot-grüne Bündnis. Das weite Feld zwischen „Innovation und Gerechtigkeit" war so groß, dass da alles Mögliche reinpasste, auch die Programme von CDU und FDP, und als den Wählern von Rot-Grün zu dämmern begann, dass ihre Regierung „Gerechtigkeit" nicht verstand als Aufrechterhaltung des sozialen Status quo, sondern als Inventur des Sozialstaates, da begann die Kluft zwischen Wählern und Gewählten schnell zu wachsen.

Den Begriff der „neuen Mitte" hatte sich die SPD von Willy Brandt geliehen, und der hatte ihn 1972 so definiert: „Dort, wo die Einsicht in die Notwendigkeit vom Bewahren durch Veränderung verstanden worden ist, dort ist die neue politische Mitte." Die „neue Mitte" des ausgehenden 20. Jahrhunderts allerdings, die Wähler von Rot-Grün, wollte Bewahren durch Bewahren, sie wurde weder von den Grünen, schon gar nicht von der SPD auf die Einsicht in unangenehme Notwendigkeiten eingestimmt.

Die rot-grüne Bundesregierung wusste, dass die deutsche Gesellschaft bei ihrer Machtübernahme – infolge des Reformstaus nach 16 Jahren Helmut Kohl – in vielen Bereichen vor großen Problemen stand: Überalterung, niedrige Geburtenrate, hohe Arbeitslosigkeit und hohe Staatsverschuldung machten eine Reform des Sozialstaates nötig. Rot-Grün hatte die Chance, das Verhältnis zwischen Staat und Bürgern neu zu bestimmen: Wenn es stimmt, dass die Steuern und Abgaben der Bürger nicht mehr reichen, um den Wohlfahrtsstaat des 20. Jahrhunderts zu finanzieren, warum dann nur Leistungen zusammenstreichen? Warum dann nicht ein neues soziales Denken, in dem sich jeder Bürger sieht als Teil einer Gemeinschaft, von der man nur nehmen kann, was man auch gegeben hat? Warum dann nicht zugeben, dass der Sozialstaat in vielen Bereichen mehr Unrecht schützt als soziale Gerechtigkeit zu schaffen? Wenn schon „Regierung der 68er", warum dann nicht der Mut, den Leuten klar zu machen, dass 82 Millionen Deutsche so miteinander umgehen müssen wie Leute in einer Wohngemeinschaft? Warum dann nicht Hilfe für die Schwächeren, aber auch Solidarität der Schwachen mit der Gemeinschaft? Warum dann nicht „Gerechtigkeit", „Solidarität", „Eigenverantwortung" neu interpretieren – angesichts von Vergeudung vieler Milliarden, die die Bürger in die Gemeinschaftskassen zahlen?

Die SPD und die Grünen haben in ihren Wahlprogrammen und Reden Bruchstücke dieses neuen Denkens anklingen lassen, Schröder hat 1999 in seinem gemeinsamen Diskussionspapier mit Tony Blair solche Gedanken durchschimmern lassen, aber Rot-Grün hat den Deutschen und auch ihren Wählern die Einsicht in die Notwendigkeit erst zugetraut, als nach der Wiederwahl 2002 der drohende Zusammenbruch der Staatsfinanzen ihnen sowieso keine andere Wahl ließ.

Als Politik der Not und des Verzichts setzte sich die „Agenda 2010" deshalb in den Köpfen der Deutschen fest – und vor allem als Politik der Unwahrheit. Im Wahlkampf hatte die SPD noch im alten Stil Sozialversprechen gemacht, nach dem Wahltag war dann Deutschland in Not. Im Wahlkampf gab sich die SPD so sozial wie im Wahlkampf 1998, damals sollten „Kohls soziale Sauereien" abgewählt, im Jahr 2002 sollte Stoibers „sozialer Kahlschlag" verhindert werden. Im Wahlprogramm, „Regierungsprogramm" genannt, versprach die SPD: Erstens, „wir wollen das bewährte Sozialstaatsmodell nachhaltig fortentwickeln, Wohlstand sichern, Beschäftigung für alle erreichen"; zweitens, „wir bekennen uns zur besonderen Verantwortung gegenüber den Schwächeren in unserer Gesellschaft. Deswegen wollen wir im Rahmen der Reform der Arbeitslosen- und Sozialhilfe keine Absenkung der zukünftigen Leistungen auf Sozialhilfeniveau"; und drittens, „der Marsch in den Schuldenstaat ist beendet".

Von einer Agenda 2010 habe nichts im Wahlprogramm des Jahres 2002 gestanden, kritisierte später Oskar Lafontaine, Rot-Grün habe bei dieser Wahl ein Mandat auf der Grundlage eines bestimmten Programms erhalten, „insofern handelt es sich um einen gravierenden Fall von Wahlbetrug".

Schröder und Fischer ist es in diesem Wahlkampf wie auch schon 1998 gelungen, Rot-Grün als Bündnis des gesellschaftlichen Überbaus zu profilieren, als Träger von Friedens- und Solidaritätssehnsüchten der sechziger und siebziger Jahre, die deshalb nicht antiquiert und hohl wirkten, weil die Kritik an der Irak-Politik der USA die logische Fortsetzung war des Protestes gegen den Vietnam-Krieg, und weil die Solidarität mit den ostdeutschen Flutopfern die Gefühle reaktivierte, die man früher den Geschundenen der Dritten Welt entgegengebracht hatte.

Über die marode gesellschaftliche Basis der Republik deckte Rot-Grün im Wahlkampf 2002 den Mantel der Nächstenliebe und des Friedens. Und Edmund Stoiber war ein so dankbares Feindbild wie Helmut Kohl und Franz Josef Strauß; gegen den Eisgrauen aus Bayern aktivierte sich der kulturell-soziale Überbau der siebziger und achtziger Jahre, weil bayerische Verhältnisse drohten.

Der Pakt zwischen den Rot-Grünen und ihren Wählern: Ihr kriegt noch mal unsere Stimme, dafür liberalisiert ihr weiter den gesellschaftlichen Überbau und lasst die sozialökonomische Basis dieser Republik so, wie sie ist. In Ostdeutschland sahen die Wähler in den Flutgeldern so etwas wie ein Versprechen für eine sichere Zukunft; in Westdeutschland sorgte die Sozialpropaganda der Regierung für Zuversicht; alle Deutschen hofften, das Problem der Arbeitslosigkeit dank Peter Hartz und seiner Zaubertricks einfach durch schnellere Vermittlung der Arbeitslosen halbieren zu können; und die Regierung betete, dass „der Aufschwung" – so wie 1999 – die miese Lage der Republik kaschieren möge.

Der Aufschwung blieb aus, und es begann der lang anhaltende Abstieg von Rot-Grün: Wahlniederlagen, Mitgliederflucht, Rücktritt Schröders als SPD-Vorsitzender. Die Kapitulation des Kanzlers vor seinen Parteimitgliedern war das Eingeständnis, nicht einmal sie von seiner Politik überzeugt zu haben.

Die Mitglieder mussten in den Betrieben, in den Büros und auf der Straße ausbaden, was ihre Parteispitze den Deutschen an sozialem Verzicht zumutete, schlimm genug. Zudem konnte Schröder ihnen nicht schlüssig erklären, wie die eine Zumutung mit der anderen zusammenhing, ihm fehlte der Masterplan, und darum konnte er niemanden davon überzeugen.

Es mag ja sein, dass Politik von Adenauer bis Kohl immer nur Krisenabwehr war und Stückwerk und Reaktion, es mag sein, dass die Sehnsucht nach Konzept, nach Aufbruch, nach großem Wurf lebensfremd ist, aber dennoch hat Rot-Grün diese Sehnsucht genährt wie keine Regierung vorher. Es mag sein, dass das an dem Tempo und dem Ausmaß der sozialen und weltpolitischen Veränderungen liegt, die nach 1998 zu verarbeiten waren. Und es mag daran liegen, dass die Grünen und die SPD immer programmatischer waren als die FDP und die Union.

Die Meinungsführer und Funktionsträger der SPD etwa sind in den sechziger und siebziger Jahren in die Partei gekommen, die heute 50- bis 60-Jährigen sind damals eingetreten, weil sie an den demokratischen Sozialismus glaubten, an Investitionslenkung, Mitbestimmung, Sozialstaat und Abrüstung. Ihr politisches Engagement war gespeist aus Zukunftsoptimismus, sie waren überzeugt, durch Aufklärung und Kampf die Gesellschaft nach ihrem Willen verändern zu können. In ihren Augen war die Arbeiterklasse, das Subjekt der sozialen Befreiung, eine Klasse der Hoffnung – wer sich für ihre Belange einsetzte, dem gehörte selbstverständlich die Zukunft.

Heute müssen dieselben SPD-Mitglieder denselben Arbeitern beibringen, dass es zu ihrem Wohle ist, wenn vieles von dem, was in den letzten 40 Jahren an Sozialleistungen über sie gekommen ist, beschnitten wird. Das revolutionäre Subjekt ist nun schwindsüchtiges Objekt, in Abwicklung begriffen wie „Investitionslenkung", „Mitbestimmung" und ähnliche Überbleibsel eines weit zurückliegenden Jahrhunderts.

Der SPD ist, objektiv, das Missionssubjekt abhanden gekommen, schwer genug für eine Partei, aber noch schwerer ist es, wenn sie in solchen Zeiten einen Vorsitzenden wie Schröder hat, der nicht viel hält von Diskussionen, insbesondere von Programmdiskussionen, und deshalb die Partei nach dem Motto führt: Folge mir, ich weiß, wo es langgeht, folgst du mir nicht, dann bist du nichts mehr.

Wie man den sozialdemokratischen Wohlfahrtsstaat des 20. Jahrhunderts in Zeiten von Dauerarbeitslosigkeit, Staatsverschuldung, Wiedervereinigung und Globalisierung umbaut, ist einer Parteimitgliedschaft nur allein mit chronischer Rücktrittsdrohung schwer zu vermitteln, zumal, wenn die Parteiführung den Eindruck macht, es sich selbst auch nicht vermitteln zu können.

Die ideologischen Probleme der SPD sind groß, und nicht zuletzt deshalb hat die Partei ein demografisches Problem, das größer ist als das der gesetzlichen Rentenversicherung. Seit dem Eintritt in die Regierung hat die SPD mehr als ein Fünftel ihrer Mitglieder verloren, allein im Jahr 2003 sind 43000 Genossen ausgetreten. Die Sozialstruktur wird bestimmt von den 50- und 60-Jährigen, auf der Funktionärsebene fehlen besonders die 35- bis 49-Jährigen und die noch Jüngeren sowieso, nur 2,8 Prozent sind unter 26 Jahren. Die Wähler der SPD sind im Schnitt jünger als die Mitglieder, aber bei Wahlen laufen vor allem Arbeiterwähler davon. Bei der Bundestagswahl 2002 verlor die SPD sechs Prozentpunkte in dieser Bevölkerungsgruppe, bei den folgenden Landtagswahlen büßten die Sozialdemokraten ein Fünftel ihrer bisherigen Arbeiterwähler ein.

Den SPD-Mitgliedern fällt es schwer, auf den Marktplätzen die Politik der Bundesregierung zu vertreten, weil sie sowohl den Unterwie den Mittelschichten nur schlechte Botschaften zu überbringen haben: Die ganz unten spielen sowieso keine Rolle mehr, und die etwas weiter oben müssen sehen, dass sie nicht irgendwann unten landen. Es gibt nichts mehr zu verteilen, sondern nur noch einzukassieren, und warum das so sein muss, ist nicht jedem SPD-Mitglied bis heute wirklich klar. Die Reformpolitik ist über die Partei gekommen wie ein Donnerwetter, sie ist nicht – wie vorher in anderen sozialdemokratischen Parteien – das Ergebnis eines langwierigen, schmerzvollen Meinungsbildungsprozesses, sondern die Agenda 2010 wurde der SPD dekretiert, weil das Reformpaket im traditionellen sozialdemokratischen Diskussions- und Zerfledderungsprozess sowieso nicht überlebt hätte.

Schröder habe seine Partei „nicht mitgenommen", wirft ihm Peter Glotz vor, „diese traditionsreiche (und mythengeschüttelte) Organisation braucht ein ideelles Gerüst, eine langfristige Orientierung, eine analytisch klare, historische Einordnung". Das setzt allerdings voraus, dass Schröder über Gerüst, Orientierung und Einordnung verfügt. Ein Konzeptionist ist Schröder nie gewesen, eher das Gegenteil, durch gezielte Stiche gegen sozialdemokratische Ideologie und Programmatik ist er in den Medien und bei den Wählern beliebt und so in der Partei mächtig geworden, er hat die ideologiefreie Politik zu seinem Markenzeichen gemacht. Sein Dogma des Pragmatismus hat es ihm erlaubt, sozialdemokratische Tabus zu brechen, die Kette der Tabubrüche hat sich aber nicht gefügt zu einem Konzept für eine Partei, die nun nicht mehr weiß, warum sie sich wie und wozu von anderen Parteien unterscheidet. Die SPD hat keine Identität mehr, sie ist keine Marke mehr, wie die Marketingberater der SPD sagen würden. Als Partei der Entrechteten kann sie sich nicht mehr verkaufen, sie hat selbst entrechtet.

Die SPD verliere ihre Seele nicht, meint Peter Glotz, „weil ein paar finanzielle Zusagen zurückgenommen werden müssen". Denn nicht eine Partei der Sozialpolitik sei die SPD, sondern eine Partei der Aufklärung, „Teil eines großen Projekts, das die Menschen aus ihrer selbstverschuldeten Unmündigkeit befreien will". Klingt gut, setzt allerdings voraus, dass man die Menschen für mündig genug hält, Einsicht in die Notwendigkeit zu entwickeln. Schröders Regierung hat jedoch zu wenig Einsichten produziert und immer nur Notwendigkeiten kommuniziert.

16

Joschka Fischer und den Grünen allerdings blieb gar nichts anderes übrig, als sich selbst und ihren Wählern zu Einsichten zu verhelfen, zu der Einsicht etwa, dass Pazifismus nicht taugt als Mittel der Außenpolitik eines Nato-Staates. Wenn die Kunst der Politik die Kommunikation von Notwendigkeiten ist, dann ist der Lernprozess, den die Grünen, ihre Mitglieder und ihre Anhänger in den letzten zehn Jahren durchlaufen haben, ein großes Kunstwerk, zu vergleichen mit der Verhüllung des Reichstages. Lange Zeit war Daniel Cohn-Bendit der einzige Kämpfer gegen den Pazifismus der Grünen, erst 1995 schwenkte Fischer auf seine Linie ein. Und er verschärfte in den folgenden Jahren diese Linie mehrfach: Zunächst war er gegen eine militärische Intervention im Kosovo gewesen, dann gegen eine mit deutscher Beteiligung, dann für eine Beteiligung auch ohne Uno-Mandat, und schließlich warb er für den Einsatz der Bundeswehr in Afghanistan. Weil Fischer diese politischen Haken nur schlagen konnte gegen den schrillen Widerstand vieler Grüner, musste er zum Anführer eines öffentlichen Lernprozesses werden, den viele Leute seiner Generation mitvollzogen.

Kritiker warfen ihm vor, die Wandlungen seien nur Ausfluss seines Machtwillens und die Grünen seien nur Kriegspartei geworden aus historischem Zufall, mag sein, aber Fischers Pirouetten hatten etwas Exemplarisches, Vernünftiges und darum Aufklärerisches.

Auch Fischers Auseinandersetzung mit seiner Vergangenheit und der seiner Generation machten ihn gläsern und öffentlich zugleich – und deshalb lange Zeit beliebt und geachtet. Fischer politisierte die Öffentlichkeit wie Willy Brandt, Schröder entpolitisierte die Öffentlichkeit wie Helmut Kohl. Anders als Schröder liefert Fischer seinen Parteimitgliedern und Wählern (gelegentlich wechselnde) Weltbetrachtung und so etwas wie Sinn, und das hat den Grünen relativ konstante Wahlergebnisse beschert. Fischer musste seine Leute sechs Jahre lang mitnehmen, und das dankten sie ihm lange bei der Sonntagsfrage.

Für die Grünen waren die sechs Jahre in der Regierung eine kollektive Gehirnwäsche, sie haben ihre Politik vorher definiert als ökologisch, gewaltfrei, sozial und basisdemokratisch, jetzt ist sie ökologisch, gelegentlich. Für die SPD ist es wie immer, wenn sie an der Macht ist: Sie muss in der Regierung irgendwann das Gegenteil von dem machen, was sie eigentlich tun wollte.

Für Schröder ist Politik ein Spiel mit der Macht, für Fischer ist Politik „ein Rendezvous mit der Geschichte". Beide agieren wie

Schauspieler ohne Drehbuch, denen das Publikum und das Schicksal Stichworte zuwerfen. Darum lag es nahe, dieses Staatsschauspiel der letzten sechs Jahre, mal Tragödie, mal Komödie, diktiert von Zufall und Zwang, in diesem Buch zu schildern in seiner seltsamen Abfolge, manchmal von Tag zu Tag, manchmal von Woche zu Woche, manchmal von Monat zu Monat, immer getrieben von der Hoffnung, dass es zu irgendwas führt, wenn es geht zum Happy End.

Uns kam die Auskunftsfreudigkeit des politischen Personals um den Kanzler und die Minister zugute. Es half, den Ablauf von Kabinettssitzungen und anderen Treffen zu rekonstruieren.

Ohne die mühsame Arbeit jener vielen SPIEGEL-Redakteure, die jeden Tag Einblick gewinnen in den Politikbetrieb der Hauptstadt, hätten wir diese Geschichte eines Abenteuers nicht schreiben können. Wir danken ihnen für ihre Recherchen und Beiträge, im Besonderen den Leitern der Hauptstadtbüros in Bonn und Berlin – Olaf Ihlau, Jürgen Leinemann, Gabor Steingart – und den Redakteuren Wolfgang Bayer, Stefan Berg, Ralf Beste, Petra Bornhöft, Markus Dettmer, Ulrich Deupmann, Markus Feldenkirchen, Ullrich Fichtner, Susanne Fischer, Jan Fleischhauer, Konstantin von Hammerstein, Tina Hildebrandt, Jürgen Hogrefe, Horand Knaup, Paul Lersch, Roland Nelles, Alexander Neubacher, Ralf Neukirch, Elisabeth Niejahr, Hartmut Palmer, René Pfister, Christian Reiermann, Wolfgang Reuter, Sven Röbel, Gerd Rosenkranz, Michael Sauga, Ulrich Schäfer, Barbara Schmid, Christoph Schmitz, Christoph Schult, Hajo Schumacher, Alexander Smoltczyk, Holger Stark, Barbara Supp, Alexander Szandar.

Anita Blasberg, Marian Blasberg und Mathieu von Rohr halfen uns mit Recherchen und Hinweisen. Ohne die Dokumentare Klaus Falkenberg, André Geicke, Bernd Musa, Thomas Riedel, Rolf G. Schierhorn, Dr. Regina Schlüter-Ahrens, Andrea Schumann-Eckert, Holger Wilkop und die Schlussredakteure Lutz Diedrichs und Katharina Lüken wäre das Buch voller Fehler. Dem Grafiker Martin Brinker danken wir ebenso für seine Hilfe wie den Sekretärinnen Heike Kalb, Helma Dabla, Runhild Höfeler und Anuradha Samaddar.

Cordt Schnibben

Drei Tage von vielen

26. Februar 2005, Köln

Tatsächlich, sie strickt noch. Helma Benke sitzt im Gürzenich, in der drittletzten Reihe links, und strickt. Socken aus regenbogenfarbener Wolle.

Helma Benke ist 51 Jahre alt, trägt kurzes, rotbraunes Haar, ovale Brille und einen grauen Pulli. Sie ist mit dem Auto zum nordrhein-westfälischen Landesparteitag nach Köln gekommen, allein, zwei Stunden Fahrt von Vreden im Münsterland, 22 000 Einwohner. Sie ist eine von fünf Delegierten des Kreisverbandes Borken.

Sie hat ihn gestern im Fernsehen gesehen, da war er noch in Iran und hat verhandelt. „Ich glaube, er ist lieber in Iran als bei uns", sagt sie. Sie meint es nicht als Vorwurf. Aber sie versteht nicht, warum er so lange geschwiegen hat.

Helma Benke sieht sich um. Grimmige Ordner stehen am Haupteingang, an den Saaltüren, vor der Bühne. Breite Schultern, dunkle Anzüge, Hände über dem Schritt. Sie strickt. Wegen der Menschenrechte ist sie 1992 aus der SPD ausgetreten, nach dem Asylkompromiss. Zu Hause in Vreden betreut sie Flüchtlinge, manchmal rufen die abends bei ihr an, wenn sie Hilfe brauchen. Seit zehn Jahren ist sie bei den Grünen, sie ist Fraktionsvorsitzende im Stadtrat, sie ist Grundschullehrerin. Sie ist auf diesem Parteitag die Einzige, die noch strickt. Nach einer Weile packt sie die Nadeln und die Wolle wieder weg.

Es ist tatsächlich fünf vor zwölf, als die Parteitagsansagerin ihn ankündigt wie eine Moderatorin beim Grand Prix d'Eurovision de la Chanson: „Joschka Fischer, der deutsche Außenminister!" Es vergehen einige Sekunden, er tritt zwischen zwei Blumentöpfen auf die Bühne, hebt zögerlich die Hand, setzt einen Fuß vor den anderen, schüttelt Hände. Er ist durch den Hintereingang gekommen. Er trägt eine leuchtend rote Krawatte und einen dunklen Anzug. Er tritt ans Rednerpult und faltet die Hände.

Der Außenminister weiß, es geht in diesen 20 Minuten darum, die ganze Sache wieder in den Griff zu bekommen. Diesen blöden Visakram, der ihn lange nicht interessiert hat, diesen Untersuchungsausschuss, für den sich zwei Monate lang kein Mensch interessiert hat, diese Journalisten, die ihn vor sich hertreiben, diese SPD-Kerle aus Nordrhein-Westfalen, die ihm seinen Terminkalender führen wollen, diese Leute von der CDU, die ihn zum Sicherheitsrisiko stempeln wollen. Und natürlich muss er all diese Deutschen wieder in den Griff bekommen, die ihn drei Jahre lang immer wieder zum angesehensten Politiker bestimmt haben und die ihn nun hinter diesen Christian Wulff aus Niedersachsen zurückgestuft haben.

Auch um die Leute im Saal muss der Außenminister kämpfen, vor sechs Jahren, als er die pazifistischen Grünen vom Kriegseinsatz deutscher Soldaten im Kosovo überzeugen musste, hatten einige Kreisverbände in NRW „Fischer-freie Zonen" ausgerufen. Und auch jetzt brüllen ein paar Delegierte aggressiv „lauter", als die ersten Sätze von Fischer etwas leise daherkommen.

Fischer redet mit verhaltener Stimme, er redet am Mikrofon vorbei. Helma Benke hört angestrengt zu, sie nimmt ihre Digitalkamera aus der Tasche und fotografiert die Tribüne.

Sie applaudiert, als er von „Angriffen auf uns" spricht, von dem Versuch der CDU, den Volmer-Erlass als Konsequenz von Multikulti-Träumen darzustellen. Ihr und ihm ist klar, dass da wieder die Urängste vor den Grünen geschürt werden, die sie 1998 überwinden mussten, um regierungsfähig zu werden.

Fischer weiß, dass genau darin die Gefahr liegt dieser Schlampigkeit in seinem Ministerium, die vor allem seine eigene Schlamperei ist. Wenn die Grünen wieder die Aura der romantischen Chaoten bekommen, die das Land gefährden, dann werden Rot-Grün als Regierung und er als Außenminister abgewählt.

Also baut Fischer mit seiner Rede eine Mauer. Auf der einen Seite stehen die Grünen, die Kämpfer „für ein weltoffenes Deutschland", „für die Freiheit", „für die Reisefreiheit", für „dieses tapfere ukrainische Volk", für „die frierenden Studenten", für „die Minderheitenrechte". Auf der anderen Seite steht er, der Außenminister, der zwei Fehler einräumt, „ich stehe ein für Fehler", wie er sagt, „die ich einzugestehen habe", aber diese Partei ist unschuldig, edel und gut. Die Partei hat Recht, ich bin fehlerhaft, das ist eine ganz neue Weltanschauung – groß und mächtig geworden ist Fischer mit dem Motto: Die Partei irrt, ich habe Recht.

Er macht sich an diesem Tag klein, um seine Partei groß zu machen – weil er monatelang der wunde Punkt der Partei sein wird. Er lobt die

Moral der Grünen, weil er um moralischen Kredit bei seinen Mitgliedern buhlt.

Ihm ist klar, dass der Untersuchungsausschuss für die Opposition die Waffe ist, um die Regierungsfähigkeit von Rot-Grün auch im Bundestagswahlkampf anzugreifen. Wenn Fischer wankt, wackelt die Schröder-Schily-Fischer-Regierung, wenn Fischer wankt, schrumpfen die Grünen den fünf Prozent entgegen.

Selbst wenn Fischer durchhält, kann die Union aus dem Ausschuss nun immer neue Luft saugen, um das Schreckgespenst der grünen Vaterlandsverächter immer wieder aufzublasen. Schon jetzt hat Edmund Stoiber den volkswirtschaftlichen Schaden der Visa-Vergehen, wie auch immer, auf elf Milliarden Euro hochgerechnet und verbindet seinen Abscheu vor den „Multikulti-Zuwanderungs- und Einbürgerungsträumen" mit der Warnung vor dem EU-Beitritt der Türkei.

Für Fischer sind solche Angriffe wie Ecstasy, von der Kanzel im Gürzenich kann er zum Kulturkampf gegen all die blasen, die gegen die „Politik der Weltoffenheit" sind, die in den Mief zurückwollen, an dem das Land vor 1998 zu ersticken drohte. Bei den grünen Delegierten in Köln zündet diese Befreiungsrhetorik, sie jubeln ihm so hoffnungsfroh zu wie die Delegierten jener Bundesdelegiertenversammlung im Herbst 1997, denen er die Aussicht auf Macht und Regierung eingeredet hatte. In Köln schafft es Fischer, zwischen 11.55 Uhr und 12.15 Uhr, den Grünen die Aussicht auf Machterhalt zu eröffnen.

Als der Außenminister fertig ist und staatsmännisch ins Publikum dankt, stehen die Führungskräfte des Landesverbandes bewundernd um ihn, auch das Doppelkinn der Spitzenkandidatin wackelt euphorisch, und nachdem Fischer abgerauscht ist – mit Bodyguards, Journalistengeschrei und großem Tamtam –, sitzt Helma Benke im Foyer und isst Würste mit Senf. Vegetarierin ist sie nicht.

Drinnen beraten die Delegierten über die rund 450 Änderungsanträge zum Wahlprogramm. „Mich hat er überzeugt", sagt Helma Benke, „aber ob's für den Rest der Welt reicht, das weiß ich nicht."

3. Februar 2005, Rendsburg
Fred Bock trägt eine rote Pudelmütze, und darum hat der Kanzler wohl gedacht, der macht sich gut auf dem Foto, der trägt zwar keinen roten Schal wie viele Leute hier im Wahlkampf, aber eine rote Mütze macht auch was her, also her mit dem Kerl, stell mich mal daneben

und red mit dem. Und so wird Fred Bock berühmt. Fünf Meter entfernt knipsen ein paar Dutzend Fotografen und ein Dutzend Kameramänner und brüllen dem Kanzler und Fred Bock Anweisungen zu. Hierher gucken, Kopf hoch, lächeln, reden, nicht hierher gucken. Fred Bock und Gerhard Schröder reden ein paar Minuten, der Kanzler hört zu, lächelt einfühlsam, legt Fred Bock mitfühlend die Hand auf die Schulter, guckt zwischendurch in die Kameras, gibt schließlich dem Mann aufmunternd die Hand und setzt sich ein paar Meter weiter auf eine Harley-Davidson aus Holz.

Die Harley und Fred Bock gehören zu einem Parcours von Fotokulissen, den die Wahlkampfstrategen der SPD für den Kanzler und die Fotografen in der Rendsburger „Gesellschaft für regionale Arbeits-, Beschäftigungs-, Qualifizierungs- und Serviceangebote" aufgebaut haben. In 17 Tagen ist Landtagswahl in Schleswig-Holstein, der Kanzler tourt mit der Ministerpräsidentin durchs Land, und da ist natürlich ein Besuch in einer gemeinnützigen Einrichtung, die 450 Arbeitsplätze für Sozialhilfeempfänger und Arbeitslose geschaffen hat, ein nützlicher Fototermin.

Ein Absperrseil hindert Fotografen und Journalisten, das Gespräch zwischen dem Kanzler und Fred Bock mitzuhören, sie hätten sonst mitbekommen, dass der Kanzler keinen Grund hatte zu lächeln. Fred Bock, 55 Jahre alt, 30 Jahre lang gut beschäftigt, ist 1998 arbeitslos geworden, das hat er dem Kanzler gesagt, und in der Regierungszeit von Rot-Grün hat der Schweißer und Heizungsbauer versucht, wieder Arbeit zu bekommen, hat sich umschulen lassen zum Güteprüfer, hat sich beworben, bis er nun „freiwillig", wie er sagt, hier in der Fahrradwerkstatt der „Rabs" einen Ein-Euro-Job angenommen hat, jetzt schweißt er aus alten Fahrrädern eine Rikscha zusammen, mit der Kinderspielplätze entmüllt werden sollen.

Er müsse etwas tun, sagt Fred Bock, er könne nicht herumsitzen, er arbeite gern, sagt er, und er klingt wie einer, der Angst davor hat, als Faulenzer zu gelten, wie einer, der weich geklopft ist von der Hartz-Propaganda.

Wenn der Kanzler an zwei Wahlkampftagen zehn Begegnungen mit Opfern seiner Politik hinter sich bringt, um sich mit ihnen fotografieren zu lassen, kann er nicht wirklich mit ihnen reden, was nicht wirklich schlimm ist, weil er ihnen nicht wirklich etwas zu sagen hat. Er kann Fred Bock nicht helfen, so wenig wie er Zeki Asik helfen kann, dem HDW-Arbeiter, den er sich kurz darauf an seine Seite zieht, damit er nicht allein vor dem stählernen Schiffsrumpf in der Kieler Werfthalle steht. Asik fürchtet um seinen Arbeitsplatz, weil 400 Leute entlassen werden sollen, und der Kanzler soll was tun, aber er kann nicht wirklich etwas tun, weshalb Fred Bock und Zeki Asik auch nicht wirklich Opfer seiner Politik sind.

So eine Wahlkampftour ist eine seltsame Tortur, weil ein Kanzler an seiner eigenen Ohnmacht vorbeidefiliert, er kann keine Arbeitsplätze schaffen, aber er muss so tun, als könne er das, schon bald wird er sich das in Nordrhein-Westfalen antun und dann im Bundestagswahlkampf.

Als Schröder am Abend vorher, begleitet von Einmarschmusik und Bodyguards, in die Husumer Messehalle schreitet, wie immer mit seltsam steifem Oberkörper und kleinen, energischen Schritten, wirkt er reserviert, er grüßt lächelnd nach rechts und links, aber er wirkt nicht anbiedernd. Immer noch Lampenfieber habe er vor jedem Auftritt, sagt er später, wie jeder Schauspieler auch, aber die 3500 Gäste der Wahlkundgebung sind ein freundliches Publikum. Die Leute jubeln dem Kanzler zu, das ist nicht verwunderlich, ist doch wohl jeder Zweite von ihnen SPD-Mitglied, aber auch die müssen erst mal zum Jubeln gebracht werden. Vor einem Jahr noch haben sie ihren Parteivorsitzenden zum Teufel jagen wollen, und dann ist er zurückgetreten, bevor sie das tun konnten, nun jubeln sie ihm zu, als sei nie etwas gewesen.

Die Umfragewerte für die CDU sind in dieser Zeit abgerutscht, die SPD hat nun wieder gute Chancen, auch zukünftig die Regierung in Schleswig-Holstein zu stellen, der Kanzler steht bundesweit nicht mehr da als der kaltherzige Sanierer der Republik, sondern als der konsequente Reformierer, der tut, was Not tut, und der aus vollem Herzen und mit vollen Händen denen gibt, die von der Sintflut gestraft sind. Der Kanzler muss sich vorkommen wie der Trainer einer Bundesligamannschaft, die lange gegen den Abstieg spielte, die so (schlecht) spielt wie immer, die aber in der Tabelle nach oben geklettert ist, nun um die Meisterschaft spielt, weil die anderen noch schlechter sind.

Die radikalen Auf und Ab seiner Kanzlerschaft – viermal ganz unten, dreimal ganz oben – liegen weit weg im nebligen Dunst der Vergangenheit, in der Husumer Messehalle ist Schröder ganz weit oben, wie ein Herrscher der Welt blickt er auf den Globus, in Palästina gibt

23

es eine neue Chance (Beifall), China und Japan sind große Konkurrenten auf dem Weltschiffsmarkt, Iran muss man mit friedlichen
Mitteln zur Atomabrüstung kriegen (großer Beifall), das gute, alte
Europa muss eine größere Rolle spielen in der Welt, Deutschland
muss mit friedlichen Mitteln und gutem Beispiel vorangehen (Beifall),
und deshalb wird er nie deutsche Soldaten in den Irak schicken
(tosender Beifall).

Die Menschen folgen ihm bei seinem Flug rund um den Globus mit
andächtiger Stille, der Kanzler erklärt ihnen die Welt, und sie genießen
es, und als er bei der großen Flut im Indischen Ozean und der Hilfs-
welle der Deutschen landet, da überschütten die Schleswig-Holsteiner
– vom Meer umschlungen – den Bundeskanzler mit Zuneigung. Das
Bild von den Deutschen, das Schröder mit leidenschaftlichen Worten
entwirft, von Deutschen, die aus ihrer Vergangenheit gelernt haben
und deshalb mit diplomatischem Geschick und Großzügigkeit anderen
Völkern helfen, das gefällt ihnen, und deshalb nehmen sie auch ohne
öffentliches Murren hin, dass er ihnen Hartz IV und ein saniertes
Deutschland als Voraussetzung für internationales Engagement unter-
jubelt.

Man könnte ihn demagogisch nennen, diesen Bogen zwischen Flut
und Hartz IV, aber die Leute folgen dem Kanzler glücklich. Der hat
von George W. Bush gelernt, dass man seine Landsleute weltpolitisch
aufladen muss, und darum gelingt es dem Kanzler des Jahres 2005
an diesem Abend so geschickt, über das hinwegzukommen, was der
Kanzler des Jahres 1998 seinen Wählern versprochen hat. Wenn er es
nicht schaffen sollte, die Arbeitslosenquote nennenswert zu senken,
verdiene er es nicht, wiedergewählt zu werden, war damals sein Leit-
satz. In seiner Husumer Rede sprach Schröder von „dieser bedrückend
hohen Zahl", ohne die fünf Millionen in den Mund zu nehmen, und er
lobte die Ehrlichkeit seiner Regierung, „diese Zahl" nicht länger zu
verschleiern.

Ein Pfeifkonzert war nicht zu hören. 1998 hat Schröder geglaubt,
wenn er die Steuern und die Lohnnebenkosten senke, dann würden die
Unternehmergewinne so steigen, dass mehr Investitionen und mehr
Beschäftigung dabei herauskommen. Im Februar 2005 weiß er, dass
die Unternehmergewinne so hoch sind wie jahrelang nicht, dass aber
gleichzeitig die Arbeitslosenzahlen so hoch sind wie noch nie nach
dem Krieg und dass die Sozialausgaben des Staats so hoch sind wie nie.

In Schleswig-Holstein ist es dem Kanzler gelungen, seine Anhänger einen Abend lang für seine Vision vom „toleranten, weltoffenen Deutschland" zu begeistern. Die Wähler jedoch folgten ihm nicht. Bei der Landtagswahl 17 Tage später verlor die SPD 4,4 Prozentpunkte, es kam zum Patt zwischen Rot-Grün und Schwarz-Gelb, die Regierungsbildung war entsprechend schwierig. Wovon und wie will Gerhard Schröder die Wähler in Nordrhein-Westfalen und vor allem die Wähler bei der Bundestagswahl im Herbst 2006 überzeugen?

Juli 2004, Berlin, Arbeitszimmer des Bundeskanzlers

Alles ist aufgeräumt. Der Schreibtisch, der Besprechungstisch, der Sofatisch, sie stehen da wie Ausstellungsstücke, keine Papiere liegen darauf, keine Akten. Gerhard Schröders Büro macht den Eindruck, als wäre alles getan.

Er sitzt weich in einem schweren Sessel, er hat die Beine übereinander geschlagen, die rechte Hand liegt auf der Lehne, sie hält den Rest einer Zigarre fest, die nicht mehr brennt. Kalt schwebt der Stumpen, Schröder macht langsame, vorsichtige Bewegungen. Er hat es nicht eilig.

„Was gibt's?", fragt er, und das hört sich an wie: Was gibt es noch? Schröder wirkt wie ein Mensch, der die wichtigen Dinge in seinem Leben hinter sich gebracht hat.

Es soll ein Gespräch über Reformen werden, über ein Land, das sich verändert hat oder noch verändern muss, ein Gespräch über das große Thema seiner Kanzlerschaft, ein Gespräch auch über ihn.

„Mmh." Schröder brummt in sich hinein, man hat nicht den Eindruck, als würde ihn das gerade sehr interessieren. Er sucht Streichhölzer.

Man könnte vorn anfangen. Bei der Frage, was er sich vorgestellt hat, damals, 1998, als er in das Kanzleramt von Helmut Kohl eingezogen ist, in diese Gruft, die mit dunkler Eiche ausgekleidet war, als er die Republik lüften wollte, als es hieß, er sei ein Modernisierer. Welche Vorstellungen hatte er damals von Reformen?

Na ja, sagt Gerhard Schröder, damals gab es ja diese beiden Begriffe, Innovation und Gerechtigkeit, „Sie werden sich daran erinnern". Pause, Stille.

„Kosovo", sagt er schließlich, „Sie erinnern das sicher noch." Er hat inzwischen ein Streichholzheftchen gefunden, beige mit schwarzer

Aufschrift „Bundeskanzleramt", die Zigarre raucht wieder, Kosovo, damals. Man musste Deutschland außenpolitisch zu einem souveränen Land machen, sagt er. Das Kosovo hat sich irgendwie vor Innovation und Gerechtigkeit geschoben, damals und jetzt wieder. Man muss darauf warten, dass er an der Zigarre zieht, um das Gespräch zur Innenpolitik zurückzutreiben.

Als er 2002 wiedergewählt wurde, gab es da einen anderen Begriff von Reform?

Nun, sagt Gerhard Schröder, es war so, dass der Irak-Krieg vor der Tür stand, der Krieg stand über allem. Er ist schon wieder bei der Außenpolitik. Er spricht leise, aufgeräumt, wie jemand, der seine Erinnerungen diktiert. Er kann Fragen nach Innenpolitik mit langen Erzählungen über Außenpolitik unschädlich machen.

Es hat Kraft gekostet, sagt er. Als er Kanzler wurde, hat er sich nicht vorstellen können, welche Dimensionen das Kanzlersein hat. 11. September, „nine eleven", sagt er. Es gab immer Sachen, die gerade zu tun waren.

Der Stumpen ist wieder kalt geworden. Gerhard Schröder hat sich in seinem Sessel ausgedehnt, er wirkt wie ein Mensch, der mit sich im Reinen ist. Eine merkwürdige Feierabendstimmung liegt in dem Raum, so als wäre eine Last abgefallen. Die Partei hat er an Franz Müntefering abgegeben, es gibt jetzt ein dickes Problem weniger. Die Reformen sind Gesetze geworden. Er hat was gemacht. Er hatte einen einzigen Schuss, in dem Schuss lag alles drin, was er zu bieten hat. Er sitzt und wartet.

Die Frage ist, ob er zu spät abgezogen hat.

Er klemmt die Zigarre zwischen die Zähne und schiebt seinen Schädel über die Sesselkante. Es sieht aus, als ginge jetzt noch einmal etwas los, aber es dauert nicht lange. Er fällt in den Sessel zurück, pflückt den Stummel aus dem Mund und sagt: „Die Frage ist ja immer, wann man etwas macht. Politik ist auch eine Frage des richtigen Zeitpunkts."

Vielleicht hat er den verpasst. Vielleicht war das Jahr 1999 der richtige Zeitpunkt.

Das Problem von Reformpolitik, sagt Gerhard Schröder, „ist erstens", sein Daumen klappt hoch, „trifft sie auf Bereitschaft bei den Menschen?" Und zweitens, der Zeigefinger steht in der Luft, „wie lange dauert es, bis eine Reform wirkt?" Er stellt Fragen, die Antworten muss man sich denken. Erstens: nein. Zweitens: womöglich zu lange, um noch einmal wiedergewählt zu werden.

Gerhard Schröder lacht jetzt viel, sein Gesicht bekommt etwas Wohliges. Er redet nicht über Dinge, die in der Zukunft liegen. Er erzählt von schönen Dingen, die vergangen sind. Vor einiger Zeit ist er nach Asien gereist, „und wissen Sie, was die Asiaten gesagt haben, als sie mich gesehen haben? ,Ah, agenda twenty ten', haben die gesagt".

Agenda twenty ten.

Gerhard Schröder schließt für einen kleinen Moment die Augen.

Dichter Rauch steht über dem Bundeskanzler, seine Antworten kann man vergessen, sie führen nicht weiter. Er hat alles gesagt, es ist alles getan, er will jetzt in Ruhe rauchen. Zigarren sind wichtig für seine Kanzlerschaft.

Der lange Marsch an die Macht

September 1983, Bonn

Die „Provinz" ist klein und eng, aber sie hat eine gute Lage. Die Kneipe gehört Heike Stollenwerk. Sie ist eine große Frau mit einem eckigen Gesicht, sie raucht Roth-Händle ohne Filter und trinkt Weißwein, auch schon mal am Nachmittag. Gegenüber ist das Kanzleramt. Gegenüber herrscht Helmut Kohl. Man hat ihn immer im Blick von hier aus.

Eines Abends geht die Tür auf, und Gerhard Schröder kommt rein. Er bringt neue Gäste mit, es sind Abgeordnete von den Grünen. Sie gehen hinter ihm her. Joschka Fischer, Hubert Kleinert, Otto Schily. Seit diesem Abend kommen sie immer wieder.

Politisiert worden sind sie in einer Zeit, als Walter Ulbricht in Ost-Berlin Militärparaden abnahm und Rudi Dutschke in West-Berlin den Ku'damm rauf- und runterlief. Sie haben die gleichen Träume – make love, not war; raus aus der Nato; Bildung statt Bomben; Ami, go home; enteignet Springer; stoppt die Notstandsgesetze; nieder mit dem Polizeistaat. Und sie haben die gleichen Feindbilder – den Schah von Persien, CIA, BND, Nixon, Strauß, Kiesinger. Und später Schmidt.

Als Kanzler wollte Helmut Schmidt US-Raketen nach Mitteleuropa holen und die Atomenergie ausbauen. Über die 68er sagte Schmidt einmal: „Sie bestreiten alles, nur nicht ihren Lebensunterhalt."

Dann wird Helmut Kohl Kanzler, und sie haben ein neues Feindbild. Kohl will Adenauers Republik zurück, ein Land mit einem großen Jägerzaun drum herum, mit Troddeln an der Wohnzimmerlampe und richtigen „Familljen" am Esstisch.

Es ist die Zeit, in der die Grünen mit der Politik anfangen. Otto Schily und Joschka Fischer gehören zu ihnen. Sie wollen eine andere Republik. Es gibt junge Sozialdemokraten, die dasselbe wollen. Gerhard Schröder, Heidemarie Wieczorek-Zeul, Renate Schmidt, Hans Eichel.

Sie wissen nicht genau, wie die Republik, die sie wollen, aussehen soll. Aber sie wollen sie gestalten. In der „Provinz" entwerfen sie das neue Deutschland.

Auch Heide Simonis ist da, die Frau, die heute Ministerpräsidentin in Schleswig-Holstein ist. Sie ist damals Bundestagsabgeordnete der

SPD. Sie hat nicht viel zu tun mit den neuen Männern, sie beobachtet sie nur. „Jeder hatte seinen Platz, und keiner pinkelte dem anderen ins Revier. Sie ließen schon damals keinen Zweifel daran, dass sie gottgesandt waren", sagt Simonis. Manchmal kommt auch Doris Köpf in die „Provinz", sie ist Redakteurin bei der „Bild"-Zeitung.

Joschka Fischer thront schon damals zurückgelehnt an seinem Tisch und guckt ins Unendliche. Er sitzt in der Kneipe, wie er heute im Großen Kabinettssaal sitzt, aber er steckt noch nicht in dreiteiligen Anzügen. „Ich hatte selten das Bedürfnis, mit ihm zu reden, weil er eh alles besser wusste", sagt Simonis.

Otto Schily trägt schon damals gebügelte Oberhemden und Krawatte. Er sagt zu allen „Sie", er beschwert sich, dass die Küche schon um elf Uhr abends geschlossen wird, er will kein Bier trinken, er will Rotwein aus der Toskana. „Er erzählte den anderen immer, was sie wieder falsch gemacht haben", sagt Simonis.

Gerhard Schröder ist schon damals ein geselliger Mensch. Er mag das Bier, und einmal, als er zu viel davon hinuntergekippt hat, geht er raus, über die Straße zum Kanzleramt, greift an die Gitterstäbe des Zauns, rüttelt daran und schreit: „Ich will da rein."

Der SPD-Abgeordnete Claus Grobecker aus Bremen kommt auch oft in die „Provinz". Er ist ein bekannter Gewerkschafter. Eines Abends nimmt er einen Bierdeckel und malt einen Pfeil darauf, der von links unten nach rechts oben zeigt. Grobecker sagt: „Das wird euer Weg sein: links unten einsteigen, rechts oben ankommen."

Schily kommt aus einer großbürgerlichen Familie, er ist Rechtsanwalt, er hat in den siebziger Jahren die Terroristin Gudrun Ensslin verteidigt, er ist schon jemand. Fischer hat in den siebziger Jahren Frankfurter Häuser besetzt und auf der Straße gegen den Staat gekämpft. Sein Vater war Metzger. Schröders Mutter war Putzfrau. Schröder hat das Abitur auf dem zweiten Bildungsweg gemacht und dann Jura studiert.

Als sie in Heike Stollenwerks Kneipe zusammenkommen, arbeitet sich Schröder gerade in der SPD nach vorn, Schily steht an der Spitze der grünen Fraktion, und Fischer ist bei den Grünen Parlamentarischer Geschäftsführer. Fischer ist Schilys Knecht.

Aber Fischer ist brillant. Fischer kann reden. „Mit Verlaub, Herr Präsident, Sie sind ein Arschloch", sagt er zum damaligen Bundestagsvizepräsidenten Richard Stücklen. „Eine unglaubliche Alkoholikerversammlung, die teilweise ganz ordinär nach Schnaps stinkt", sagt er über den Deutschen Bundestag.

Schröder empfindet wie Fischer, aber er kann es nicht so schön ausdrücken. Eines Nachts sitzen Gerhard Schröder und Joschka Fischer an einem Tisch in der „Provinz" und entwerfen auf Bierdeckeln das Kabinett der Zukunft. Auf den Bierdeckeln ist Schröder Bundeskanzler, Fischer ist Außenminister, und Schily ist Justizminister. Aber gegenüber sitzt Kohl im Kanzleramt und schlägt Wurzeln.

Fischer geht nach Hessen, er wird Umweltminister der ersten rotgrünen Koalition und lässt sich in weißen Turnschuhen vereidigen. Schily kommt nicht weiter bei den Grünen. Deshalb geht er 1989 zur SPD. Schröder zieht nach Niedersachsen, er will Ministerpräsident werden. Vorher reist er nach Kuba und lässt sich von Fidel Castro erklären, wie man Wahlen gewinnt. Zum Abschied schenkt ihm Castro eine Kiste mit Cohiba-Zigarren.

10. Mai 1997, Noordwijk in Holland, Strandnähe

Das Haus ist eigentlich zu klein für Bodo Hombach, der ein gewaltiger Mensch ist, lang und massig. Das Haus, ein Häuschen eher, hat ein spitzes Dach und ist aus rotem Backstein gebaut. Von drinnen sieht man das Meer nicht. Man sieht Häuser, die genauso aussehen wie das von Hombach, Häuser mit Gardinen. Die Welt wirkt klein und eng hier.

Aber die Gedanken sind groß. Hombach zieht sich oft in dieses Haus zurück, um nachzudenken. Er will die SPD neu erfinden. Er will sie regierungsfähig machen. Die Zeit ist günstig dafür. Es ist das Jahr 15 der Regierung Kohl, und die Deutschen sind seiner überdrüssig. Im kommenden Jahr ist die Bundestagswahl.

Das Haus in Noordwijk gehört Hombachs Mutter. Er selbst wirkt darin, als hätte er sich in eine Puppenstube verlaufen und müsste nun ständig aufpassen, nicht anzuecken, zumal er das Haus gern mit Gästen füllt. Diesmal sind Rolf Heinze und Matthias Bucksteeg da. Sie essen Hering, trinken Bier oder Rotwein und denken nach. Sie wollen einen Artikel schreiben.

Hombach hat als Fernmeldehandwerker angefangen, machte einen Abschluss als graduierter Sozialarbeiter und ist jetzt als Wirtschaftsminister in Nordrhein-Westfalen im Gespräch. Seit Beginn der achtziger Jahre trifft er sich häufig mit Wissenschaftlern, die ihn mit Ideen aufladen sollen. Er begreift schnell und kann sehr liebenswürdig sein. Wenn er den Soziologen Oskar Negt trifft, lobt er ihn überschwänglich für sein jüngstes Buch. Vorher hat er über Autotelefon bei einem Mitarbeiter angefragt, wie Negts neues Buch heißt und was ungefähr drinsteht.

Hombach hat begriffen, dass die Zeiten des Verteilens vorüber sind. Vor allem eine Zahl macht ihm Sorge: Unter der Regierung Kohl sind die Lohnnebenkosten von 34 auf 42 Prozent gestiegen. Das schmälert die Chance der deutschen Unternehmen im internationalen Wettbewerb. Hombach weiß, dass der Sozialstaat für Massenarbeitslosigkeit und eine Gesellschaft mit wenig Kindern nicht gedacht war. Die Frage ist nur, ob die SPD das begreifen will.

Es gibt Hering am Mittag, Hering am Abend. Man sitzt schwer in den Sesseln und denkt. Draußen schreien die Möwen.

Rolf Heinze ist Soziologieprofessor an der Universität Bochum und gehört seit langem zum Kreis von Hombach. Er ist von kompakter Statur und trägt das Haar mittellang wie in den Siebzigern. Bucksteeg sagt von sich, er sei „nie tief drin gewesen" in politischen Dingen. Er schreibt vor allem Reden für Hombach und achtet darauf, dass die meisten Sätze nicht mehr als fünf Wörter haben. Hombach nennt ihn „den Kleinen". Er ist deutlich schmaler als die beiden anderen.

Heinze spricht weitschweifig, Bucksteeg lacht viel, und Hombach fordert die anderen auf, mehr zu essen, mehr zu trinken. Von ihm geht eine sultanische Behaglichkeit aus, er kann aber auch Gedanken verbinden und die Ideensuche weitertreiben.

Bei Bucksteeg und Heinze liegen dicke Stapel mit Papier auf den Knien, Reden, Zeitungsartikel, Reformkonzepte anderer Länder. Daraus lesen sie abwechselnd vor. Hombach begeistert sich für alles, was die Eigenverantwortung der Bürger stärkt und den Staat aus der Pflicht nimmt.

Heinze sagt manchmal: „Bodo, wie willst du das den Sozis erklären?" Dann sagt Hombach: „Lass uns erst mal ein Konzept entwickeln. Wie wir es durchsetzen, überlegen wir, wenn wir die Macht haben."

Nach zwei Tagen reisen Hombach und Heinze ab. Bucksteeg setzt sich an den Strand und soll die Gedanken zum Klingen bringen. Er hat vier Matjesbrötchen und ein Sixpack Grolsch dabei. „Politik hat zu steuern, nicht zu rudern", schreibt Bucksteeg. „Politik ist zum Pragmatismus verurteilt, allerdings zu einem Pragmatismus mit Prinzipien." Die Sozialdemokraten waren bislang eher für eine Politik der heißen Herzen.

Hombach genießt es zu provozieren. Er will das große Spiel spielen, damit er selbst mitregieren kann. Bis jetzt hat er nur Einfluss in der SPD von Nordrhein-Westfalen, er muss sich mit einem zusammentun, der eine Chance hat, Kanzler zu werden. Diesen Mann sieht er in Gerhard Schröder, dem Ministerpräsidenten von Niedersachsen.

Der Artikel, den Hombach, Heinze und Bucksteeg in Noordwijk schreiben, erscheint am 19. Mai 1997 im SPIEGEL. Die Überschrift heißt: „Gegen den Luxus der Langsamkeit". Im Untertitel wird ein Text „über die deutsche Krankheit und den richtigen Weg in eine moderne Innovationsgesellschaft" angekündigt. Als Autor zeichnet Gerhard Schröder.

21. Mai 1997, Düsseldorf

Rudolf Scharping glänzt mit Grafiken vom Overhead-Projektor, Oskar Lafontaine brilliert mit schneidend-modernen Sätzen, Gerhard Schröder lässt – vor dem Hintergrund einer riesigen plakatierten Iris – seine strahlend blauen Augen leuchten und sagt: „Wir haben verstanden."

Die SPD hat rund 700 Unternehmer, Wissenschaftler und Politiker zum „Innovationskongress" ins Düsseldorfer Congress Center geladen, um 16 Monate vor der Bundestagswahl das zu beginnen, was in den Strategiepapieren der Partei „Imagedefizite korrigieren" genannt wird. Die zweitägige Veranstaltung soll die „Neujustierung des SPD-Images" einleiten und ist Ausdruck eines Politikverständnisses, das davon ausgeht, die Wahrnehmung der Parteien werde heutzutage „stärker durch ihr Image als durch ihre Programme geprägt".

Lafontaine und Schröder überbieten sich im Modernisieren, ihre Reden sind gespickt mit „Innovation", „Gentechnologie" und „Computerzeitalter". Inhaltlich bleiben beide nebulös, Lafontaine hört sich mehr rot-grün an („Die ökologische Erneuerung ist das zentrale Projekt unserer Innovationsoffensive"), Schröder beklagt „Einseitigkeiten im Denken" bei der Versöhnung von Ökologie und Ökonomie, er klingt mehr schwarz-rot und warnt düster-prophetisch, dass sich die „sozialen Traditionen unserer Gesellschaft nicht mehr auf traditionelle Weise erhalten lassen".

Als das verzweifelte Wortgeklingel einer orientierungslosen Partei könnte man diese Innovationsrhetorik abtun, wenn nicht kurz vorher der britische Labour-Chef Tony Blair bewiesen hätte, dass eine sich modern gebende Sozialdemokratie plötzlich wieder Wähler gewinnen kann. Blair, nicht anwesend, ist auf dem Kongress der wahre Hoffnungsträger, und den Deutschen, wenn sie von dem Kongress Notiz nehmen, bleibt ein riesiger Kürbis in Erinnerung. Mit dem hatte die SPD aufsehenerregend für den Kongress geworben und den Menschen versprochen, so könne „Deutschland im Jahr 2002 aussehen".

1. Oktober 1997, Bonn
Das Gebäude ist so unscheinbar wie viele Bonner Gebäude, wie so viele deutsche Gebäude, die irgendwann in den Sechzigern gebaut wurden in diesem Stil, der sie schon kurz nach der Fertigstellung unsichtbar machte. Lange Jahre wachte hier der Verfassungsschutz über die Einhaltung der freiheitlich-demokratischen Grundordnung, von diesem Tag an wird in dem vierstöckigen Flachbau der Sturz von Helmut Kohl vorbereitet.

Nun gibt es im ganzen Gebäude keine Türen mehr, nur oben im 4. Stock, wo Franz Müntefering sitzt, steht noch eine Tür der neuen Offenheit im Weg. Draußen an der Fassade zählt nun eine Uhr die Tage, Stunden und Minuten bis zur Abwahl von Helmut Kohl. Und in großen Lettern prangt das Wort „Mut", und kleiner darüber steht: „Nach dem Regierungswechsel gibt es in Deutschland etwas völlig Neues." Die „Kampa" residiert nun hier, die neue Wahlkampfzentrale der SPD, sie ist mehr als ein Organisationszentrum, sie ist ein Misstrauensvotum an die Parteizentrale, die etwas weiter im Erich-Ollenhauer-Haus arbeitet. Weil die letzten vier Bundestagswahlen verloren gingen, wollen die Strategen der SPD diesmal an den alten Spitzenkadern der „Baracke" vorbei den Wahlkampf führen. „Wir hatten schon oft das bessere Programm, die bessere Botschaft", sagt Bundesgeschäftsführer Müntefering, „wir haben aber nicht gewonnen, weil wir nicht auf den Wahlsieg hin organisiert waren." Zu 80 Prozent seien Organisation und Strategie wahlentscheidend, glaubt Müntefering. In den USA und in Großbritannien haben er und sein Büroleiter Matthias Machnig in den letzten Jahren die Bedingungen von Wahlerfolgen studiert, die Berater von Bill Clinton und Tony Blair haben ihm empfohlen, die oberste Etage des Parteiapparates auszuschalten und die Partei über Intranet und neue Medien zu mobilisieren.

Parteichef Oskar Lafontaine lässt Müntefering freie Hand, auch im

SPD-Präsidium hat man grummelnd zugestimmt, wohl auch deshalb, weil Müntefering als Arbeitersohn und Chef des größten SPD-Bezirks Westliches Westfalen nicht verdächtig erscheint, sich selbst profilieren zu wollen und den Wahlkampf zu radikal zu amerikanisieren. Programmatisch legt sich Müntefering nicht fest, er zählt weder zu den ganz engen Vertrauten Lafontaines noch gar zu den häufigen Gesprächspartnern von Gerhard Schröder, er bleibt undurchsichtig, er sieht sich als Chef einer modernen Kommunikationszentrale, die noch nicht weiß, welchen Kandidaten und welchem Programm sie zu dienen hat, und deshalb beginnt, ein Eigenleben zu führen. Zwar soll ein Leitungsgremium die Kampa kontrollieren, bestehend unter anderen aus dem Geschäftsführer der Bundestagsfraktion Peter Struck, Lafontaines Bonner Statthalter Pit Weber und Schröders Vertrautem Bodo Hombach, aber in Wahrheit bauen Müntefering und Machnig die Kampa mit ihren 60 Mitarbeitern zu einem Kampfzentrum der Veränderung aus, die der 134 Jahre alten Partei ein neues Politikverständnis überstülpt.

Nicht mehr langwierig von unten nach oben, nicht mehr Meinungsbildung von Ortsverein zu Unterbezirksvorstand zu Bezirkskonferenz, nicht mehr Programmschlachten, sondern Politmarketing, nicht mehr Organisationspartei, sondern Medienpartei, nicht mehr Traditionspflege, sondern Markendenken. Eine Partei stehe in der Mediengesellschaft nicht mehr vor allem in Konkurrenz zu anderen Parteien, vertreten Müntefering und Machnig, sie kämpfe gegen jeden, der in den Medien um öffentliche Aufmerksamkeit ringe, deshalb brauche die SPD wie jedes Produkt einen „Markenkern", ein „Gesicht", ein „Etikett", ein „Aroma".

In den Wahlkampagnen und auf den Wahlplakaten, die von der Kampa in dieser Phase des Kampfes um die Macht entwickelt und intern diskutiert werden, steht das Gesicht von Michael Douglas ersatzweise für den Mann, der einmal ins Kanzleramt einziehen soll.

16. November 1997, Kassel

An der Seitenwand der Kasseler Stadthalle ein zehn Meter langes, leuchtend gelbes Transparent mit der balkendicken Parole „Für eine Bundesrepublik ohne Armee", am Pult des Parteitages immer wieder von rauschendem Beifall getragene Redner, die beschwören, dass es ja wohl klar sein müsse, „dass wir keine Armee mehr in diesem Land wollen", und dann ein verzweifelt agierender Joschka Fischer, der darum ringt, im Programmentwurf die Forderung nach einer Auflösung der Nato zugunsten einer Kompromissformulierung abzuschwächen.

Für den Chef der Grünen, der nie ihr Vorsitzender war, ist dieser Parteitag (wieder einmal) eine Entscheidungsschlacht um das Projekt, das im September 1983 in der Bonner Kneipe „Provinz" begossen wurde. Hinter Fischer liegen etliche Chaos-Parteitage, gewonnene Abstimmungen über die Ökosozialisten, der Bruch der rot-grünen Koalition in Hessen, das Scheitern der Grünen bei der Bundestagswahl 1990, die zweite rot-grüne Koalition in Hessen, der Wiedereinzug der Grünen 1994 in den Bundestag – und seine größte persönliche Krise. Seine dritte Ehefrau trennte sich im Sommer 1996 von ihm, und der auf 130 Kilo angeschwollene Politjunkie begann, zum Asketen zu schrumpfen.

Wer ihn in dieser Phase seiner Karriere in der „Provinz" antraf, selten genug, konnte ihm dabei zusehen, wie er ein Jahr lang schlecht gelaunt, manchmal deprimiert mit sich und seinem bisherigen Leben kämpfte, um dann – vom Frühjahr 1997 an – wieder an sich und die Macht zu glauben. Weil die rot-grüne Koalition in Nordrhein-Westfalen, die immer als Modell für eine rot-grüne Bundesregierung gegolten hatte, in dieser Zeit von einer Krise zur nächsten torkelte, schränkte er allerdings ein: „Es gab mal eine Zeit, in der man von Rot-Grün als Reformprojekt sprach. Zurück blieb die Reformpartei Bündnis 90/Die Grünen, die mit einer strukturkonservativen Sozialdemokratie versuchen muss, eine Mehrheit zu bilden. Insofern reden wir heute nicht mehr von einem Reformprojekt Rot-Grün, sondern von einer Machtperspektive."

Für diese Machtperspektive kämpft Fischer auf dem Kasseler Parteitag mit einer Rede, die nach Meinung der Fischer-Biografen Matthias Geis und Bernd Ulrich die beste ist, die er je vor Grünen gehalten hat. Ihm gelingt es, die ganze grüne Geschichte zur Vorgeschichte eines Regierungsprojekts umzuarbeiten. Ihm ist und den grünen Delegierten wird klar, dass nach vier gescheiterten Anläufen die nächste Bundestagswahl die letzte Chance ist, zumindest den letzten Rest von dem, für das man auf den Straßen und vor den Bauzäunen der Republik gekämpft hat, in Gesetzestexte zu gießen.

Die SPD sei zwar in der Lage, „den Machtwechsel herbeizuführen", ruft Fischer den Delegierten zu, „aber einen echten Politikwechsel gibt es nur mit den Grünen". Für eine friedliche und soziale Welt wollen grüne Minister sorgen, die Arbeitszeiten sollen verkürzt werden, die Sozial- und Arbeitslosenhilfe soll durch eine „Grundsicherung" ersetzt werden, die jeder sozialbedürftigen vierköpfigen Familie das Einkommen um 50 Prozent auf 3200 Mark erhöht.

Eine „soziale und ökologische Erneuerung des Landes" verspricht Fischer den Deutschen, durch Rot-Grün werde die Republik modernisiert, während Helmut Kohl und sein Sozialminister Norbert Blüm sich durch ihre Politik des Sozialabbaus als „chaotische Systemveränderer" erwiesen hätten.

3. Dezember 1997, Hannover

Lafontaine und Schröder schlendern Schulter an Schulter durch die Gänge der Messehalle, in der Vorhalle defilieren sie an den kleinen Ständen der Ortsvereine vorbei und an den größeren Ständen jener Unternehmen, die darauf hoffen, von der Möchte-gern-bald-Regierungspartei den „Innovationspreis" verliehen zu bekommen. Die beiden ungleichen Kanzlerkandidaten demonstrieren Einheit und Gleichklang auf diesem Parteitag, zehn Monate vor der Bundestagswahl, sie wollen nicht öffentlich streiten, um die Kandidatur nicht und um Programme schon gar nicht. „All diejenigen, die meinen, dass wir uns in die Wolle kriegen, die werden enttäuscht sein", hat Schröder prophezeit, und die stellvertretende Vorsitzende Renate Schmidt versichert allen Skeptikern, die inhaltlichen Unterschiede zwischen beiden Kandidaten seien in Wahrheit marginal.

Wer sehr genau hinhört, wenn sie reden, kann sie hören, die große Kluft zwischen der einen sozialdemokratischen Politik und der anderen. Der eine spricht vom Erfolg der großen staatlichen Konjunkturprogramme in den siebziger Jahren, von 10, 20, 30 Milliarden Mark, die Wachstum und Arbeit gebracht hätten; der andere lobt programmatisch einen Betrieb der Continental AG, die bedrohte Firma habe sich gerettet durch unbezahlte Mehrarbeit der Beschäftigten, durch eine zehnprozentige Lohnkürzung, durch Verzicht auf Sondergratifikationen. Der eine wehrt sich gegen eine Politik des Verzichts und gegen den armen Staat, der andere zitiert listig Kurt Schumacher und fordert: „Man kann einen sittlichen, einen wissenschaftlichen Wunsch haben, aber man muss sich stets mit den Realitäten auseinander setzen."

Wie zwei Chefredner auf einem Parteitag der chinesischen KP tänzeln Oskar und Gerd in ihren Reden umeinander herum. Noch in der Nacht vor dem Auftritt von Schröder hatten Hombach und Schröders Pressesprecher Uwe-Karsten Heye dessen Rede umgeschrieben, um sie inhaltlich mehr an die sehr traditionelle, sehr werteorientierte Rede Lafontaines anzupassen und keine Stichworte zu liefern für programmatische Grundsatzdebatten.

Die früher so diskussionsgierige Partei soll in dieser Phase des Marsches an die Macht nicht darüber streiten, was nach der Bundestagswahl gemacht werden soll. Müntefering ist darum bemüht, beiden Kandidaten durch die Delegierten das gleiche Sympathiemandat zukommen zu lassen, darum gibt er vor den Wahlen zum Parteivorstand die Parole aus, den Kandidaten Schröder „breit durchzuwählen" und ihm so bereits im ersten Wahlgang die nötige Mehrheit für den Parteivorstand zu verschaffen. Das ist nötig, weil Schröder im Gegensatz zu Lafontaine bei vielen Delegierten und SPD-Mitgliedern Misstrauen erregt. Sie nehmen ihm übel, dass Schröder zum Medienliebling wurde, durch öffentliche Kritik an der SPD und deren Repräsentanten. Besonders die SPD-Intellektuellen und Alt-68er drohen damit, einen Kanzlerkandidaten Schröder nicht zu unterstützen und den Wahlkampf zu boykottieren.

Ängstlich meidet der sonst gern provokative Schröder in seiner Rede Streitpunkte, selbst für eine Ausbildungsplatzabgabe von Unternehmen ist er plötzlich. Er wirkt so parteifromm, dass Delegierte sich öffentlich wundern über den braven Parteisoldaten, von dem jeder weiß, dass er anders denkt, als er redet. Immerhin, sie versuchen immer wieder demonstrativ zu klatschen, die Delegierten sind sichtlich bemüht, ihn zu mögen, besonders als er verspricht, wenn die SPD regiere, solle das Leben der Menschen „leichter, besser und hoffnungsfroher" werden, „auch reicher und sicherer". Und er sagt: „Wir werden ein tolles Mannschaftsspiel liefern." Beifall. Das liest er, wie alles, vom Blatt ab. Und Müntefering ist hinterher zufrieden: „Gut, dass er sich an den Text gehalten hat."

Das Beste für die SPD wäre, so fasst ein Delegierter den Parteitag der Unentschlossenheit zusammen, wenn „Schröder Kanzlerkandidat und Lafontaine Kanzler" werden würde. Das Zweitbeste wäre, so äußern viele Delegierte und die meisten Bundestagsabgeordneten, wenn Lafontaine noch einmal gegen Kohl anträte. Auch Johannes Rau, der inoffizielle Parteipräsident, soll sich gegen Schröder ausgesprochen haben. Die Führungsgremien der Partei und nicht die Medien sollten den Kandidaten der SPD bestimmen, so argumentiert Rau.

Tatsächlich aber werden die Wähler in Niedersachsen den Kanzlerkandidaten küren. Wenn Schröder bei den Landtagswahlen am 1. März – so haben sich Oskar und Gerd drei Tage vor der Wahl im Braunschweiger Restaurant „Ritter St. Georg" verständigt – ein gutes Ergebnis erzielt, soll er es sein, bei einem sehr schlechten Ergebnis soll es Lafontaine werden. Oder eine Frau, die Lafontaine ausgucken soll. Was ein gutes und was ein schlechtes Ergebnis ist, darüber müssen sich die beiden am Wahlsonntag verständigen.

1. März 1998, Hannover

„Hallo, Kandidat", sagt Oskar Lafontaine am Telefon, noch bevor die Hochrechnungen keinen Zweifel mehr lassen an einem überwältigenden Sieg. Knapp 48 Prozent – nicht nur für die SPD, sondern vor allem für Gerhard Schröder. Ein Niedersachse solle endlich Kanzler werden.

Es ist Lafontaines zweiter Anruf in Schröders Dachwohnung. Schon gegen 16 Uhr hatte er, als die Institute erste Trends meldeten, ein paar nette Worte verloren. Schröder macht sich auf in sein Büro in der Staatskanzlei, wo Lachshäppchen stehen und Champagner, Marke „Paul Eveque". Monatelang hat er sich allenfalls mal einen Schluck gegönnt.

Um ihn herum fiebern Gattin Doris Köpf, Bürochefin Sigrid Krampitz, Sekretärin Doris Scheibe, Amtschef Frank-Walter Steinmeier, Wirtschaftsstaatssekretär Alfred Tacke, Regierungssprecher Uwe-Karsten Heye, Schröders Freund, der Anwalt Götz von Fromberg – die politische Familie.

Auf dem schwarzen Ledersofa hat sich Bodo Hombach ausgebreitet, das Handy unentwegt am Ohr. Im Siegesjubel versuchen die Hannoveraner, den Mann aus NRW nicht für einen Fremdkörper zu halten. Lafontaines dritter Anruf, der offizielle: Glückwunsch von Ministerpräsident zu Ministerpräsident.

Schröder geht erst spät hinüber in den Landtag. Journalisten aus aller Welt haben ihre Satelliten-Ohren aufgebaut, allein für den NDR sind 200 Kräfte im Einsatz. „Dieser Tag ist natürlich schon eine Wucht", sagt Schröder, „die Ära Kohl ist zu Ende."

Der ewige CDU-Kanzler hatte kurz zuvor noch Wetten auf den

Kandidaten Lafontaine abgeschlossen. Verloren. Dabei hatte er selbst 1993 am Rande der Hannover-Messe auf einen Bierfilz gekritzelt: „Schröder wartet bis 1998."

2. März, Bonn

Die Mitarbeiter des Parteivorstands haben sich im Ollenhauer-Haus zum Jubelspalier aufgereiht – Gerd ist der Größte, aber ohne Oskar ist alles nichts. Schröder und Lafontaine machen den Eindruck, als sei die Eindeutigkeit des letzten Abends nur ein kurzer Traum gewesen. Sieben Monate muss das Duo fehlerfrei seinen Paarlauf absolvieren.

An diesem Montag, kurz nach eins, kann sich der Sieger, sonst nicht gerade das Idol der SPD-Gremien, der Händeschüttler kaum erwehren. Will er auch nicht. Johannes Rau, der nordrhein-westfälische Ministerpräsident, rückt an seine Seite: „Wir lassen nichts mehr anbrennen."

Seit Herbst 1997 hatte ein Fünfergremium aus Rau, Scharping, Lafontaine, Schröder und Müntefering die gegensätzlichen Interessen der SPD-Spitzengenossen abgestimmt, von nun an bestimmt das Trio Lafontaine, Schröder und Müntefering den Kurs.

Der Vorstand bestätigt den Kandidaten durch Wahl, drei Genossen enthalten sich der Stimme. Eine Stunde lang beantwortet ein aufgekratzter Schröder danach die Fragen der Journalisten. Das Programm sei abgestimmt. Im Fall des Sieges würde die Kürzung der Lohnfortzahlung zurückgenommen, die Rentenreform korrigiert, das Steuersystem modernisiert.

Oskar Lafontaine sitzt schweigend daneben, er hört, lächelt und nickt zuweilen. Manchmal flüstert er Schröder etwas zu, bevor der antwortet. Nur eine Frage beantwortet der Saarländer selbst: als es um die Wirtschaftspolitik geht. Schröder schiebt den Unterkiefer vor: Haifischlächeln. Am Rande murmelt ein Lafontaine-Fan, dass es nun ganz wichtig sei, den Kandidaten programmatisch einzumauern.

8. März, Magdeburg

Es ist der größte anzunehmende Unfall. Sieben Monate vor der Bundestagswahl haben die grünen Delegierten ihren Bald-Ministern auf dem Marsch in den Kabinettssaal ein Bein gestellt. Sie haben gegen die Beteiligung von Bundeswehrsoldaten an internationalen Militäreinsätzen gestimmt und für die Auflösung der Nato. „Jetzt bin ich die

Außenministerdiskussion los", kommentiert Fischer den Beschluss sarkastisch.

In einer mitternächtlichen Krisenrunde versuchen die Führungs- grünen hinter der Bühne des Parteitages die Fassung wiederzufinden. Es ist Fischer, der als Erster den Weg zur Macht wiederfindet. Dann müssten eben die Bundestagsabgeordneten bei der anstehenden Ab- stimmung im Parlament über die Beteiligung von Bundeswehrsolda- ten am Uno-Einsatz in Bosnien allein und nach ihrem Gewissen ent- scheiden. Und später versichert Trittin den Delegierten, trotzig und unter Pfiffen, die Regierungsfähigkeit der Grünen sei mit der Ent- scheidung keineswegs gefährdet.

Weil die Delegierten auch noch beschlossen haben, den Benzinpreis in den nächsten zehn Jahren auf fünf Mark pro Liter anzuheben, han- deln sie sich allerdings von Schröder die Verwarnung ein, sie müssten erst einmal ökonomische Vernunft erlernen, und der SPD-Fraktions- chef Scharping tut die grünen Beschlüsse als absurd und abwegig ab.

Fischer wiederum hält der SPD vor, ihre Politik für die „neue Mitte" sei ein nichtssagender Begriff, sie habe wenig Inhalt zu bieten und setze zu sehr auf Personalisierung. „Ihr werdet aus mir keinen Gerhard Schröder machen", ruft Fischer den Delegierten zu.

14. März, Saarbrücken

Rau fährt in der Staatskanzlei vor, ihm geht es um das erstrebte Bun- despräsidentenamt. Danach ruft Lafontaine den Kollegen in Hanno- ver an: Rau wolle den Platz als Ministerpräsident für seinen Wirt- schaftsminister Wolfgang Clement räumen. Schröder reagiert begeis- tert: Clement, der den Ruf eines Machers und Modernisierers hat, wünscht er sich als Verbündeten im 18-Millionen-Land NRW. Die Botschaft heißt: „Etwas Neues beginnt." Lafontaine weist Schröder darauf hin, dass Rau die Unterstützung bei der Wahl zum Staats- oberhaupt erwarte. „Das war der Preis", erklärt Schröder später.

16. März, Autobahn Bonn–Düsseldorf

Auf dem Beifahrersitz seines Dienst-BMW qualmt der Preussag-Ma- nager Bodo Hombach eine dicke Zigarre. Sein Handy klingelt. „Noch nicht?", fragt er knapp, brummt und pustet schwere Rauchwolken aus. Er erwartet eine wichtige Nachricht.

Hombach hat die SPD-Wahlkampfzentrale in Bonn inspiziert. In der Kampa arbeiten seit September letzten Jahres 60 Parteiarbeiter und Meinungsforscher, Werber und Journalisten und planen den Marsch ins Kanzleramt. Neun Werbe-, PR- und Forschungsunternehmen setzen um, was sich die Strategen ausdenken. Von seinem Büro im zweiten Stock aus wendet sich Kampa-Leiter Müntefering jeden Morgen übers Computernetz an die tausend Multiplikatoren der Partei, wünscht „einen arbeitsreichen Tag" und speist die Tagesargumente in die Hirne.

Intranet heißt das verschlüsselte Kommunikationsnetz der Partei, mit dem die Kampa die wichtigsten Mitglieder in den Bundesländern an der kurzen Leine der digitalen Argumentationshilfe führt.

Hombach ist auf dem Weg ins heimische Mülheim. Später, in der Abenddämmerung, kommt endlich der ersehnte Anruf. Johannes Rau hat bekannt gegeben, dass er zur Sommerpause sein Amt dem Wirtschaftsminister Wolfgang Clement übertragen wolle. Rau legt Wert auf den Hinweis, dass kein Zusammenhang mit der Wahl des Bundespräsidenten ein Jahr später bestehe. Über derlei Unterstellungen hat sich der fromme Christ Rau sehr geärgert. Hombach kehrt bei seinem Lieblings-Japaner in Düsseldorf ein, isst Sushi und genehmigt sich Sake.

17. April, Leipzig

525 Delegierte im Hollywood-Rausch. Exakt um 10.15 Uhr verdunkelt sich der Parteitagssaal, der in königlichem Blau und majestätischem Rot gehalten ist. Leise Musik erklingt, steigert sich zum Crescendo. Ein gefälliges Video flimmert über mehrere Großleinwände: satte Felder, Kinder, schnelle Züge, Handys. Dann erscheint der Kandidat, markig. „Lichtstimmung IV", befiehlt der Regieplan. Wahlkampfchef Franz Müntefering und seine Mannen haben ein Ziel: Gänsehaut für jeden, wenn Gerhard Schröder und Oskar Lafontaine Seite an Seite im gleißenden Licht durch den halbdunklen Saal zum Podium schreiten und laut Regie „winken bis zum Ende der Musik".

Gerade mit dieser glitzernden Show wird für einen Moment das sozialdemokratische Ideal vom ehrlichen, warmen, echten Miteinander Wirklichkeit. „Oskar Lafontaine, dir danke ich für die Disziplin, die Vernunft, ja die Selbstlosigkeit", sagt Schröder. Er meint es ernst, als er den Satz sagt, der den zynischen Lafontaine zutiefst rührt: „Ich danke dir vor allen Dingen für die Freundschaft."

Es ist der große Vereinigungsparteitag. Schröder vereint sich mit Lafontaine, Hombachs Sozialreformer mit Münteferings Marketing-künstlern, und Helmut Schmidt vereint sich mit all den sozialdemo-kratischen Alt-68ern, die ihm die Politik zur Hölle gemacht haben, als er regieren musste. An diesem Tag dient Schmidt den im Saal versam-melten Delegierten als noch lebender Beweis dafür, dass Sozialdemo-kraten es tatsächlich bis in den Kanzlersessel schaffen können. Und der Altkanzler ist so gnädig, über „Pershing II", „Sekundärtugenden" und all die anderen Narben seiner Regierungszeit hinwegzusehen, weil Schröder – auch einer von denen, die ihm zugesetzt haben – nun so redet wie er damals. „Realismus und Tatkraft sind uns wichtiger als Ideologie", verspricht der Kanzlerkandidat und kündigt an, „wir wer-den manchen Wunsch aufgeben, manche Forderung zurückstellen und manche Vorstellung einmotten müssen".

Die Schar der Delegierten ist so brav und gibt sich so meinungslos, dass Schmidt wehmütig werden muss und Trittin danach Journalisten in die Blöcke diktiert, die SPD sei „auf dem besten Weg, sich zum Kanzlerwahlverein zu entwickeln".

Als sich der Trockeneisnebel der Vereinigungsfeier allerdings ver-zogen hat, kommt die Kälte des Machtkampfes wieder hoch. Hom-bachs Erneuerer haben das Parteitagsmotto „Die Kraft des Neuen" gegen den Widerstand von Münteferings Leuten durchgesetzt, die woll-ten lieber „Die neue Mitte". Schnell macht der Weltkonzern Siemens aber klar, dass das Unternehmen schon lange mit dem Slogan „Kraft des Neuen" werbe. Diese Kleinkriege zwischen Hombach und seinen Leuten setzen Müntefering zu, und da Schröder sich gern über den Mann mit der komischen Frisur, dessen seltsame Jacketts und Rauten-muster-Pullover lustig macht und als „Designerklamotten von C&A" verspottet, hat der Bundesgeschäftsführer immer weniger Lust, diesem Kandidaten zu dienen. Bei einer Beratung in der saarländischen Lan-desvertretung hat Schröder Müntefering angeraunzt: „Du hast doch keine Ahnung von Wahlkämpfen." Müntefering denkt wochenlang an Rücktritt und ist sich mit Clement einig, Minister in dessen Regierung zu werden. Aber schließlich läßt er sich von Lafontaine überreden, Generalsekretär zu bleiben.

Von Horst Ehmke, Brandts Kanzleramtsminister, hat Müntefering den dringenden Rat erhalten, Schröder müsse schon jetzt entscheiden, wer sein Kanzleramtsminister sein soll, damit der die ersten Monate des Regierens ab sofort inhaltlich und personell vorbereiten könne. Lafontaine will, dass Müntefering Chef des Bundeskanzleramts wird, doch der erklärt, nach einem heftigen Streit mit Schröder um Wahlplakate: „Mit dem mache ich das nicht!" Lafontaine schlägt Peter Struck vor, doch Schröder mault: „Der quatscht mir zuviel", stimmt dann doch zu, lässt aber diese zentrale Personalie monatelang offen, entscheidet sich erst am Tag der Bundestagswahl gegen Struck. Und macht so – sechs Monate vor seinem Amtsantritt – bereits den ersten groben Fehler seiner Amtszeit.

18. Juni, Bonn

102 Tage, 1 Stunde, 23 Minuten zeigt die digitale Fassadenuhr an, als Müntefering im Hof der Kampa feierlich die Wahlkampfplakate für die heiße Phase enthüllt. Die neue Parteisängerin Anne Haigis treibt die Gäste mit ihrem Lied „Keiner hält uns jetzt noch auf" schnell in jene Ecke, die am weitesten von den Lautsprechern entfernt ist. Dort hat das Festkomitee das Freibier deponiert.

Mit gequältem Gesicht und solidarischem Lächeln versucht ein auffallend gut gekleideter Mann die Phonwellen zu ignorieren. Er ist der Star dieser Premiere. Kaum einer der 150 Gäste kennt ihn. Er heißt Detmar Karpinski und ist der Kreativdirektor des SPD-Wahlkampfs und der Werbeagentur KNSK, BBDO. Unter zehn Agenturen hat das SPD-Präsidium die Hamburger Werber ausgesucht, weil sie so wenig von Politik verstehen wie jeder Wähler.

Sie sind bekannt geworden, weil sie originell geworben haben für die Zigarette „Lucky Strike", das Waschmittel „Weißer Riese" und die „Süddeutsche Klassenlotterie".

Für die Werber sah die SPD Ende 1996, als sie den Auftrag übernahmen, aus wie eine von Termiten zerfressene Baracke: windschief, offene Tür, offene Fenster. Auf die Frage, ob die SPD noch eine Zukunft habe, antworteten damals nur 26 Prozent der Bevölkerung mit Ja. Ein von Selbstzweifeln durchlöcherter Haufen, dem man erst mal eine Kampagne zur Mitgliedermotivation verordnen musste. 800 000 Parteimitglieder sollten veranlasst werden, sich selbst mit der Frage zu beschäftigen: „Wollen wir überhaupt noch was?" Die Antwort war der Wahlkampfslogan: „Wir sind bereit."

Werbung für eine Partei, sagte Karpinski den Konkursverwaltern der SPD, müsse man anlegen wie für ein Markenprodukt, also vor allem langfristig. Wie bekommt man desinteressierte Bürger dazu, mit ihrer Stimme eine Partei zur Regierungspartei zu machen, der von 74 Prozent der Bevölkerung keine Zukunft gegeben wird? – das war vor eineinhalb Jahren die Ausgangslage für die Werbeagentur.

Aus 20 politischen Themen ermittelten die Meinungsforscher sechs Bereiche, die den politikmüden Deutschen noch am ehesten interessieren: Arbeitslosigkeit, Sozialstaat, Gesundheitspolitik, Familienpolitik, Jugendpolitik, Rentenpolitik. 2000 von denen, die der SPD Politik abkaufen sollen, wurden von den Forschern regelmäßig befragt – so kann man feststellen, wie man vorankommt bei der Überzeugungsarbeit und warum nicht.

Die Wähler sind Schröders heimliche Wahlkampfmanager, sie diktieren den Meinungsforschern, dass der Kandidat außenpolitisch unerfahren wirkt – also reist er nach Jerusalem, Warschau, Paris und nach Washington. Sie finden seine programmatischen Vorstellungen unklar – also tourt er mit „Klartext"-Veranstaltungen durch die Städte.

Politik zu verstehen als das Messen von Images, das Besetzen von Themen, das Verkaufen von Argumenten – darin verstand sich Karpinski sofort mit dem Kampa-Chef Müntefering und dessen Vordenker Machnig. Der 38-jährige Soziologe ist für den Werber der ideale Kunde – beide eint der Glaube an die Planbarkeit von öffentlicher Meinung: Mache diesen Kongress, lanciere jene Nachricht, und du wirst diesen und jenen Ausschlag in den Meinungskurven bekommen.

Auf der Kampa-Party zu Ehren der ersten Wahlplakate werfen sich Karpinski und Machnig Sätze zu, die viele SPD-Wähler und viele SPD-Mitglieder nicht verstehen würden; so sprechen die Drehbuchschreiber für das, was den Bürgern erscheint wie das Ringen um politische Lösungen.

Die wenigsten Wähler können genau sagen, für welchen Wechsel dieser gut gekleidete, markante, zupackend sprechende Kandidat steht. „Noch kein klares eigenständiges Kompetenzprofil", attestieren die Meinungsforscher der Kampa ihm und der SPD. Viele Wähler haben aber gelernt, dass er die „innovativen Kräfte der Republik zusammenführen will", wie es Machnig ausdrückt.

Das Geheimnis dieser kollektiven Lernprozesse liegt nicht in den 54 Millionen Mark, die die SPD ausgibt für Anzeigen, Kongresse, TV-Spots und andere Inszenierungen; sie hinterlassen im Bewusstsein nur dann Spuren, wenn sie von den Medien umgesetzt werden in Nachrichten, Storys und Kommentare.

Erfolgreiche politische Werbung muss so sein wie die Werbung des Pulloverfabrikanten Benetton: Sie muss den Sprung schaffen in den redaktionellen Alltag der Medien, und das schafft sie nur, wenn sie das Sensations-, das Klatsch- oder gar das Informationsbedürfnis der Journalisten befriedigt.

All das hat die Werbestrategie der SPD seit Anfang 1997 geschickt bedient. Für sich genommen mögen ein Riesenkürbis oder die übergroße Badehose des Kanzlers oder andere Scherze politische Kleinkunst sein, in der Summe lassen sie die SPD kreativer, offener und zukunftsorientierter erscheinen als die Regierungspartei.

Nur 30 Prozent der Wähler trauen der SPD zu, die wirtschaftlichen Probleme zu lösen, aber 41 bis 44 Prozent wollen sie derzeit wählen – das zeigt, wie wenig der Wähler heutzutage verlangt von einer Partei, die das Land regieren soll. Der CDU trauen nur noch 20 Prozent zu, die Wirtschaftskrise zu meistern.

Im Juni, Köln

Ein neuer Mann rückt in den engeren Zirkel der Ideengeber Schröders vor. Es ist Wolfgang Streeck, Direktor am Max-Planck-Institut für Gesellschaftsforschung in Köln. Er arbeitet eng mit Walter Riester zusammen, dem stellvertretenden Vorsitzenden der IG Metall und Mitglied in Schröders Schattenkabinett. Sie suchen nach neuen Konzepten für den Sozialstaat.

Ihnen ist klar, dass es die Unternehmen überfordert, wenn die Beiträge für die Sozialversicherungen weiter steigen, was angesichts von demografischer Entwicklung und Massenarbeitslosigkeit unvermeidbar erscheint. Riester und Streeck denken daran, dass die Arbeitnehmer einen Teil ihrer Rente über Tariffonds selbst ansparen. Sie denken auch daran, die Sozialversicherungen weitgehend über Steuern zu finanzieren.

Streeck ist ein schlanker Mann mit dunklem Haar und einem Schnurrbart. Er redet präzise und tauscht sich häufig mit Rolf Heinze aus. Auch er wird von Hombach nach Noordwijk eingeladen und isst beim Denken Hering. Mit anderen zusammen entwirft er Ideen für Reden von Schröder.

Streecks Vorstellung von einer Rede des Kanzlerkandidaten sieht ungefähr so aus: dem Volk und der SPD sagen, dass eine harte Zeit bevorsteht, dass sich viel verändern, dass jeder Einbußen hinnehmen muss, damit der Wohlstand insgesamt erhalten bleibt. Dann im Groben aufzählen, was zu tun ist: nicht Einzelmaßnahmen nebeneinander stellen, sondern großes, vernetztes Handeln.

Von Schröder hört er diese Rede nicht. Auf Wahlkampftour sagt der Kandidat nicht, was er meint. Der Kandidat redet, um zu testen, was er am besten meinen soll, damit er die Wahlen gewinnen kann. Streeck ist beunruhigt.

Als sich Schröders Schattenkabinett trifft, geht es nicht um Inhalte. Es geht darum, Fotos machen zu lassen.

26. Juni, Bonn

Müntefering stellt eine Garantiekarte vor, auf der Schröder den Wählern mehr Arbeitsplätze, mehr Innovationen und mehr Steuergerechtigkeit verspricht. Das Problem: Schröder hat davon nichts gewusst, schon gar nicht vom Punkt neun: „Kohls Fehler zu korrigieren bei Renten, Kündigungsschutz und Lohnfortzahlung im Krankheitsfall". Hat Lafontaine das eingefädelt?

2. Juli, Bonn

Draußen zählt die Uhr noch 88 Tage, 8 Stunden, 55 Minuten, drinnen sitzen die Abteilungsleiter der Kampa im War-Room, um wieder mal die heiße Phase des Wahlkampfs zu besprechen. Machnig, Münteferings Stratege, hat die elf Leute um sich versammelt, die in den nächsten Wochen umsetzen sollen, was seit September letzten Jahres geplant worden ist.

Bei 38 Prozent lag die SPD im Oktober letzten Jahres, dann stiegen die Werte wie der Aktienkurs eines maroden Unternehmens, das von einem berüchtigten Sanierer übernommen wurde. Und nun zittern die Firmenmanager vor dem Crash, weil sie wissen, dass ihr Laden noch der alte ist und zu hoch bewertet wird.

Und was Schröder falsch machen kann, ist seinen Managern auch klar: in seiner Rolle als Moderator aller Gutmütigen, Gutmeinenden und Gutwilligen zu konkret zu werden und relevante Wählergruppen zu verprellen.

Nach der verlorenen Wahl 1972 machten die CDU und ihre Demoskopin Elisabeth Noelle-Neumann die „Schweigespirale" für den Sieg der SPD verantwortlich: Der eigentlich zur Union tendierende Wähler habe sich in der öffentlichen Meinung nicht wiedererkannt und habe deshalb, um zu den Gewinnern zu gehören, letztlich SPD gewählt. Schon vor der Wahl erklärt die CDU diesmal mit Noelles Geschäftsführerin Renate Köcher die SPD-Erfolge mit dem Wirken der „Show-Spirale": Der Wähler werde von einer Medienstrategie geblendet, in der „die Wahlkampfführung selbst als Ereignis inszeniert" werde und Programme unwichtiger seien als Showeffekte.

Nur 36 Prozent der Bevölkerung glauben noch, dass sich Wähler in erster Linie von Inhalten beeinflussen lassen, meint die Wahlkampfberaterin Kohls, und deshalb setze die SPD auf „Medienwirkung" und „die Entwicklung der Gesellschaft zur Oberflächlichkeit". Die Strategin der Union attestiert der SPD, sich besser auf die Mediengesellschaft eingestellt zu haben, die von der CDU durch die Privatisierung des Fernsehens wesentlich geschaffen worden ist.

Wer sich in dieser Medienlandschaft durchsetzen will, braucht Ministerkandidaten, die auch in einer Daily Soap auftreten könnten, braucht eine Politik, die man in einem 30-Sekunden-Spot erklären kann, und braucht Regisseure, die etwas von Inszenierung verstehen – die CDU hat nichts von alldem.

10. Juli, Bonn

Die Wahlkampfuhr steht auf 80 Tage, 7 Stunden, 5 Minuten, als Schröders persönlicher Medienagent, Uwe-Karsten Heye, mal wieder Hand anlegen muss an das Regierungsprogramm eines Schröder-Kabinetts. Am Abend soll das Ministerteam in der Bonner Saarland-Vertretung zusammenkommen, um den Entwurf eines Regierungspapiers zu beraten, das mal Hundert-Tage-Programm hieß, aber nun ein Jahresprogramm werden soll. Die Haushaltsexperten der Fraktion haben auf die Bremse getreten.

Jost Stollmann, als neuer Wirtschaftsminister ausgeguckt, wird nicht an der Schattenkabinettssitzung teilnehmen, er ist nur als mächtiger Schatten anwesend. Schröder hat den Mann, der Deutschlands Wirtschaft umkrempeln soll, an der Partei und an der Kampa vorbei inthronisiert und lässt den Agent provocateur nun das Lernprogramm abspulen, das auf die SPD und die Gewerkschaften wirken soll wie eine Gehirnwäsche.

Das Programm lautet: In der heutigen Zeit gibt es nur eine Politik, und das ist die Politik aller vernünftigen Leute, egal, in welcher Partei sie sind, und diese Politik macht man, indem man – unbehindert durch Wünsche, Traditionen und Parteitage – neue Lösungen für uralte Probleme findet.

Wie der Schwafler irgendeiner Sekte wirkt dieser Stollmann auf die politische Klasse der Republik, und an diesen Sound müssen sich auch die Kampa-Strategen erst gewöhnen. Er führt seinen eigenen Wahlkampf, und da auch Schröder weitgehend in eigener Regie agiert, ist für die Wochen bis zur Wahl noch mit mancher Überraschung zu rechnen.

Stellvertretend für Lafontaine und Schröder tobt in und um die Kampa ein wüster Kampf. Für Schröders Männer, Hombach und Heye, sind die Kampa-Dynamiker wie kleine Kinder auf dem Geburtstag.

Schröder hält die Kampa bis zuletzt für ein Lager der Lafontainisten: „Die tricksen da doch wieder", sagt er oft. Müntefering müht sich um „Äquidistanz". Kandidat und Parteichef bekommen zeitgleich alle Entwürfe für Plakate, Spots, Slogans. Und Schröder fordert bei jeder Gelegenheit: „Lasst den Oskar da noch mal draufgucken." Das Bild, das die Kampa von Schröder entwickelt, halten die Hannoveraner für absurd. Schröder-Freund Heye verlässt kopfschüttelnd eine Strategie-Sitzung in Bonn: „Diesen Kandidaten, den ihr da schildert, den kenn ich nicht."

Die großen Entscheidungen seiner Kampagne trifft Schröder ohne den Kampa-Chef Müntefering, und wenn er beispielsweise mit dem Theaterintendanten Jürgen Flimm berät, wie er die geistige Elite der Republik zu Verbündeten machen kann, sitzen nicht die Kampa-Strategen in der Runde, sondern Heye und Hombach.

Die Kampa hat zwar die Schienen gelegt, auf denen die SPD ins Kanzleramt rollen soll, aber Hombach gibt sich nun viel Mühe, als der große Lokomotivführer zu erscheinen. Er bestimmt, im Profilierungswettkampf mit Heye, wann Schröder wie durch die Medien rauschen muss. Nach Kohls Parteitagsrede platzierte er eine Antwort von Schröder als Anzeige in der „Frankfurter Allgemeinen", die wöchentlichen SPD-Annoncen in der „Bild"-Zeitung jedoch, von der Kampa erdacht, stoppte er – Schröder soll den „Bild"-Lesern lieber in Interviews begegnen.

Eigentlich wollte ein siebenköpfiges Leitungsgremium alle Kräfte der SPD bündeln, sollte Partei, Fraktion und den Kandidaten koordinieren, doch seit dem Vereinigungsparteitag in Leipzig streben die Kräfte auseinander. Die Kampa organisiert die Wahlkampfveranstaltungen und die Wahlwerbung; der Kandidat, flankiert von Hombach und Heye, führt seinen Medienwahlkampf; die Fraktion bereitet das Regieren vor und verteilt in Gedanken gehobene Beamtenposten; und die Mitglieder des Präsidiums arbeiten die Enttäuschung darüber ab, wie wenige von ihnen in Schröders Schattenkabinett sitzen.

23. Juli, Bonn

Noch 67 Tage, 4 Stunden, 50 Minuten sind es bis zum Beginn der Stimmenauszählung, als der Kandidat in Nürnberg einen seiner ersten kleinen Wahlkampfauftritte zelebriert.

In Bayern sind zwei Wochen vor der Bundestagswahl Landtagswahlen, und deshalb kann Schröder in der Meistersingerhalle vor 200 Frauen und ein paar Dutzend Männern eine Sparringsrunde einlegen. Drei Stunden lang hat er engagiert zugehört, hat den Frauenexpertinnen und Familienforschern gelauscht bei ihren Debatten über den „Menschenstandort Deutschland" und die Notwendigkeit einer starken Frauenbewegung.

Dann redet er in schönen, einfachen Worten darüber, wie schlau er zugehört hat. Zwischen seinen Sätzen tröpfelte sie zwischen die Wählerinnen und Wähler, die geheime Botschaft des Kandidaten, die in allen Reden, auf allen Plakaten, durch alle Auftritte verbreitet wird, ohne dass Schröder sie ausspricht. Sie lautet: „Ich weiß nicht genau, was ich nach dem 27. September als Kanzler machen werde, aber es wird unterhaltsamer für euch als mit dem alten Kanzler."

Er ist gut. Er redet wie ein kluger Kanzler. Die Leute starren ihn an, als lauschten sie einem Burschen, der perfekt Luftgitarre spielt. Und am Ende klatschen sie so laut, als wünschten sie, ihn nach dem 27. September mal mit einer richtigen Gitarre zu erleben.

5. August, Washington

Vor seinem Besuch bei US-Präsident Bill Clinton ruft Gerhard Schröder zu Hause bei Gattin Doris an, die Geburtstag hat. „Da wollen dir welche gratulieren", sagt der Kandidat, hält das Handy den zwei Dutzend Journalisten entgegen und schwingt die Arme wie ein Dirigent. „Happy birthday to you", intonieren die Medienvertreter folgsam, „Happy birthday, liebe Doris." Schröder grinst breit. „Na, habt ihr alles?", fragt er die Kameramänner. Die nicken. Deutschland gehört ihm. Fast jedenfalls.

19. August, Berlin

Der Grauhaarige auf der Bühne des Brecht-Theaters hat eine lustige Geschichte zu erzählen: Zwei Kerle haben ihm das Bein gebrochen. Das fand seine Frau gut, weil ihr Mann danach zwei Monate lang zu Hause herumsitzen musste. Er selbst, der Filmemacher, fand es auch gut, weil durch den Beinbruch jener Film in die Schlagzeilen geriet, der Anlass war für den Überfall: Der Film porträtiert den Präsidenten Belorusslands, und der hatte ein paar Knochenbrecher ins Filmstudio geschickt. Eine richtig lustige Geschichte also, und deshalb steht Jurij Chaschtschewatski im Kegel eines Scheinwerfers und lacht über sich und über die List des Lebens und die Dummheit der Macht.

Vor ihm im Parkett sitzt der Kanzlerkandidat der SPD, schaut zu ihm hinauf und lacht mit. Auch Rut Brandt, die schöne Witwe, lacht. Und Ben Kingsley, der britische Schauspieler, lacht. Senta Berger lacht, Roger Willemsen lacht, und der Nobelpreisträger Elie Wiesel lacht natürlich auch.

Die Künstler und Intellektuellen im dunklen Theatersaal freuen sich mit diesem Filmemacher, dem seine Kunstfertigkeit die Beine brach. Wie ein Bote aus jenen schönen Sechzigern, als sich viele deutsche Künstler verstanden als Kämpfer wider die Macht, kam Chaschtschewatski den Leuten im Saal vor, und darum applaudierten sie ihm und sich.

Um den Dialog zwischen Macht und Geist wieder aufzunehmen, sind Künstler und Intellektuelle aus allen Teilen der Republik ins Brecht-Theater gekommen und überschütten jenen Machtmenschen mit Beifall, der den meisten von ihnen zu machtgeil ist, der ihnen aber die Chance gibt, der Macht etwas näher zu sein. Gerhard Schröder soll Bundeskanzler werden; der Montagekünstler Klaus Staeck und andere bewährte sozialdemokratische Kulturkulis haben deshalb Mensch und Talk und Prominenz zu einem Potpourri gemischt, das Schröder den Weg ins Kanzleramt ebnen soll.

Weshalb der Kandidat sich umzingeln lässt mit Kulturgrößen, wird deutlich, als er selbst ins Rampenlicht tritt. Seine Rede über die Kulturpolitik einer neuen Bundesregierung ist so bescheiden, dass sie von Kohl hätte sein können, wenn Schröder nicht so schlau gewesen wäre, bescheiden zu sein: Er präsentiert sich als der kleine Junge aus dem einfachen Volk, der sich jedes Buch vom Mund absparen musste, ehrfürchtig große Bilder angestarrt habe und Kultur immer erlebt habe „als Arbeit an mir".

Am Nachmittag, als Schröder im Willy-Brandt-Haus drei Stunden lang seinen intellektuellen Wahlhelfern dabei zuhörte, wie sie nach Argumenten suchten, ihn mögen zu müssen, sah man seinem Gesicht an, wie schwer es in ihm arbeitete. Den Dialog gesucht hat er nicht in jenen Stunden, er, von dem man nach seinen inzwischen rundum verteilten Dialogangeboten nicht mehr weiß, ob er sich als Kanzler oder als Talkmaster bewirbt.

Es sei Provokation genug, begründet er später seine Schweigsamkeit, wenn er einfach nur dasitze, er müsse nicht durch Worte reizen, schon gar nicht diejenigen, die vor Monaten geschworen hatten, den Kanzlerkandidaten der SPD auf keinen Fall zu unterstützen, wenn er Gerhard Schröder heißen sollte.

„Willy wählen" wollten die Intellektuellen und Künstler, die in den sechziger und siebziger Jahren für Brandt trommelten, schrieben und sangen; nur noch „Helmut weg" wollen diejenigen Geistesgrößen, die nun nach Berlin eilten oder Grußworte schickten. Ob Paul McCartney, Martin Scorsese, Paul Auster, Roman Polanski oder Jeanne Moreau den Kandidaten Gerhard Schröder und seine Wahlvorhaben kennen, weiß man nicht, aber sie kennen Helmut Kohl, und das reicht offensichtlich, um seinem Herausforderer die Hand zu reichen.

Deutschland nicht mehr repräsentiert zu sehen durch die Fleisch gewordene Bräsigkeit, das ist das Programm dieser programmlosen Abwahlinitiative. Die Willy-Wähler wollten die Bundesrepublik liberalisieren und eine neue Ostpolitik durchsetzen; die Gerhard-Wähler wollen auch etwas, aber wenn sich der Kandidat die Mühe gemacht hätte, die Ratschläge mitzuschreiben und abends im Bett zu einem Programm zusammenzufügen, hätte er am nächsten Morgen seinen Rücktritt bekannt geben müssen.

Jack Lang, ehemaliger französischer Kulturminister und Mitorganisator des internationalen Künstlergrübelns, hatte ein Dutzend Denker und Lebenskünstler aus Frankreich mitgebracht, deren Beiträgen man anmerkte, dass sie seit Jahren über „ein kulturell lebendiges Europa" nachdenken. Auch wenn es sich offensichtlich darin erschöpfen soll, dem „anglo-amerikanischen Imperialismus" zu widerstehen. Die deutschen Intellektuellen, die sich im Saal zu Wort meldeten, wirkten, als seien sie soeben aus dem Koma erwacht oder damit beschäftigt, gegen den Restalkohol aus der „Paris Bar" zu kämpfen.

Ein Deutscher allerdings sprach von „Aufbruch", von „Netzwerken", von „Visionen", von „Träumen", von „Lust", von „Revolution". Er redete von einer neuen Zeit, die nun anbreche, von einem neuen Deutschland, das man schaffen müsse, von einem „dritten Weg" in die „Wissensgesellschaft". Obwohl er nicht von „Kultur" sprach, sprach er von Kultur. Obwohl er nicht zu den „Kulturschaffenden" sprach, sprach er zu ihnen. Nicht im Berliner Willy-Brandt-Haus, im Berliner Hotel „Maritim" malte Schröders Wirtschaftsberater Jost Stollmann sein Bild vom „Unternehmen Deutschland". Ihm gelang es, einen Hauch von Freiheit und Abenteuer durch den Saal wehen zu lassen, er stahl denen die Show, die als Intellektuelle eigentlich den Idiotenschein haben und die Lizenz zum Spinnen, und er verbreitete eine Stimmung wie der belorussische Filmemacher auf der Theaterbühne.

Von Wirtschaftspolitik redete Stollmann so wenig, wie Schröder von Kulturpolitik redete. Er kann sich, vorsichtig geworden durch zu viel Konkretheit in den ersten Tagen nach seiner Berufung, die cyberrevolutionäre Schwafelei leisten, weil man weiß, wer er war: einer, der weiß, wie man Geld macht, und mehr Konkretheit gibt es nun mal nicht.

Er will das Wunder über die deutsche Wirtschaft mit denselben Mitteln bringen, mit denen er sein Computerunternehmen groß gemacht hat. Er sollte beachten, dass es Unterschiede gibt zwischen einem Land und einer Firma – man kann keine Leute rausschmeißen aus einem Land, nicht einmal Manager kann man entlassen, alle Führungskräfte sind verbeamtet.

Lafontaine, der neulich mit Stollmann essen war, hat vor gesprächigen Vertrauten festgestellt, dass der ehemalige Computerunternehmer nicht geeignet sei. Wer von der einen SPD-Veranstaltung in die andere SPD-Veranstaltung wechselte, wurde hin- und hergeschossen wie eine Flipperkugel. Hier die „neue Lust am politischen Engagement", da die Klage über politische Abstinenz; hier der Aufruf, da die Mahnung; hier die Chance, da die Warnung. In dem einen Saal hörte man das Zischen einer Lokomotive, die sich in Bewegung setzen will, wohin auch immer; und in dem anderen, dem Wartesaal, lauschte man dem Geplauder von fröstelnden Menschen, die sich sorgen, ob sie noch einen Platz finden im Zug, wenn's geht im Speisewagen.

Ein paar Minuten U-Bahn-Fahrt lagen zwischen der einen SPD und der anderen SPD, in Schröders Dienstwagen ließ sich die Distanz verkürzen, aber tatsächlich liegen manchmal Welten zwischen zwei Sälen. Den Terror der Ökonomie zu beklagen und gleichzeitig in jungen Unternehmern die „Avantgarde der Nation" (Stollmann) zu sehen, das ist ein politisches Kunststück, aber diesen Spagat auf einer Bühne vorzuführen, dafür reichte der Mut der Wahlkampfstrategen der SPD nicht.

Von den „Schmerzen der Innovation" hat Stollmann immerhin gesprochen und davon, dass die SPD diese den Bürgern besser unterjubeln könne als andere Parteien. Kultur sei nicht Faktor der Politik, sondern ihr Ziel, sagte Schröders Kulturbeauftragter Michael Naumann, und die SPD wolle das beweisen. Das wird lustig werden am Kabinettstisch.

In der späten Nacht, als Geist und Macht sich an der Theke der Bistro-Bar „Ständige Vertretung" mischen, als Lafontaine mit Kingsley parliert und mit Viviane Forrester und mit Katja Ebstein, nuckelt der Kandidat verlassen und geistesabwesend an seiner Havanna. Und hinter seinem Rücken loben seine liebsten Feinde diesen urigen Filmemacher, diesen Belorussen, der seinem Präsidenten die Stirn gezeigt habe, und wie mutig das von jenen SPD-Leuten gewesen sei, die Schröder misstrauen, ausgerechnet an diesem Abend einen auftreten zu lassen, der kämpft gegen diesen Despoten Lukaschenko, gegen diesen kleinen Stalin, mit dem Schröder am Rande der Hannover-Messe über Autogeschäfte und Arbeitsplätze geredet habe.

Das wird lustig werden am Kabinettstisch.

2. September

ARD-Wahlreportage „Der Herausforderer": Hombach und Heye klügeln in einem Ferienhaus an der holländischen Nordseeküste die Schlagworte für eine Rede Schröders aus. Gegenschnitt. Der Kandidat trägt just jene Worte vor. Ein verhängnisvoller Eindruck entsteht: Der künftige Kanzler wird von seinen Hintermännern ferngesteuert. Hombach ist der wahre Schröder. Er hat schließlich auch die Rau-Wahlkämpfe gewonnen. „Ich musste ihn daran erinnern, dass ich auch dabei war", spottet der SPD-Patriarch.

3. September, Bonn

Dreieinhalb Wochen vor der Wahl hält Schröder im Bundestag eine Rede in der Haushaltsdebatte. Vielleicht, denkt Wolfgang Streeck, der Direktor am Max-Planck-Institut und seit Juni einer von Schröders Ideengebern, wird der Kandidat endlich Farbe bekennen. Doch Schröder redet, wie Sozialdemokraten immer geredet haben. Den Alten „an die Rente zu gehen ist nicht nur sozial ungerecht", ruft er, „nein, es ist unanständig, was Sie da machen". Er verspricht, einen Teil von Kohls Sozialreformen zurückzunehmen.

Kohl beklage sich ja immer, dass er „nicht zu greifen" sei, wandte sich Gerhard Schröder beim letzten Rededuell im Bundestag direkt an den Kanzler. Breit und selbstbewusst baute er sich vor dem Regierungschef auf, ein Mann, ein Kinn: „Greifen Sie doch einmal."

Nie hat Gerhard Schröder seine Herausforderung als symbolisches Gesamtprojekt praller vorgeführt als in diesem Augenblick – frech, selbstbewusst, kraftvoll. Das ist der Machtmensch Schröder, einer aus dem Volk, der sich zu Wort zu melden pflegt, bevor er gerufen wird. Eine latente Aggressivität geht von ihm aus. Leben ist Willenskraft, Aufrichtigkeit ist eine Waffe, Erfolg ist machbar.

Er setzt Helmut Kohl nicht persönlich herab, er bewundert ja mächtige Männer. Und er will auch nichts grundsätzlich ändern in Deutschland, nur besser machen.

Das klingt freilich harmloser, als es ist. Denn mag auch der Altersunterschied zwischen den beiden Männern nur 14 Jahre betragen – der ehemalige Hitlerjunge Helmut Kohl und Schröder, der Aufsteiger in Adenauers Wirtschaftswunder-Nachkriegsrepublik, stammen aus grundverschiedenen Epochen deutscher Vergangenheit.

Längst weiß jeder im Lande, woher Gerhard Schröder kommt, nämlich von ganz unten. Putzfrau war seine Mutter, Hilfsarbeiter auf der Kirmes sein Vater, der im Kriege gefallen ist, wenige Tage nachdem Sohn Gerhard im April 1944 zur Welt gekommen war.

Kindheit in „Villa Wankenicht", einer Notbaracke an der Außenlinie eines dörflichen Fußballplatzes in Westfalen. Das war sein Ghetto. Der Kandidat hat die Stätte seines frühen Außenseitertums oft beschrieben. Wenn die Bälle gegen die Wand knallten, fielen die Petroleumlampen von den Wänden.

Erst hatte Schröder nur ein Ziel – mitspielen; und dann noch eins – besser sein. „Ich habe Fußball gespielt, wie Ihre Neger rennen", erzählte er später einem Amerikaner. Er rennt noch immer.

Wie weit er es inzwischen gebracht hat, ist in Wahrheit sein Thema, wenn er heute auf die Kindheit zurückgreift. Der Junge aus der Baracke. Kitt hat er von den Fenstern gefressen. Zur Zwergschule ist er gegangen. Mit dem Gerichtsvollzieher hat er sich rumgeschlagen – ein Leben wie von Gerhart Hauptmann erfunden.

Streeck ist enttäuscht von Schröders letzten großen Reden vor der Wahl. Der Kandidat gibt sich den Anschein des Reformers, aber es ist ein ungedecktes Bekenntnis. Noch hat niemand gehört, wie sich Schröder seine Regierungszeit vorstellt.

27. September, 10.30 Uhr, Hannover

Wahltag. Kanzlerkandidat Gerhard Schröder braucht für 50 Meter vom Auto zum Wahllokal mehr als fünf Minuten. Die letzten Meter führen ihn über einen ungewöhnlichen Teppich.

Der Bonner Künstler Hermann Josef Hack hat aus den Strümpfen von 600 Arbeitslosen den „Arme-Socken-Teppich" geknüpft. Schröder verspricht Hack, das Arbeitslosenproblem zu lösen. Nach der Stimmabgabe kommt der Kandidat noch einmal zurück, damit Ehefrau Doris ihn und die Jobsuchenden fotografieren kann.

Schröder scheint gelassener zu sein als bei der Niedersachsen-Wahl. Die Ehefrau auch. „Heute hat sie ihren Teller leer gegessen", sagt Schröder-Berater Bodo Hombach düster. Am 1. März, am Tag der Landtagswahl in Hannover, durfte Hombach noch die Häppchen von Frau Köpf vertilgen.

16.12 Uhr, Bonn

In der für Journalisten gesperrten Zone des SPD-Hauptquartiers, die sinnigerweise „Roter Bereich" heißt, gehen Prognosen ein, die keines der SPD-Präsidiumsmitglieder glauben will. Fünf Prozent Vorsprung vor der CDU, das kann nicht sein, und darum wird die Order ausgegeben, anfragenden Journalisten gegenüber die Zahlen zu dementieren.

Die SPD sei wohl über 40 Prozent, nur das wird bestätigt. Ab 17 Uhr tagt das Präsidium, Müntefering hat sich die Siegermütze der englischen Labour-Partei aufgesetzt. Die Stimmung ist nicht euphorisch, langsam kriecht den SPD-Oberen Angst die Beine herauf: die Angst vor der Macht, die Angst vor Rot-Grün.

17.05 Uhr, Bonn

Kurz nach 17 Uhr weiß Gerhard Schröder definitiv, dass er es geschafft hat. Manfred Güllner, Chef des Meinungsforschungsinstituts Forsa, hat im Büro des Parteivorsitzenden Lafontaine in der Bonner SPD-Zentrale angerufen. Er will dem künftigen Kanzler die Zahlen persönlich übermitteln, die offiziell erst um 18 Uhr verkündet werden: „Oskar, schreib mal mit", ruft der Kandidat und diktiert dem Parteivorsitzenden Güllners Prognosen: SPD 41 Prozent, CDU 36 Prozent.

18.01 Uhr, Bonn

Auf allen Fernsehkanälen gleichzeitig laufen die ersten Prognosen – und künden vom SPD-Triumph. Gerhard Schröder, der zusammen mit seinem Schattenteam und zahlreichen Helfern vor den Bildschirmen hockt, erhebt das Sektglas – und stößt zum Erstaunen der versammelten Genossen erst einmal nicht auf den Wahlsieg an. „Zunächst wollen wir auf Walter Riester trinken", sagt der Kandidat. Sein Schattenarbeitsminister wird an diesem Tag 55 Jahre.

Draußen vor der Glastür und in der „Baracke" braust Jubel. Hunderte wollen den Sieger sehen. Bevor Schröder hinausgeht, zieht er Lafontaine beiseite: „Ich habe mich entschieden: Bodo Hombach kommt ins Kanzleramt."

Lafontaine ist wie vom Donner gerührt. Er hat ein eigenes Personaltableau im Kopf. Auf gar keinen Fall will er, dass Scharping Fraktionschef bleibt. Er hat Müntefering ausgeguckt. Und Peter Struck, der als Parlamentarischer Geschäftsführer viel Einfluss in der Fraktion hat, sollte Chef des Kanzleramts werden. Und nun soll alles anders kommen? Dass Schröder ausgerechnet den ökonomischen Autodidakten Hombach an seine Seite holt, muss Lafontaine als Kampfansage deuten.

Das Wahlvolk ruft. Der Parteichef muss den strahlenden Sieger auf die Bühne begleiten und ihm – der die beiden Arme nach oben reißt und das doppelte Victory-Zeichen macht – auch noch applaudieren. Dabei fühlt auch er sich selbst als Gewinner. „Mir ist das fast schon peinlich", erzählt er später einem guten Freund. „Alle Leute sagen, der eigentliche Kanzler bin ja ich."

Aus seiner Sicht hat das deutsche Volk zwei Kanzler gewählt: ihn und den andern. Im Fernsehen dankt Lafontaine den Wählern für das Vertrauen „für Schröder und mich".

18.15 Uhr, Bonn

Beim noch jüngsten Bundestagsabgeordneten Matthias Berninger haben sich junge Grüne bei Käse und Prosecco vor dem Fernseher versammelt. Die Stimmung ist mäßig: Beim ZDF reicht es für eine rot-grüne Koalition, bei der ARD nicht. An der Tür hängt ein Foto von

Gerhard Schröder und Joschka Fischer, die beim Bier in der einstigen Bonner Politikerkneipe „Provinz" sitzen.

Ein paar Türen weiter hat sich Fischer mit seinen Vertrauten Berninger, Rezzo Schlauch und Fritz Kuhn, seinem Büroleiter Achim Schmillen und Pressesprecherin Susanne Düwel verbarrikadiert. Fischer hat schlechte Laune. Wird Schröder womöglich die FDP gegen die Grünen bei den Koalitionsverhandlungen ausspielen?

Mit den Hochrechnungen entspannt sich der Ober-Grüne zusehends. Berninger zieht eine Aluminiumhülse aus der Jacketttasche: eine kubanische Zigarre – „auf den neuen Kanzler".

18.46 Uhr, Bonn

„So", sagt Helmut Kohl. Er sieht alt aus, älter, als er nachher in der Elefantenrunde aussehen wird. Das Kinn hängt ihm schwer am Gesicht, und als sie jetzt „Helmut, Helmut!" rufen, schimmert es in seinen Augen. Aber er zieht das jetzt durch. „So."

Es sind die Alten, die sich neben ihn auf die Bühne gestellt haben. Friedrich Bohl, Norbert Blüm und Peter Hintze, auf der anderen Seite Manfred Kanther und die Ministerpräsidenten Bernhard Vogel und Erwin Teufel.

Von Rühe und Schäuble keine Spur. Blüm schaut versteinert, nur Hannelore Kohl hat gelächelt, als sie auf die Bühne gekommen ist – ein Lächeln, als hätte sie Paraffin gespritzt. Der Kanzler hält sich mit beiden Händen am Rednerpult fest, und bevor er den Satz sagt, auf den sie alle warten, setzt sich sein rechter Fuß in Bewegung und gibt den Rhythmus vor. Und dann sagt er es: „… ich zu einer Wiederwahl als Parteivorsitzender nicht zur Verfügung stehe."

„So", sagt der neue Altkanzler. Er klappt seine Redemappe zu, dreht sich und schaut auf dem Boden herum, als habe er etwas verloren.

20.39 Uhr, Bonn

Rudolf Scharping macht „La Ola". Hinter seinem Schreibtisch geht er in die Knie, streckt sich beherrscht brüllend an die Decke, vier-, fünfmal, während auf den beiden Fernsehschirmen sein Genosse und Nachfolger Oskar Lafontaine den Elefantenpart übernimmt. Otto Schily trinkt Dr. Bürklin-Wolfs Riesling Kabinett, schaut seinem Fraktionschef zu und sagt nichts. „Wahlkreis gewonnen, Bundestagswahl gewonnen", ruft Scharping in ein Telefon – Scharping, den seine Partei erst vom Vorsitz und vom Kandidatenamt schubsen musste, bevor sie siegen durfte. Aber Rudolf Scharping ist mit den Gedanken schon woanders, wo, das verrät er dem braun gebrannten, kasperlgesichtigen Herrn, der gerade hereingekommen ist: Jack Lang aus Paris. „Une situation magnifique!", sagt Scharping, und weiter auf Französisch, damit es keiner versteht: „Ich werde Kollege von Hubert Védrine!" Das ist der Außenminister Frankreichs.

22.30 Uhr, Bonn
Hans-Olaf Henkel, der Boss der Bosse, macht seine Aufwartung beim künftigen Kanzler. „Schau an!", sagt Schröder. Vor Tagen noch hatte Henkel vor einem Kanzlerwechsel in Bonn gewarnt, jetzt werden heftig die Hände geschüttelt. Doch kaum erscheint Oskar Lafontaine am anderen Ende des Saales, verlässt der Arbeitgeberpräsident auf verschlungenen Pfaden die Vertretung: Zu viel ist zu viel. Wenig später verschwinden Joschka Fischer, Jürgen Trittin und Gunda Röstel im Raum 0.03, dem „Gastministerzimmer", um sich dort mit Schröder und Lafontaine eine Dreiviertelstunde zu beraten. Die Choreografie des Machtwechsels hat begonnen.

0.25 Uhr, Bonn
Gerhard Schröder betritt die „Friesenstube", wo Hombach und andere Getreue zur Siegesparty geladen sind, die Arme zum Victory-Zeichen erhoben. Einer stimmt ein Lied an: „So sehen Sieger aus…" Den Song singen sonst die alten Herren vom hannoverschen Fußballclub „Veteranos", wo Schröder ab und zu kickt. Die mächtige Brummstimme gehört Götz von Fromberg, einem der engsten Freunde Schröders. Der Hannoveraner Anwalt hat Schröder durch die Tiefen der Trennung von Hillu begleitet. Deshalb weiß er besonders, was es bedeutet, wenn er sagt: „Das ist ein schöner Tag heute", und: „Das ist sein persönlicher Sieg."

Schröder hat inzwischen Jost Stollmann begrüßt, seinen designierten Wirtschaftsminister. Er drückt den Computerexperten so herzlich an sich, als hätten sie gerade gemeinsam ein Fußballspiel gewonnen. Stollmann sitzt mit großen Augen zwischen den Genossen: „Das ist ja für mich das erste Mal."

Kapitel 2

Das Duell zwischen Tradition und Moderne
September 1998 – März 1999

7. Oktober 1998. Nato erklärt sich zu Intervention im Kosovo bereit. +++ 11. Oktober. Martin Walser erhält Friedenspreis des Deutschen Buchhandels und kritisiert die „Moralkeule Auschwitz" +++ 31. Oktober. Irak setzt Zusammenarbeit mit Uno-Inspektoren aus, USA und Großbritannien drohen mit militärischem Angriff. +++ 2. November. SPD und PDS unterzeichnen in Mecklenburg-Vorpommern den bundesweit ersten rot-roten Koalitionsvertrag. +++ 7. November. CDU wählt Wolfgang Schäuble zum Parteivorsitzenden. Angela Merkel wird Generalsekretärin. +++ 10. November. EU beginnt Beitrittsverhandlungen mit Polen, Tschechien, Ungarn, Slowenien, Estland und Zypern. +++ 1. Januar 1999. Einführung des Euro als Buchwährung. +++ 16. Januar. Bayerns Ministerpräsident Edmund Stoiber wird neuer Vorsitzender der CSU. +++ 7. Februar. Roland Koch (CDU) gewinnt Landtagswahl in Hessen nach Unterschriftenkampagne gegen doppelte Staatsbürgerschaft. Rot-Grün verliert Mehrheit im Bundesrat. +++ 12. Februar. Amtsenthebungsverfahren gegen US-Präsident Bill Clinton im Senat gescheitert. +++ 23. März. Nato-Generalsekretär Javier Solana erteilt den Einsatzbefehl für Aktion „Allied Force" im Kosovo, da es „keine Alternative mehr zu einem Militäreinsatz" gebe. Mehr als 500 000 Kosovo-Albaner fliehen vor serbischen Truppen nach Albanien und Mazedonien.

28. September, Bonn
Dieter Koniecki, ein alter Freund Lafontaines, ruft in der Saarland-Vertretung an. Wie viele andere beschwört er den SPD-Chef, bloß nicht in die Regierung zu gehen. Bei der angespannten Kassenlage würde er nur Zumutungen verkünden müssen. Als Fraktionschef und Parteivorsitzender wäre er dagegen frei, korrigierend und lenkend in die Regierungsgeschäfte einzugreifen.

Die Warnungen helfen nichts. Lafontaine will ins Kabinett. Er fühlt sich berufen, als Finanzminister der Bundesrepublik Deutschland jene Rezepte umzusetzen, die er gemeinsam mit Ehefrau Christa in seinem Buch „Keine Angst vor der Globalisierung" aufgeschrieben hat. Er will – zusammen mit seinem französischen Kollegen und vermeintlichen Freund Dominique Strauss-Kahn und dem Amerikaner Alan Greenspan – bei den Global Players mitspielen. Oskar Lafontaine will Schatzkanzler neben dem Kanzler sein.

Im Foyer des Ollenhauer-Hauses stürmen Schröder und Lafontaine vor Beginn der Parteivorstandssitzung aufeinander los, als hätten sie sich wochenlang nicht gesehen. Die aufgesetzte Fröhlichkeit wirkt bedrohlich: Pass auf, signalisiert das Raubtierlächeln der beiden Machtmenschen, komm mir bloß nicht ins Gehege.

Im Vorstand demonstriert der Parteichef Ton und Richtung für die Zukunft: Nach den Gratulationen für Gerhard Schröder und Harald Ringstorff, der die Landtagswahl in Mecklenburg-Vorpommern gewonnen hat, kommt er zur Sache. Disziplin sei jetzt genauso wichtig wie vor der Wahl. Wer glaube, er könne sich jetzt als künftiges Regierungsmitglied öffentlich ins Gespräch bringen, der „hat bei mir keine Chance". „Bei mir", sagt Lafontaine, als wäre er der Kanzler.

Von Anfang an betrachtet der Saarländer die Koalitionsverhandlungen als sein Revier. Was er mit Fischer am Vorabend allein ausgekungelt hat, darf der Parteivorstand abnicken: keine Parallelverhandlungen mit der Union. Schröder erscheint Teilnehmern als „sehr entschlossen", das rot-grüne Bündnis zu suchen. Aber der Macher ist Lafontaine.

29. September, Hannover

Bei Schröder läuft alles schief. Morgens wird ihm in seiner Dachzimmerwohnung das Wasser abgestellt – Bauarbeiten. Der Tee wird mit Mineralwasser zubereitet. Außerdem hat der Wahlsieger Grippe. „Ein Zeichen dafür, dass die Anspannung nachlässt", diagnostiziert Doris Scheibe, seine langjährige Chefsekretärin. Die gecharterte Maschine, die Schröder um 13.45 Uhr zur ersten Sitzung der neuen SPD-Bundestagsfraktion fliegen soll, bleibt auf der Piste. Motorschaden.

Der designierte Bundeskanzler muss auf Ersatz warten. Galgenhumor. „Stellen Sie sich einmal vor, das wäre in der Luft passiert", sagt er zu einem Reporter. „Dann hätte es wieder eine Kandidatendiskussion gegeben."

Oskar Lafontaine wird den Scherz am darauffolgenden Wochenende in der „Bild am Sonntag" lesen. Die giftige Botschaft: Nach diesem Wahlsieg, lieber Oskar, würdest du selbst dann nicht automatisch
Kanzler werden, wenn es mich nicht mehr gäbe. Nichts ist, wie es war.
Oder ist es jetzt, wie es immer war?

29. September, Bonn

Aufgeregte Begrüßung der neuen Abgeordneten im Bundestag. Noch
immer kann keiner den Triumph richtig fassen. Alles ist anders, alles
ist neu, alles ist nie dagewesen. Zum erstenmal löste die Opposition
aus dem Stand per Wahl die Regierung ab; zum erstenmal wählte der
Wähler den Kanzler ab.

Und zum erstenmal ist die Generation der 68er auf ihrem langen
Marsch dort angekommen, wo jedenfalls einige unbedingt hinwollten:
in den obersten Institutionen der Bundesrepublik. Ein ehemaliger
Straßenkämpfer wird Außenminister: Joschka Fischer. Ein früherer
K-Gruppen-Führer sorgt als Minister für die Umwelt: Jürgen Trittin.
Ein einstiger Terroristenanwalt soll für die innere Sicherheit zuständig
werden: Otto Schily.

Eine Partei, die aus dem Kampf mit der Staatsmacht um Start-
bahnen, Raketenrampen und Atomkraftwerke entstand, ist nun selbst
Teil der Staatsmacht. Sie hatten keine Chance, so die alte grüne
Spruchweisheit, aber sie nutzten sie. Kurz vor der Jahrtausendwende
und ziemlich auf den letzten Drücker für die Generation der Jahre
50 plus x beginnt die neue Zeitrechnung einer rot-grünen Republik.

Im Wahlkampf hatte die Union noch einmal das Menetekel von
„Freiheit statt Sozialismus" an die Plakatwand geworfen, vor einer
anderen Republik gewarnt und vom Pakt Schröders mit den Kom-
munisten geraunt.

Nun ist das rot-grüne Unglück über Deutschland gekommen – und
eine seltsame Ruhe ist eingekehrt. Betäubt und platt waren Sieger wie
Besiegte, überwältigt von der Umwälzung – oder nur gelassen in der
Stunde eines ganz normalen demokratischen Wechsels? „Kein Schrei
durchdrang die Stille", notierte die „Frankfurter Allgemeine", „die Ära
Kohl endet im Land des Lächelns."

Während Schröder in Hannover festsitzt, führt Lafontaine vor der
Fraktion im Wasserwerk das große Wort. Nachdem sich die Neuen
vorgestellt haben, zieht er die Zügel stramm: Die Koalitionsverhand-

lungen seien Sache des Parteichefs. Als Grundlage für die Verhandlungen mit den Grünen diene das vom SPD-Parteitag beschlossene Regierungsprogramm. Die Fraktion sei doch sicher damit einverstanden, dass die Gespräche von den Mitgliedern des Parteipräsidiums geführt würden. Kein Widerspruch. So beschlossen. Ein erster folgenschwerer Fehler: Die künftigen Minister würden nicht über ihre Ressorts verhandeln, Lafontaine hat die Alleinherrschaft. Der malade Schröder soll inhaltlich eingemauert werden.

1. Oktober, Bonn

Das erste Sondierungsgespräch zwischen Grünen und Sozialdemokraten ist ein Heimspiel für Lafontaine. Wie jeder Machthaber hat er die Delegationen in sein Revier, die Vertretung an der Kurt-Schumacher-Straße, geladen. Später wird man sich an einem neutraleren Ort treffen: Die rot-grüne nordrhein-westfälische Landesregierung stellt ihr Domizil für die Verhandlungen zur Verfügung.

Hausherr Lafontaine empfängt zuerst Schröder zum Vieraugengespräch. Im angemessenen Abstand folgen die anderen sozialdemokratischen Teilnehmer der Koalitionsrunde – Hackordnung muss sein.

Schröder drückt aufs Tempo. Er will spätestens vier Wochen nach der Bundestagswahl Kanzler sein. Schröder ist mit sich und der Welt zufrieden. Seine erste Auslandsreise – nach Frankreich – war ein Erfolg. Und die Flasche Cognac, die ihm sein neuer Freund Chirac geschenkt hat, beeindruckt sogar seinen verwöhnten Kumpel Hombach: Die Spirituose ist 100 Jahre alt.

2. Oktober, Bonn

Die Koalitionsverhandlungen sind offiziell eröffnet. Chef Lafontaine erteilt in der NRW-Vertretung das Wort – auch dem künftigen Kanzler. Lafontaine redet jederzeit, wann und so lange er es für richtig hält, vorzugsweise in seiner Eigenschaft als Weltökonom – wie weiland Helmut Schmidt.

Schröder lässt ihn gewähren. Lafontaine sieht den Kanzler als jemanden, „der Programmarbeit wenig Bedeutung" beimisst, als „Pragmatiker", dem es weniger „um die Entwicklung neuer Programme" als um „die Zustimmung der veröffentlichten Meinung" geht. Die aufmerksamen Grünen bemerken an kleinen Gesten knisternde Rivalität. Wenn Schröder das Wort hat, lächelt der andere bisweilen „sardonisch", ein wenig verkrampft vor sich hin. Mal blickt er nur zur Decke und verdreht die Augen.

Wenn Lafontaine die Runde mit seiner Weltwirtschaft nervt, zwinkert Schröder schon mal dem Koalitionspartner zu. Oder er grinst vergnügt, wenn der grüne Professor Fritz Kuhn, Fraktionsführer im Stuttgarter Landtag, den SPD-Chef unterbricht und die „Politik des leichten Geldes" rügt.

Kleine Hakeleien gefallen Schröder. Aber zum offenen Streit lässt er es ebenso wenig kommen wie Lafontaine. Noch funktioniert die Rollenverteilung: Schröder markiert die neue Mitte, Lafontaine bedient die Emotionen der alten Linken. Schröder allerdings operierte im letzten halben Jahr immer aus der Position des Vorläufigen, erst als Kandidat, jetzt als designierter Kanzler. Lafontaine dagegen war immer mächtiger Parteichef.

Besorgt sehen manche Genossen, dass der Niedersachse die Dinge „mit großer Gelassenheit laufen lässt" – Lafontaines Pose des Allmächtigen nimmt überhand. „Ich habe doch jetzt gewonnen", sagt Schröder einem Freund. „Da kann ich großzügig gegenüber demjenigen sein, der es eigentlich auch werden wollte und nicht zum Zuge gekommen ist."

3. Oktober, Bonn

Im Saal der Stadthalle, in dem 1959 das berühmte Godesberger Programm der SPD beschlossen wurde, tagen die Parteilinken, der so genannte Frankfurter Kreis. Kein Fan-Club des künftigen Kanzlers, meist unterstützt er Lafontaine.

In den Zeitungen wuchern die Personalspekulationen: Was wird aus Scharping, den Lafontaine als Fraktionschef verhindern will? Wird der Ost-Berliner Partei-Vize Wolfgang Thierse Bundestagspräsident? Und bleibt Jost Stollmann wirklich der Wunschkandidat für das Wirtschaftsministerium?

Immer ist es Lafontaine, von dem die Beantwortung dieser Fragen abzuhängen scheint. Auch seine Rolle ist noch unklar.

Der Saarländer betritt die Stadthalle und konfrontiert die linken Freunde im Befehlston mit seinen Vorstellungen: Erstens: Scharping muss weg! Zweitens: Thierse kann nicht Bundestagspräsident werden, weil sonst die Frauen protestieren und Anspruch auf das Präsidentenamt erheben würden. Das aber muss Rau bekommen. Keine weiteren

Begründungen. „Er erwartete einfach, dass wir seine Forderungen umsetzten", erinnert sich ein Teilnehmer. Michael Müller, einer der Wortführer des linken Fraktionsflügels, stellt den Parteichef zur Rede: „Wie stellst du dir das vor, Oskar? Scharping hat doch keine silbernen Löffel geklaut. Sollen wir als Begründung sagen: Oskar will das nicht?"

5. Oktober, Hamburg/Bonn
Unter der Überschrift „Der Befreiungsschlag" präsentiert der SPIEGEL ein Kapitel aus Bodo Hombachs neuem Werk. Das Buch zum Kanzler (Titel: „Aufbruch – die Politik der neuen Mitte") ist eine Provokation gegen Lafontaine und eine Kampfansage an dessen Wirtschafts- und Finanzpolitik.

„Die Auseinandersetzung um eine Zielentscheidung zwischen Angebots- und Nachfragepolitik hat uns zu lange gelähmt", schreibt Hombach. „Von der Vorstellung schnell wirksamer und allein selig machender keynesianischer Rezepte haben sich die meisten längst verabschiedet." Bis auf Lafontaine, ergänzt der Leser. Denn der weiß aus den Medien, dass es Lafontaine war, der immer gegen die Angebotspolitik der Regierung Kohl zu Felde zog und stattdessen die Wirtschaft durch mehr Nachfrage ankurbeln will.

Hombach glaubt dagegen an eine „Angebotspolitik von links". Was genau das sein soll, ist seinen gewohnt wolkigen Formulierungen nicht zu entnehmen. Darum geht es auch gar nicht. Hombach will Zeichen setzen. Und weil der Kanzler das Nachwort dazu geschrieben hat, wird das Buch schon vor dem Erscheinen Teil des innerparteilichen Machtkampfes, der unter dem Stichwort „Modernisierer gegen Traditionalisten" läuft.

Heiner Flassbeck, Lafontaines Chefökonom, liest den Hombach-Essay im SPIEGEL und ist entsetzt. „Die wollen eine ganz andere Politik als wir", warnt er Lafontaine. Auf Hombach müsse man aufpassen. Doch der SPD-Vorsitzende gibt sich ganz gelassen. Hombach, lässt er durchblicken, sei nicht so wichtig, wie manche glaubten.

Insgesamt wähnt sich Lafontaine zu diesem Zeitpunkt noch auf sicherem Boden. Er ist überzeugt davon, dass er es in Wahrheit war, der die Wahl gewonnen hat – und dass Schröder ihm deshalb zu Dank verpflichtet sei.

Gleichwohl ist Lafontaine bewusst, dass er seine Politik nur durchsetzen kann, wenn er den künftigen Kanzler nicht provoziert: „Lobt den Schröder", bittet er deshalb auch seine Berater Claus Noé und Flassbeck, als er diese wenige Tage später zu seinen Staatssekretären beruft, „redet nicht schlecht über den."

8. Oktober, Bonn

Die Grünen sind irritiert. Sie sitzen bei der Koalitionsverhandlung nicht einer, sondern zwei Parteien gegenüber: Schröder, der die neue Mitte markiert, und Lafontaine, der die Traditionalisten bedient. Leider haben beide niemals ihre Strategien abgestimmt. Bei den sozial-konservativen Themen wie Steuerreform, Rente, Spitzensteuersatz schwingt Lafontaine das Zepter. Schröder versucht, die Grünen in allen ökologischen Fragen zu deckeln, er tritt auf wie ein Lobbyist von Unternehmerinteressen. Im Alleingang hat der Automann die Grenze für die Anhebung der Mineralölsteuer zementiert: Mehr als sechs Pfennig pro Liter seien mit ihm nicht zu machen, gibt er via „Bild am Sonntag" bekannt.

In den argwöhnischen Erwartungen der Öffentlichkeit stehen die Grünen noch immer im Ruf von Spinnern, Träumern und Krawallos. Als Gegengewicht zu den großen Parteien sind sie vielen erwünscht, als eingebauter Störfaktor für die Sozis, wie davor die FDP bei den Konservativen.

Ist in der Realität überhaupt noch etwas geblieben, was die Bürgerschreckparolen rechtfertigt? Tatsächlich kommt mit dem rot-grünen Bündnis jene Nachkriegsgeneration der 68er in der Bundesrepublik Deutschland an die Regierung, deren politische Inhalte und Formen längst in den Mainstream der Gesellschaft gelangt sind – kulturell aufgesogen, verwandelt, überholt. Helmut Kohl hat ihre Aktualität ausgesessen.

Das trifft die Grünen mehr als alle anderen. Ihre Spitzenpolitiker, um die 50 Jahre alt, politisch geprägt von den sozialen Bewegungen gegen Kernkraft und Umweltzerstörung, für Frieden und Frauen, wurden als Skeptiker einer technokratischen Moderne vom rasenden Stillstand der Kohl-Republik um ihre kulturelle Identität gebracht.

Lafontaine würde mit der Benzinsteuer gern die Haushaltslöcher füllen. Aber Schröder lässt ihn nicht. Mehrfach stichelt Lafontaine, die Augen theatralisch zur Decke gewandt, die Hände bedauernd erhoben, gegen den Mann, der nach dem Grundgesetz die Richtlinien der Politik bestimmt: „Der Herr Bundeskanzler hat sich ja auf die sechs Pfennig pro Liter festgelegt…"

Bei der Steuerreform allerdings bremst Lafontaine. Er diskutiert das Thema ausschließlich aus dem Blickwinkel der Verteilungsgerechtigkeit. Die Grünen hingegen wollen ein Signal für die Unternehmer setzen. Sie sind für eine deutliche Senkung des Spitzensteuersatzes, auch wegen des Symbolwerts. Aber da rennen sie bei Lafontaine vor die Wand: kein Geld. „Wir hatten immer ein großes Missbehagen", erinnert sich Fritz Kuhn, der baden-württembergische Grüne. „Kann das gut gehen?"

Die Sorgen werden auf der SPD-Seite geteilt. Alles laufe ein bisschen „über Kreuz", berichtet Scharping seinen Vertrauten. Eine Mehrheits-SPD unter Schröder verhandelt mit den Mehrheits-Grünen unter Fischer, gleichzeitig redet eine Minderheits-SPD unter Lafontaine mit den Minderheits-Grünen unter Trittin.

9. Oktober, Washington

Begleitet von Joschka Fischer und seinem außenpolitischen Berater Günter Verheugen, ist Gerhard Schröder zu einem Kurztrip in die USA gereist. Vom US-Präsidenten Bill Clinton werden sie im Weißen Haus freundlich und neugierig empfangen. Dann wird es ernst: Obwohl der designierte Kanzler und sein Außenminister noch nicht vereidigt sind, verlangt der Präsident von der künftigen Regierung eine schmerzliche Zusage: Die Deutschen sollen sich am Kosovo-Konflikt beteiligen. Clinton möchte, dass der serbische Präsident Milošević die Drohungen der Nato ernst nimmt. Aber ohne die Deutschen gäbe es keine ernsthafte Drohung.

Schröder und Fischer weisen darauf hin, dass sich erst der neue Bundestag konstituieren müsse. Clinton stimmt ihnen zu – so eilig sei die Sache nicht.

11. Oktober, Bonn

Oskar Lafontaine hat für Montag eine Sondersitzung des Parteivorstands einberufen. Unmissverständlich hat er Schröder wissen lassen, dass er zurücktritt, falls Scharping Fraktionschef bleibt. Er sei sogar bereit, gegen ihn zu kandidieren: „Der oder ich."

Schröder ist in der Zwickmühle. Wenn er die Sache laufen lässt, gibt es einen ersten gewaltigen Crash, der alle beschädigt. Während Lafontaine davon überzeugt ist, dass er gegen Rudolf Scharping gewinnen wird, schätzt Schröder die Lage anders ein: Das brutale Mobbing hat die Fraktion gegen Lafontaine aufgebracht. „Es war völlig klar", sagen Schröders Getreue, „dass die Fraktion sich hinter Scharping und damit gegen Lafontaine gestellt hätte."

Mittags, am Rande der Koalitionsgespräche, ziehen sich Lafontaine und Scharping in der NRW-Vertretung zu einem Vieraugengespräch zurück. „Was hast du dagegen, dass ich Fraktionsvorsitzender bleibe?", fragt Scharping. Oskar antwortet: „Es wird schwerwiegende Konflikte geben. Der Schröder macht es nicht lange, weil er es nicht kann. Und ich weiß nicht, auf welcher Seite du dann stehst." Der Machtkampf ist in vollem Gang.

Auch Schröder trifft sich mit Scharping – spätabends in der Niedersachsen-Vertretung. Er beschwört ihn, seine Position zu räumen. Das ist nicht so einfach. Denn Scharping hat bereits erklären lassen, dass er zum Bleiben entschlossen sei: „Man wird in meiner bisherigen Arbeit keinen Grund finden, eine andere Entscheidung als eine Bestätigung im Amt zu treffen."

Doch Parteisoldat Scharping lenkt ein. Er sei bereit, auf die Hardthöhe zu gehen, falls „die Voraussetzungen stimmen". Mit anderen Worten: wenn der Wehretat unangetastet bleibt. Dass er eine zentrale Rolle im sich abzeichnenden Kosovo-Konflikt spielen würde, ist ihm ebenfalls klar. Die beiden Männer vereinbaren Stillschweigen. Am Morgen darauf soll das Einlenken Scharpings in der Sitzung des Parteivorstands zelebriert und der Frieden dann öffentlich besiegelt werden.

Einzige Bedingung: Auch Kontrahent Müntefering, den Lafontaine gefördert hatte, muss zurückziehen. Wer schließlich Fraktionschef werde, sollten die Parlamentarier entscheiden.

So geschieht es. Schröder gibt bei Lafontaine Entwarnung, und der instruiert Müntefering. Der begreift die Chance, sich als Problemlöser zu profilieren. Am frühen Montagmorgen vernimmt die staunende Öffentlichkeit im Radio, dass Müntefering nicht gegen Scharping antreten will.

12. Oktober, Bonn

Im Kanzleramt erfahren Schröder, Fischer, Lafontaine und Verheugen von Kanzler Helmut Kohl, dass sie für ihre Entscheidung über das Kosovo keinen Aufschub mehr haben. Clinton will nicht warten, bis sich der neue Bundestag konstituiert. Er brauche die Zusage der

Deutschen sofort, dass sie sich – falls die Nato das beschließt – am Kosovo-Krieg beteiligen. Sein Emissär Richard Holbrooke soll mit einer handfesten Drohung in Belgrad intervenieren.

Kohl und Außenminister Klaus Kinkel wirken bedrückt. Verteidigungsminister Volker Rühe referiert die Lage „mit unverkennbar triumphierendem Unterton", sagt ein Teilnehmer. Er gilt als derjenige, der die Amerikaner dazu bewegt hat, auf eine schnelle Entscheidung zu drängen.

Schröder bittet um eine Unterbrechung, um sich mit seinen Leuten zu beraten. „Wir müssen das machen", sagt er, „wir müssen da durch, und wir kommen da durch, wenn wir zusammenhalten." Nach kurzer Pause erklärt Oskar Lafontaine: „Das wird wohl so sein."

In Kohls Arbeitszimmer zurückgekehrt, will Lafontaine wissen, ob die Deutschen automatisch am Krieg beteiligt sind, wenn die Nato ihn beschließt. Oder ob der Bundestag in jedem Fall noch einmal entscheiden muss. Kinkel versichert, es gebe keinen Automatismus. Auf jeder Stufe des Verfahrens werde es eine Kontrolle geben. Das bekommt Lafontaine später sogar schriftlich.

13. Oktober, Bonn

Die Nachricht vom Friedensschluss zwischen Scharping, Schröder und Lafontaine hat nur vorübergehend für Entspannung gesorgt. Denn nun taucht – neben dem Niedersachsen Struck – plötzlich auch der Name Ottmar Schreiner auf. Der Saarländer, so heißt es, habe ebenfalls Chancen auf den Fraktionsvorsitz.

Schröder ist irritiert und verärgert. Er ist der Meinung, Lafontaine durch sein Eingreifen vor einer schweren Niederlage in der Fraktion bewahrt zu haben. Nun vermutet er hinter Schreiners Kandidatur den Strippenzieher Oskar.

14. Oktober, Bonn

Am Rande der Koalitionsverhandlungen kommt es zu einer lautstarken Auseinandersetzung zwischen Schröder und Lafontaine – Nachbeben des Machtkampfs um die Fraktionsspitze.

Schröder verdächtigt Lafontaine, seinen Landsmann Schreiner gegen Struck ins Rennen um den Fraktionsvorsitz geschickt zu haben. „Du willst mir den Schreiner unterjubeln." Der fühlt sich zu Unrecht verdächtigt. Plötzlich geht es um die ganze Wahrheit: Er sei der Kanzler, nicht Lafontaine, der solle sich nur keine falschen Vorstellungen machen. Lafontaine bricht in Tränen aus. Schröder knallt die Tür und marschiert davon.

Am Nachmittag streut Lafontaine das Gerücht, „nicht in die Regierung einzutreten". Schröder sei nicht zu einer partnerschaftlichen Zusammenarbeit fähig. Er fährt nach Saarbrücken, ein taktisches Spiel. Dort erreicht ihn am späten Abend telefonisch die Kanzlergattin. Sie will wissen, was los ist, ihr Mann sei bereits übel gelaunt zu Bett gegangen. Lafontaine erzählt von dem Streit und überlässt seiner Frau den Hörer. Die beiden Frauen reden lange miteinander, „Schröder wurde aus dem Bett geholt und murmelte eine Entschuldigung", ließ Lafontaine später verbreiten, deshalb sei er doch Finanzminister geworden. Struck wird am nächsten Tag von der Mehrheit des Fraktionsvorstands als Vorsitzender nominiert.

16. Oktober, Bonn

Gerhard Schröder sucht Blickkontakt zur Zuschauertribüne. Aufmunternd nickt der künftige Kanzler einem Gast zu, der kerzengerade und mit großen runden Augen zwischen Fotografen und Journalisten sitzt.

Jost Stollmann hat sich – unter beträchtlichen Schwierigkeiten und dem Argwohn der Saaldiener – etwas außerhalb der Normalität einen Platz erkämpft. Fasziniert betrachtet der Seiteneinsteiger den seltsamen Zusammenprall zwischen Vergangenheit und Zukunft: auf der Regierungsbank immer noch Helmut Kohl, dessen Nachfolger, der sich am 27. Oktober zum Kanzler wählen lässt, immer noch dort, wo nach altem Brauch die Chefs der Länder sitzen.

Als der „Ministerpräsident des Landes Niedersachsen" ans Rednerpult tritt, rückt er die Verhältnisse zurecht. Schröder bestimmt die Richtlinien.

Der abgewählte Kanzler schweigt. Der designierte Kanzler will ja auch nichts anderes als die alte Regierung, er übt sich in Kontinuität.

Schröder legt ruhig und entschlossen dar, warum der Einsatz der Bundeswehr aus humanitären Gründen und zur Vermeidung weiterer Blutvergießens im Kosovo notwendig werden könnte. Der designierte Außenminister Joschka Fischer hält, für jedermann erkennbar, nur das Korreferat.

18. Oktober, Bonn

Auch am Wochenende wird mit Hochdruck gearbeitet. Die Ergebnisse der Koalitionsverhandlungen müssen zu Papier gebracht werden. Einfach ist das nicht.

In der so genannten Schreibstube, wo die Verhandlungsergebnisse ausformuliert werden, gibt es oft Differenzen. Achim Schmillen, den Fischer für die Grünen dorthin abgeordnet hat, muss immer wieder warten, bis sich die beiden sozialdemokratischen Protokollanten – der Lafontaine-Vertraute Jochen Schwarzer und Schröders rechte Hand Frank-Walter Steinmeier – in getrennten Telefongesprächen mit ihren Chefs rückversichert haben.

So zeichnet sich schon jetzt ab, was ein Jahr später der Sozialdemokrat Erhard Eppler als grundsätzlichen Konstruktionsfehler der rot-grünen Koalition kritisieren wird: „Der Grundfehler war, dass es anfangs zwei Machtzentren gab, die auch noch eine unterschiedliche Politik machen wollten: einmal das Kanzleramt, ausgerechnet noch mit Bodo Hombach, und das Finanzministerium unter Oskar Lafontaine, übrigens mit Staatssekretären, die ungefähr so geeignet waren wie Hombach im Kanzleramt.“

19. Oktober, Bonn

Kurz vor elf Uhr stellt Gerhard Schröder in der niedersächsischen Landesvertretung dem Computerunternehmer Stollmann die entscheidende Frage: „Treten Sie noch an?“ Die knappe Antwort: „Nein!“ Der Mann, den Schröder 123 Tage zuvor als Lichtgestalt der neuen Mitte präsentiert hatte, fühlt sich von Schröders Gegenspielern weggemobbt. Aber auch Schröder mag nicht mehr. Stück für Stück hatte Lafontaine dem Neuen sein künftiges Spielfeld eingeengt, den Entscheidungsbereich des Wirtschaftsministeriums geplündert.

20. Oktober, Bonn

Der künftige Kanzler und sein designierter Außenminister kommen über die Feuertreppe in die Bundespressekonferenz. Vor dem Saal drängen sich die Journalisten so dicht, dass Gerhard Schröder und Joschka Fischer keine Chance haben, durch den normalen Eingang an die Mikrofone zu gelangen.

Die Herren verkünden, was längst jeder weiß: Die Koalitionsverhandlungen sind erfolgreich abgeschlossen. Der Ton ist locker und wirkt nach 16 Jahren Kohl-Pathos wie eine Erlösung. Die Richtlinienkompetenz des Bundeskanzlers erklärt der Grüne so: „Der Kanzler macht alles, und auf dieser Basis wird das eine gute Zusammenarbeit." Diesem Grundsatz, sagt Schröder, müsse er „nichts hinzufügen". Und was ist mit Oskar? Ob er befürchte, dass der Herr Lafontaine Schatzkanzler werden wolle, wird Schröder gefragt. Die Antwort kostet der Männerfreund genüsslich aus: Also, wenn er so sehe, was „die Schwarzen" an Geld hinterlassen haben, könne von einem „Schatz" keine Rede sein. Pause. Dann, hart und schnell wie eine Klapperschlange: „Und Kanzler werde ich!"

25. Oktober, Bonn

„Ich bin glücklich, und ich bin stolz, in die Reihe von Willy Brandt und Helmut Schmidt als Bundeskanzler treten zu dürfen." Als Schröder dies auf dem SPD-Sonderparteitag im Hotel Maritim sagt, ist er ehrlich ergriffen.

Auch der obligatorische Dank an die Partei ist keineswegs nur eine Pflichtübung. Nun aber warten alle, was er zu Lafontaine sagen wird, den die Medien schon als mächtigen Gegenkanzler und Rivalen abgemalt haben. „Ganz persönlich, lieber Oskar, lass sie bellen, die Karawane zieht weiter." So hat auch Helmut Kohl im Bundestag immer geredet, wenn er sich über die Publizisten mokierte.

Aber Schröder genügt das nicht. Er möchte dem bewunderten Rivalen zeigen, wie sehr er ihn tatsächlich mag und fürchtet. Also spricht er – auch darin den schwurbeligen Metaphern Kohls folgend – von „erwiesener Freundschaft", die „keine Eintagsfliege" sei.

Lafontaine nimmt die Huldigung mit spitz gereckter Nase hin. Aber er teilt trotzdem kräftig aus. Ohne Namen zu nennen, zieht er über das „hohle Geschwafel" derer her, die meinten, Besitzstandswahrer seien das Hauptproblem in der Politik. Und er mokiert sich über die Modernisierer, die nur Moden nachliefen. Hombach und Schröder blicken gelangweilt in den Saal.

27. Oktober, Bonn

Alles ist Eiche. Die kahlen Wände, die leer gefegten Regale, das Fußbodenparkett, die dunkle, bedrückende Decke mit den Strahlern: „Hart-Eiche naturbelassen" heißt der Stoff, aus dem die Kanzlerräume sind.

„Grauenhaft" findet Doris Schröder-Köpf das neue Büro des Gatten, der zur gleichen Zeit ein Stockwerk tiefer die erste rot-grüne Kabinettssitzung leitet. Aber als Gerhard Schröder dann, zusammen mit seinem Staatssekretär Frank-Walter Steinmeier und dem grünen Umweltminister Jürgen Trittin, auf ein Glas Rotwein in sein Arbeitszimmer kommt, scheint ihn das piefige Interieur nicht zu stören. Er findet es toll, dass er Fernsehapparate an- und ausschalten kann, die noch vor wenigen Stunden Helmut Kohl gehorchten.

Kurz nach halb acht hat er Kohl zum Fahrstuhl begleitet. Man plaudert noch ein wenig. „Heute Nacht gehe ich endlich schlafen", sagt der Alte müde. „Danke nochmals!" ruft der Junge. Und bevor die Fahrstuhltür schließt, stürmt er zurück ins Kanzlerzimmer, als gäbe es dort Geschenke auszupacken.

Es ist „immer noch wie im Traum", gesteht er. Aber er muss sich nicht mehr in den Arm kneifen wie nach der Bundestagswahl. Jetzt endlich, nachdem Kohl gegangen ist, ist er angekommen im Zentrum der Macht. Seit 19.36 Uhr ist er tatsächlich Kanzler.

Marianne Duden, die schon bei Helmut Schmidt im Vorzimmer saß, ist fündig geworden. Etwas Essbares konnte sie zwar nicht auftreiben, dafür aber einen fabelhaften Rotwein aus der Pfalz: einen 92er „Dunkelfelder" im Barrique-Ausbau – durchaus ein edler Tropfen, auch aus dem Eichenholzfass.

Für die Chefsekretärin Duden, 52, ist die Berufung ins alte Büro eine biografische Flurbereinigung. Vor 16 Jahren musste sie die Schreibtische an Juliane Weber übergeben. Nun ist es umgekehrt – ein schwerer Tag für Kohls langjährige Vertraute. Trotzdem treten die beiden Frauen, eng untergehakt wie gute alte Freundinnen, zum Abschiedsempfang an. „Macht's gut, Jungs, viel Glück!", ruft Juliane Weber den Schröder-Leuten zu, bevor sie endgültig geht.

November 1998, Mülheim an der Ruhr, „Gasthaus Schmeling"
Ein rustikaler Raum, Balken an der Decke, die Spezialität des Hauses ist Blutwurst auf Endivienkartoffeln. Im Herbst gibt es ganze Gänse.

Vier Männer sitzen beisammen. Es sind Hombach, der in Mülheim wohnt, Heinze, Streeck und Riester, der neue Arbeitsminister. Sie sind in Feierlaune. Schröder ist seit dem 27. Oktober Bundeskanzler.

Es wird gelacht, geplant. Riester wirft sein Konzept für Tariffonds mit schnellen Strichen auf einen Bierdeckel. „Donnerwetter, Walter", kräht Hombach. Endlich kann man umsetzen, was man sich über Jahre ausgedacht hat. Am Nebentisch sitzen Leibwächter, draußen stehen dicke Limousinen. Für Heinze ist es der Beweis, dass die Macht wirklich da ist.

Über der Runde liegt der Zauber des Anfangs. Es herrscht eine Euphorie des Wollens. Sie wollen das Land verändern, sie wollen den Sozialstaat zukunftsfest machen, auch wenn das wehtut. Sie haben Kraft, Hoffnung, Schwung. Die Arbeitslosenquote liegt bei 10,2 Prozent. Schröder hat versprochen, dass er die Zahl der Erwerbslosen spürbar senken wolle.

November 1998, Bonn, Kanzleramt

Matthias Bucksteeg sitzt in seinem Büro auf einem Stuhl, den die Mitarbeiter Kohls in 16 Jahren abgesessen haben, und malt auf gelbes Papier Organigramme. Es sind Pläne, wer im Kanzleramt an welcher Stelle Reformpolitik machen soll.

Noch herrscht Leere auf der Etage des Kanzlers. Ein halbes Dutzend Leute arbeitet hier kurz nach der Machtübernahme, darunter Bodo Hombach als Kanzleramtsminister und Bucksteeg als Mädchen für alles. Heinze ist Berater und schaut gelegentlich vorbei. Er hat meist Riesenstapel Papiere dabei, Ideen für den Neuanfang.

Aber niemand hat Zeit zu lesen. Es geht eher darum, Telefonnummern rauszusuchen. Wie erreicht man das Weiße Haus oder Downing Street No. 10?

Die neuen und die alten Mitarbeiter des Kanzleramts begegnen sich misstrauisch. Die Beamten schreiben ihre Redevorlagen im Ton von Helmut Kohl, den sie in vielen Jahren verinnerlicht haben. Auch das kostet Zeit: Kohl aus Schröders Manuskripten zu eliminieren, damit das Neue nicht wie das Alte klingt.

Aber was ist das Neue? Zu Heinzes Entsetzen ist es das Uralte. Als die Regierungsmaschine ins Laufen kommt, wird sie erst einmal damit beschäftigt, Schröders Wahlversprechen abzuarbeiten. Der Kanzler lässt einen Teil der Sozialreformen aus der Ära Kohl zurücknehmen. Der demografische Faktor bei der Rente wird ausgesetzt, der Kündigungsschutz wieder ausgebaut, genauso die Lohnfortzahlung im Krankheitsfall.

Der Bundeskanzler hat längst nicht so viel Macht, wie Heinze im „Gasthaus Schmeling" dachte. Die Gewerkschaften verlangen einen

Preis dafür, dass sie Schröder im Wahlkampf unterstützt haben. Den Bierdeckel kann Riester wegschmeißen, Tariffonds sind mit den Gewerkschaften nicht zu machen. „Die führen sich hier auf, als hätten sie die Wahl gewonnen und nicht wir", sagt Kanzleramtsminister Hombach zu einem Besucher.

Auch Oskar Lafontaine, Finanzminister und Parteivorsitzender, nagt an Schröders Macht. Er will eine Nachfragepolitik durchsetzen, also die Kaufkraft der Arbeitnehmer stärken. Hombach setzt dagegen darauf, die Unternehmer zu stärken und den Sozialstaat immer mehr zu beschneiden. Gegen diesen Ansatz gibt es Unwillen in Fraktion und Partei. Der Kanzler wird von allen Seiten eingezwängt, die Macht ist zerstückelt.

Gerhard Schröder denkt an Soldaten, an Krieg. Er muss die Regierungsfraktionen davon überzeugen, dass die Luftwaffe im Kosovo Einsätze gegen die Serben fliegen darf. Er hat wenig Zeit, sich um Reformen zu kümmern. Außerdem ist es in den ersten Monaten der Regierung Schröder nicht ganz leicht, sich bewusst zu machen, dass Deutschland dringend seinen Sozialstaat umbauen muss. Es ist die Hochphase der New Economy, die Zukunft glitzert.

Für Hombach, Heinze oder Streeck ist es eine Phase der Zweizeitigkeit. Sie leben im Jetzt, lesen die Meldungen über Börsenrekorde und Start-ups mit Wahnsinnsaussichten. Gleichzeitig denken sie sich in eine Zukunft hinein, in der das Wachstum karg ausfallen wird und die Sozialkassen überfordert sind. Für dieses Morgen wollen sie heute Politik machen.

Hombach versucht, den Kanzler gedanklich in die düstere Zukunft zu ziehen. Doch Schröder kostet lieber den Genuss des Gegenwärtigen aus. Er ist Kanzler, die Wirtschaft brummt. Er will ein Symbol für gute Zeiten sein und lässt sich in einem teuren Anzug von Brioni fotografieren.

Schon wenige Tage nach der Vereidigung Schröders spielt das Wort „Richtlinienkompetenz" eine Schlüsselrolle. Der formale Rückgriff auf die in der Verfassung verankerte Autorität des Regierungschefs, eigentlich ein Instrument für den Krisenfall, ist zum Thema geworden.

Vor allem die Schröder-Treuen in der Wirtschaft, ohnehin eine gegenüber der Politik misstrauische Klientel, fordern den Tu-was-Kanzler: „Ich als Bürger jedenfalls wünsche mir einen starken Richtlinienkanzler, keinen Nachbesserungskanzler", sagt Unternehmensberater

Roland Berger, einst selbst für den Job des Wirtschaftsministers im Gespräch. Das beschlossene Programm bedeute „mehr Staat, weniger Markt" – so werde „nicht ein einziger Investor veranlasst, hier zusätzlich zu investieren".

Das wissen auch die Schröder-Leute in Bonn. Ohne zusätzliche Investitionen, das ist allen klar, wird die SPD beim Wahlversprechen Nummer eins, der Schaffung neuer Jobs, gründlich scheitern. Schon spüren die Meinungsforscher bei vielen SPD-Wählern erste Anzeichen von Unmut. „Es ist ungewöhnlich", registrierte Forsa-Chef Manfred Güllner, dass eine Partei nur vier Wochen nach einem so großen Wahlsieg so schnell an Sympathien verloren hat wie die SPD.

Wäre am Sonntag schon wieder Wahl gewesen, würden Union und SPD gleichauf liegen. Bei vielen Wählern der Mittelschicht herrsche der Eindruck, die Lafontaine-SPD habe sich in den Koalitionsverhandlungen durchgesetzt. „Wenn die SPD an der Macht bleiben will, muss sie sich hinter Schröder scharen", empfiehlt der Meinungsforscher.

Doch hinter Schröder, so scheint es, steht derzeit nicht mal Schröder. Denn der Regierungschef muss sich entscheiden: Welchen Kanzler will er geben? Ist jetzt der Mann gefragt, der im Wahlkampf so erfolgreich seine arme Mutter ins Spiel brachte und damit die kleinen Leute für sich einnahm? Oder soll er zum kühlen Reformer werden, der keine linke, keine rechte, nur eine moderne Wirtschaftspolitik kennt?

Plötzlich fällt auf, dass die Regierung Schröder eher zufällig an die Macht gestolpert ist. Erst im April – Kohl hatte den Wahlkampf längst eröffnet – wurde Schröder zum Kandidaten gekürt. Er hatte nicht die Zeit eines Tony Blair, der in knapp drei Jahren als Oppositionsführer die Labour-Partei auf die neue Zeit vorbereiten konnte.

Hinzu kommt: Sozialdemokraten in England und auch die Demokraten in den USA konnten aufbauen auf den Reformen der Konservativen. Die hatten meist kräftig gewütet: Ronald Reagan sorgte mit seinen Reaganomics für die größte Steuerentlastung der amerikanischen Geschichte, Maggie Thatcher zerschlug die Gewerkschaftsmacht und setzte auf radikalen Privatisierungskurs.

„Wir müssen den Kanzler konzeptionell aufladen", sagt Hombach seinen Mitarbeitern. Schröder zeigt sich besonders interessiert, wenn es konkret wird. Hombach erzählt ihm von einer Putzfrau. Sie wollte bei ihm anfangen, ihr Einkommen aber nicht versteuern und keine Sozialbeiträge zahlen. Da stehe sie sich als Arbeitslose besser. Schröder sieht ein, dass man etwas tun muss.

Aber es passiert nicht viel. Politik ist jetzt auch: verhindern, dass Finanzminister Lafontaine Erfolg hat. Schon bei der Formulierung der Regierungserklärung wird Lafontaine übergangen, er muss sie sich am Vorabend der Bundestagssitzung hintenherum besorgen, seine Einwände bleiben unberücksichtigt. Bei den 620-Mark-Jobs kritisiert er „den Bruch der Versprechungen" aus dem Wahlkampf.

Schröder ist drauf und dran, die Startphase, wichtig für jeden, der die Wende schaffen will, zu vertrödeln. Die alten Kräfte in der SPD gewinnen Zeit, ihre gewohnten Stellungen auszubauen, die neue Truppe verliert an Schwung. Drei Machtzentren versuchen, Einfluss auf die Regierungsarbeit zu bekommen: das Präsidium der SPD, die Bundestagsfraktion und das Bundeskanzleramt.

Die Reformer im Kanzleramt spüren den Druck. Die Koalitionsvereinbarung, sagt selbst Amtschef Hombach, markiere für ihn nur das Ende der Oppositionszeit. „Die eigentliche Modernisierung muss erst noch beginnen."

18. November, Bonn

Bis spät in die Nacht beraten Schröder und Lafontaine über die leidigen 620-Mark-Jobs. Ob Steuerreform, Energiesteuer, Billigjobs oder Frührente: Immer mehr entpuppt sich das Fehlen eines eingespielten Frühwarnsystems als Problem. Die Abstimmung zwischen Bund, Ländern und Fraktion funktioniert nicht. Schnellschüsse mit späteren Korrekturen sind der Regelfall.

Lafontaines Plan, sein Finanzministerium diskret, aber zielstrebig zum zweiten Machtzentrum neben dem Kanzleramt auszubauen, stößt schnell an Grenzen. Systematisch schneidet Hombach Lafontaine vom ständigen Informationsfluss ab. Lafontaine seinerseits sieht sich zunehmend von Feinden umstellt: Im Ministerium vertraut er alsbald nur noch seinem kleinen Küchenkabinett, zu dem vor allem Noé und Flassbeck zählen. Ansonsten gilt der Saar-Ökonom als „beratungsresistent". Akten lese er kaum, bemängeln Mitarbeiter, selbst auf die morgendliche Lagerunde, in der die wichtigsten Themen und aktuelle Pressenachrichten besprochen werden, verzichtet der Minister.

25. November, Bonn

Das englische Massenblatt „Sun" nennt Lafontaine den „gefährlichsten Mann" von Europa. Beeindrucken lässt sich der Finanzminister von der Attacke nicht, zumal ihm Schröder mannhaft Solidarität erweist: „Das ist die blanke Schweinerei." Erst später wird bei Lafontaine der Eindruck entstehen, hinter dem britischen Angriff stecke Hombach.

7. Dezember, Bonn

Ohne lange Begrüßungsrede eröffnet Gerhard Schröder im Kanzleramt das Auftaktgespräch für ein „Bündnis für Arbeit". Mit am Tisch sitzen Minister sowie Spitzenvertreter von Arbeitgebern und Gewerkschaften. Hauptziel der Gesprächsrunde, die der Kanzler als „Reformmotor" des Landes betrachtet, ist der Kampf gegen die „Geißel der Massenarbeitslosigkeit". Und Schröder ist guter Dinge. Das Gespräch verläuft konstruktiv, und am Abend verkündet er bereits erste Ergebnisse. Geeinigt habe man sich darauf, dass es eine generelle Absenkung des Rentenalters auf 60 Jahre nicht geben wird. Außerdem soll die Unternehmensteuerreform zur Entlastung des Mittelstandes um zwei Jahre auf den 1. Januar 2000 vorgezogen werden. Die Gespräche sollen im Zweimonatsrhythmus fortgesetzt werden.

9. Dezember, Bonn

Beim Weihnachtsessen des Kabinetts im Kanzlerbungalow sucht Lafontaine zu fortgeschrittener Stunde die Provokation. Mit demonstrativ erhobener Stimme zieht er gegen die „so genannten Modernisierer" innerhalb von Partei und Regierung zu Felde. Der Kanzler am Nebentisch überhört den laut sprechenden Finanzminister bewusst.

11. Dezember, Wien

Die europäischen Staats- und Regierungschefs erleben auf ihrem Gipfel in Wien einen gut gelaunten Kanzler. Dagegen wirkt Lafontaine eher mufflig. Nachmittags verlässt der Finanzminister, gelangweilt von den endlosen Diskussionen in der Wiener Hofburg, seinen Platz neben Schröder, um in einer Kneipe einige Schnäpse zu sich zu nehmen. Zum Pressegespräch im traditionsreichen „Café Central" am späten Abend erscheint auch der Außenminister. Fischer und Schröder reden, Lafontaine schweigt.

Hinterher setzt sich die deutsche Delegation ins Hotel „Imperial" ab, eines der besten Hotels in Europa. Schröder redet sich mit einigen deutschen Unternehmern, die im Imperial wohnen, an der Bar in Fahrt. Ihm passt es gut, dass sein Finanzminister ebenfalls am Tisch sitzt: Oskar Lafontaine. „Erklären Sie", bittet Schröder die angeheiterten Unternehmer süffisant, „diesen Makroökonomen doch mal die Probleme des deutschen Mittelstandes." Lafontaine, der eigentlich in kleiner Runde den Geburtstag seines Staatssekretärs Flassbeck feiern will, macht gute Miene zum bösen Spiel.

14. Dezember, Bonn

Für Lafontaine ist es kein gemütlicher Tag. Im Parteipräsidium flackert eine kontroverse Debatte auf über die Haltung zur PDS und zur mangelnden Koordination innerhalb der Regierung. Verspätet stößt Lafontaine zu einem Abendessen mit seiner Frau Christa Müller und Freunden in einem Bonner Restaurant. Hunger verspürt er nicht, kaum, dass er am Gespräch teilnimmt. Die vergangenen Wochen haben in seinem Gesicht Spuren hinterlassen. Fast nebenbei lässt er das Wort „Rücktritt" fallen, um dann – spürbar engagierter – von den Verhandlungen über den Kauf eines Bauernhofs im Saarland zu berichten. Christa Müller spinnt den Faden weiter, plaudert übers Kühemelken und das Vieh auf dem Hof. Die Ideen sind offenbar weit gediehen.

31. Dezember, Bonn

Es ist die erste Neujahrsrede des neuen Bundeskanzlers. Gerhard Schröder trägt feines schwarzes Tuch und eine schwarze Krawatte mit goldenen Motiven. Hinter ihm steht ein edles Holzregal mit Büchern darauf, die leicht verstaubte Bonner Republik. Schröder ist nervös. Er sitzt da wie ein unerfahrener Nachrichtensprecher, stocksteif und vornüber gebeugt; das Einzige, was sich bewegt, sind seine Augen, die dem Teleprompter folgen. Schröder spricht ohne Höhen und Tiefen und setzt Pausen, die nicht passen. Schröder schlägt der jungen Generation einen Pakt vor: „Wir tun alles dafür, dass Ihnen Bildung und Ausbildung offen stehen, und dafür versprechen Sie, liebe Jugendliche, Ihre Fähigkeiten, Ihre Kreativität und Ihre Unternehmungslust einzusetzen." Schröder redet 6 Minuten und 14 Sekunden.

11. Januar 1999, Bonn

Innenminister Otto Schily will die Reform des Staatsbürgerschaftsrechts rasch vorantreiben, ohne Abstimmung mit dem Kanzleramt ist ein Referentenentwurf an die Öffentlichkeit gelangt. In allen Ministerien sitzen neue Leute, die lange aufs Regieren gewartet haben und unkoordiniert loslegen. Doch die drohende Unterschriftenaktion der Union, die im hessischen Landtagswahlkampf mit der Kritik am Doppel-Pass Punkte machen will, bringt die Koalition in Bedrängnis. Nach der Sitzung des SPD-Präsidiums wirft Lafontaine der Union vor, „populistisch auf der Welle der latenten Ausländerfeindlichkeit zu surfen". Gleichwohl sei es „selbstverständlich, bei den parlamentarischen Beratungen Verständigungen dort zu suchen, wo sie möglich sind". Ganz offensichtlich kann sich Lafontaine konkrete Verhandlungen lebhaft vorstellen. Einen Präsidiumsbeschluss, wie er später behauptet, gibt es aber nicht.

19. Januar, Bonn

Mit seiner Forderung, über die Staatsbürgerschaft Verhandlungen mit der Union aufzunehmen, läuft Lafontaine in der Fraktion auf. Schily entgegnet: „Wir verhandeln nicht mit Reaktionären."

25. Januar, Bonn

Nacht muss es sein, wenn Kanzler strahlen. In den Fluren des Amtes schimmerte eine Art Sparbeleuchtung, als Gerhard Schröder am Montag die Treppen ins Foyer hinabschreitet, freudig bewegt, ja fast beschwingt.

Es sei, erzählt er einem zufälligen Besucher, ein überaus erfolgreicher Arbeitstag gewesen. Denn als alle schon geglaubt hätten, der mit großem Trara angekündigte Ausstieg aus der Atomenergie werde scheitern, habe er die Gespräche mit den Stromkonzernen gerettet. Er, Gerhard Schröder. Ganz allein. Im Konsens. Durch ein Machtwort.

„Ist es nicht verrückt?" Der neue Kanzler, der gerade mit dem kanadischen Ministerpräsidenten gespeist hat, ist noch ganz aufgekratzt über seinen Coup vom Vormittag. „Du kannst hier im Ernst nur was bewegen, wenn alles am Zusammenkrachen ist."

In solchen Augenblicken kann der Chef der rot-grünen Regierung über sich selbst und seine Unverfrorenheit staunen wie ein Schuljunge. Er ist das Zentrum. Er hat das Sagen. Er stellt Konsens her.

Regieren? Moderieren ist das Zauberwort. Mit Vokabeln wie „vernünftig", „ordentlich" und „rational" geht Kanzler Schröder bei der Selbstbeschreibung seines Systems verschwenderisch um. Je strittiger und konfliktträchtiger die Streitpunkte, desto eindrucksvoller soll das schlichtende Eingreifen des Kanzlers ausfallen. Und das alles vor laufenden Kameras, das ist die Schröder-Show. So macht ihm Regieren Spaß, so sieht er die Dinge, so sieht er sich selbst.

Die nüchterne Bilanz nach 100 Tagen Amtszeit zeigt ein anderes Bild: Groß waren die Vorhaben, klein sind die Ergebnisse. Selbst einige Minister wundern sich über die rasche Folge von Flops und Tops. Die Koalitionspartner haben in den Regierungsvertrag ihre programmatischen Wunschkataloge hineingeschrieben, ihre „Lebenslügen", wie es ein Schröder-Mitarbeiter ausdrückt: Atomausstieg subito, eine runde Ökosteuerreform und Arbeit fast für alle. Programm und Realität vertragen sich nicht.

Fast jedes wichtige Thema, mit Ausnahme der Steuerreform, hat Schröder an sich gezogen: Bündnis für Arbeit und Aufbau Ost, Billigjobs, EU-Präsidentschaft und Zwangsarbeiterentschädigung, die Abtreibungspille RU 486 und sogar die vorweihnachtliche Fahndung nach Bahn-Erpressern – alles wurde „Chefsache".

Das System Kohl gründete noch auf dem Parteienstaat. Schröder aber regiert als Held einer Medienrepublik. „Wir streben eine große gesellschaftliche Koalition an, eine Koalition aller Kräfte, die den Wandel in Deutschland gestalten wollen." Nach seinem Credo sind das potentiell alle – wer will, der kann.

Mit der Installierung seines Freundes Hombach ist dem Kanzler jedoch ein Konstruktionsfehler unterlaufen. Ursprünglich war der Job des Amtsleiters für Frank-Walter Steinmeier vorgesehen, der bereits die Macht des Ministerpräsidenten Schröder sicher und uneitel orchestriert hatte. Nun ist Hombach Kanzleramtsminister, Steinmeier Kanzleramtsstaatssekretär. In den Ministerien ist nicht klar, bei wem die Schalt- und Koordinationsstelle angesiedelt ist. Der Weg zum Chef führt über einen der beiden, das Durcheinander ist institutionalisiert.

Hombach ist der Rabe auf Schröders Schulter, der bald charmant, bald analysierend, mal hetzend, mal tricksend den Eindruck der Unverzichtbarkeit zu erwecken versteht. Zielstrebig füllt der Machtmanager seinen Bereich im Kanzleramt mit Vertrauten aus Nordrhein-Westfalen auf – gegen Steinmeiers Niedersachsen-Bastion.

Geklärt ist nichts. Ein Organigramm des Kanzleramts gibt es nicht. Die „operative Arbeit" – Hombachs Lieblingsvokabel – verläuft nach dem Zufallsprinzip. Schon meinen Ministeriale bei Hombach, wie einst im Bereich des Kohl-Freundes Waldemar Schreckenberger, wieder ein „Bermuda-Dreieck" ausmachen zu können, wo viel verschwindet, aber kaum etwas auftaucht. „Hombach hat ein massives Ego-Problem", hat ein hoher Grüner erkannt: „Wie soll das erst werden, wenn wir die erste richtige Krise haben?"

5. Februar, Bonn

Klaus Gretschmann, der Chefökonom des Kanzlers, druckst herum. Ja, er habe da einen Entwurf des Finanzministeriums in der Tasche, doch leider, so lässt er die Abgesandten der G-7-Runde auf dem Bonner Petersberg wissen, könne er das Papier nicht verteilen – es sei einfach zu schlecht. Irritiert registrieren die Delegationen der neben Deutschland sechs wichtigsten Industriestaaten, welch merkwürdiger Konflikt innerhalb der deutschen Regierung schwelt. Denn nicht nur die Spitzenleute Schröder und Lafontaine fechten gegeneinander, sondern auch ihre Truppen.

Der Stellvertreterkrieg hat System: Kaum hat Lafontaine im Oktober seinen nachfrageorientierten Vordenker Heiner Flassbeck im Finanzministerium installiert, setzt Schröder im Kanzleramt den Pragmatiker Gretschmann dagegen. Wenige Tage später befördert er den Abteilungsleiter auch noch zum „Sherpa" für die Weltwirtschaftsgipfel – ein klarer Affront gegen Lafontaine, denn in den beiden letzten Jahrzehnten kam der Gipfelbegleiter immer aus dem Finanzministerium.

Es folgt ein fortwährender Schlagabtausch: Während Lafontaines Helfer das Finanzministerium zum Hort des Keynesianismus ausbauen, bemüht sich das Kanzleramt, im eigenen Haus eine zusätzliche „Denkfabrik" (Gretschmann) zu etablieren. Wenn Lafontaines Mannen ein Thesenpapier zur Weltwirtschaft erstellen, schicken Schröders Getreue das Papier mit dem Vermerk „Quatsch!" zurück.

8. Februar, Bonn

Gerhard Schröder folgt seinem Machtinstinkt. Statt schlafen zu gehen, zieht der Bundeskanzler – gerade vom Begräbnis des jordanischen Königs Hussein zurückgekehrt – noch in der Nacht Konsequenzen aus der Hessen-Wahl und dem Verlust der Bundesratsmehrheit. Erst berät er sich mit seinen Vertrauten im Kanzleramt. Dann legt er mit Innenminister Otto Schily, der gegen Mitternacht hinzugerufen wird, die neue Richtung fest: Doppel-Pass passé.

Am Morgen danach erfahren die Grünen beim Koalitionsfrühstück, dass sie nicht nur in Hessen, sondern auch in Bonn verloren haben.

Der Öffentlichkeit verkündet der Kanzler einen Tag später, wie er sich den Stil seiner Partner wünscht: „Mehr Fischer, weniger Trittin." Mit dem abkanzelnden Interview in der „Süddeutschen Zeitung" ist die Sache für Schröder erledigt.

Grüne Glaubensgrundsätze, wie die unbefristete Duldung des Doppel-Passes, interessieren den Kanzler nur, solange sie durchsetzbar sind. Nach dem Waterloo von Wiesbaden richtet sich der wendige Schröder auf die neuen Realitäten ein: „Der Koalitionsvertrag ist ja keine Bibel", erklärt er im Kabinett.

Die Grünen erkennen rasch, dass Widerstand zwecklos ist. Jürgen Trittin, am Dienstagabend von Bonner Spitzen-Grünen zum Krisengipfel gebeten, hat keine Lust: „Das bringt doch nichts."

Tief verletzt spielt der Umweltminister mit Rücktrittsgedanken. Auch Parteisprecherin Gunda Röstel erwägt ihren Rückzug. Nach einer vierstündigen Debatte beschließt man aber, sich nicht öffentlich zu zerfleischen. Fundis und Realos einigen sich auf eine gemeinsame Sprachregelung: „Es schrödert mal wieder."

Das Muster ist inzwischen bekannt. Wann immer ein rot-grünes Vorhaben scheitert, erklärt der Kanzler seine Mitstreiter zu Verlierern und gefällt sich in der Rolle des Moderators, der alle wieder zur Vernunft bringt. Doch unbeschädigt übersteht er die Kapriolen seines Kabinetts nicht mehr – seine Umfragewerte sinken.

Nach nur 110 Regierungstagen ist die rot-grüne Koalition genau dort angekommen, wo Helmut Kohl endete: mitten im Stau der Konsens-Republik.

9. Februar, Bonn

Bei einem Treffen mit seinen Freunden von der Parlamentarischen Linken macht Lafontaine seinem Zorn Luft. Massiv beklagt er sich über Erscheinungsbild und Koordinierung der Regierungspolitik: „Komödienstadl". Die Absprache sei „nicht ausreichend", grantelt er, zudem gezielt einseitig. Die Debatte über den Fraktionsvorsitz sei, so sagt er, „zu meinen Lasten geführt worden".

Führung? „Wenn ich nur aus der Zeitung erfahre, wie der Atomausstieg läuft, ist es mir nicht möglich, eine klare Politik vorzugeben." Doch die erhoffte Unterstützung fällt dürftig aus. Auch die Genossen sind gereizt. Sie beziehen in ihren Wahlkreisen Prügel.

Als Lafontaine erklärt, er habe schon vor Wochen auf die Möglichkeit des FDP-Modells zur Staatsbürgerschaft hingewiesen, schallt es aus dem Plenum zurück: „Wo denn?" und „Das ist doch ärgerlich!" Lafontaine macht einen abgespannten Eindruck: „Langsam ist eine Grenze erreicht."

10. Februar, Bonn

Der Weltfinanzexperte Oskar Lafontaine gerät unter Druck. Ein Reporter der Wirtschaftszeitung „Handelsblatt" will präzise von ihm wissen, wie denn nun die „retrograde Wertermittlung" geregelt werde? Lafontaine muss passen. Dass die Fragesteller im Saal der Bundespressekonferenz alles „so genau wissen" wollen, habe er nun ja wirklich „nicht ahnen können", entschuldigt er sich.

Dabei geht es um ein Herzstück der rot-grünen Regierungspolitik: die Steuerreform. Auf Betreiben des Kanzlers hat das Kabinett an diesem Morgen wichtige Nachbesserungen zu Gunsten des Mittelstandes beschlossen, alles in allem über fünf Milliarden Mark wert. Lafontaine scheint dies wenig zu interessieren. Die Materie sei so kompliziert, dass er sie „auf die Schnelle nicht erklären möchte", bemerkt er knapp. Als die Journalisten ihn dennoch mit detaillierten Fragen nerven und auszulachen beginnen, raunzt er seinen neben ihm sitzenden Pressesprecher an: „Die zerreißen mich wegen eurer Blödheit wieder."

Der peinliche Auftritt bestärkt die Entourage des Kanzlers in ihrem Argwohn. Schon seit längerem zürnen Schröders Vertraute über das Zahlenchaos aus dem Finanzministerium. Besonders das Tohuwabohu um die Besteuerung der Atomrückstellungen provoziert bittere Kommentare: „Oskars Leute können nicht rechnen."

12. Februar, Bonn

Im Rheinland tobt der Karneval, als sich Schröder und Lafontaine in der Saar-Vertretung zum gemeinsamen Abendessen treffen. „Wir reden ja kaum noch miteinander", hat Lafontaine wieder und wieder geklagt.

Die Gespräche drehen sich vor allem um die Rollenverteilung der Männer. Wieder einmal wird vereinbart, dass Lafontaine seine integrativen Qualitäten einbringt, Schröder als Einzelkämpfer seine Popularität. Im Kanzleramt schwärmt Schröder anschließend über das gemütliche Beisammensein.

20. Februar, Münster

Schröder tritt bei „Wetten, dass…?" im ZDF auf und muss sich beinahe eine peinliche Überprüfung seiner Haarpracht auf Farbechtheit gefallen lassen. Am Tag danach wohnt er mit Gattin Doris einer Versace-Modenschau bei – einer Benefiz-Veranstaltung. Sie hat ihren Kanzler mitgeschleppt, weil sie Geld für karitative Zwecke eintreiben will. In der Öffentlichkeit entsteht dennoch der Eindruck, der Chaos-Kanzler ziehe bunte TV-Auftritte, Karnevalsfeiern, Filmfestspiele oder Laufstegtermine einer geordneten Regierungsarbeit allemal vor. „Wie wär's mal mit Regieren, Herr Kanzler?", fragt spitz die „Hamburger Morgenpost".

22. Februar, Bonn

Das Kabinett befasst sich unter Tagesordnungspunkt sechs mit der internationalen Lage. Die Minister Scharping und Fischer unterrichten die Runde ausführlich über die Lage im Kosovo. Lafontaine interveniert: „Wir stehen hier an einem wichtigen Punkt. Als Parteivorsitzender muss ich das Kabinett fragen, ob dieser Einsatz wirklich nötig ist."

Es sind nicht die ersten Nachfragen des Parteichefs. Wiederholt, so erinnern sich Kabinettsteilnehmer, habe Lafontaine beim Thema Kosovo in den vorangegangenen Wochen in der Ministerrunde nachgefragt: „Wie ist denn da jetzt unsere Linie?"

Aber nachhaltigen Widerstand leistet Lafontaine nicht. Alle Kosovo-Beschlüsse fallen einstimmig. Später wird Lafontaine kritisieren, der Kosovo-Einsatz sei ein Bruch des Regierungsprogramms gewesen. Darin heißt es: „Die Nato ist und bleibt ein Verteidigungsbündnis. Das globale Gewaltmonopol zur Sicherung des Weltfriedens liegt ausschließlich bei den Vereinten Nationen. Einsätze der Nato, die über ihren kollektiven Verteidigungsauftrag hinausgehen, bedürfen eines Mandats der Vereinten Nationen oder der OSZE."

Lafontaine klagt in der Kabinettssitzung auch über die Ökosteuer, die im Kanzleramt erneute Korrekturen erfahren hat: „So kann das alles nicht weitergehen." Doch erst als Schröder gegangen ist, bricht es richtig aus ihm heraus. Wütend hält er das „Handelsblatt" hoch: „Ich bin es leid, die Dinge aus der Zeitung zu erfahren. Ich will nicht immer als der Depp dastehen. So kann man eine Regierung nicht führen." Die Zeitung hatte über Steuersenkungspläne der Regierung berichtet, die nicht Lafontaines Absichten entsprachen. Mühsam versucht Fraktionschef Struck zu moderieren: „Es muss auch mal gestattet sein, dass ein Finanzminister seinem Ärger Luft macht."

Längst ist Lafontaine davon überzeugt, dass aus dem Kanzleramt gezielt gegen ihn agitiert wird. Hat nicht seine persönliche Referentin Hilde Lauer erst aus der Zeitung erfahren, dass für einen der nächsten Tage ein Koalitionsgespräch anberaumt worden ist? Als sie im Kanzleramt anruft und mitteilt, dass Lafontaine an diesem Tag bereits andere Verpflichtungen hat, heißt es lapidar: „Ach ja, das haben wir einfach vergessen."

25. Februar, Bonn

Hermann Josef Hack hat, wie schon am Tag der Bundestagswahl, seinen „Arme-Socken-Teppich" ausgebreitet, diesmal auf der Zufahrt zum Kanzleramt, wo ein Treffen zum Bündnis für Arbeit stattfindet. Jede einzelne Socke, erklärt der Künstler, stehe für das Schicksal eines Arbeitslosen. Die Spitzenvertreter von Arbeitgebern und Gewerkschaften haben kein Auge für das Werk; sie eilen vorbei, sie müssen sich um die Wirklichkeit kümmern. Es ist an ihnen, die „Bugwelle" von Ausbildungsplatzsuchenden einzudämmen, von der der Kanzler im Vorfeld der zweiten Gesprächsrunde zum Bündnis für Arbeit sprach. Nach langen Diskussionen ringt sich die Wirtschaft zu der Zusage durch, eine ausreichende Zahl von Lehrstellen zu schaffen. Es ist eine Zusage ohne konkrete Zahlen und ohne Garantien, der Kanzler nennt sie einen Teilerfolg. Wichtiger für ihn ist, dass es im Mai eine dritte Runde geben wird.

3. März, Bonn

Die Spannungen zwischen Gerhard Schröder und Oskar Lafontaine nehmen erkennbar zu. „Wenn du es nicht schaffst, für Ordnung zu sorgen", hatte Lafontaine Schröder angeranzt, „dann werde ich es tun." Im Kabinett schlägt der Kanzler zurück. Wenn Finanzministerium und Energiewirtschaft sich über die Höhe der Rückstellungen nicht einigten, werde er die geplanten Konsensgespräche absagen, droht er. Für alle Zeugen ist die Botschaft eindeutig: „Damit hat er Lafontaine verdonnert, vernünftige Zahlen vorzulegen."

8. März, Bonn

Im SPD-Parteirat bricht der Grundkonflikt auf. Lafontaine beginnt: Dass die Wirtschaft Sturm gegen die rot-grünen Reformprojekte laufe, bezeichnet er als „nachvollziehbar". Es würden eben die Weichen anders gestellt als in den vergangenen 16 Jahren. Leidenschaftlich fordert er die Genossen auf, diese „arbeitnehmer- und familienfreundliche Politik", die es viel zu lange nicht gegeben habe, weiter offensiv zu vertreten, auch bei Gegenwind.

Dann redet Schröder: „In der Sache", sagt er, sei er mit der Bilanz Lafontaines einverstanden. Doch halte er es für falsch, sich allzu einseitig festzulegen. Man könne keine Politik gegen die Wirtschaft machen. „Niemandem nützt es, wenn man sich Debatten in alter Klassenkampfqualität liefert."

Es gibt keinen großen Applaus nach Schröders Rede, eher ein unbehagliches Schweigen. Der Gegensatz liegt jetzt offen zu Tage. Lange kann es nicht mehr gehen mit den Männerfreunden.

9. März, Bonn

Die „Bild"-Zeitung präsentiert den vom „Gala"-Ableger „Life & Style" in Szene gesetzten Kanzler vorab in dunklem Kaschmirmantel von Brioni und in teurem Kiton-Anzug. Während das Massenblatt den Kanzler „perfekt gestylt" sieht, tobt Lafontaine beim Anblick der Bilder in der SPD-Zentrale. „Der macht uns noch alles kaputt."

Immer noch glimmt der Streit um die Atom-Rückstellungen, doch Lafontaine gibt sich plötzlich kulant: Natürlich werde sein Haus die Steuerreform nachbessern, falls man sich „gravierend verschätzt" habe. Doch als Schröder am Dienstagabend die Atom-Bosse ins Kanzleramt bittet, endet das Gespräch ohne Ergebnis.

10. März, Bonn

Die Kampfansage scheint ins Leere zu gehen. Mit starrem Blick, verschanzt hinter einer eisig spiegelnden Glätte auf dem runden Gesicht, lauscht Oskar Lafontaine unbewegt den Worten seines Kanzlers. Der beschwört in der Kabinettssitzung fünf Monate nach dem Start der rot-grünen Regierung ihren Untergang.

Auch Gerhard Schröder zeigt keine Erregung. Kalt und ohne Tremolo sagt er: „Es ist weltweit einmalig, was sich da zusammenbraut, dass sich die gesamte Wirtschaft zurückhält mit Investitionen und bei der Schaffung von Arbeitsplätzen. Es wird einen Punkt geben, wo ich die Verantwortung für eine solche Politik nicht mehr übernehmen werde!"

Die Ministerrunde sitzt versteinert da. Steht es so schlimm? Schröder, eingerahmt von Außenminister Joschka Fischer und Kanzleramtsminister Bodo Hombach, hat verhalten begonnen und an den Wahlkampf erinnert. Hatten sie nicht die neue Mitte umworben und tatsächlich ihr Vertrauen erhalten? „Aber hier gehen immer noch einige davon aus, dass man das Land gegen die Wirtschaft regieren kann. Das geht nicht."

Mit keinem Wort und keiner Geste macht Schröder kenntlich, dass er sich ausschließlich an den Mann wendet, der ihm direkt gegenübersitzt. Pokergesichter. Die Herren weichen auch dem Blick des anderen nicht aus. Sie kennen das Spiel seit 20 Jahren, so lange, wie sie sich kennen. Schröder umkreist den Adressaten. Erst nimmt er sich die leise Familienministerin Christine Bergmann vor: Sie habe mit dem Vorschlag, den Erziehungsurlaub flexibler zu gestalten, der Wirtschaft einen der gefürchteten „Nadelstiche" versetzt. Schröder findet das „völlig unakzeptabel". Dann kommt Umweltminister Jürgen Trittin dran, dessen Beamte an einer Novelle der Sommersmog-Verordnung arbeiteten. „Immer dann, wenn wir rot-grüne Verkehrspolitik machen, bekommen wir Probleme", moniert Schröder.

Endlich erwähnt der Kanzler den peinlichen Zahlenwirrwarr um die Belastung der Energieversorger, auch den Zickzackkurs bei den Steuerreformen. Knapp kommt sein Resümee: „So kann das nicht weitergehen." Den Namen Lafontaine spricht er noch immer nicht aus. Doch ist jedem klar, wer gemeint ist.

Lafontaine sagt zur Verblüffung aller: „Gerd, ich gebe dir in allen Punkten Recht." Für Abstimmungsgespräche stehe er zur Verfügung.

Gegen 18 Uhr versammelt sich eine Gruppe linker SPD-Abgeordneter bei Lafontaine im Finanzministerium: Gernot Erler, Ludwig Stiegler, Ottmar Schreiner, Andrea Nahles und Michael Müller. Der

erinnert sich: „Wir wollten den angeschlagenen Oskar stabilisieren."
Doch der wiederholt mit heroischer Geste, was er seit Wochen sagt:
„Es kommt nicht darauf an, wie schlecht es dem Vorsitzenden geht. Es
kommt darauf an, dass es der Partei gut geht."

Tatsächlich kommt Lafontaine in der tristen Finanzkaserne den
Besuchern überraschend entspannt vor. Kein Zorn über die Kanz-
lerschelte im Kabinett, keine Spur von Resignation. Stattdessen empfängt er die Besucher mit einer Scherzfrage: „Was ist der Unterschied
zwischen Trittin und mir?" Nach einer kurzen Pause antwortet er
prustend: „Der fällt um, ich nicht!"

Die Stimmung verdüstert sich aber, als Lafontaine, um ein Beispiel
unfairer Behandlung vorzuführen, eine Agenturmeldung vom Nachmittag verliest: Bundeskanzler Schröder habe Vertretern der Energiewirtschaft mitgeteilt, das Zahlenwerk des Finanzministers sei offensichtlich falsch gewesen.

Das, sagt Lafontaine, sei alles Unfug. Nun beginnen die Abgeordneten darüber zu schimpfen, wie desolat die Kommunikation zwischen Regierung und Fraktion sei. Lafontaine klagt, wie oft unter
Vertrauten, über Widersprüchlichkeiten, Mutlosigkeit und „diese handwerkliche Scheiße, über die ich mich kriminell ärgere und nach außen
nichts sagen darf".

Gegen 19.15 Uhr wird Lafontaine in einer Mappe eine weitere
Agenturmeldung hereingereicht, die er empört vorliest: „Schröder
droht indirekt mit Rücktritt" hat die DPA um 18.56 Uhr unter Berufung auf „Bild" vom nächsten Tag gemeldet.

Irritiert und aufgebracht wendet sich Lafontaine an seine Beraterin
Dagmar Wiebusch: „Das ist doch absurd. Ruf doch mal den Heye an,
der Gerd soll das dementieren." Wiebusch meldet wenig später: Der
Regierungssprecher Uwe-Karsten Heye dementiere „auf allen Kanä-
len". Das scheint Lafontaine zunächst zu besänftigen. Doch dann bricht
es im Zorn aus ihm heraus: „Eine solch katastrophale Regierungs-
führung habe ich noch nie gesehen."

Monate später wird Oskar Lafontaine die falsche „Rücktritts"-Dro-
hung als „letzten Tropfen" bezeichnen für seinen aufgestauten Ver-
druss. Das betrifft aber nur den Zeitpunkt. Die Entscheidung zu gehen
hat er innerlich längst getroffen. Im Mai, nach der Wahl des Bundespräsidenten Johannes Rau, soll Schluss sein.

Aber nun brodelt es in ihm. Die Teilnehmer der Runde können fast physisch spüren, wie sich Lafontaine im Laufe der abendlichen Sitzung immer mehr mit Zorn auflädt. Denn über die Quelle der Indiskretionen hat er schon damals keine Zweifel: das Kanzleramt. Systematisch seien von dort Illoyalitäten gegen ihn ausgegangen, erzählt er. Vor allem Kanzleramtsminister Hombach habe sich in Dinge eingemischt, die allein die Partei beträfen.

Bei den Gesprächen um die Neuausrichtung der Partei für einen „Dritten Weg" habe der Kanzleramtsminister den britischen Sozialisten klargemacht, dass die Parteikontakte nicht über das SPD-Hauptquartier zu laufen brauchten, sondern direkt über ihn. Darüber, so der SPD-Vorsitzende an jenem Abend, müsse im Präsidium geredet werden. „Schreib das auf, Ottmar", weist er seinen Geschäftsführer Ottmar Schreiner an.

Am späten Abend empfängt Lafontaine in der saarländischen Landesvertretung, die er sich noch als Ministerpräsident mit guter Küche, exzellentem Weinkeller und vertrautem Dekor zu einem Stück Heimat ausgebaut hat, den SPD-Fraktionsvorsitzenden Peter Struck. Der erlebt einen deprimierten Oskar und hört den schockierenden Satz: „Der kann es nicht."

Auch Schröder hat noch spät Besuch. Alfred Tacke, Wirtschaftsstaatssekretär und langjähriger Weggefährte und Berater, ist erschrocken über seinen niedergeschlagenen Chef. Er verlässt das Büro mit der klaren Botschaft: So kann es nicht weitergehen.

11. März, Bonn

Am nächsten Tag geht Oskar Lafontaine zunächst seinen Pflichten nach. Mit EU-Kommissar Neil Kinnock, dem früheren Vorsitzenden der Labour Party, isst er in der Saar-Vertretung zu Mittag. Was keiner ahnt: Zu diesem Zeitpunkt hat Lafontaine bereits drei Abschiedsbriefe geschrieben – an den Kanzler, den Bundestagspräsidenten und an die SPD.

Am frühen Nachmittag taucht er im Ministerium auf und erschreckt seine langjährige Sekretärin Hilde Lauer mit der Aufforderung: „Häng das Bild ab und pack es in den Koffer." Er weist auf das Foto, das seine Frau Christa und seinen Sohn Carl-Maurice mit einem Riesenbovist zeigt, sein Trostblickfang im kargen Büro des Vorgängers Theo Waigel.

Den fragenden Blick seiner Mitarbeiterin beantwortet der Minister mit weiteren Anweisungen: „Sag der Fahrbereitschaft Bescheid, wir

fahren nach Saarbrücken." Lauer: „Und wann kommen Sie wieder?"
Oskar: „Hierher komme ich nie mehr zurück." Dann gibt er ihr die
drei Briefe mit genauen Zeitangaben für die Übermittlung an den
Kanzler, die Partei und den Bundestag.

Dass vom Finanzminister nach der „Standpauke" und der „Bild"-
Geschichte keine Reaktion gekommen ist, beunruhigt die Schröder-
Mannschaft. Um 15.30 Uhr erkundigt sich der Kanzler: „Hat jemand
was von Oskar gehört?"

Gegen 15.40 Uhr liefert ein Bote Lafontaines Brief mit der Aufschrift „Für den Herrn Bundeskanzler – persönlich" im Vorzimmer
ab. Schröder, der gerade allein an seinem Schreibtisch arbeitet, mag
zunächst kaum glauben, was er liest: „Sehr geehrter Herr Bundeskanzler, ich trete hiermit als Bundesminister der Finanzen zurück. Mit
freundlichen Grüßen – Oskar Lafontaine."

Sofort versammelt der Kanzler eine Runde von Vertrauten in seinem
Amtszimmer: Staatssekretär Frank-Walter Steinmeier, Kanzlerbüro-
leiterin Sigrid Krampitz und den SPD-Fraktionsvorsitzenden Peter
Struck. Erst von Staatssekretär Heye erfährt Schröder dann, dass
Lafontaine ebenso lapidar aus dem Parteivorsitz und dem Bundestag
ausgeschieden ist wie aus dem Kabinett. Keine weiteren Erläuterun-
gen? Unablässig versucht Vorzimmerdame Marianne Duden, Lafontaine anzurufen, doch der will mit dem Kanzler nicht reden. Die Sache
sei entschieden, lässt er ausrichten; außerdem sei er praktisch schon
auf dem Wege nach Saarbrücken.

Gegen 16 Uhr reicht ein Leibwächter dem am Rheinufer joggenden
Außenminister Joschka Fischer das Handy aus dem Auto. Der Kanzler
ist dran: „Du musst sofort kommen." Fischer: „Was ist los?" Schröder:
„Das kann ich dir jetzt nicht sagen." Mit Baseballkappe und in kurzen
Hosen, schwitzend und keuchend vom Laufen, erscheint Fischer bald
darauf im Kanzlerbüro, wo ihn Schröder und seine Berater erwarten.

„Oskar ist zurückgetreten, von allen Ämtern." – „Von allen?", fragt
Fischer fassungslos. Schröder: „Ja." – „Vom Parteivorsitz?" – „Ja." –
„Und das Mandat?" – „Ja." Schröder wirkt getroffen, aber konzen-
triert. „Du musst auch den Parteivorsitzenden machen", sagt Fischer
nach kurzem Nachdenken. „Du musst aufpassen, dass die SPD nicht
auseinander bricht. Du musst für eine geschlossene SPD sorgen. Alles
andere ist nachrangig. Wenn die SPD kopflos und führungslos ist,
wird sie zersägt."

Die Logik ist zwingend, sie entspricht auch Schröders Kalkül: Er weiß, dass er das Machtvakuum in der Partei schließen muss, um seine Macht als Kanzler zu erhalten. Nur kurz wird über Alternativen geredet, auch über Müntefering. „Gibt es jemanden in den Ländern?", fragt Schröder seine Leute. „Vergiss es", sagt Fischer.

Professionell macht sich die Runde daran, den Schaden zu analysieren und die Risiken abzuwägen. Dass Lafontaine sein Mandat niederlegt, ist für den Kanzler irrelevant. Dass er als Finanzminister zurücktritt – schmerzlich. Gefährlich ist sein Rücktritt als Parteichef. Möglichst schnell will Schröder aus der Defensive kommen und die Deutungshoheit zurückgewinnen. Für 20 Uhr wird eine Pressekonferenz anberaumt. Anschließend soll in der NRW-Vertretung ein Treffen aller verfügbaren Spitzenkräfte der SPD stattfinden.

Kurze Zeit später trifft Eichel im Kanzleramt ein. Schröder hat ihn nach Bonn beordert. Der abgewählte hessische Ministerpräsident ist bereit, das Amt des Finanzministers zu übernehmen.

Später, als Lafontaine über ein Mobiltelefon zu erreichen ist, verweigert er den direkten Kontakt mit Schröder. Wieder erfährt der Kanzler nur über eine dritte Person, dass der Entschluss seines Partners feststehe. Es gebe nichts mehr zu bereden. Schöne Grüße. Dann wird aufgelegt. Alle Versuche von Schröder, seiner Crew und seiner Frau, Lafontaine zu sprechen, bleiben ergebnislos.

Einem Freund wird der Saarländer später sagen: „Ich hatte nur die Alternative, den Tyrannen zu morden oder zu gehen."

Zur Lage der Nation: Im 1. Quartal 1999 wuchs das Bruttoinlandsprodukt um 1,0 Prozent und die Staatsverschuldung stieg auf 1 178 094 200 000 Euro (plus 1,1 Prozent im Vergleich zum 4. Quartal 1998). Die Zahl der Arbeitslosen kletterte auf 4 289 381. Ende März geben 36 Prozent der Deutschen an, die SPD zu präferieren (am 27. September hatten 40,9 Prozent die SPD gewählt), 7 Prozent tendieren zu den Grünen (Wahlergebnis im September: 6,7 Prozent), 43 Prozent zur CDU/CSU (35,1 Prozent), 5 Prozent zur FDP (6,2 Prozent).

Kapitel 3

Der Preis der Macht –
Soldaten und Sozialabbau
März – Juli 1999

14. April 1999. Fischer-Plan zur Beendigung des Kosovo-Krieges.
+++ 19. April. Umzug des Bundestags in den Berliner Reichstag.
+++ 25.–27. April. CDU debattiert auf Parteitag in Erfurt über
inhaltliche Erneuerung und verkündet die 38 Punkte umfassen-
den „Erfurter Leitsätze", die unter anderem neue Arbeitszeit-
modelle und eine Reform der Sozialhilfe vorsehen. +++ 28. April.
Das Bundesverfassungsgericht nimmt die nach der Wende ver-
fügten Rentenkürzungen für ehemalige DDR-Funktionäre teilweise zurück. +++ 19. Mai. In den Niederlanden erklärt die sozial-
liberale Regierung von Ministerpräsident Wim Kok ihren Rücktritt.
+++ 23. Mai. Johannes Rau (SPD) zum Bundespräsidenten gewählt. +++ 27. Mai. Internationales Kriegsverbrechertribunal
in Den Haag erhebt Anklage gegen Slobodan Milošević. +++
6. Juni. Die SPD gewinnt die Bremer Bürgerschaftswahl und legt
um 9,2 Prozent zu. +++ 13. Juni. CDU/CSU gewinnen die Wahlen
zum Europaparlament, die SPD erleidet Einbußen. +++ 25. Juni.
439 von 559 Bundestagsabgeordneten stimmen für die Errich-
tung einer zentralen Holocaust-Gedenkstätte in Berlin.

24. März 1999, Fliegerhorst San Damiano bei Piacenza in Italien

Gegen 18.45 Uhr steigen vier „Tornados" der Bundesluftwaffe auf. Sie
sind ausgerüstet mit ECR-Geräten und „Harm"-Raketen, mit denen
sie feindliche Radaranlagen orten und zerstören können. Ihr Ziel
sind serbische Flugabwehrstellungen. Deutschland führt Krieg, zum
ersten Mal seit 1945. In den folgenden Wochen fliegen insgesamt
14 „Tornados" fast täglich Kampfeinsätze in enger Kooperation mit
den Nato-Partnern. Alle deutschen Maschinen und Piloten kehren
heil zurück.

30. März, Bonn

In Belgrad und im Kosovo werde weitergebombt, verkündet ein kantiger Kriegskanzler am Dienstag vor Ostern mit brüsker Entschiedenheit. Nach dem Besuch des russischen Premierministers Jewgenij Primakow, an dessen Mission in Belgrad sich Hoffnungen zumindest auf einen Oster-Frieden geknüpft hatten, macht Schröder unzweideutig klar: „In dieser labilen Situation darf ich nicht wackeln."

Das Gesicht wie in Granit gemeißelt, die Mundwinkel ohne jede spöttische Regung, presst er zwischen schmalen Lippen hervor: „Keine Basis für Verhandlungen."

Die Minister Joschka Fischer und Scharping, neben Schröder stumme Teilnehmer der Pressekonferenz im Kanzleramt, sind augenscheinlich angefasst von der Wucht ihrer Verantwortung in diesem unheimlichen Spiel um Krieg und Frieden.

Die drei Männer sitzen da wie eine graue Wand. Die letzten Tage und Wochen haben sich in ihre müden Gesichter gegraben. Acht Jahre hat Helmut Kohl gebraucht, bis er seinen Platz mit der Wiedervereinigung im Geschichtsbuch bekam, die Nachfolger, die Deutschland in den ersten Krieg nach der bedingungslosen Kapitulation von 1945 führen, sind jetzt schon drin. Außenminister Fischer kann zuweilen nicht fassen, was da passiert: „Manchmal glaube ich, ich habe mich verlaufen."

Die Entschlossenheit der drei aus der Nachkriegsgeneration, die einmal eingegangene Verpflichtung durchzuhalten, ist unverkennbar. Sie drückt sich nicht nur deshalb so grimmig aus, weil es um ihre persönliche politische Existenz geht. In ihr spiegelt sich auch die Anstrengung, die eigenen Zweifel über den Erfolg der Nato-Operation „Alliierte Kraft" niederzuhalten. Alle haben sie Skrupel. Aber weiß einer etwas Besseres?

„Dass die Spaltung durch viele einzelne Menschen selbst in unserer Partei hindurchgeht", wie die Grünen-Sprecherin Antje Radcke sagt, trifft auch für den Kanzler und seine beiden am tiefsten ins Geschehen verstrickten Minister zu. Kaum je in der deutschen Geschichte dürften in einer Kriegs- und Krisensituation die Gefühle und Zweifel von Regierung und Regierten so nahe beieinander gelegen haben.

Aber die Zweifel im Lande nehmen zu. Die Nato muss jetzt beweisen, dass sie den Serbenführer an der Fortsetzung der „humanitären Katastrophe" und der „ethnischen Säuberung" im Kosovo hindern kann. Bisher zeigten die TV-Bilder nur das Gegenteil: immer mehr Flüchtlinge, die über immer mehr Verbrechen berichteten. Obwohl die Experten wissen, dass die Vertreibung und Ermordung der Albaner aus dem Kosovo schon anfingen, bevor die Nato sich zum Eingreifen entschloss, beginnen Ursache und Wirkung zu verschwimmen.

„Es ist zum Verzweifeln", klagt Scharping, „die Leute glauben am Ende, die Nato habe den Exodus ausgelöst." Entsprechend beklommen und bedrückt ist die Stimmung, als das Kabinett am Mittwoch mehr als zwei Stunden über die Lage im Kosovo berät.

Anfangs hatten die Meinungsumfragen überwiegend Zustimmung signalisiert: 64 Prozent der Deutschen hielten die Angriffe der Nato gegen Milošević für richtig. Aber wie lange?

Folgerichtig setzt die Regierung eine PR-Offensive in Gang, um das Volk hinter sich zu halten. Ein Krieg wie dieser sei „in fünf Tagen nicht zu machen", so ein Regierungsmitglied. Es brauche „mindestens drei Wochen, um eine einigermaßen ernsthafte Schwächung" der Serben herbeizuführen. So argumentieren auch die Militärs im Brüsseler Hauptquartier der Allianz.

Wie aus einer anderen Welt kommen Schröder in diesen Tagen Erinnerungen an den evangelischen Kirchentag von 1981 in Hamburg, als die damals regierenden Sozialdemokraten zum ersten Mal geballt die Wut und die apokalyptischen Ängste der Friedensbewegung zu spüren bekamen. Da entschied sich der junge Bundestagsabgeordnete Schröder in der Frage des Nato-Doppelbeschlusses gegen seinen Kanzler Helmut Schmidt. „Schreibt endlich, dass ich die Nachrüstung mit Pershing 2 und Cruise Missiles ablehne, dann habe ich es hinter mir", forderte er einen Journalisten auf.

Heute bekennt der Kanzler Schröder, dass damals der Kanzler Schmidt Recht gehabt haben dürfte, er aber nicht.

Bisweilen stehen Schröder, Fischer und Scharping selbst ein bisschen neben sich, wenn sie ihren Wandlungen nachsinnen. Die Vorstellung, dass er vielleicht schon bald einer deutschen Familie erklären muss, dass ihr Sohn für ein sinnvolles Unternehmen gestorben sei, beschäftigt Schröder. Das hat er gewiss nicht im Sinn gehabt, als er Kanzler werden wollte.

Von ihrer Biografie her sind die drei an der Spitze auf diese Lage wenig vorbereitet. Zwar teilte keiner von ihnen den Missionsdrang der Friedensmenschen, für die Krieg als Mittel zutiefst unmoralisch war.

Aber deren Grundhaltung, die sich 1983 bei den Friedenscamps von Mutlangen zeigte, fühlten sie sich nicht fern: „Gewaltfreiheit ist der Versuch, Gewalt dadurch zu überwinden, dass man sie bewusst erleidet."

Auch Außenminister Fischer weiß nur zu genau, auf welches Risiko er sich eingelassen hat. Wie viele seiner Generation wollte er die Institutionen verändern. Am Ende aber haben die Institutionen den einstigen Straßenkämpfer fast bis zur Unkenntlichkeit verwandelt.

Während sich andere auch heute noch mit Selbstzweifeln plagen, die aus der eigenen Geschichte herrühren, ist Fischer inzwischen mit sich im Reinen. Natürlich frage er sich, ob das stimme, „wenn man heute als Kriegstreiber bezeichnet wird", bekannte der Außenminister vor Journalisten. Doch ohne zu zögern beantwortete er die Frage, ob er alles Menschenmögliche für eine diplomatische Lösung getan habe, für sich „mit einem klaren, kurzen Ja".

Der Ruf nach einem Sonderparteitag wird laut. Das Votum von drei Landesverbänden genügt, um ihn zu erzwingen. Sollte die Basis ihrem Außenminister ihr Vertrauen entziehen, wäre die Koalition am Ende.

Für viele der eher pazifistisch gestimmten Grünen ist die Militäraktion im Kosovo die letzte große Enttäuschung in einer Serie: Der Atomausstieg ist auf die lange Bank geschoben, die Ökosteuer nicht der Rede wert, die doppelte Staatsbürgerschaft nur ein mickriger Kompromiss. Nach 54 Jahren, empörte sich der Alt-Linke Hans-Christian Ströbele im Parlament, „geht wieder Krieg von deutschem Boden aus".

Die Regierung unternimmt große Anstrengungen, diesem Eindruck entgegenzuwirken. Strikt meiden Militärs und Politiker aller Bündnispartner das einzig angemessene Wort für ihr Tun: Krieg. Schröder spricht nur von „Intervention", die Militärs von „Luftschlägen". Formaljuristisch ist das korrekt: Der Krieg wurde nicht „erklärt".

Als die Regierung Kohl die politischen Voraussetzungen für Einsätze außerhalb des Nato-Gebiets („out of area") schuf, gab es heftige Proteste. Gemeinsam kämpften Sozialdemokraten und Grüne gegen die Militarisierung der Außenpolitik. Die finale Logik dieser Politik ist jetzt der Krieg gegen Milošević – exekutiert vom SPD-Kanzler und dem Grünen-Außenminister.

Auch die SPD, die sich stets antimilitaristisch nannte, sucht nach neuer Orientierung. Einen Verteidigungsauftrag oder den Schutz deutscher Grenzen hätten die Genossen noch hinnehmen können. Doch ein Angriffskrieg auf dem Balkan, um Menschenrechte zu schützen und Vertreibung zu beenden – das führt bei manchem Sozialdemokraten zu Beklemmungen. Überall häufen sich Parteiaustritte, und je länger der Krieg dauert, desto mehr Mühe haben die Abgeordneten, ihn der Basis zu begründen.

20. April, Bonn

Neben seiner abhörsicheren Telefonanlage verfügt Michael Steiner in seinem Büro im Kanzleramt über einen weißen Apparat älterer Bauart. Damit landet Gerhard Schröders Experte für den Balkankrieg direkt bei Sandy Berger, dem Sicherheitsberater des US-Präsidenten: „Das funktioniert prima."

Doch in die andere Richtung, gen Osten, gibt es keinen solchen direkten Draht. Gern wäre Steiner auch seinem russischen Kollegen Sergej Prichodko, dem außenpolitischen Berater von Boris Jelzin, per Standleitung verbunden: „Ich denke ständig an die Russen."

Schröder und Fischer brauchen Frieden auf dem Balkan, so schnell wie möglich. Denn der nun über einen Monat alte Krieg um das Kosovo strapaziert das rot-grüne Bündnis bis zum Zerreißen. Für viele Friedensbewegte an der grünen Basis wird das Bombardement ohne erkennbare Aussicht auf Befriedung immer unerträglicher. Wo der Frieden kaum eine Chance hat, rückt der Krieg am Boden immer näher – für die pazifistischen Teile der grünen Fraktion wäre damit der Ausstieg aus der Koalition unvermeidlich.

Aber Fischer will sich von der Basis keine Vorschriften machen lassen. Gerade erst ließ er führende Parteifreunde wissen: „Dann würde ich die Partei verlassen." Auch der Kanzler gibt sich schneidig: „Wenn die Grünen nicht mitspielen", so Schröder vorige Woche in kleiner Runde, „dann suche ich mir einen anderen Partner."

Mit erstaunlicher Kaltblütigkeit haben die Realo-Freunde des Außenministers bereits durchgerechnet, was passieren würde, sollte der grüne Parteitag seinem Minister den Ausstieg aus dem Kosovo-Krieg und damit aus der Regierung abverlangen.

Eine Spaltung der grünen Bundestagsfraktion, so ihr Kalkül, wäre keinesfalls zwangsläufig. 37 von 47 Mitgliedern, so ergab die interne Recherche, würden die bisherige Linie der Regierung weiter unterstützen.

30. April, Bonn

Irgendetwas kommt immer dazwischen. Erst war es Oskar Lafontaine, der die Reformer um Kanzler Gerhard Schröder untätig erstarren ließ. Dann kam der Krieg im Kosovo, der die ganze Kraft des Regierungschefs forderte.

Was wird den Kanzler als Nächstes davon abhalten, das zu tun, wofür er gewählt wurde: das Land und seine Wirtschaft, die Sozialsysteme und sein Steuersystem grundlegend zu reformieren – kurz: Deutschland zukunftsfähig zu machen?

Mit der wohlklingenden Formel von der „neuen Mitte", die nach Aufbruch, Modernisierung und Innovation klingen soll, hatte Gerhard Schröder im Wahlkampf für die SPD eine neue Klientel gewonnen. Die Formel war ein Versprechen: Die Probleme des Landes sollten ohne ideologische Scheuklappen angegangen werden. Es blieb beim Versprechen. Auch 31 Wochen nach dem Wahlsieg und 8 Wochen nach dem Abtritt seines Widersachers Oskar Lafontaine ist Schröder ein Kanzler ohne klaren Kurs.

Was getan werden muss, ist unter nahezu allen Ökonomen unumstritten: Der Sozialstaat muss umgebaut werden – weil er immer weniger zu finanzieren ist und dabei sein eigentliches Ziel auch noch verfehlt: den wirklich Bedürftigen zu helfen. Das Steuersystem muss entrümpelt, die Steuersätze müssen gesenkt werden – sie hemmen das Wachstum, ersticken die Eigeninitiative und fördern die Schwarzarbeit.

Doch nichts ruckt, im Gegenteil: Die alte SPD muckt auf – und zeigt immer deutlicher, dass sie von ihrem Kanzler und seinen Vorstellungen nichts hält. Auf der letzten Fraktionssitzung, in der Schröder für eine Änderung der aktuellen Sozialgesetze warb, protestierten die Sozialpolitiker. Und als Schröder noch immer für Korrekturen votierte, fiel jener schmerzhafte Satz, den der Kanzler zunächst kaum fassen konnte: „Dann geh doch."

Der Kanzler mag im Wahlkampf erfolgreich Wähler der neuen Mitte geworben haben, eine Partei der neuen Mitte führt er nicht: In der Fraktion hat die alte SPD das Sagen, die Partei der Lehrer, der Gewerkschaften und der Sozialpolitiker.

Gut gemeint, aber nicht durchdacht ist das Gesetz gegen die Scheinselbständigkeit. Es will verhindern, dass Unternehmen Arbeiten auf Scheinselbständige verlagern, um Sozialabgaben zu sparen. „Das Gesetz", so Kanzleramtsminister Bodo Hombach, „wirkt ähnlich wie ein viel zu starkes Pestizid. Das vernichtet nicht nur Schädliches, sondern Nützliches. Wir wollten die Scheinselbständigkeit bekämpfen und nicht die Selbständigkeit."

13. Mai, Bielefeld

Der Farbbeutel zischt schnell wie ein Pfeil über den Präsidiumstisch, gesehen hat ihn kaum jemand, erst als der Außenminister erschrocken zusammenzuckt nach dem Aufprall an seinem rechten Ohr und die rote Sauce an der Wange entlangläuft und aufs Jackett tropft, wird den Delegierten im Saal klar, was da vorn passiert ist. Ihr erster Mann ist zur Zielscheibe geworden für einen Pazifisten, für alle Leute, die vor gut sieben Monaten die Grünen gewählt haben, weil sie eine Friedenspartei zu wählen glaubten.

Symbolischer hätte der Wendepunkt in der Politik der Grünen nicht inszeniert werden können: der ehemalige Steinewerfer als Ziel eines Farbbeutels, der ehemalige Friedenskämpfer, der noch vor fünf Jahren gegen die Beteiligung deutscher Soldaten an Uno-Missionen auf dem Balkan war, aber nun als Kriegsagitator den Friedensfreunden unter seinen Parteimitgliedern und Wählern klar macht, dass Krieg zu führen Friedenspolitik ist.

Schon beim Betreten der Bielefelder Seidensticker Halle haben die Delegierten den radikalen Wechsel gerochen. Es stank nach Erbrochenem und Buttersäure, nach allem, was früher SDS-Studenten und Autonome in die Vorlesungssäle der Universitäten und die Parteitage der NPD warfen. Vor der Halle mussten sich die Delegierten durch die Enttäuschung und Empörung der Demonstranten hindurchzwängen, beschimpft als Verräter („Ihr klebt an euren Sesseln") und als „Kriegstreiber". Drinnen sind die Angriffe auf die Grünen, die dagegen sind, die Luftangriffe auf Serbien einzustellen, nicht weniger heftig. „Mörder, Mörder" müssen sie sich anhören, Fischer wird als „Joschka Goebbels" beschimpft.

Wie Schlachtenbummler des Fraktionenkampfes betrachten grüne Gründungsmitglieder wie Thomas Ebermann, Manfred Zieran und Jutta Ditfurth den Kampf zwischen Moral und Macht. „Ich will den Niedergang beobachten", sagt Ditfurth in einer Ecke der Halle lächelnd. Vor einem halben Jahr auf dem Bonner Parteitag hatte ein wütender Kernkraftgegner gerufen: „Ab jetzt steht ihr auf der anderen Seite des Bauzaunes", und nun, als Fischer ans Rednerpult tritt, um sich die

Mehrheit herbeizureden, die er braucht, um in der Partei und in der Regierung Außenminister bleiben zu können, machen seine Gegner klar, dass er endgültig die Seite gewechselt hat: Sie falten Dutzende Papierflieger, die im Flug aussehen wie Friedenstauben, aber wenn sie gelandet sind, sieht man die Bombensymbole auf den Flügeln.

Fischer, immer noch bekleckert von der stinkenden Friedenssauce, schleudert seinen Gegnern entgegen: „Hier spricht ein Kriegshetzer, und Herrn Milošević schlagt ihr demnächst für den Friedensnobelpreis vor." Frieden herrsche nur dort, wo „Leute nicht ermordet werden". Sein bestes Argument allerdings ist simpel, richtig und eine nicht kaschierte Erpressung, die besonders von jenen Grünen verstanden wird, denen spätestens nach sieben Monaten Regierungsbeteiligung klar geworden ist, dass „die Realität kein Legospiel" ist, wie es eine Bundestagsabgeordnete in der Diskussion formuliert, und dieser Erpressungssatz wird Fischer fortan bei jeder inhaltlichen Kontroverse die nötigen Mehrheiten bringen, und dieser Satz lautet: „Ihr wollt, dass ich Außenminister bleibe, dann müsst ihr mich auch unterstützen."

444 Grüne folgen ihrem Minister, 318 Delegierte stimmen gegen den Kompromissbeschluss, der sich für einen befristeten Bombenstopp als Mittel der Verhandlungsstrategie, aber gegen die sofortige Beendigung aller Angriffe gegen die Serben ausspricht.

Dies Ergebnis bedeute, dass „sich circa 100 Prozent der Delegierten kritisch gegenüber dem Krieg der Nato und der deutschen Beteiligung daran positioniert haben", fasst die verteidigungspolitische Sprecherin Angelika Beer das Votum der Grünen zusammen und fordert eine entsprechende Initiative der Bundesregierung in der Nato – was beim Kanzler nur brummiges Kopfschütteln auslösen wird.

So haben es die Grünen geschafft, so zu tun, als könne die Partei das Handeln der USA und der Nato beeinflussen, tatsächlich aber haben sie nur nach einer Formel gesucht, gleichzeitig moralisch und machtbewusst zu sein. „Eine Austrittswelle" befürchtet Beer deshalb nicht, „vielmehr den schleichenden Rückzug der Kritiker aus der aktiven Politik". Damit sollte sie Recht behalten. Die Fraktionssprecherin Kerstin Müller räumt ein, dass der Beschluss ein „Einschnitt" sei für eine Partei, deren Mitglieder aus der Friedensbewegung kommen. Dieses Votum zum Kosovo sei aber eine Ausnahme, es bedeute nicht, dass für die Grünen nun künftig der Krieg als Mittel der Politik gelte. Damit sollte sie Unrecht haben.

13. Mai, Hannover

Der Anruf aus Bielefeld erreicht den Kanzler um 18.45 Uhr. Erleichtert lehnt sich Gerhard Schröder zurück, als er hört, dass er mit seiner rot-grünen Koalition weiterregieren kann: „Wenn der Joschka damit leben kann, können wir das auch."

Regierungskrise? Rücktritt des Außenministers? Ein lockerer Schröder bestellt im Restaurant „Roma" in Hannover, seinem Lieblingsitaliener, eine Flasche Pinot Grigio und stößt mit seiner Frau an: „Ich bin guten Mutes."

Für diesen Kanzler ist immer Wahlkampf, ob in China oder im Restaurant „Roma" von Hannover. Schröder kämpft um die gesellschaftliche Mehrheit im Land, nicht nur um Mehrheiten für seine Partei in den Parlamenten von Bremen und Europa im Juni.

Die Aussichten für die Koalitionsparteien gelten bei den Sozialdemokraten allerdings als „verheerend", besonders für die Wahl zum Europäischen Parlament. Der SPD-Vorsitzende und Kanzler aber sieht das anders. Maßstab ist für ihn nicht die Mehrheitsbestätigung der Regierungsparteien, sondern allein die Frage: „Ist es besser oder schlechter als beim letzten Mal?" Damals, bei der Europawahl 1994, waren es für die SPD nur 32 Prozent gewesen. „Und das wird ja wohl zu schaffen sein."

Brandenburg? Berlin? Thüringen? Saarland? Sachsen? Nicht zuletzt vom baldigen Ende des Balkan-Krieges hängt es ab, wie die Landtagswahlen ausgehen werden. Und der Respekt, den sich Schröder und sein Außenminister Fischer dabei für ihre Außenpolitik erworben haben, soll mitentscheiden. Wie einst bei Helmut Kohl.

14. Mai, Hannover

Zweieinhalb Stunden speisen Gerhard Schröder und sein Finanzminister Hans Eichel im Hannoveraner Restaurant „Wichmann". Das Ergebnis des Essens kommt die Kollegen im rot-grünen Kabinett teuer zu stehen. Der Kanzler und sein Kämmerer legen sich endgültig auf jene sagenhafte Summe von 30 Milliarden Mark fest, um die der Etat 2000 zu kürzen sei.

In einem Brief teilt Eichel seinen Kabinettskollegen mit, was er in den kommenden Wochen von ihnen erwartet: Gürtel enger schnallen, bis es quetscht.

Entsprechend den Anteilen ihrer Ministerien am Etat sollen die Ressortchefs ihre Beiträge am Sparvolumen aufbringen. Damit sich niemand schön rechne, legt Eichel gleich eine Liste mit den entsprechenden Summen bei. Die Spanne reicht von 54 Millionen Mark für Justizministerin Herta Däubler-Gmelin bis zu 12,8 Milliarden Mark für Arbeitsminister Walter Riester.

Eichels Ziel ist mehr als ehrgeizig, fast tollkühn. Noch nie in der 50-jährigen Geschichte der Bundesrepublik hat es ein Finanzminister geschafft, die Bundesausgaben derart drastisch zu kürzen. Da schon sein Vorvorgänger Theo Waigel (CSU) mit etlichen Sparprogrammen und Haushaltssperren die Ansätze zurückgestutzt hatte, gleicht das Vorhaben Eichels dem Versuch, einen Putzlappen zum siebten Mal auszuwringen. Setzt Eichel sich durch, dann liegt der Haushalt des kommenden Jahres mehr als sechs Prozent unter den Ansätzen für 1999.

Der angekündigte Weg wird die SPD vor eine große Belastungsprobe stellen. Ausgerechnet jene Partei, die angetreten ist, die „soziale Balance" (Schröder) wiederherzustellen, muss nun die Sozialausgaben zurückstutzen und Besitzstände beschneiden. In vorsichtigen Worten meldete Innenminister Otto Schily im Kabinett schon Bedenken an: „Wir müssen das Differenzierungsvermögen behalten."

Viele der Vorschläge muten abenteuerlich an, vor allem wenn sie eine SPD-geführte Bundesregierung durchsetzen sollte. Darunter finden sich die Abschaffung oder Halbierung der Arbeitslosenhilfe, die Aufkündigung des Kohlekompromisses, verminderte Aufwendungen für den Bundesfernstraßenbau, die Einführung einer Karenzwoche beim Arbeitslosengeld oder die Kürzung von Witwenrenten.

Selbst viele von Eichels Beamten sind skeptisch: „Das Ding läuft nicht." Das mit großem Aplomb angekündigte Sparvorhaben habe nur einen Zweck: „Es soll demonstrieren, wie heftig Eichel versucht hat zu sparen."

8. Juni, in einer „Challenger" der Flugbereitschaft, auf dem Weg nach London

In der Maschine sitzen Schröder, Hombach, Bucksteeg und andere. Man plaudert, dann sagt der Kanzler: „Zeig mal her das Papier." Er bekommt 18 Seiten gereicht, liest.

„Na, das ist doch ein ordentliches sozialdemokratisches Papier", sagt Schröder, als er durch ist. Er grinst. Bucksteeg denkt: Der Kanzler weiß genau, dass dies eine Bombe ist für seine Partei. Nach anderthalb Stunden senkt sich die „Challenger" auf London.

Ein halbes Jahr zuvor hatte Downing Street No. 10 im Bonner Kanzleramt angerufen. „Lasst uns mal was zusammen machen", war die Botschaft.

Im Kanzleramt ist man geschmeichelt. Tony Blair gilt bei Hombach und seinen Leuten als der coolste Politiker der Zeit. Es wird vereinbart, sich in London zu einem Gespräch zu treffen. Die Deutschen schlagen vor, eine Tagesordnung zu machen, und übersetzen das mit „agenda". Die Briten verstehen, dass die Deutschen gleich ein Handlungskonzept erarbeiten wollen. So fällt aus einem Missverständnis heraus der Startschuss zum Schröder-Blair-Papier.

Man trifft sich erst in London, tauscht dann per Fax Textbausteine aus. Allmählich entsteht ein Handlungskonzept.

Bald darauf reisen die Briten zu einem Gegenbesuch nach Bonn. Auch Vertreter der sozialdemokratischen Parteien aus Österreich, Schweden und den Niederlanden sind eingeladen. Man trifft sich im Bungalow neben dem Kanzleramt.

In der Lobby sitzt die Gruppe an einem großen runden Tisch und ist umgeben von den Gastgeschenken, die Helmut Kohl gesammelt hat. Das Bier ist warm, es wird nach Wein gestöbert. Man findet einige Flaschen Pfälzer Rotwein aus Kohls Beständen, zudem Cointreau, Doppelkorn, Asbach Uralt. Die alte BRD in Alkoholika.

Das Gespräch dreht sich darum, wie eine moderne Sozialdemokratie auszusehen hat. Plötzlich sagt jemand: „Was ist das für ein blauer Schimmer im Garten?" Alle gucken. Es ist das Licht eines Fernsehers, das aus dem Fenster eines Nachbarraums nach draußen in die Dunkelheit flimmert.

„Wer ist dort?", wollen die Gäste wissen. Die Deutschen erzählen, dass Helmut Kohl noch immer einige Räume bewohnt. Das löst Begeisterung aus. Europas Sozialdemokraten, auf der Suche nach einem großen Entwurf für die neue Gesellschaft, haben Spaß daran, dass sie unter einem Dach vereint sind mit dem Mammut des deutschen Konservatismus. Man lacht, scherzt, stößt an mit Pfälzer Rotwein.

Am 8. Juni stellen Tony Blair und Gerhard Schröder das gemeinsame Papier in London vor. Die Briten haben Berlin oder Bonn vorgeschlagen, aber Hombach wählt die Ferne, damit das Handlungskonzept eher britisch wirkt.

Schröder steht im Rosengarten von Downing Street No. 10 und redet frei. Auf das Papier geht er nicht ein. Blair liest ab, spricht ausführlich über die Inhalte. Letzten Endes geht es immer um das Gleiche: mehr Markt, weniger Staat, mehr Eigeninitiative der Bürger.

Zwischen wolkigen Parolen, die vor „Innovation", „Kreativität" und „vernetzten Problemlösungen" strotzen, verbirgt sich eine konterrevolutionäre Botschaft: Schützenswert ist eher der Unternehmer als der Arbeitnehmer. Wie gewohnt via Öffentlichkeit hat Parteichef Schröder kundgetan, dass daran auch die neue SPD glauben soll.

Unbehelligt von seinem einstigen Kontrahenten Oskar Lafontaine, der nur noch als Privatmann stichelt, wagt sich Schröder jetzt in die Offensive. Die Erneuerung findet nicht von unten in Gremien statt, etwa in Arbeitskreisen und Programmkommissionen, sondern sie kommt vom Boss selbst. Der Kanzler allein bestimmt, was „neue Mitte" und „dritter Weg" im jeweiligen Augenblick für ihn heißt.

Für sein zentrales Anliegen lieferten die britischen Vordenker um Peter Mandelson, der Blair so üppig mit PR-Ideen versorgt wie Hombach den Bundeskanzler, dem Deutschen wunderbare Vorlagen. Auch die Londoner definierten Werte und Worte um. Hombach übernahm sie. Er ersetzte das klassische sozialdemokratische Vokabular durch Wortwolken aus England.

In Deutschland sorgt das Schröder-Blair-Papier für Ärger bei Gewerkschaften und Linken in der SPD und wird alsbald von Hombach oder Schröder nicht mehr verwendet. Jack ist aus der Box gehüpft, hat kurz zugeschlagen und ist sofort wieder verschwunden. Es war Höhepunkt und Schluss der großen Bekenntnisphase, das Ende von Hombachs Textindustrie. Sie hat eine Unmenge an Wörtern produziert, die haltlos durch den großen Debattenraum schwirrten, ohne jemals Anbindung an die Wirklichkeit des Regierens zu finden. Schröder ließ denken und schreiben, hielt aber Distanz.

17. Juni, Bonn, Arbeitsministerium

Walter Riester ist ein schmaler Mann, der leise spricht und denkt, dass die Welt in Ordnung kommt, wenn man vernünftig miteinander redet. Jedenfalls dachte er das, bevor er Arbeitsminister wurde. Mit dieser Haltung wollte er den Umbau des Sozialstaats in Angriff nehmen.

Riester hat schlimme Monate hinter sich. Er konnte keinen seiner Vorschläge durchsetzen und musste ständig nachbessern. Erst sollte die Grenze für Minijobs bei 300 Mark liegen, dann bei 630 Mark. Erst sollten sie steuerpflichtig sein, dann steuerfrei. Er hörte häufig:

Dieser Minister versteht sein Handwerk nicht. Er sieht immer trauriger aus.

Da auch seine Tariffonds gescheitert sind, suchte er nach einem neuen Konzept für eine Rentenreform. Er stellte sich eine zweite Säule der Finanzierung vor: Die Beschäftigten ersparen sich einen Teil der Rente selbst und schließen dafür eine obligatorische Zusatzversicherung ab.

Am 17. Juni, einem Donnerstag, liest der Minister auf Seite 1 der „Bild"-Zeitung die Schlagzeile: „Auch das noch! Riester plant Zwangsrente."

Jetzt weiß er nicht mehr weiter. Riester ist bekannt, wie wichtig „Bild" für den Kanzler ist. Er spricht mit Gerhard Schröder am Telefon, um sich seines Rückhalts zu versichern. Der Kanzler sagt sofort, dass er für eine obligatorische Zusatzversicherung sei. Er sagt aber auch, man müsse sich für den Fall, dass man dem öffentlichen Druck nicht standhalte, eine Alternative überlegen. Er schlägt vor, die Zusatzvorsorge zunächst freiwillig zu machen, für zwei, vielleicht für drei Jahre. Sollte das nicht funktionieren, könne man sich später immer noch auf eine verpflichtende Zusatzvorsorge einigen.

Mit diesem Telefonat ist Riesters Idee einer obligatorischen Versicherung tot, der Einstieg in die umfassende Kapitaldeckung verhindert.

Nach ein paar Monaten im Amt weiß niemand so gut wie Walter Riester, dass Macht nur der hat, der sie beherzt anwendet. Schröder kann sich dazu nicht durchringen. Ihm fehlt der Mannesmut vor den Thronen der Beharrungskräfte.

21. Juni, Bonn, Kanzleramt

Es ist Abend geworden. Schröder und Hombach wandeln durch den Garten des Kanzleramts. Auf der einen Seite fließt der Rhein, auf der anderen Seite rauschen die Autos über die Adenauerallee. Es sind die letzten Wochen der Bonner Republik, der Umzug nach Berlin steht bevor.

Was auf dem Spaziergang geredet wird, ist von Bodo Hombach überliefert. Vom Kanzler gibt es dazu keine Version. Nach dem Spaziergang ist Hombach nicht mehr Kanzleramtsminister, er wird Balkanbeauftragter der Europäischen Union.

In den Wochen zuvor wurde immer häufiger berichtet, im Kanzleramt herrsche Chaos. Politik außer Atem, das ist der Eindruck von

Hombachs Regime. Anders gesagt: Die Regierung steuert nicht, sie rudert.

Im Kanzleramt haben sich höfische Strukturen entwickelt. Eifersüchtig verstricken sich die Mitarbeiter in Kleinkriege, wer wie dicht am Kanzler ist. Zwei Sätze fallen häufig im internen Machtkampf:

„Das kann ich nur mit dem Kanzler selbst besprechen."

„Das habe ich schon mit dem Kanzler abgesprochen."

Beide Sätze sollen andere ausschließen, Diskussionen und Abstimmungen abwürgen. So wird die Macht weiter zerstückelt, weil auch das Machtzentrum zerfällt.

Erfolgreiche Politik, so doziert Gerhard Schröder gern, die geht ganz einfach. „Die Leute dürfen keine Angst haben."

Hombach hatte in seinem Job als Kanzleramtsminister zuletzt ein gewaltiges Problem: Viele Menschen fürchteten sich vor ihm. Für den Sozialdemokraten war Hombach der neoliberale Dämon. Der Koalitionspartner sah in ihm den Grünen-Fresser.

Schließlich hatte die Furcht auch den Kanzler erreicht. Der Mann für die Chefsachen war selbst zur Chefsache geworden. Kühl analysierte Schröder das Verhältnis von Nutzen und Risiko. Das war Hombachs Aus.

Hombachs Traum war immer der „Chef BK", wie der Kanzleramtsminister intern heißt. Und Schröder konnte nach dem Wahlsieg kaum anders, als seinem dicken Kumpel und Helfer diesen Wunsch erfüllen. Schließlich war Hombach ein Jahr lang als Stratege, Berater, Freund, Prellbock, als Zigarren- und Rotweinbeschaffer nützlich gewesen. „Bodo, ich brauch dich", sagte Schröder oft.

Damit hatte der Kanzler ein Problem institutionalisiert. Denn die erfolgreichsten Manager der Macht waren stets ganz andere Typen als der gelernte Fernmeldetechniker. Die Qualität des Mülheimers, neue Themen in Windeseile auf ihr strategisches Potential hin zu durchdringen, war auf dem Posten des Chef BK weniger gefragt. Und die Gabe des Demagogen, immer und überall zu polarisieren, war in der chaotischen Anfangszeit erst recht hinderlich.

Hombach denkt und inszeniert Politik in Theaterkategorien. Immer gibt es einen Bösewicht, vor allem aber einen strahlenden Sieger – und das ist stets sein jeweiliger Chef. Blitzschnell ist Hombach zu begeistern, doch genauso rasch erlahmen seine Interessen. Nie ist man sicher, was er wirklich denkt. Fortwährend schiebt er Wortwolken und hängt semantische Schleier – es gibt kaum einmal richtig und falsch, wahr und unwahr.

Sein Talent, andere gegen sich aufzubringen, wirkte auch im Kanzleramt. Schröders kühle Hannoveraner Mannschaft nahm mit mühsam unterdrücktem Zorn zur Kenntnis, dass Hombach nach außen den Zampano machte und immer neue Chefsachen erfand. Nach innen aber richtete die personifizierte Flipperkugel täglich neues Durcheinander an.

Mit den Monaten mauerte sich Hombach im Kanzleramt immer mehr ein und erwiderte Misstrauen mit noch mehr Misstrauen – das Schicksal vieler Berater. Ob die Verhandlungen über die Entschädigungen für NS-Zwangsarbeiter stockten, Schröders Prestigeprojekt Bündnis für Arbeit stotterte oder der tägliche Abstimmungsmarathon im Amt holperte – immer schien Hombach beteiligt zu sein.

Genüsslich sahen die Genossen, dass Hombach nun selbst die Sorge hatte, die er anderen eigentlich zu bereiten pflegte: das Glaubwürdigkeitsproblem. Weil im August das Landgericht Bochum auch noch ein Verfahren gegen seinen einstigen Bauleiter eröffnet, in dem Ungereimtheiten zum Hausbau zu befürchten sind, musste etwas passieren.

Ein Mann, der ganz anders ist als Hombach, wird sein Nachfolger. Es ist Frank-Walter Steinmeier, Staatssekretär im Kanzleramt, ein Verwaltungsrechtler und langjähriger Wegbegleiter Schröders. Ihm fehlt das Sultanische, manchmal Schweflige von Hombach. Er ist nüchtern, pragmatisch bis zur Langeweile. Aber er versteht etwas von Apparaten.

Von der Herrlichkeit einer Idee lässt sich Steinmeier nicht fortreißen. Im Zentrum seines Denkens steht der Satz: Wie kann ich etwas durchsetzen? Hombachs Leute bedenken Steinmeiers Arbeit mit einem hässlichen Wort: „kleinadministrieren“. Denn er hobelt von ihren Einfällen alles weg, was mit SPD, Fraktion und Bürokratie seiner Ansicht nach nicht zu machen ist.

6. Juli, Bonn

Nach der dritten Gesprächsrunde zum Bündnis für Arbeit steht DGB-Chef Schulte vor der Presse und erläutert ein Elf-Thesen-Papier, das er gemeinsam mit Arbeitgeberpräsident Hundt ausgehandelt hat. Nachdem er sich lange dagegen gewehrt hatte, verkündet Schulte nun, dass es notwendig sei, bei künftigen Treffen auch über Fragen der Tarifpolitik zu sprechen. Damit bricht er ein Tabu. Im Gegenzug verspricht die Wirtschaft, 10 000 zusätzliche Lehrstellen zu schaffen und somit jedem Jugendlichen, der arbeiten will, die Möglichkeit dazu zu geben. Der Kanzler, der das dreieinhalbstündige Treffen leitete, ist „außerordentlich zufrieden", er hält diesen Kompromiss für einen „Durchbruch". Alles scheint nun möglich.

Zur Lage der Nation: Am Ende des 2. Quartals 1999 sind 3 938 110 Deutsche ohne Arbeit (ein Minus von 3,4 Prozent zum Vorjahr). Nur 26 Prozent der Bundesbürger sind mit der Arbeit der Regierung zufrieden (44 Prozent mit dem Kanzler), 41 Prozent erwarten eine Verschlechterung der wirtschaftlichen Verhältnisse, 34 Prozent präferieren die SPD (minus 2 Prozent gegenüber dem Vorquartal), 45 Prozent die CDU (plus 2 Prozent). Nur 17 Prozent trauen der SPD zu, mit den Problemen des Landes am besten fertig zu werden (23 Prozent glauben an die CDU).

Kapitel 4
Neubeginn in Berlin
September 1999 – August 2001

5. September 1999. Mit den Landtagswahlen im Saarland und in Brandenburg beginnt für SPD und Grüne eine Serie von Niederlagen. Bei der Landtagswahl in Sachsen erreicht die SPD mit nur 10,7 Prozent ihr schlechtestes Ergebnis. +++ 30. September. Günter Grass erhält den Nobelpreis für Literatur. +++ 15. Dezember. Sigmar Gabriel wird neuer Ministerpräsident von Niedersachsen nach Rücktritt von Gerhard Glogowski wegen Reisekostenaffäre. +++ 16. Dezember. Helmut Kohl räumt ein, zwei Millionen Mark Parteispenden in bar angenommen und nicht deklariert zu haben, weigert sich aber unter Berufung auf sein Ehrenwort, die Namen von Spendern zu nennen. +++ 17. Dezember. NS-Zwangsarbeiter erhalten von Deutschland eine Entschädigung von zehn Milliarden Mark. +++ 22. Dezember. Parteichef Wolfgang Schäuble räumt ein, 100 000 Mark von dem Waffenhändler Karl-Heinz Schreiber erhalten und nicht deklariert zu haben. +++ 18. Januar 2000. CDU fordert Kohl auf, seinen Ehrenvorsitz niederzulegen. +++ 10. April. Angela Merkel wird zur neuen Vorsitzenden der CDU gewählt. +++ 7. Mai. Wladimir Putin wird als neuer russischer Präsident vereidigt. +++ 14. Mai. SPD bleibt stärkste Partei bei Landtagswahlen in Nordrhein-Westfalen. +++ 13. Dezember. George W. Bush wird 43. Präsident der USA, nachdem der Oberste Gerichtshof sich gegen die Handnachzählung von Stimmen ausgesprochen hat. +++ 9. Januar 2001. Die Minister Andrea Fischer und Funke treten im Zuge des BSE-Skandals zurück. +++ 25. März. SPD in Rheinland-Pfalz und CDU in Baden-Württemberg bei Landtagswahlen bestätigt. +++ 4. Mai. Guido Westerwelle zum Bundesvorsitzenden der FDP gewählt. +++ 14. Mai. Silvio Berlusconi gewinnt Wahlen in Italien.

3. September, Berlin

Schlossplatz Nr. 1, eine Adresse wie aus dem Monopoly-Spiel. Gewinner ist Gerhard Schröder, Bundeskanzler, der in einer Baracke am Rande eines dörflichen Fußballplatzes aufwuchs. Vor einer halben Stunde ist er eingezogen ins ehemalige Staatsratsgebäude der DDR, jetzt steht er hinter der mächtigen Panzerglasscheibe seines provisorischen Büros in Berlin und blickt mit fast kindlicher Freude über die weite wüste Brache, auf der einmal das Palais der Hohenzollern gestanden hat. „Berlin", sagt er, „fand ich immer schon doll."

Am Tage seiner Ankunft in Berlin strebte der Kanzler, kaum hatte ihn der Regierende Bürgermeister Eberhard Diepgen mit einer Marzipantorte und süßlichen Reden im Hof des Staatsratsgebäudes begrüßt, zielstrebig durch die Halle seines neuen Amtssitzes zur Vordertür, wo sich Berliner Bürger und Touristen die Nasen an der Glasscheibe platt drückten. Macht mal auf. Händeschütteln. Lächeln. Triumphale Selbstbestätigung.

Einen Tag später, als ihn am Brandenburger Tor Berlin-Besucher mit „Gerhard"-Sprechchören feierten, drehte er sich triumphierend zu den Journalisten um: „Also, irgendwie haben die Meinungsumfragen nicht Recht."

Seine Beliebtheit bei den Wählern ist in einem Jahr von 54 auf 23 Prozent gesunken, ermittelte das Allensbacher Institut für Demoskopie in der vergangenen Woche. Die Bevölkerung bewundere das Rednertalent und amüsiere sich über die Eitelkeit des lockeren Kanzlers, schreibt Allensbach-Chefin Renate Köcher. Mit anderen Worten: Der Medien-Star Schröder wird als Schausteller wahrgenommen.

Allein die Tatsache, dass ihm inzwischen immer weniger Deutsche zutrauen, er könnte vier Jahre durchhalten und dann gar wiedergewählt werden, spricht paradoxerweise für ihn. Denn das ist die zentrale Kraftquelle im Lebensdrehbuch des Aufsteigers Schröder: Nur wenn er glaubt beweisen zu müssen, dass er das Unmögliche schafft, kommt er in Fahrt.

Gerhard Schröder hat es bisher versäumt, die fällige Modernisierung und den Umbau des Sozialstaats als politisches Projekt zu beschreiben und nicht als Hilfsmaßnahme für die Wirtschaft.

Beratung ist Alltagsarbeit, und dafür ist allein „die Viererbande" zuständig, wie sie in der Fraktion das Niedersachsenquartett in Schröders unmittelbarer Nähe nennen: die Staatssekretäre Frank-Walter

Steinmeier und Uwe-Karsten Heye, seine Bürochefin Sigrid Krampitz und Ehefrau Doris Schröder-Köpf.

Zu behaupten, dass diese Riege das besondere Vertrauen der Partei genösse, wäre eine starke Übertreibung. „Planung findet so gut wie nicht statt", glaubt ein früherer Regierungsexperte. „Zu viel Hannover", knurrt ein Westfale.

Gerhard Schröder selbst irritiert sein schillerndes Bild nicht im Geringsten. Im Gegenteil – er fühlt sich mit seiner Lässigkeit, einer ebenso demonstrativ zur Schau getragenen wie tatsächlich genossenen Entspanntheit, in Berlin richtig. Ob im Reichstag oder am Brandt-Grab, beim Zwetschgenkuchen im Garten mit Genossen oder winkend auf der Friedrichstraße – immer hat er den passenden Ausdruck im Gesicht. Er weiß instinktsicher, wann er grimmig gucken und kantig aussehen muss, wann sein Tonfall besser bescheiden unwissend und charmant neugierig ist, wann ruppig und kalt.

Hat er Visionen, wenn er durchs Brandenburger Tor fährt? Fühlt er sich ein bisschen wie Wilhelm Zwo, der einst hier durchritt? „Nee, nee. Ich kann ja nicht reiten."

Anfang Oktober, Berlin

Wenn Guido Schmitz, der persönliche Referent, dieser Tage mit seinem Kanzler unterwegs ist, beult sich sein Jackett nicht mehr stramm. Das Zigarrenetui mit dicken Cohibas für den Chef, er braucht es nun erst mal nicht mehr.

Um seiner erbosten Basis ein Zeichen zu geben, verzichtete er vergangene Woche auf öffentlichen Rauchgenuss: Seht her, soll das heißen, ich bin doch noch einer von euch.

Dass seine Kanzlerschaft auf der Kippe steht, weiß Schröder so gut wie seine Gegner. Schröder: „Wenn wir die Politik nicht auf das Notwendige ausrichten, haben wir keine Chance mehr."

Nur noch acht Wochen bleiben bis zum SPD-Parteitag Anfang Dezember in Berlin. Nur wenn der gelingt, da sind sich Partei, Kanzleramt und SPD-Fraktion ausnahmsweise einig, ist die Mindestvoraussetzung geschaffen, um das Stimmungstief der SPD bis zu den Wahlen in Schleswig-Holstein und vor allem in Nordrhein-Westfalen zu überwinden.

In Bochum haben die Genossen Schröder auf ihrem Bezirksparteitag eisig abfahren lassen, in Hamburg nötigte er den Kollegen von der IG Metall widerwilligen Respekt ab.

„Wenn ich Menschen sage, ihr müsst den Gürtel enger schnallen, dann kann ich nicht öffentlich mit der dicken Zigarre rumlaufen und rumprotzen", schleuderte der Bochumer Genosse Carsten Rudolph auf dem Parteitag des SPD-Bezirks Westliches Westfalen in einem Satz die gesammelte Wut der Basis dem Parteichef entgegen.

Während US-Präsident Bill Clinton oder der britische Premierminister Tony Blair ganze Stäbe beschäftigen, die bei jedem Auftritt für stimmige Bilder zur Untermalung der Botschaft sorgen, kümmert sich im Kanzleramt niemand so richtig um das Image des Chefs.

Das ist die Stunde des Franz Müntefering, künftiger Generalsekretär und amtierender Geschäftsführer der SPD. „Die Partei kritisiert Stil und Attitüde von uns", knurrt er in Richtung des Cohiba-Kanzlers. „Das ist die Hälfte der Diskussion." Und ein Berater analysierte trocken: „Schröder kam einfach zu protzig rüber."

Nun will Müntefering mit seiner Kampa-Erfahrung dafür sorgen, dass bei der Basis das Bild von Schröder wieder stimmt. Dreimal die Woche will der Sauerländer künftig mit Schröder, Kanzleramtschef Frank-Walter Steinmeier und Fraktionschef Peter Struck zu Lagebesprechungen im Kanzleramt zusammenkommen.

So entschlossen springt Müntefering seinem Vorsitzenden bei, dass er vielen schon als heimlicher Parteichef gilt. „Wir müssen Regierung und Partei miteinander verknüpfen." Doch er hat ein handfestes Ziel: Er selbst und seine Vertrauten wollen künftig dabei sein, wenn die politische Tagesordnung gestaltet wird – wenn die Beschlüsse fallen, welches politische Thema wann, mit welchem Schwerpunkt und mit welchen Folgen zu behandeln ist.

Die SPD müsse, so der Kanzler auf dem Kongress der IG Metall, „unter radikal veränderten Bedingungen definieren, was soziale Verantwortung ist".

Das ist ein Klärungsprozess, der auch durch den Rücktritt Oskar Lafontaines verzögert wurde. „Ein halbes Jahr lang ist inhaltlich praktisch nichts passiert", räumt einer aus dem Willy-Brandt-Haus ein, „der Rücktritt hat uns heftiger aus der Bahn geworfen, als wir erwartet hatten."

Mitte Oktober, Hamburg

Klaus Zwickel, der Chef der größten Einzelgewerkschaft der Welt, zeigt sich irritiert. Wie war Gerhard Schröders Aussage auf dem Gewerkschaftstag der IG Metall zu verstehen, die Rente mit 60 sei „nicht finanzierbar", wie seine Bemerkung: „Ich darf keine Erwartungen wecken, die wir nicht erfüllen können"? Hat der Kanzler tatsächlich das Ende der Gewerkschaftsidee vom vorzeitigen Ruhestand verkündet?

Beim anschließenden Gespräch im kleinen Kreis in einem Séparée des Hamburger Congress Centrums bitten Zwickel und sein Vize Jürgen Peters Schröder um Aufklärung. Schon laufen die ersten Agenturmeldungen über den Ticker, die verkünden, Schröder habe der Rente mit 60 eine Absage erteilt.

Der Kanzler beschwichtigt. Die Gewerkschafter sollten doch bitte zur Kenntnis nehmen, was er gesagt habe: Er unterstütze ihren Vorschlag, aber die Frührente dürfe eben nicht die Rentenbeiträge nach oben treiben. Vollends hellen sich die Mienen der Metaller auf, als Schröder verspricht, er werde Walter Riester bitten, das Projekt noch einmal zu prüfen – und zwar wohlwollend.

Schon eine Woche später, am Rande des Jubiläumskongresses zum 50. Geburtstag des Deutschen Gewerkschaftsbundes in München, hat der Arbeitsminister den Auftrag wie versprochen erledigt. Ganze drei Stunden benötigen er und Zwickel, um den monatelangen Streit zwischen Regierung und Gewerkschaft beizulegen und die Öffentlichkeit mit ihrer fröhlich vorgetragenen Botschaft zu überraschen: Die Rente mit 60 kann kommen. Prompt assistiert Schröder: „Eine interessante Idee."

Wieder einmal ist die rot-grüne Regierung umgekippt.

Wochenlang hat Gerhard Schröder sich bemüht, die Pose des eisernen Kanzlers herauszukehren. Wo immer er auch auftritt, donnert er: Die Regierung vertrete das Allgemeinwohl und nicht Einzelinteressen. Am Sparpaket, am ganzen Kurs werde nichts geändert.

Doch nach sechs Wahlniederlagen in Serie sieht die Realität anders aus. Schröder zuckt, zaudert und zögert und mit ihm die ganze Koalition. Denn der Kanzler hat sich auf einen gefährlichen Mehrfrontenkrieg eingelassen. Und kann er es da wirklich allen recht machen? Einerseits bezichtigen Gewerkschaften und SPD-Linke ihn der neoliberalen Kälte und fordern „soziale Gerechtigkeit". Andererseits geht den Arbeitgebern der Modernisierungskurs noch nicht weit genug, die Koalition möge „endlich etwas für die deutsche Wirtschaft tun", drängt Arbeitgeber-Chef Dieter Hundt.

Bis zum Parteitag im Dezember muss er als Parteivorsitzender die SPD auf Linie bringen. Nur auf welche? Parallel dazu will er als Regierungschef das Sparpaket durchboxen, inklusive der Einschnitte bei Rentnern und Arbeitslosen. Angesichts solch unterschiedlicher Interessen ähnelt Schröders Politik einer Flipperkugel, die, wann immer sie auf Hindernisse stößt, gleich wieder in eine andere Richtung abprallt.

Derzeit sind es nicht die Piëchs dieser Republik, die Strombosse oder die Versicherungsvertreter, deren Drängen der Kanzler nachgibt. Der Kanzler befriedet die Kritiker aus den eigenen Reihen mit einem Schwenk zurück zur traditionellen Umverteilungspolitik. Das Kalkül ist offensichtlich: Die Rente ab 60 könnte die Gewerkschaften ruhig stellen, der Leitantrag für den Parteitag die SPD-Linken glauben lassen, dass die Reichen dieser Republik doch noch mit einer Vermögensabgabe zur Kasse gebeten werden.

27. Oktober, Berlin

Als der Außenminister eintrifft, befasst sich das Kabinett gerade mit dem Thema Straßenbau. Kanzler Gerhard Schröder, von Joschka Fischer leise begrüßt, kann das unter Normalität verbuchen. Denn inzwischen ist es fast üblich, dass der Langläufer Fischer in Berlin zu spät kommt: Das verschaffe ihm jeweils einen Sonderauftritt im Fernsehen, spotten Ministerkollegen.

An diesem Tag aber will Fischer genau das Gegenteil erreichen. Der verspätete grüne Vizekanzler muss nicht vor Fotografen und Kameraleuten mit seinem Freund und Kanzler Schröder demonstrativ schön tun. Der Streit um die Lieferung von 1000 Panzern vom Typ „Leopard 2" an die Türkei beschädigt das regierende Bündnis von Sozialdemokraten und Grünen stärker als jeder andere Konflikt zuvor.

Mit der Panzerschlacht im Kanzleramt drängen die Lebenslügen der Koalition ans Licht der Öffentlichkeit. Politisch geht es um das Selbstverständnis der Berliner Republik in der Außenpolitik und darum, wer deren Richtlinien bestimmt, der Kanzler oder der Außenminister.

Symbolisch steht der Konflikt – festgemacht an den Reizwörtern „Waffen" und „Türkei" – für die Frage, wie viel Moral und Prinzipien die propagierte Normalität einer deutschen Bundesregierung zulässt, die nicht gegen die Wirtschaft gerichtet und nicht von der Vergangenheit dominiert werden soll.

Die Frage, wer in dieser Koalition „Koch und wer Kellner ist" (Schröder), haben der Kanzler und Fischer bisher immer nur spöttisch abgehandelt. Fischer leistet keinen Widerstand, wenn Schröder den grünen Umweltminister Jürgen Trittin demütigt. Am Montag aber wird es ernst. Plötzlich erleben die Grünen in der Koalitionsrunde einen Außenminister, wie sie ihn sich lange gewünscht hatten.

Aufgebracht hat Fischer hingenommen, wie Schröder seine Bedenken gegen den „Leopard"-Export öffentlich als „weit hergeholt" verhöhnte. Als der Kanzler in der Krisenrunde auf den Koalitionsvertrag pocht und darauf verweist, dass der „Menschenrechtsstatus" als „zusätzliches Entscheidungskriterium" nur für den Rüstungsexport außerhalb der Nato vorgesehen sei, nicht aber für das Nato-Mitglied Türkei, hält der Vizekanzler dagegen.

Der Kanzler explodiert, als Fischers Leute darauf bestehen, die spätere Exportgenehmigung von den EU-Beitrittsgrundsätzen „abhängig" machen zu wollen. Denn damit wären alle Exportchancen verspielt.

Listig versucht Schröder zunächst, Fischer mit dessen eigenen Waffen zu schlagen: Die Grünen müssten sich in der Regierung „auf die Realität" einlassen, stichelt er – eine Mahnung, die der Obergrüne oft genug an die Adresse seiner Partei gerichtet hat.

Der empfindet das Argument aber als tückisch. „Du meinst, es geht um Realpolitik", braust Fischer auf. „Da täuschst du dich." Schnörkellos gibt er zu Protokoll: „Du triffst die falsche Entscheidung." Schröder: „Wohin willst du das treiben lassen? Willst du die Koalition kaputtmachen?"

Fischer: „Bist du verrückt?! Du weißt doch, dass ich den Erfolg will. Aber ich habe eine Fraktion. Wenn es da keine Mehrheit gibt, dann habe ich ein Problem und die Koalition auch."

Nachhilfe, so Fischer, brauche er im Übrigen nicht. „Du tust so, als ob ich ein Fundamentalist wäre." Spitz empfiehlt er: „Da musst du mit Heidi reden." Die Entwicklungshilfeministerin Heidemarie Wieczorek-Zeul hat im Bundessicherheitsrat nicht nur den Export des Panzers, sondern auch den von Minensuchbooten abgelehnt.

Bis kurz vor Mitternacht dauert die Sitzung. „Mit Druck und Gedröhne" (so ein Teilnehmer) versucht Schröder den kleinen Partner noch kleiner zu kriegen. Schließlich fällt das Machtwort: „Es muss sein. Ich nehme das auf meine Kappe. Es geht gar nicht anders."

24. November, Frankfurt

„Gerhard, Gerhard", brüllen begeisterte Bauarbeiter in die kalte Nacht, als der Kanzler nach erfolgreichen Vermittlungsgesprächen mit Banken, Managern und Belegschaft gegen 21.30 Uhr zu ihnen vor die Mikrofone tritt und sagt: „Liebe Freunde, wir haben es geschafft." Unversehens war aus dem Kanzler der Bosse wieder der Kanzler der kleinen Leute geworden, mit Sprechchören gefeiert wie einst Helmut Kohl in Dresden und Erfurt.

In einer Aktion, die „alle Züge eines Wirtschaftskrimis" trägt, wie Schröder im Rückblick findet, war es ihm gelungen, die Insolvenz des traditionsreichen Baukonzerns Holzmann zu verhindern und alles in allem über 60 000 Arbeitsplätze zu retten, fürs Erste jedenfalls.

Beherzt und instinktsicher riss Schröder die Verantwortung für ein Geschehen an sich, dessen komplexe politische, ökonomische und emotionale Wirkung er als Auslöser für die Entstehung „eines Flächenbrandes" in der Bundesrepublik Deutschland ansah.

Um im globalen Wettbewerb bestehen zu können, schließen sich Firmen zu immer größeren Einheiten zusammen. Daimler übernimmt Chrysler, Hoechst fusioniert mit Rhône-Poulenc, Veba will mit Viag zusammengehen, RWE mit VEW.

Nun traf die Deutschen binnen weniger Tage ein Doppelschlag – die Übernahmeschlacht um Mannesmann und der Überlebenskampf bei Holzmann. Das Ende der Deutschland AG schien gekommen, jenes Geflechts aus Banken, Versicherungen und Unternehmen, das bisher Stabilität zu garantieren schien.

Entsprechend aufgeladen war die Begegnung im dritten Stock der Hessischen Landesbank, wo die Herren des großen Geldes den Kanzler erwarteten.

Es gehe hier nicht um eine Pleite im gängigen Sinn. Sie sollten, sagte er den Bankiers, den Schaden nur nicht unterschätzen – den für ihr eigenes Image und auch den für den Standort Deutschland: „Das wird Ihnen die Öffentlichkeit nie verzeihen."

Über die unterschiedlichen Interessen der Geldgeber war der Kanzler informiert, so auch über die missliche Lage der Deutschen Bank. Die ist mit dem Baukonzern so eng verwoben wie kein anderes Institut. Gemäß Aktiengesetz, das weiß Schröder, könnten deren Kredite auch als Eigenkapital des Baukonzerns angesehen werden. Dann aber würde die Deutsche Bank bei einer Holzmann-Pleite viel Geld verlieren, weil ihre Forderungen, wie es im Insolvenzrecht heißt, „nachrangig" bedient werden.

Auf Schröders ausdrücklichen Wunsch ist Karl Kraus, ein Mitarbeiter der Unternehmensberatung Roland Berger, in den Raum gebeten worden. Er war in einem Gutachten zu dem Ergebnis gekommen, dass Holzmann sehr wohl sanierungsfähig sei. Die Krise sei nicht am Markt, sondern im Management entstanden.

Das Bundeskriminalamt ermittelt schon länger gegen ehemalige Holzmann-Manager, und auch der jetzige Vorstand hat über Monate hinweg den Aufsichtsrat getäuscht. Ob der Konzern wirklich sanierungsfähig ist, scheint fraglich.

Schließlich schiebt der Kanzler ein erstes Bonbon über den Tisch: Er wolle eine Millionenhilfe des Bundes „obendrauf legen" – ein Darlehen der Kreditanstalt für Wiederaufbau von 150 Millionen Mark. Aber dies gehe nur, wenn die Banken die vorhandene Finanzierungslücke schließen. Schröder: „Wer da nicht mitmacht, muss die Verantwortung tragen."

Dann verlässt er, mit einem mulmigen Gefühl, den Raum, um die Banker unter sich zu lassen. „Bis dahin war ich zuversichtlich", erzählte er später, „aber nun war ich skeptisch – wenn die unter sich waren, haben sie sich immer zerstritten."

Er reicht deshalb einen zweiten Anreiz nach: Er lasse auch über eine Bundesbürgschaft über 100 Millionen Mark mit sich reden. Wenig später hat Schröder gewonnen. Einige Bauarbeiter stimmen das Deutschlandlied an, andere singen „So ein Tag, so wunderschön wie heute".

Zum ersten Mal in ihrer einjährigen Amtszeit ist die Regierung des Cohiba-Kanzlers in der Offensive. Die Union um Ex-Kanzler Helmut Kohl aber, die zuletzt so selbstherrlich aufgetreten war, als sei sie schon wieder an der Macht, schlug sich plötzlich mit den finanziellen Fragwürdigkeiten der eigenen Vergangenheit herum, mit dem Spendenskandal.

Ganz können die regierenden Sozialdemokraten ihr Glück am Ende der Woche noch nicht fassen. „Als hätte einer Abrakadabra gesagt", frohlockt Regierungssprecher Uwe-Karsten Heye.

7. Dezember, Berlin

Am Abend vor dem Parteitag, der über das Schicksal des Kanzlers entscheiden soll, wurde Gerhard Schröder wieder einmal in Versuchung gebracht: in der Halle des Hotels „Estrel" lockte ein geöffneter Humidor nach vielen Monaten der Abstinenz, aber der Kanzler verzichtete auf öffentliches Geschmauche und Boss-Gehabe. Und verabschiedete sich früh von den feiernden Delegierten mit dem Satz: „Doris, wir müssen gehen, ich muss dir noch die Rede vorlesen."

An seiner Rede haben acht Referenten gearbeitet, und als Schröder sie am nächsten Tag vorträgt, lässt sich das Stückwerk nicht verheimlichen. Es ist ein Potpourri aus allem, ein bisschen Regierungsbilanz, also Schlechtwettergeld und Lohnfortzahlung, also das neue Staatsbürgerrecht und Eichels Sparpaket, ein bisschen nach rechts geredet („Sozialdemokraten müssen das Thema starke Wirtschaft für sich neu entdecken"), ein bisschen nach links geredet („Öl-Multis, die sich Geld in die Tasche geschaufelt haben"), ein bisschen Tradition, ein bisschen Moderne, ein bisschen Lafontaine, ein bisschen Hombach, auch wenn die selbst nicht mehr reinreden, ein bisschen Keynes, ein bisschen Popper, ein bisschen Tony Blair – fast jeder der Delegierten findet in dem sozialdemokratischen Medley irgendetwas, was ihm Schröder geistesverwandt erscheinen lässt. Und das ist auch der einzige Sinn dieser Rede: möglichst vielen das Gefühl zu geben, Schröder ist mein Mann, er kriegt meine Stimme.

Wie auf dem Parteitag in Hannover knapp ein Jahr vor der Wahl, wo er sich die Kanzlerkandidatur sichern musste, verzichtet Schröder auch jetzt ein Jahr nach der Bundestagswahl darauf, seiner Partei zu sagen, wohin er mit ihr und der Regierung will. Auf skurrile Art ist es dennoch eine ehrliche Rede, weil sie die Achterbahnfahrt des ersten Regierungsjahres ziemlich genau abbildet und weil sie die entschlossene Ziellosigkeit von Rot-Grün dokumentiert.

„Alles, was gut geht, wird im Nachhinein zur Strategie erklärt", das ist des Kanzlers Regierungstechnik, und darum formuliert er so ungern Konzepte, die im Vorhinein erklären, wohin er will mit diesem Land. Es sind nur sozialdemokratische Kalendersprüche, die er seinen Leuten zuwirft, „was wir brauchen, ist beständige Lernfähigkeit", ruft er ihnen zu und: „Ohne Modernisierung werden wir keine Gerechtigkeit durchsetzen." Und er sagt mal wieder düster prophetisch, dass der Staat nicht nur fördern, sondern auch fordern müsse.

SPD-Parteitagsdelegierte zu Zeiten von Willy Brandt oder Helmut Schmidt hätten solche rhetorischen Brosamen zerpflückt, die SPD kurz vor dem Ende des 20. Jahrhunderts aber freut sich still an der Macht; und selbst die Linken, die ans Rednerpult treten, verbreiten nicht viel mehr als leicht mahnendes Wohlgefallen.

In den Monaten vorher war die SPD ein revoltierender Hühner-haufen gewesen, geschockt vom Abgang Lafontaines, verwirrt von Regierungspannen, enttäuscht von Landtagswahlergebnissen, empört über ihren Brioni-Kanzler. Auf Regionalkonferenzen waren die Regie-rungssozis so beschimpft worden, dass mancher Schröder einen Par-teitagsschock prophezeit, wie Scharping ihn 1995 in Mannheim erlebt hatte.

Doch die Spendenaffäre der CDU und der moralische Absturz von Kohl und seinen Getreuen ließ die Umfragewerte für Schröder so stei-gen, dass die Delegierten besänftigt waren wie Kleinanleger auf der Aktionärsversammlung. Die Zahlen stimmen, die Konkurrenz liegt am Boden, da will man als Shareholder der Macht nicht nörgeln, zumal der Boss gerade bei Holzmann gezeigt hat, dass er doch ein Herz hat für die kleinen Leute, und schon gar nicht will man quer schießen, wenn man zur Eröffnung des Parteitages daran erinnert wird, dass jeder einzelne Sozialdemokrat nun staatstragend sein muss. „Heute schaut ganz Deutschland auf uns, auf diesen Parteitag, auf unsere Partei", hatte Wolfgang Thierse den Delegierten eingetrichtert, „wer Verantwortung trägt, wird auch daran gemessen, ob er dieser gewachsen ist."

433 der 504 Delegierten zeigen sich der Verantwortung gewachsen und stimmen für den Kanzler. Der ist nicht gerührt, aber erleichtert, sagt: „Vielen Dank noch mal, ich werde mich bemühen", und weiß: Von dieser Partei droht keine Gefahr, die wird alles mitmachen. Eigent-lich könnte er sich nun auch eine Cohiba reinziehen, da oben am Präsidiumstisch.

12. Dezember, Berlin

Sichtlich erschöpft und mit versteinerter Miene tritt Gerhard Schrö-der nach der vierten Spitzenrunde zum Bündnis für Arbeit vor die Kameras. Der Kanzler spricht von einer „ungewöhnlich schwierigen Debatte", man habe keine erkennbaren Fortschritte erzielt. Grundlage der Gespräche war das im Juli von BDA und DGB gemeinsam formu-lierte Papier zu den anstehenden Tarifrunden. Während die Gewerk-schaften bestritten, dass darin eine Basis für zurückhaltende Lohn-entwicklungen gelegt sei, betonten die Vertreter der Wirtschaft, dass langfristig nur ein moderater Anstieg der Löhne einen Beitrag zur Bekämpfung der Arbeitslosigkeit leisten könne. Darüber hinaus lehnten sie die von den Gewerkschaften geforderte „Rente mit 60" erneut als „nicht finanzierbar" ab. BDI-Präsident Henkel zeigt sich im Anschluss „persönlich enttäuscht von den Ergebnissen dieser Runden". DGB-Chef Schulte sieht „ideologische Hemmschwellen" und ebenfalls „keinen Grund zum Jubeln". Man will sich kurz vor Weihnachten wieder treffen. Immerhin.

22. Dezember, Berlin

Wegen unverändert starrer Fronten im Streit um die „Rente mit 60" und eine langfristige Tarifpolitik wird das geplante vorweihnachtliche Treffen zum Bündnis für Arbeit kurzfristig vertagt. Gerhard Schröder sieht die Situation „völlig undramatisch", er glaubt, bis Mitte Januar hätten sich beide Seiten so weit angenähert, dass wieder verhandelt werden kann.

31. Dezember, Berlin

Die Millenniumsrede, blutrote Krawatte, Haifischkragen: „Meine lieben Mitbürgerinnen und Mitbürger, dies ist keine Silvesternacht wie jede andere…" Schröder hat ein Lächeln um die Mundwinkel, er wirkt lockerer als im vergangenen Jahr. Schon ein Glas Sekt? Der Medienkanzler hat geübt: übergeschlagene Beine, gestikulierende Hand. Er schwenkt den Kopf, noch bevor auf eine zweite Kamera umgeschaltet wird, er zwinkert, spricht, als gäbe es kein Manuskript, und hinter ihm sieht man die Quadriga des Brandenburger Tores. Sitzt der im Hotel „Adlon"? Der Mann ist angekommen in der Berliner Republik. Seine Botschaft: „Wir brauchen keine Gesellschaft, in der viele fast alles über die Börse in Bangkok wissen, aber keiner mehr mitbekommt, wenn beim Nachbarn seit Wochen der Briefkasten nicht mehr geleert wurde." Den Satz haben ihn die Redenschreiber drei Wochen vorher auf dem Parteitag schon mal sagen lassen.

9. Januar 2000, Berlin

Der Kanzler hat ein Siegerlächeln aufgesetzt, als er nach dem fünften Treffen zum Bündnis für Arbeit vor die Presse tritt. Schröder hatte sich in den letzten Tagen bemüht, das Bündnis am Leben zu erhalten, er hatte intensive Einzelgespräche mit den Beteiligten geführt und ihnen ein Kompromisspapier vorgelegt, auf das man sich nun einigte. Ohne den umstrittenen Begriff „Rente mit 60" zu erwähnen, verständigten sich Arbeitgeber und Gewerkschaften darauf, einen „vorzeitigen Ausstieg aus dem Berufsleben durch branchen- und betriebsspezifische Lösungen" zu ermöglichen. Zugleich empfehlen sie für die Tarifrunde 2000 eine „beschäftigungsorientierte, längerfristige Tarifpolitik". Schröder feiert dies als „Durchbruch" und „grundlegende Weichenstellung", doch als Arbeitgeberpräsident Hundt und DGB-Chef Schulte später erläutern, was sie darunter verstehen, wird klar: Sie haben sich auf ein Papier geeinigt, nicht aber in der Sache.

8. März, Berlin, ehemaliges Gebäude des Zentralkomitees der SED

Ludger Volmer hat zu einer Pressekonferenz eingeladen. Volmer ist Staatsminister im Auswärtigen Amt, er wird normalerweise nicht besonders wahrgenommen in den Medien. Diesmal kommen 20 Journalisten, immerhin. Es geht um Änderungen im Visumrecht, so steht es in der Ankündigung.

Dieser Termin ist auch eine persönliche Chance für Volmer. Er war immer ein linker Grüner gewesen, einer, der sich als Pazifist verstanden hat. Jetzt muss er die Politik seiner Partei mittragen, die Politik der Kriegseinsätze deutscher Soldaten, Joschka Fischers Politik. Sie mochten sich nie, Fischer und Volmer.

Das Thema Visapolitik ist eine gute Gelegenheit für Ludger Volmer, sein beschädigtes Ansehen in der Parteilinken zu reparieren. Es gibt nur wenige Themen, die der grünen Parteibasis so am Herzen liegen wie das Ausländerrecht. Eine grundsätzliche Reform steht ganz oben im Parteiprogramm. Allerdings ist für Asyl- und Zuwanderungspolitik Innenminister Otto Schily zuständig, der wenig von einer grundsätzlichen Liberalisierung hält. Es gibt allerdings einen Bereich, der vollständig dem Auswärtigen Amt untersteht: Wer zu Besuch nach Deutschland fahren darf, entscheiden die Botschaften im Ausland. Unter der grünen Ministeriumsspitze beginnt die Behörde, über das Visumrecht Ausländerpolitik zu betreiben.

Zweimal schon hat das Auswärtige Amt in Runderlassen die Vergabepraxis gelockert. Anfang September 1999 wurden die Botschaften angewiesen, die Verpflichtungserklärungen, mit denen Gastgeber für ihren Besuch finanziell geradestehen, auch dann zu akzeptieren, wenn die Vermögenslage des jeweiligen Gastgebers vorher nicht überprüft wurde. Nur sechs Wochen später wurden osteuropäische Auslandsvertretungen aufgefordert, bei Vorlage eines so genannten Carnet de touriste auf eine genauere Prüfung der Rückkehrbereitschaft des Besuchers zu verzichten. Das Carnet de touriste ist eine Art Versicherungspaket, das vom ADAC angeboten wird. Es soll sicherstellen, dass der Besucher deutschen Steuerzahlern nicht zur Last fällt, sollte sich der Aufenthalt in die Länge ziehen, aus welchen Gründen auch immer. Das allein schon sind grundsätzliche Veränderungen. Doch Volmer will mehr. Er will ein klares politisches Signal. Ein Signal ins eigene Haus, ein Signal aber auch nach außen. Er hat das zuständige Fachreferat gebeten, einen Entwurf für eine Weisung vorzulegen, die den Geist der neuen Visapolitik deutlich macht. „In dubio pro libertate", heißt es nun, im Zweifel für die Freiheit, auch für die Reisefreiheit. Der Satz findet sich in dem Erlass wieder, den Volmer nun öffentlich vorstellt.

Der Erlass trägt die Paraphe des Ministers. Im Text steht, dass „Bundesminister Fischer Weisung erteilt", das Visumverfahren auf eine neue Basis zu stellen.

9. März, Berlin, Innenministerium

Innenminister Otto Schily erfährt von Volmers Pressekonferenz aus der Zeitung. Am Telefon fragt er einen Staatssekretär: „Was ist denn das für ein Mist? Wissen Sie davon?" Der Staatssekretär weiß von nichts.

Schily hat erkannt, dass der Satz „In dubio pro libertate" als Aufforderung verstanden werden muss, bei der Vergabe von Visa nicht mehr so genau hinzusehen. Schilys Satz ist ein anderer, er heißt: „In dubio pro securitate", im Zweifel für die Sicherheit.

Schily ist 16 Jahre älter als Fischer. Schily hat schon immer Anzüge getragen und die anderen mit „Sie" angesprochen. Er verlangt mehr Respekt von Fischer. Er schreibt dem Außenminister einen dreiseitigen Brief. Darin heißt es: „Der Erlass steht im Widerspruch zu der für alle Schengen-Staaten verbindlichen Gemeinsamen Konsularischen Instruktionen."

Gerhard Schröder wirkt auf seinen Innenminister ein. Der Kanzler will Ruhe. Er will keinen Streit, vor allem keinen öffentlichen Streit. Auf der nächsten Kabinettssitzung wird das Thema übergangen. Der Konflikt gilt damit als ausgeräumt.

14. Juni, Berlin

Kurz vor Mitternacht droht im Kanzleramt ein unfriedliches Ende. Eine Stunde grübeln die vier Strombosse über Gerhard Schröders „letztem Angebot". Jürgen Trittin fingert düstere Prognosen in sein Handy. „Der Dissens naht", mailt der Umweltminister nach draußen.

Dann lenken Ulrich Hartmann, Dietmar Kuhnt, Wilhelm Simson und Gerhard Goll ein. Die vier Konzernchefs, die zusammen über 225 Milliarden Mark umsetzen, müssen einsehen, dass der Bundeskanzler ihnen nur um den Preis des fast sicheren Verlusts seines Koalitionspartners noch weiter entgegenkommen konnte.

Ein Vierteljahrhundert hatte der Fundamentalkonflikt um die Atomenergie die Republik begleitet. Nun war der historische Kompromiss, mindestens 32 Jahre Laufzeit für die 19 in Deutschland betriebenen Meiler, da – und spaltete die Gesellschaft in zwei Lager.

Die Umweltverbände geißelten die Vereinbarung wahlweise als „Kapitulation der Politik vor der Atomindustrie" oder als „Betriebsgenehmigung auf Lebenszeit". Nach dem „Kniefall vor den Atombossen", tönte Wolfgang Ehmke, Sprecher der Anti-AKW-Initiativen im Landkreis Lüchow-Dannenberg, müsse der Atomausstieg eben wie einst gegen Kohl und Merkel nun gegen Schröder und Trittin „von unten" durchgesetzt werden. Soll heißen: Alles geht weiter wie bisher.

Hessens Ministerpräsident Roland Koch giftete dagegen, er werde alles versuchen, „um diesen Kompromiss zu torpedieren". Sein Münchner Amtskollege Edmund Stoiber scheint entschlossen, wegen der geplanten Atomrechtsänderung das Bundesverfassungsgericht anzurufen.

Trotzdem kann sich der Kanzler als Gewinner des 18-monatigen Atompokers fühlen: Das nun vereinbarte „geordnete Auslaufen" gleicht in verblüffender Weise den Konsensversuchen, mit denen er als Verhandlungsführer der SPD-Opposition seit den frühen neunziger Jahren mehrfach – auch an der eigenen Partei – gescheitert war.

In den Kabinettssitzungen hatten sich alle Beteiligten monatelang die Schuld zugeschoben. Trittin machte das Kanzleramt für Pannen und Verzögerungen verantwortlich und umgekehrt das Kanzleramt Trittin und sein Ministerium.

Als Sieger dürfen sich die Stromerzeuger fühlen. Denn allen Meilern werden Laufzeiten garantiert, die bisher weltweit mit Reaktoren der hierzulande betriebenen Typen noch nicht erreicht wurden. Nutzen die Kraftwerker die ihnen zugestandene Reststromproduktion von 2623,30 Milliarden Kilowattstunden bis zur Neige aus, können sie noch einmal so viel Nuklearstrom erzeugen wie seit dem Start der kommerziellen Atomenergie Ende der sechziger Jahre.

Der grüne Koalitionspartner, ohne den es wohl keine Verhandlungen über einen Atomausstieg gegeben hätte, musste an allen Punkten zurückweichen. Am Ende gelang es nicht einmal, den Zeitpunkt festzulegen, zu dem der erste Reaktor vom Netz muss – geschweige denn einen Endpunkt. Er wird im Jahr 2021, möglicherweise erheblich später, erreicht sein.

9. Juli, Berlin

Nach halbjähriger Gesprächspause treffen sich die Spitzenvertreter von Gewerkschaften, Arbeitgebern und Bundesregierung zu einer, wie der Kanzler später meint, „wichtigen, aber unspektakulären" sechsten Sitzung. Einziges Ergebnis: Die Wirtschaft erneuert ihre Ausbildungsplatzzusage für Jugendliche und verspricht 60 000 Lehrstellen in der Informationstechnologie bis Ende 2003. Verhärtet bleiben die Fronten dagegen bei der Reform der Betriebsverfassung. Die von den Gewerkschaften geforderte Ausweitung der Mitbestimmung, warnte BDI-Präsident Henkel, hätte „negative Auswirkungen" im Ausland.

13. Juli, Berlin

Kurz vor Mitternacht legt der Kanzler erleichtert den Hörer auf. Endlich ein Partner, auf den er sich verlassen kann, einer, dessen Wort gilt, ein echter Kerl: Rainer Brüderle.

Mit dem FDP-Mann aus Mainz hat Gerhard Schröder den größten innenpolitischen Erfolg seiner Regierungszeit verabredet, die Zustimmung von Rheinland-Pfalz zu seiner Steuerreform und damit deren Verabschiedung. Schröder erleichtert: „Die stehen."

Eine Woche lang verhandeln Brüderle und Schröder, am Dienstagmittag ist der Liberale sogar zum Vieraugengespräch im Berliner Kanzleramt. Um 23.30 Uhr am Donnerstag, am Abend vor der Abstimmung in der Länderkammer, ruft der Kanzler den Mainzer noch einmal an. Nach einer guten Viertelstunde ist klar: Die Bundesregierung bietet der FDP, die in Mainz unter dem Sozialdemokraten Kurt Beck mitregiert, genug an, um sie im bevorstehenden Landtagswahlkampf als Retter des Mittelstandes erscheinen zu lassen.

Es sind nicht die Christdemokraten in den Großen Koalitionen von Berlin, Brandenburg und Bremen, die am Freitag im Bundesrat den Ausschlag für das umstrittene Gesetz geben, obwohl sie aus der Einheitsfront der Union ausscheren.

In Wahrheit hat selbst Berlins Regierender Bürgermeister Eberhard Diepgen (CDU), von dem erbitterten bayerischen Ministerpräsidenten und CSU-Chef Edmund Stoiber als „Stimmführer" der Umfaller geoutet, seine Zustimmung von der Haltung der Rheinland-Pfälzer abhängig gemacht.

Brüderle weiß: Diepgen will nicht der Erste sein. Der Kanzler dagegen ist sicher, dass der Berliner Regierende auch nicht der Letzte sein mag, der die Fahne der Blockade hochhält. So sind es die Liberalen, die für den Kanzler und seinen Finanzminister Hans Eichel den Durchbruch gegen die blockierende Union ermöglichen.

Das Geschick, mit dem der Kanzler Brüderle, Diepgen und die anderen Länderfürsten gleichermaßen einfängt, beschert ihm seinen größten Erfolg seit der gewonnenen Bundestagswahl vom September 1998. Die rot-grüne Regierung, die erst Chaos und dann ein paar mäßig bejubelte Resultate wie den Atomausstieg zu Stande gebracht hat, kann endlich den ersten großen Triumph, die ersten wirklich positiven Zeilen fürs Geschichtsbuch vorweisen: Im Vergleich zu 2000 zahlen Bürger und Wirtschaft laut Koalition ab 2005 insgesamt 60 Milliarden Mark weniger an Steuern. Fast scheint es, der Sozialdemokrat folge den Spuren der eisernen Steuerreformer Ronald Reagan und Margaret Thatcher.

Der Triumph der Bundesregierung ist allerdings bis zuletzt gefährdet. Noch um Viertel vor neun am Freitagmorgen, nachdem die Genossen den Sieg am Abend zuvor bereits begossen haben, überkommt den Kanzler Panik.

Nochmals wollen sich die SPD-Strategen in der nordrhein-westfälischen Landesvertretung für die entscheidende Sitzung im Bundesrat abstimmen. Doch ein wichtiger Mann in der Runde fehlt: Gernot Mittler, SPD-Finanzminister von Rheinland-Pfalz.

Noch am Vorabend hat Mittler seinen Kollegen signalisiert: Ja, die sozial-liberale Koalition stimmt der Steuerreform zu. Doch wo ist Mittler nun? Hat er sich womöglich doch zu weit vorgewagt, ohne seinen Schritt mit dem kleineren Koalitionspartner abzuklären?, fragen sich die Ministerpräsidenten und Finanzminister der Genossen.

Gerhard Schröder greift selbst zum Mobiltelefon: „Wo steckst du?"
Er habe sich nur ein wenig verspätet, versichert Mittler, aber er sei
unterwegs. Der rheinland-pfälzische Wirtschaftsminister Hans-Artur
Bauckhage sei von den Nachbesserungen, die der Kanzler und sein
Finanzminister Hans Eichel angeboten hätten, hellauf begeistert.

Schon am Vorabend, als es um 20.30 Uhr losging, hatten Schröder
und Eichel beim Kaminabend in der NRW-Vertretung die Zusagen
von Brandenburg und Bremen vorliegen. Zwischen ständig klingeln-
den Telefonen fragt Schröder in die Runde, ob auch alle SPD-Länder
die Milliardenbelastungen mittragen würden, die das Angebot an
Rheinland-Pfalz mit sich bringt. Verhaltene Kritik kommt insbesondere von Schleswig-Holsteins Heide Simonis, die fragt, ob man das
Ganze nicht doch etwas billiger hätte haben können, wenn man in der
Vermittlungsrunde nicht schon derart nachgegeben hätte. Die Union
will doch in der ersten Runde so oder so nicht mitspielen.

Egal. Die Runde stößt mit Wein und Bier, ein paar Gläschen mehr
als sonst, schon mal vorsorglich auf den kommenden Triumph an.
Drei Umfaller, 35 Stimmen – das müsste reichen.

Nur Brandenburgs Ministerpräsident Manfred Stolpe kann nicht
unbeschwert mitfeiern. Noch ein paar Stunden vorher hat der bayerische Finanzminister Kurt Faltlhauser versucht, Stolpe zur Ablehnung
zu bewegen. Das zweite Vermittlungsverfahren werde nicht teurer für
die Länder, verspricht der Bayer. „Ich glaub dem aber nicht", sagt
Stolpe abends. Schließlich war ihm aus Berlin der Ausbau der Ver-
kehrswege nach Polen zugesagt worden.

So bleibt Stolpe dabei: Brandenburg würde zustimmen, auch wenn
die CDU dagegen sei. Dann müsse er eben aus der Koalition ausschei-
den, droht sein CDU-Partner Jörg Schönbohm.

Stolpe, nach außen wie immer gelassen, hat intern allerdings erklärt,
dass er nur zustimme, wenn auch Berlin dabei sei. Gleichzeitig muss
er zwecks Feinabstimmung mit Schönbohm nach eigenem Bekunden
noch gegen Mitternacht „Sandkastenspiele" zur Rettung der eigenen
Koalition absolvieren: „Das liegt einem General und einem Skat-
spieler."

Doch dann lässt am nächsten Morgen auch noch Diepgen ausrichten: Ja, Berlin, die Große Koalition von SPD und CDU, stimme zu.
Denn nur dann, so lautet die Bedingung, werde der Bund mehr Geld
für Kultur, Polizei und Olympiastadion lockermachen.

Um 8.30 Uhr teilt Diepgen seine Entscheidung Schönbohm mit, der daraufhin nichts mehr gegen Stolpes Zustimmung einzuwenden hat.

Zufrieden verlässt der Schweriner PDS-Chef Helmut Holter am Donnerstag das Berliner Staatsratsgebäude. Schröder hat ihn wie einen stellvertretenden Ministerpräsidenten behandelt, stellt ein ebenso überraschter wie geschmeichelter Holter fest: „Es ging locker und offen zu", beschreibt der PDS-Mann die Audienz beim Kanzler: „Ich hatte nicht das Gefühl, dass er uns bloß kaufen wollte. Schröder sagt, er wolle, dass es in der Schweriner Koalition gut weitergeht."

Dass sich auch die PDS im Poker um die Länderstimmen als Sieger fühlen darf, liegt daran, dass Schröders Unterhändler den Postsozialisten zusagen, bei der geplanten Neuordnung des Risikostrukturausgleiches der Krankenkassen im kommenden Jahr auch über steigende Bezüge für die ostdeutschen Kassenärzte nachzudenken.

In Bedrängnis bringen könnte dieser Kuhhandel die grüne Gesundheitsministerin Andrea Fischer, die zur Zeit der Verhandlungen noch ahnungslos im amerikanischen Atlanta weilt. Sie will mögliche Mehreinnahmen der gesetzlichen Krankenversicherung durch die Steuerreform viel lieber dazu nutzen, um die Beiträge der Versicherten zu senken.

Vor dem Termin am Donnerstag berät sich Holter am Telefon mit der PDS-Führung. Die bestärkt ihn darin, Bedingungen für eine Zustimmung zur rot-grünen Steuerreform zu stellen.

Denn neben dem materiellen Erfolg – Ausfallbürgschaften, Eisenbahnstrecken – winken weitere Vorteile. So hat Schröder mit dem Empfang der PDS im Kanzleramt den letzten Rest an Vorbehalten gegen die rot-rote Regierung aufgegeben. Weitere Kooperationen in den ostdeutschen Ländern sind nun denkbar.

Beeindruckt zeigt sich Holter von Schröders Ernsthaftigkeit: „Als ich fragte, ob es nicht mit den Ortsumgehungen schneller gehen könne, ist er rausgegangen, um mit Verkehrsminister Klimmt zu telefonieren. Danach kam er wieder rein und sagte, man müsse das für 2001 noch im Detail klären, Klimmt sei jetzt im Urlaub."

Nach einer Stunde allerdings hat Schröder genug verhandelt. Ganz plötzlich springt der Kanzler auf und ruft: „Ihr habt jetzt genug gekriegt. Ich muss jetzt nach Bonn."

2. September, Hannover

Wenn ein Geheimtreffen besonders unauffällig sein soll, dann muss es an belebten Orten stattfinden. Getreu der alten Agentenweisheit nutzt Gerhard Schröder den Tag der Gewerkschaften auf der Expo zum vertraulichen Plausch mit den Arbeiterführern über die Zukunft der Rente.

Schon nach einer halben Stunde sind sich Dieter Schulte (DGB), Hubertus Schmoldt (IG BCE), Herbert Mai (ÖTV) und Klaus Zwickel (IG Metall) am Samstag mit dem Kanzler und SPD-Chef weitgehend einig. Der Neuordnung der Renten, zweites Großprojekt nach der Steuerreform, würde nichts mehr im Weg stehen. Schröder hat es wieder mal geschafft: In vertraulicher Kungelrunde hat er einen Konsens erkauft.

Während sich der Kanzler in der vergangenen Woche bei der Uno-Vollversammlung in New York zwischen den Großen dieser Welt tummelt und mit kaum unterdrücktem Stolz die Ehrung zum „Weltstaatsmann" entgegennimmt, werden zu Hause Zweifel laut.

Wieder einmal hat Schröder in Basarmanier ein politisches Anliegen fallen gelassen, weil ihm ein anderes gerade wichtiger erscheint. Monatelang haben die Wirtschaftsstaatssekretäre der 16 Bundesländer an einem Kompromiss zur Liberalisierung des Ladenschlusses gefeilt. Für die gewerkschaftliche Zustimmung zum Rentenkonzept lässt Schröder die Einigung auf unbestimmte Zeit verschieben. Nebenbei düpiert er den nordrhein-westfälischen Ministerpräsidenten und SPD-Vize Wolfgang Clement, der nun wider seine Überzeugung den Aufschub im Bundesrat organisieren soll.

Es scheint paradox: Der Polit-Dealer Schröder hat binnen eines Jahres zwei der denkbar heikelsten Reformprojekte, Steuer und Rente, nahezu umgesetzt, die Umfragewerte für SPD und Regierung liegen im Dauerhoch, die Opposition kämpft mit sich selbst, die Wiederwahl 2002 scheint nur mehr eine Formsache zu sein – und dennoch regt sich wachsender Widerstand gegen den Kanzler und Parteichef Schröder.

Der niedersächsische Ministerpräsident Sigmar Gabriel sagt zur Politik seines Parteichefs: „Das reicht, um die Wahl 2002 zu gewinnen, aber nicht, um die Partei zu modernisieren."

Heide Simonis, seine Kollegin aus Schleswig-Holstein, verlangt: „Wir müssen den Menschen das Gesellschaftsbild, das wir wollen, erklären."

Die Spitzensozis nehmen nur eine Stimmung auf, die an der Basis schon länger gärt. SPD-Generalsekretär Franz Müntefering bekam den Unmut in seinem Heimatbezirk, dem mächtigen Westlichen Westfalen, gerade zu spüren. Als „einen aus Berlin" haben sie ihren früheren Liebling verspottet und seinen Versuch, die Parteistrukturen von oben zu reformieren, gnadenlos abgebügelt.

Vor Monaten bereits hatte Bundesgeschäftsführer Matthias Machnig selbstkritisch vermerkt: „Wir arbeiten handwerklich gut. Unklar ist das überragende Projekt, die politische Botschaft." Und immer häufiger dringt der Unmut nach außen.

Doch Schröder und sein General Müntefering vermeiden konsequent kontrovers diskutierte Themen. Wiederholt hat der Kanzler zwar schon die „Zivilgesellschaft" angemahnt, aber stets erkennen lassen, dass ihm der Begriff aus der Werkstatt seiner Redenschreiber untergeschoben wurde. Nur gelegentlich lässt Schröder wenigstens ansatzweise Problembewusstsein erkennen. „Da fehlt noch was", konstatierte er vor der Sommerpause im Parteipräsidium.

Derzeit erwägt Schröder, das Parteivolk mit einigen symbolischen Gesten zu befrieden, zum Beispiel mit zusätzlichem Geld für Entwicklungshilfe. Auch allein stehende Mütter, so eine Überlegung Schröders, könnten zusätzliche Hilfe erhalten. So was, weiß der Kanzler noch aus Juso-Tagen, hat die Seele der Partei meistens besänftigt.

In der SPD beginnen einige zu zweifeln, ob die Spitze der Partei sie wirklich ernst nimmt. Ein führender Sozi klagt: „Es gibt eine Vakanz in der SPD: Das ist der Parteivorsitzende." Schröder denke nicht in Parteikategorien, „und der Spaß des Chefs an seiner Partei", meint er, der ihm längere Zeit durchaus wohlgesinnt war, „besteht vor allem in einem Programmpunkt: dem Defilee durch die eigenen Reihen".

Aber auch Müntefering, der eigentlich darüber wachen sollte, dass der Kanzler ordentlich sozialdemokratisch regiert, interpretiert seine Rolle anders als von vielen Anhängern erhofft. Er stellt sich fest an die Seite der Regierenden. Seiner Partei richtet er per Zeitungsinterview aus: „Wenn man regiert, ist man näher an der Realität als auf Parteitagen."

Von Programmdiskussionen hält Müntefering nicht viel. Klar, die SPD sei „in ihrem Grundgefühl eine Wertegemeinschaft" und müsse es bleiben. Aber vor allem müsse sich „die Partei am Regierungshandeln abarbeiten".

Schon das Bedürfnis, den Kosovo-Krieg kontrovers zu begleiten, musste sich die Regierungspartei SPD im vergangenen Jahr verkneifen.

So überfahren Schröder und Müntefering gemeinsam die Parteigremien. Noch heute ist Mitgliedern des Parteivorstands die Sitzung, bei der die Rentenreform sehr strittig diskutiert wurde, in schlechter Erinnerung. Noch sieben Wortmeldungen, darunter von Landesvorsitzenden, lagen vor, als der genervte Kanzler plötzlich abbrach, weil er draußen eine Pressekonferenz zu geben habe.

Die späteren Proteste der Basis bügelte Müntefering ab: „Wenn Entscheidungen in höchsten Parteigremien gefallen sind und die Regierung handelt, können Beschlüsse von Bezirken und Unterbezirken nur bedingt Wirkung haben.“

Schröders Leute fürchten, dass der Kanzler bei einer sozialdemokratischen Programmdebatte nur schlecht aussehen könnte. Schröders Nimbus beruht auf dem Image des zupackenden Machers, des cleveren Moderators zwischen den Interessengruppen, nicht des intellektuellen Anführers.

9. November, Berlin, Humboldt-Universität

Er ist ein kleiner Mann mit schmalem Gesicht, er trägt einen Anzug, der nach Sonderangebot aussieht, seine Haare sind ordentlich zur Seite gekämmt, er redet mit einer Stimme, die keine Akzente setzen kann, sie klingt immer gleich, monoton, einschläfernd.

So ist er, der Star dieser Regierung, der Mann, der Schröders Koalition wieder ins Gleichgewicht gebracht hat. Hans Eichel, der Finanzminister, steht hinter einem Pult in der Berliner Humboldt-Universität und hält einen Vortrag über seine Pläne und Visionen, er nennt es „Finanzpolitik für das nächste Jahrzehnt“.

Er redet von Schuldenabbau, der notwendig ist, von Generationengerechtigkeit, die gestärkt werden muss, von der Staatsquote, die gesenkt werden muss. Er kündigt den Bruch mit einem zutiefst demokratischen Glaubenssatz an, nach dem sich Wohlstand nur mit viel Geld aus der Staatskasse erhalten lässt.

Hans Eichel kann sich so was leisten. Er hat, seit er 1999 Oskar Lafontaine als Minister für Finanzen nachfolgte, eine neue Richtung eingeschlagen, sie kennt keine Kompromisse mehr, sie unterscheidet nicht zwischen linker und rechter Wirtschaftspolitik, sie wird von jedem verstanden, denn sie heißt: Wir müssen sparen.

Ehrgeizige Ziele hat er formuliert, etwa, dass er die Neuverschuldung bis 2006 auf null bringen wird. Eichel hat keine populäre Politik gemacht, aber Eichels Politik war konsequent, konstant, solide. Sie war das Gegenteil der Politik von Gerhard Schröder und dem Rest seines Kabinetts.

Eichel hat Kassensturz gemacht, den ersten richtigen Kassensturz nach den vielen Jahren des finanzpolitischen Durcheinanders, das durch die deutsche Vereinigung entstanden war. Was Eichel sagte, war das, was die Bürger fühlten: So geht es nicht weiter.

Auf seinem Schreibtisch stehen Sparschweine, dicke, dünne, rote, grüne. Sein Schreibtisch sieht ein bisschen nach C&A aus, nach kleinem Karo, aber dieser Schreibtisch ist zu einem Symbol geworden für Politik, der man wieder trauen kann.

Der Stimmungswechsel ist inhaltlich begründbar, aber das ist nicht alles. Er, Eichel, der so ist, wie er ist, funktioniert als Gegenmodell zu Gerhard Schröder, dem Kanzler der Brioni-Anzüge, der Hochglanzmagazine, der „Wetten, dass..?"-Couch.

Eichel hat geschickte Imageberater, die seine Grauheit ins Kultische wenden. Boulevardzeitungen berichten, im Ton der Bewunderung, von einem Finanzminister, der manchmal keinen Pfennig Geld in der Tasche hat, der keine Zeit für das Mittagessen hat, der seine kleine Wohnung in Berlin selbst putzt.

Eichels Umfragewerte steigen beständig, er steht an Nummer drei der beliebtesten deutschen Politiker, was ungewöhnlich ist für einen Finanzminister. Er bestimmt die innenpolitische Debatte, er mischt sich ein, sagt, dass es ein Fehler war, mit den Einnahmen aus der Ökosteuer die Löcher in der Rentenkasse zu stopfen. Er legt ein Konzept zur Besteuerung der Renten vor, das Schröder gleich wieder kassiert, und Eichel sagt, dies sei „ein strategischer Fehler".

Hans Eichel kann sich viel erlauben. Solange die Stimmung so bleibt, wie sie ist. Solange genug Geld da ist. Solange Sparen modern ist.

Dezember, Kiew, deutsche Botschaft

Die Visastelle versinkt seit einigen Monaten in Arbeit. Im Februar, einen Monat vor dem Erlass zur neuen Reisefreiheit, suchten 11 743 Menschen um ein Visum nach. Im April waren es 14 128, im Juni 17 470, im November 23 130.

31. Dezember, Berlin

Die dritte Neujahrsansprache, Krawatte gold-rot gestreift. Draußen, hinter seinem Büro im Kanzleramt, ist tiefe Dunkelheit. Der Chef ist noch da. „Das wirtschaftliche Wachstum", sagt Schröder, „ist robust und steht auf soliden Fundamenten." Mehr als eine halbe Million neue Jobs seien entstanden. Und: „Die größte Steuerentlastung in der Geschichte unseres Landes." Aber: „Was", fragt Schröder, „dürfen wir noch essen?" BSE-Alarm. „Meine Familie ist ebenso entsetzt wie Sie und Ihre Familien." Also: „Überwachung der Tiermehlverfütterung" durch eine „außergewöhnlich sachkundige Frau", die „Präsidentin des Bundesrechnungshofes, Frau Dr. Hedda von Wedel".

Anfang Januar 2001, Berlin, Arbeitszimmer des Bundesaußenministers

Joschka Fischer sitzt unter einem Bild von Willy Brandt, er trägt Anzug, die Lesebrille auf dem Nasenrücken. Fragen hageln auf ihn ein, er ist misstrauisch.

Vor ein paar Tagen sind Fotos und ein Film aufgetaucht, die den Außenminister der Bundesrepublik Deutschland in Bedrängnis bringen. Sie sind während einer Demonstration im Jahr 1973 aufgenommen worden, sie zeigen, wie Fischer und ein Polizist aufeinander zu rennen. Fischer stoppt aus vollem Lauf, der Polizist rennt weiter. Beide tragen Helme, Fischer einen dunklen, der Polizist einen weißen. Geduckt erwartet Fischer seinen Gegner. Vier Freunde eilen herbei, sie ringen den Polizisten nieder. Fünf gegen einen. Fischer bleibt im Hintergrund, rückt erst vor, als der Gegner überwältigt ist, dann schlägt er mit der Faust zu, einmal, zweimal, dreimal.

Es geht um die Vergangenheit. Um die siebziger Jahre, um Hausbesetzungen, Demonstrationen, Schlägereien mit der Polizei. Um Fischers Zeit bei den Frankfurter Spontis, einem losen Zusammenschluss undogmatischer Linker. Fischer war damals in der „Putzgruppe" aktiv, einem gewaltbereiten Schlägertrupp, zu dem auch der spätere Terrorist Hans-Joachim Klein gehörte.

Fischer soll in ein paar Tagen im Prozess gegen Klein als Zeuge aussagen, aber die Fotos und der Film machen aus dem Zeugen einen Angeklagten. Die Frage ist: Darf ein Mann, der Steine geworfen und Polizisten geprügelt hat, darf so einer die Bundesrepublik in aller Welt repräsentieren? Den Bundeskanzler vertreten?

Es ist eine alte Frage, neu betrachtet vor dem Hintergrund einer erhobenen Faust. In einer Welt der Bildschirme und Bilder ändern Bilder manchmal viel.

Joschka Fischers Ledersohlen scheuern über Terrakottafliesen, er ließ sie in sein Arbeitszimmer legen, als er Außenminister wurde. „Das ist meine Biografie", sagt er. „Das bin ich, Joschka Fischer. Ohne meine Biografie wäre ich heute ein anderer, und das fände ich gar nicht gut."

Es geht um ihn, um Joschka Fischer. Aber es geht auch um Joschka Fischer als Projektionsfläche einer ganzen Generation. Der Spot ist auf ihn gerichtet, aber im Scheinwerferkegel stehen die 68er. Die, die damals in der Bonner Kneipe „Provinz" Bier getrunken und eine neue Gesellschaft entworfen haben. Es geht auch um die moralische Legitimation derer, die heute Deutschland regieren.

16. Januar, Frankfurt, in einem Frankfurter Gerichtssaal

Es ist 9.30 Uhr, Fischer betritt den Gerichtssaal, er setzt sich auf den Zeugenstuhl, kühl und selbstsicher. Das Gericht ist noch nicht da, Fischer lässt sich filmen, fotografieren.

Dann erscheint der Richter. Name? Joseph Martin Fischer, Joseph mit ph bitte, sagt der Zeuge. Er ist launig, zum großen Auftritt entschlossen. Er braucht keinen Rechtsbeistand. Er kriegt das allein hin.

Wenn er heute Kommentare lese, in denen seine Gewalt mit der Gewalt der Nazis verglichen werde, „dann krieg ich so 'nen Hals", sagt Fischer. Er führt seine Hände an die Kehle, Fischer wäre auch ein guter Schauspieler geworden.

Der Staatsanwalt fragt nach dem Klima, das damals in Fischers Frankfurter Wohngemeinschaft geherrscht hat. Fischer pumpt sich auf, er rast. Er fragt: „Wann kommen die Vorwürfe, dass Cohn-Bendit und ich aus der Fischer-Wohngemeinschaft heraus den dritten Weltkrieg geplant hätten? Es wird doch immer absurder!"

Der grüne Außenminister redet vor Gericht so, wie er in großen Momenten auf grünen Parteitagen redet.

Nach und nach tröpfeln in diesen Tagen neue Details aus Fischers Vergangenheit in die Gegenwart, neue Fragen entstehen. Hat er Molotow-Cocktails geworfen? Hat er eine Terroristin beherbergt? Hat er 1969 an einer Fatah-Konferenz in Algier teilgenommen, in deren Abschlussresolution der Endsieg über Israel gefordert worden war?

Manches bestreitet Fischer, manches gibt er zu, er mauert, taktiert, interpretiert. Er bestreitet seine Vergangenheit nicht, er versucht, sie zu erklären.

In seiner Rückschau bekommen die Ereignisse von früher etwas fast Zwangsläufiges. Er musste sich prügeln, um sich später von der Gewalt lossagen zu können, die Revolution der Siebziger war nötig, um in den Achtzigern das Projekt Rot-Grün zu schaffen. Hinter allem, will Fischer sagen, kann man eine Linie erkennen. Die außerparlamentarische Opposition führt über die parlamentarische Opposition in die Regierungskoalition.

Der „Neuen Zürcher Zeitung" fällt bei diesem Prozess auf, „wie sehr sich die Argumente der Elterngeneration, die ihre Beteiligung am Nationalsozialismus rechtfertigte, den Worten der Söhne und Töchter gleichen, die heute die Studentenrevolte zu erklären versuchen". Nicht nur die Leistung einer Generation wird jetzt behandelt, auch ihre Fehler.

Als Fischers Vergangenheit zum Gegenstand einer Bundestagsdebatte wird, steht die Kohorte geschlossen beisammen. Die Angriffe der Opposition bleiben stumpf, unglaubwürdig. Angela Merkel hat in den siebziger Jahren hinter DDR-Mauern gelebt, Friedrich Merz ist mit einem frisierten Moped durchs Sauerland geschnurrt. Joschka Fischer und die Regierung haben für die bessere Gesellschaft gekämpft. Im Bundestag tritt Gerhard Schröder ans Rednerpult und sagt in die Bänke der Opposition: „Sie wollen verdammen. Und eine Generation, die etwas bewegt hat in dieser Gesellschaft, verdammen Sie damit gleich mit."

Die Bilder, der Film, Fischers Fäuste, die Würfe mit Steinen, am Ende wird alles das umgedeutet zu einem notwendigen Übel, zu Kollateralschäden auf dem Weg in ein liberales Land. Die rot-grüne Koalition entwickelt ein neues Wir-Gefühl, entstanden aus einem Zufall.

20. Februar, Washington

Er war gegen den Vietnamkrieg, gegen die Stationierung neuer US-Raketen in Europa, gegen den Golfkrieg. Jetzt sitzt Joschka Fischer auf einem Sofa im Arbeitszimmer von Colin Powell. Powell ist Vietnam-Veteran, er war ein Stratege im Golfkrieg und ist jetzt der neue Außenminister der Vereinigten Staaten. Powell und Fischer reden über Bomben, die Amerika vor kurzem auf den Irak geworfen hat. Fischer lächelt freundlich.

Sie verstehen sich, Powell und Fischer. Das sei doch ganz „erstaunlich, nicht wahr", sagt Powell dann, fröhlich, amüsiert, „die Welt hat sich verändert". Er und Fischer, sagt Powell, würden jetzt „haufenweise gemeinsame Werte" teilen, sie seien „beste Freunde". Powell lächelt und sagt: „Was vorbei ist, ist vorbei."

Fischers Gesicht läuft rot an, wie bei jemandem, der erwischt worden ist. Plötzlich ist alles versenkt, die Straßenschlachten, der Widerstand gegen die Nato-Nachrüstung, alles, was Fischer mal von Powell unterschieden hat.

Die Welt hat sich verändert.

Seit 2001 wird die Welt von einem amerikanischen Präsidenten gelenkt, der den Deutschen bislang fremd geblieben ist. In der Welt von George W. Bush darf Amerika Bomben schmeißen, wenn Bush das zum Schutz amerikanischer Interessen für nötig hält.

Die Nachrichtenagenturen verbreiten Fischers Statement zum Bombardement, ein Satz darin lautet: „Wir haben die USA nicht zu kritisieren." Er wird zur Schlagzeile in Deutschland, es ist ein Satz mit Sprengkraft, er zieht Fragen hinter sich her, er provoziert Wut, Empörung, vor allem innerhalb der grünen Partei. Wer spricht da? Ein Grüner? Was bleibt übrig von Überzeugungen, wenn ein Sponti dreiteilige Anzüge trägt und durch die Welt reist, als Staatsmann, als Diplomat?

Umweltminister Jürgen Trittin erkennt in seiner Partei „Verwunderung, Befremden und Empörung". Die Wehrexpertin Angelika Beer sagt: „Wenn es eine transatlantische Freundschaft gibt, dann muss diese auch Kritik aushalten." Für die grüne Fraktion bleibe es „bei der grundsätzlichen Kritik an den Luftschlägen" – somit gebe es „automatisch eine Differenz" zum Außenminister. „Es gibt keinen Grund, sich von Joschka Fischer zu distanzieren", sagt die designierte Parteivorsitzende Claudia Roth, „aber wir müssen über grüne Prinzipien in der Außenpolitik reden."

Es ist noch nicht lange her, dass Joschka Fischer im Namen der Grünen den Kosovo-Krieg moralisch begründen konnte. Die Partei ist ihm gefolgt, aber sie spürt Nachwehen. Der Kosovo-Krieg ist ein Kapitel der Parteigeschichte, das noch nicht abgeschlossen ist. Nur Joschka Fischer ist schon weiter, viel weiter.

Was in Deutschland als Unterwerfung gewertet wird, beruht auf sorgfältigem Kalkül. Alle kritischen Fragen, hieß es in einer Berliner Analyse vor Fischers Abreise, sollten nur „im nicht öffentlichen

Dialog" behandelt werden. Es sollte keine öffentliche Kritik an dem umstrittenen Raketenabwehrsystem NMD geben, keine Stellungnahme zur erklärten Absicht des neuen US-Präsidenten, sich weniger um den Friedensprozess im Nahen Osten kümmern zu wollen als sein Vorgänger Clinton.

Die neue US-Administration, vermutet man in Berlin, sei sich über die künftige Außenpolitik noch nicht im Klaren. Sie würde noch Zeit brauchen, um sich zu sortieren. Die wichtigsten Ziele aus deutscher Sicht seien, den Verbleib der Amerikaner auf dem Balkan zu sichern. Deswegen sei es klüger, die einzig verbliebene Weltmacht wegen der Irak-Bomben nicht zu brüskieren. Das werde sich später auszahlen, vielleicht den Deutschen mehr Möglichkeiten geben, die Amerikaner zu beeinflussen.

Joschka Fischer hat Colin Powell beim Antrittsbesuch ein Geschenk mitgebracht, es ist ein Kupferstich von der Kirche in Gelnhausen, wo Powell als Offizier 1986 stationiert war. Powell sagt, die deutsch-amerikanischen Beziehungen stünden vor „einer lichten Zukunft".

Dann muss Fischer weiter. Er reist nach Rom, zum Papst. Johannes Paul II. verleiht Bischöfen aus Deutschland den Kardinalspurpur.

4. März, Berlin

Als die Spitzenvertreter von Bundesregierung, Arbeitgebern und Gewerkschaften am Vormittag im Kanzleramt zum siebten Mal zum Bündnis für Arbeit zusammentreffen, gönnen sie sich erst mal ein Glas Sekt. Es ist der 50. Geburtstag von Bildungsministerin Bulmahn, die Stimmung ist gelöst, aber es hilft nichts. Trotz achtmonatiger Vorbereitungszeit gehen die Teilnehmer uneins auseinander, ohne verbindliche Regelung zum Abbau der Überstunden und ohne Reform der betrieblichen Mitbestimmung. Ungeachtet dessen nennt der Kanzler das Bündnis später einen „bewährten Reformmotor". Angesichts der wirtschaftlichen Entwicklung gibt sich Schröder optimistisch, die Zahl der Arbeitslosen bis Herbst 2002 auf unter drei Millionen senken zu können. Sektlaune?

29. März, Washington

Gerhard Schröder presst ein Lächeln in sein Gesicht, er will cool wirken, selbstbewusst, unbeirrbar. Er hat das erste Gespräch mit dem nun mächtigsten Mann der Welt hinter sich.

George W. Bush steht neben ihm, er wippt mit den Knien, er knetet die Hände, er wiegt den Kopf wie ein Kampfstier.

Sie sind aufeinander zugerast, es gab keinen Sieger, keinen Verlierer. Sie sind starke Männer, beide. Noch.

Bush sagt, seine Leute hätten ihm vorher berichtet, dieser Schröder sei ein ziemlich geradliniger Typ. „Und sie hatten Recht."

Beinahe lustvoll zelebrieren der Amerikaner und der Deutsche ihren Frontalzusammenprall, den sie gerade in einem Gespräch über Klimaschutzpolitik hatten. Schröder hatte vor dem Gespräch angekündigt, er werde Bush wegen des Ausstiegs aus der so gut wie fertigen Vereinbarung zur globalen CO_2-Minderung die Meinung sagen. Er hatte sich dafür die Unterstützung von 14 anderen EU-Staaten eingeholt.

Eine Stunde vor der Begegnung mit dem Deutschen hatte Bush zurückgeledert. Auch er sei ein strammer Kerl, sagte er. Sein Leitspruch laute: „American people first". Er werde „keinen Plan akzeptieren, der unsere Wirtschaft beeinträchtigt".

Schröder wusste schon zwei Wochen vor der Reise, dass es aussichtslos ist, den amerikanischen Präsidenten beeinflussen zu wollen. Aber um Inhalte geht es bei dieser Reise nicht. Es geht um den richtigen Auftritt, um Muskelspiele.

Schröder will zeigen, dass es ein anderes Deutschland gibt als das, was Joschka Fischer nach seinem Besuch bei Colin Powell vertreten hat. Schröder will Stärke demonstrieren. Unabhängigkeit von Amerika. Der Kanzler hat ein Gespür für symbolische Inszenierungen, er hat in den zweieinhalb Jahren seiner Kanzlerschaft gelernt, wie man Auftritte im Ausland nutzt, um in Deutschland Politik zu machen.

2. Mai, Berlin, Kanzleramt

Heute wird Geschichte geschrieben. Mein Gott, schon dieser Himmel: „Kaiserwetter" werden die Zeitungen schreiben. Es ist so weit, heute wird das Bundeskabinett die Einführung des Pflichtpfands für Getränkedosen beschließen.

Um zehn Uhr ist Kabinettssitzung. „An die Arbeit!", wird der Kanzler sagen. Aber vorher muss noch etwas erledigt werden.

Wenn in Frankreich das Machtzentrum der Republik eingeweiht würde, wenn in Paris ein 465 Millionen Mark teurer, über 300 Meter langer Prachtbau aus Glas und weißem Sichtbeton zu eröffnen wäre –

dann gäbe es Feuerwerk und Hymnen, und Mirage-Flieger hätten die Trikolore in den Himmel gemalt. Mindestens.

Nicht in Berlin. Punkt neun Uhr stehen sechs klein gestutzte Buchs-bäumchen auf dem Ehrenhof des Bundeskanzleramtes, das Musikkorps des Bundesgrenzschutzes spielt „Mr. Sandman". Der Bundesadler am Rednerpult ist neun Zentimeter groß und graublau auf graublauem Grund. Die Fahnen (Berlin, Deutschland, viel Europa) sind zu einem diskreten Bouquet gesteckt worden.

Auf grauer Auslegware steht die politische Macht Deutschlands und blinzelt in die Sonne. Man plauscht ein wenig. Die Justizministerin steht hinter dem Uraltkanzler Schmidt, als wäre sie dessen Krankenschwester. Der Kaugummi kauende Sicherheitsbeamte mit der Sonnenbrille im Hintergrund? Peter Struck. Dann spricht der Architekt Axel Schultes von der „Leichtigkeit der großen Massen im Licht", vom „Fluss" des Foyers und der „Schlucht" der Skylobby. Der Kanzler bewegt den Unterkiefer, als hätte er Nussreste zwischen den Zähnen. Peter Struck redet mit Franz Müntefering, vielleicht über das Dosenpfand.

Schultes spricht tapfer weiter, vom „Versuch, mit Mitteln der Architektur der grassierenden zynischen Vernunft unseres Gemeinwesens einen republikeigenen Enthusiasmus entgegenzustellen". Hinter ihm streckt der Bundestagspräsident die Beine von sich. Mit Sonnenbrand und -brille sieht er noch verwegener aus als sonst. Fast schon „Godfather"-Format. Wo ist eigentlich Helmut Kohl?

Der Kanzler spricht. Er erinnert an die Überstunden des inneren Dienstes und daran, dass dies Haus „kein Platz für große Gesten" sei: „Da geht es dann nicht in erster Linie um Architektur, sondern um die Arbeitsinhalte, die hier produziert werden." Der 36 Meter hoch aufragende Würfel der Macht hinter ihm ist nur ein Büro: „Von hier aus wird nicht geherrscht, sondern von hier aus wird regiert", sagt der deutsche Bundeskanzler, die Nachbarn sollten sich bitte keine Sorgen machen. „Übrigens", endet er, „wird das Kabinett gleich im Anschluss an diese kleine Feierstunde völlig unpathetisch zu seiner ersten Arbeitssitzung im neuen Haus zusammenkommen."

Das Pflichtpfand ruft, die Gäste eilen zu den Häppchen. Architekt Schultes steht mit hochgeschlagenem Kragen in der Skylobby und ist bemüht, Contenance zu bewahren: „Kleine Feierstunde! Ich hätte nie gedacht, wie tief die Angst vor Geschichte in den Deutschen steckt. Dies ist ein Land, das stolz ist, ein Völkchen zu sein."

Dabei habe er alles getan, um seinen Bau weicher zu machen. Hat Zierstelen aufgestellt, um der Fassade Tiefe zu geben, und sie mit Felsenbirnen bepflanzt; den Ehrenhof mit Rollrasen betupft, als wäre das Kanzleramt ein Waldorf-Kindergarten; einen „Ruheraum nach dem Mutterschutzgesetz" eingerichtet und die Heizung mit Rapsöl speisen lassen. Ziviler geht's nicht.

Wie war es mit Helmut Kohl doch wunderbar: „Der hat sich nie in die Arbeit eingemischt." Jetzt musste er zusehen, wie Doris Schröder-Köpf mit ihrer Innenarchitektin durch die Räume schnürte und Sichtblenden zu Gardinen machte. Ob er jetzt bitte das Gebäude räumen würde, sagt der Herr von der Pressestelle. Schultes boxt noch einmal gegen die Tür des Fahrstuhls, der auf sich warten lässt: „Zu langsam, viel zu langsam!"

Das war's. Jedes Spritzenhaus einer Feuerwehr wäre feierlicher eingeweiht worden. Schultes steht im Schatten seiner Stelen und sieht zu, wie die Buchsbäumchen abgeräumt werden. „Da hat dieses Land einmal die Gelegenheit zu etwas Großartigem und Gewagtem, und dann wird ängstlich genörgelt." Biedersinn statt Enthusiasmus. Die Krankheit des Deutschseins. Aber, sagt Schultes, der Kanzler werde schon bald merken, welch ein Instrument er hier bekommen habe.

Hoch über ihm, im achten Stock, tritt in diesem Moment ein eher kleiner Mann mit flatterndem Jackett an das Geländer, schaut ins Land, das dunkle Haar weht über weißem Stein, darüber mallorquinisch blauer Himmel, und dann streckt Gerhard Schröder den Arm aus und deutet in die Ferne.

Es funktioniert.

2. Mai, Berlin, Auswärtiges Amt
Heinz Martin Kübler hat sein Leben lang Brandschutzpolicen und Lebensversicherungen verkauft. Als er vom Visaerlass des Außenministeriums erfuhr, dachte er, das sei die Chance, reich zu werden. Seine Idee war, eine eigene Reiseschutzversicherung für Deutschlandbesucher aus den GUS-Staaten herauszubringen. Er wollte dem ADAC und dessen Carnet de touriste Konkurrenz machen. Er wollte ganz groß raus.

92 Euro soll seine Monatspolice kosten. Kübler glaubt an ein narrensicheres Geschäft. Kaum ein Ukrainer, der mit der Reiseschutzversicherung illegal nach Deutschland kommt, wird dort freiwillig zum Arzt gehen.

Heute ist Küblers Tag. Nach Monaten aufwendiger Lobbyarbeit im Auswärtigen Amt stellt Joschka Fischers Ministerium den Botschaften Küblers Firma als „vertrauenswürdiges deutsches Reiseunternehmen" vor. Sein „Reiseschutzpass" muss ab sofort anerkannt werden.

Zufällig unterrichtet am selben Tag ein Beamter des Bundeskriminalamtes das Innenministerium darüber, welche Rolle das Reisedokument des ADAC inzwischen bei der Schleuserkriminalität spielt.

Ende des Monats steigt die Zahl der Visagesuche in der Botschaft Kiew auf 36 987. 36 664 davon werden bewilligt.

9. Mai, Gera

70 Fotografen und Journalisten stehen auf dem Marktplatz im thüringischen Gera, Gerard Schröder ist da. Er hat sich neben zwei schweren Damen aufgebaut, die Inge Siegel und Heidelinde Munkewitz heißen. Sie sind im Osten aufgewachsen, und vor ein paar Tagen hat der Bundeskanzler erfahren, dass sie seine Cousinen sind. Das Kanzleramt hat ein Treffen arrangiert.

„Es war phantastisch, toll", sagen die beiden Frauen nach dem Treffen mit ihrem Cousin. Der Kanzler sagt: „Ich muss euch sagen, ich hab hier dolle Cousinen, die so was richtig Freundliches, Herzliches haben."

Dolle Cousinen, dolle Familie, doller Kanzler.

„Die Politik braucht Darstellung", sagt Schröder später. „Man kann Politik nicht nur begreifen als Durchsetzung von Inhalten. Man muss sie auch begreifen als Vermittlung dessen, was man meint."

11. Mai, Berlin, Kanzleramt

Er ist ganz ruhig. Er steht am Fenster seines Arbeitszimmers im Kanzleramt und guckt hinaus, irgendwo hinter den Bäumen des Tiergartens liegt der Bundesrat. Es ist Freitagvormittag, und hinter den Bäumen geht es um Riesters Rentenreform, den Aufbau der freiwilligen privaten Zusatzvorsorge. Die Debatte darum wird live im Fernsehen übertragen, aber Gerhard Schröders Fernsehgerät blieb ausgeschaltet.

Es war ja alles geregelt. Am Morgen hatte der Bundestag das im Vermittlungsausschuss überarbeitete Gesetz gebilligt. Für die Entscheidung im Bundesrat hatten die Landesregierungen von Berlin, Brandenburg und Rheinland-Pfalz Zustimmung angekündigt.

Um 12.20 Uhr erhebt sich Schröder von seinem Schreibtisch, er geht ins Vorzimmer, wo der Fernseher läuft. Er schiebt die Hände tief in die Hosentaschen, als Sachsens Ministerpräsident Kurt Biedenkopf um 12.34 Uhr zur Abstimmung ruft.

Schröders Chefsekretärin Marianne Duden drückt auf die Fernbedienung, der Ton wird lauter. Baden-Württemberg: „Nein". Bayern: „Nein". Als Berlin und Brandenburg aufgerufen werden, gerät der Kanzler in Bewegung. „Lauter, Mensch, jetzt habe ich das nicht gehört." Mecklenburg-Vorpommern? „Ja." Rheinland-Pfalz? „Ja." Aus dem Fernseher von Marianne Duden quillt Applaus. Schröder nickt.

Nach der Steuerreform haben CDU-Stimmen der Bundesregierung jetzt auch bei der Rentenreform zur Mehrheit verholfen.

„Die Bundestagswahl ist damit natürlich nicht gewonnen", sagt Schröder. Aber seine Regierung habe mit diesem Reformprojekt gezeigt, dass sie in zweieinhalb Jahren zu Wege bringen konnte, „woran die anderen 16 Jahre lang geknabbert haben". Ein Regierungsmitglied sagt, nun seien „die ganz großen Heuler vom Tisch". Der Kanzleramtschef Frank-Walter Steinmeier macht einen Jux. „Von diesem Sommer bis Oktober 2002 gehe ich in Urlaub", sagt er, und dann, im Ernst: „Es gibt genügend Kleinkram, der uns noch in Atem halten wird."

Zum Kleinkram gehören das Zuwanderungsgesetz, die Gesundheitsreform und die Reform des Arbeitsmarkts.

3. Juli, Berlin, Fraktionssaal der SPD

In ein paar Tagen wird Gerhard Schröder irgendwo an der italienischen Adria im Sand liegen, jetzt hat die letzte Sitzungswoche vor der Sommerpause begonnen. Schröder besucht die Fraktionssitzung der SPD und sagt: „Ich wünsche euch das, was ich nicht haben werde – richtig viel Ruhe." Die Abgeordneten verstehen die Sprache ihres Kanzlers, sie wissen gleich, wie er das gemeint hat. Es ist eine Aufforderung an die eigenen Leute, in den kommenden zwei Monaten Ruhe zu halten.

Anders als im Jahr zuvor, als sich die Regierung mit einer Steuerreform in die Ferien verabschiedete, hinterlässt sie diesmal ein Land voller Baustellen. Die Konjunktur lahmt, die Gesundheitskosten laufen über, die Arbeitslosenzahl sinkt noch immer nicht.

Zudem zieht ein neuer außenpolitischer Konflikt heran, einer, der die Koalition schon einmal fast zerrissen hätte, wieder muss die Frage nach Krieg und Frieden beantwortet werden. Die Lage auf dem Balkan ist instabil geblieben, in Mazedonien eskaliert der Konflikt mit der albanischen Minderheit. Die Albaner fordern einen eigenen National-staat, immer wieder ist es zu Angriffen auf mazedonische Sicherheits-kräfte und auf Truppen der Kfor gekommen. Ein Eingreifen der Nato rückt nahe, und wieder einmal stellt sich die Frage nach dem Einsatz der Bundeswehr.

In den nächsten Wochen muss der Bundestag über eine mögliche Entsendung abstimmen, die rot-grüne Mehrheit für den Mazedonien-Einsatz ist ungewiss. Bei SPD und Grünen haben die ersten Abge-ordneten ihr Nein angekündigt. In der SPD-Fraktionsspitze, so be-haupten Abgeordnete, kursierten Listen mit den Namen potentieller Abweichler. Der Parlamentarische Geschäftsführer der SPD, Wilhelm Schmidt, hat auch die Hinterbänkler der Fraktion aufgefordert, im Urlaub ständig erreichbar zu bleiben.

Gerhard Schröder hat erkannt, dass er ohne Stützstimmen aus der Opposition über keine parlamentarische Mehrheit für eine berechen-bare Außenpolitik verfügt. Die Grünen sind für den Bundeskanzler nicht mehr kalkulierbar, nicht mal als Mehrheitsbeschaffer. In einer Emnid-Umfrage für den SPIEGEL kommen sie nur auf sechs Prozent, ihr Einzug in den nächsten Bundestag wird unsicher.

In diesen Tagen erzählt der FDP-Chef Guido Westerwelle seinen Parteifreunden, wie es im Kanzleramt von innen aussieht. Gerhard Schröder hat es ihm gezeigt. Auch die Privaträume des Kanzlers habe er gesehen, berichtet Westerwelle. Nach der Führung durchs Amt habe er mit Schröder auf dem Balkon gesessen und eine Zigarre geraucht.

Als sich Rezzo Schlauch, der Fraktionschef der Grünen, danach erkundigt, was das zu bedeuten habe, sagt der Kanzler: „Was willst du denn? Ich habe gar kein Interesse daran, mit der FDP was zu machen. Wenn es mit euch reicht."

4. Juli, Berlin

Der Bericht ist 323 Seiten dick, Rita Süssmuth von der CDU trägt ihn unterm Arm, sie hat neun Monate daran gearbeitet. Der Titel des Berichts heißt: „Zuwanderung gestalten – Integration fördern." Neben ihr sitzt Otto Schily, der Innenminister von der SPD, und guckt gütig. „Frau Professor Süssmuth hat sich mit dieser großartigen Leistung um unser Vaterland verdient gemacht", sagt Schily, „es ist eine Arbeit von historischem Rang."

Rita Süssmuth lächelt still. Sie hatte lange überlegt, ob sie das überhaupt machen soll. Ob sie Vorsitzende einer Kommission werden darf, die für die Regierung neue Richtlinien zur Zuwanderung ausarbeiten soll. Gerhard Schröder hatte sie gebeten, diese Kommission zu leiten, sie, eine CDU-Frau, ein Feigenblatt, mit dem der Kanzler auf die Zustimmung der Union spekulierte. Bei diesem Thema.

Es geht bei der Zuwanderung um ein neues Selbstverständnis Deutschlands. Es geht darum, die Gesellschaft zu öffnen, um den Kern von Rot-Grün.

Im Bericht der Süssmuth-Kommission heißt es, der Satz „Deutschland ist kein Einwanderungsland" sei „als Maxime der Zuwanderungs- und Integrationspolitik unhaltbar geworden". Süssmuth legt Zahlen vor, sie will Festlegung. 20000 Zuwanderer sollen dauerhaft ins Land kommen dürfen, weitere 20000 beruflich qualifizierte Ausländer sollen einreisen dürfen, wenn ein Mangel an Arbeitskräften nachweisbar ist. Der Zuzug ausländischer Kapazitäten aus Wirtschaft und Wissenschaft soll ohne Einschränkung möglich werden. Süssmuth will Zuwanderung nicht mehr verhindern, sondern steuern, sie soll sich ausrichten an demografischen und arbeitsmarktpolitischen Interessen Deutschlands.

Schily möchte sich nicht auf Zahlen festlegen. Schily möchte ein vereinfachtes Zuwanderungsgesetz, das nach befristetem und unbefristetem Aufenthaltsrecht unterscheidet, seine Vorstellungen sind restriktiver, weniger liberal als das, was Rita Süssmuth hier entwirft. Ihm geht es um Einigung mit der Union, weniger um Einigung mit den Grünen.

Was Schily will, will auch Schröder. Die Regierung braucht ein Gesetz, das konsensfähig ist mit der Union, zustimmungsfähig bei der SPD, mehrheitsfähig bei den Wählern. In Fragen des Ausländerrechts ist Deutschland im konservativen Geist vereint, mit Ausnahme der Grünen.

Dieser Bericht hier ist ein Testballon, den der Bundeskanzler in die Luft steigen lässt, um zu sehen, wohin ihn die Stimmung weht. So war es schon bei Riesters Rentenreform. Wenn sich Widerstand regt, wird nachgebessert. Nachbessern ist ein Wort, das harmlos klingt, nicht nach groben Fehlern jedenfalls. Es beschreibt eine politische Technik, die zur Routine wird in Schröders Regierung.

12. Juli, Berlin
Vor der Bundespressekonferenz zieht Gerhard Schröder Bilanz der vergangenen Monate. Worte wie „Wirtschaftskrise", „Reformstau" fallen, Worte wie Geschwüre.

„Wir machen eine Politik der ruhigen Hand", sagt Schröder.

9. August, über der Ostsee
Unten schaukelt das Versorgungsschiff „Donau" in unruhiger See, oben kreist ein Helikopter. Gerhard Schröder sitzt in der letzten Reihe, der Wind treibt Schaumkronen über die See, der Pilot lässt den Hubschrauber aus zwei Meter Höhe auf das Landedeck fallen. Der Bundeskanzler steigt aus, und über seiner Oberlippe läuft Blut aus einer Schramme.

Der Besuch bei der deutschen Marine auf der Ostsee vor Rostock ist die erste Dienstreise nach dem Urlaub, und die Schramme ist irgendwie ein Symbol.

Der Niedergang der Konjunktur schreitet fort. Die Auftragseingänge gehen zurück. Der Ifo-Konjunkturindex, das zuverlässigste Stimmungsbarometer für die wirtschaftliche Entwicklung, weist seit Monaten nach unten. Die Industrieproduktion schrumpfte im zweiten Quartal.

So kräftig ist der Wachstumseinbruch, dass auch der Sachverständigenrat seine Prognose von 2,8 Prozent nicht länger aufrechterhalten wollte. In der vergangenen Woche gab er eine neue Einschätzung bekannt: 1,4 Prozent.

Das Versprechen, die Arbeitslosigkeit im nächsten Jahr auf 3,5 Millionen zu senken, kann der Kanzler nicht mehr halten. „Auf jeden Fall wird die Arbeitslosigkeit geringer sein als bei Regierungsantritt", sagt er jetzt. Damals lag sie saisonbereinigt bei 4,1 Millionen.

Als Hans-Olaf Henkel Ende letzten Jahres seinen Posten als Chef des BDI abgab, sagte er, Schröder bereite ihm langsam Sorgen, „weil die Ähnlichkeit mit seinem Vorgänger Helmut Kohl immer größer wird". Heute sagt Gerhard Schröder: „Die Konjunktur beunruhigt mich, aber nicht die Debatte darüber." Es hätte ein Satz von Helmut Kohl sein können.

Sie gleichen sich allmählich an, Kohl und Schröder. „Wenn man Ihre alten Verelendungstheorien hört", sagte Kohl im September 1996, mitten in der Konjunkturkrise, zum damaligen Oppositionsführer Rudolf Scharping, „dann weiß man nicht, wo sich die Deutschen heute aufhalten. Ich kann Ihre Theorien nicht bestätigen, und ich lebe doch so wie Sie in diesem Land." Vor ein paar Tagen fragte Schröder Reporter vom „Stern", die unangenehme Fragen stellten: „In welchem Land leben Sie denn?"

Schröder regiert mit kühlem Blick auf die Macht und auf das, was machbar ist, er regiert im Geist von Kohl, nicht im Geist der 68er.

Der neue Rhythmus, den Schröder sich in diesem Sommer zulegt, ist je zur Hälfte aus Not und aus Absicht geboren. Erstmals fühlt er sich stark genug, als Kanzler sein Tempo selbst zu bestimmen. Anfangs in Bonn, wenn er seine Leute antrieb, war Schröder nicht selten selbst ein Getriebener. Nach drei Jahren Erfahrung im Amt glaubt er, das „lernende System", sich so freigeschwommen zu haben, dass er nicht mehr auf jeden Leitartikler oder Fernsehkommentator reagieren muss.

Es interessiert ihn nicht, was der Koalitionspartner sagt. Er überhört es. Christine Scheel, die Finanzexpertin der Grünen, sagt: „Die Bundesregierung muss dringend Signale setzen." Thea Dückert, arbeits- und sozialpolitische Sprecherin der Grünen, fordert „Kreativität und entschlossenes Handeln" auf dem Arbeitsmarkt. Sogar der gemütliche Fraktionschef Rezzo Schlauch, der mit Schröder Rotwein trinken darf, redet von verfehlten Planzielen bei der Senkung der Lohnnebenkosten. Er habe den Eindruck, sagt Schlauch, „dass der Koalitionspartner dieses Ziel derzeit zu schnell aus der Hand gibt".

Es interessiert ihn nicht, was die eigenen Minister sagen. Wenn Bundeswirtschaftsminister Werner Müller mehr Eigenverantwortung im Gesundheitswesen empfiehlt, lässt Schröder seine Beamten verbreiten, so etwas sei „nicht geplant".

Es interessiert ihn schon gar nicht, was seine Parteileute sagen. Vor ein paar Tagen hat der rheinland-pfälzische Sozialminister Florian Gerster einen Angriff auf die Gesundheitspolitik der Ministerin Ulla Schmidt unternommen. Gerster, der in seinem Fachbereich in der SPD als Kapazität gilt, verlangte in der „Frankfurter Rundschau", vor der Wahl den Plan für eine einschneidende Gesundheitsreform mit Streichungen im Leistungskatalog vorzulegen. Es dürfe nicht sein, dass die SPD die Wähler so täusche wie vor der letzten Bundestagswahl in der Rentenpolitik. „Wir sollten nicht der Versuchung erliegen", sagte Gerster, „vor der Wahl zu versprechen: An den Leistungskatalog gehen wir nicht ran, und dann nach der Wahl zu sagen: Ein Pflichtbeitrag von 15 Prozent oder mehr ist undenkbar."

Schröders Gelassenheit gründet auch darauf, dass er niemanden sieht, der sein Macht gefährden könnte. In allen relevanten Bereichen, Regierung, Bundestagsfraktion, SPD, verfügt er über loyale Geschäftsführer, die ihm dienen, ohne eigene Ambitionen zu entwickeln: Frank-Walter Steinmeier im Kanzleramt, Fraktionschef Peter Struck im Parlament und Generalsekretär Franz Müntefering in der SPD-Parteizentrale.

Müntefering, soeben vom Urlaub auf Norderney zurück, hat beim Blick aufs Meer erkannt: „Wenn Ebbe ist, macht es wenig Sinn, Wasser in die Nordsee zu pumpen."

Bei seinem Truppenbesuch in der Ostsee steht Gerhard Schröder nach harter Landung auf der Brücke der „Donau". Für die Fotografen war geplant, dass der Kanzler ins Steuerrad greifen soll, kraftvoll, entschlossen. Schröder verzichtet darauf, stattdessen nimmt er ein Fernglas, hält es in die Luft und sagt: „Ruhige Hand."

23. August, Mallorca, in einem Swimmingpool

Eine Woche, bevor der Bundestag über die Entsendung von 500 Bundeswehrsoldaten nach Mazedonien entscheidet, erscheint die „Bunte" mit einer Titelgeschichte über Rudolf Scharping. Der Verteidigungsminister hat sich mit seiner neuen Freundin in einem mallorquinischen Swimmingpool fotografieren lassen, sie planschten darin wie junge Seehunde.

Im Interview redet Scharping über Liebe, nicht über Krieg.

Seine Freundin, die Gräfin Pilati-Borggreve, sagt: „Rudolf kann rasend komisch sein."

29. August, Berlin, Bundestag

24 Abgeordnete der Koalition, 19 von der SPD, 5 von den Grünen, stimmen in der Sondersitzung des Bundestages gegen den Bundeswehreinsatz in Mazedonien. Zum ersten Mal hat die Regierung bei einem wichtigen Projekt keine eigene Mehrheit, sie ist auf die Zustimmung der Union angewiesen.

Wieder einmal geht es, wie zuvor im Kosovo, um die Frage von Krieg und Frieden, um ein Fundament von Rot-Grün. Die pazifistisch bewegte Generation der 68er nimmt, eingerichtet in der Macht, Abschied von ihrer Vergangenheit. Ihre Abgeordneten müssen, so schreibt der Autor Hans Jörg Hennecke in seinem Buch „Die dritte Republik", „der einst von dem amerikanischen Publizisten Walter Lippmann formulierten Erfahrung ins Auge sehen, dass schöne Theorien einer zivilen Friedenspolitik bisweilen von einer Bande brutaler Fakten ermordet werden".

Die 24 Abgeordneten, die ihrem Gewissen folgten, nicht der Fraktionsdisziplin, erleben schwere Zeiten. Generalsekretär Müntefering kündigt an, dass er „deutliche Worte" finden wird. „Ich habe nicht die Absicht, das stillschweigend hinzunehmen", sagt er.

6. September, Berlin, Fraktionssaal der SPD

Es arbeitet in ihm, seit Tagen schon. Die fehlende Mehrheit bei der Mazedonien-Abstimmung, der dräuende Konflikt beim Zuwanderungsgesetz, Gerhard Schröder sieht zwei Lunten brennen, er muss etwas unternehmen.

In einer Sondersitzung der Fraktion, die über ihre Abweichler debattiert, droht er mit Rücktritt. „Wenn man die Verantwortung, die man hat, nicht wahrnehmen kann, dann muss man sie abgeben", sagt er.

Der Basta-Kanzler ist zurück, der, der Debatten tottritt, sobald Debatten die Macht gefährden.

Schröder hat, seit seinem Erfolg bei der Steuerreform im vergangenen Jahr, geglaubt, er könne die eigene Fraktion hinter sich herziehen wie einen Schlitten. Sie hat sich dafür gerächt, mit 19 Nein-Stimmen. „Leute, wir sind an der Regierung", ruft er jetzt seinen Genossen zu, aber es ist zu spät.

Er fragt sich, wie stabil seine Regierung eigentlich noch ist. Er redet oft von der FDP.

Er hadert, er droht. Vor der Fraktion sagt Schröder, er habe die Aufgabe, für die SPD und die Grünen die Verantwortung als Bundeskanzler wahrzunehmen. „Diejenigen, die uns daran hindern, müssen sich sagen lassen: Macht's selbst."

Damit beendete er seine Rede. Für einen Moment wird es still im Fraktionssaal.

Dann legt Müntefering nach. Er droht mit Sanktionen und fordert von den Abgeordneten bedingungslose Gefolgschaft. „Wenn man regiert, muss man mehrheitsfähig sein", sagt er.

Müntefering fehlt Schröders Leidenschaft, er ist schärfer, kühler, technokratischer als der Kanzler. Er ist ein Maschinist der Macht. Man traut sich eher, Müntefering zu widersprechen als Schröder.

„Überlegt euch, was ihr sagt", erwidert Hans-Ulrich Klose, der früher einmal Fraktionschef der SPD war. „Ihr erzeugt mit euren Drohungen Helden oder Parias – beides kann uns nicht helfen."

„Es macht überhaupt keinen Sinn, dem Gewissen mit dem Knüppel nachzuhelfen", sagt der ehemalige Bundesgeschäftsführer der Partei, Ottmar Schreiner.

Das Verhältnis zwischen dem Kanzler und seinen Abgeordneten hat in den vergangenen Monaten Schaden genommen, ohne dass es der Spitze aufgefallen wäre.

Schröder hastet durch die Krisenherde, tagsüber zur SPD, und abends warten die Grünen.

6. September, Berlin, Kanzleramt

Sie reden in die Nacht hinein, zweieinhalb Sunden lang, aber sie reden wie in anderen Sprachen. Sie sitzen im Kanzleramt, Rote und Grüne, es geht um die Vorbereitung der nächsten Koalitionsrunde. Sie wollen Einigkeit, bevor der Gesetzentwurf zur Zuwanderung im Kabinett besprochen wird.

Claudia Roth, die Parteichefin der Grünen, sagt, die Verhandlungen zwischen SPD und Grünen müssten jetzt „mit Hochdruck betrieben werden". Otto Schily unterbricht sie. „Da muss ich Sie korrigieren, Frau Kollegin Roth, wir werden nicht in einer Koalitionsrunde über irgendetwas entscheiden. Die Federführung liegt bei mir."

Schily ist der Platzhirsch, er will sein Revier verteidigen, nicht über Inhalte verhandeln. Sein Ton gegenüber Claudia Roth ist scharf, manchmal aggressiv. Sie hat Schilys Gesetzesentwurf öffentlich kritisiert, Schily empfand das als Angriff auf seine Person.

Gerhard Schröder passt sich Schilys Tonlage an. Er sagt, dass er es nicht gebrauchen kann, wenn nach Scharping ein zweiter Minister öffentlich bloßgestellt wird.

Sie reden viel über Strategien, über die Union, über Wege, wie man den politischen Gegner zur Zustimmung im Bundesrat bewegen kann. Sie reden aber auch über die eigene Klientel, über Ängste, Unsicherheiten. Schröder sagt, die Wahl in Hamburg werde wahrscheinlich ein gutes Ergebnis für den rechtspopulistischen Richter Ronald Schill bringen. Eine ähnliche Entwicklung im ganzen Land könne vor allem die SPD Stimmen kosten; sie müsse beim Ausländerrecht restriktiv handeln.

Euch muss doch daran gelegen sein, dass die Sozialdemokraten bei den nächsten Bundestagswahlen „40 Prozent plus x" bekommen, damit Rot-Grün von einer Episode zu einer Epoche werden kann, sagt Schröder.

Durchaus, sagt der grüne Parteichef Fritz Kuhn, das darf nur nicht zu einem Ausländerrecht führen, das die Grünen unter fünf Prozent fallen lässt.

Das Zuwanderungsgesetz ist ein zentrales, ein rot-grünes Projekt, ein Thema, mit dem die Koalition ihren Anspruch einer modernen Bürgergesellschaft decken will, aber es droht zwischen Fragen zu zerbröseln, die um Macht kreisen und um Machterhalt.

„Wenn ihr nicht wollt und wir uns vorher nicht einigen, stimmen wir eben ab im Kabinett", sagt Schröder.

„Dann wisst ihr, was das heißt", sagt der grüne Fraktionschef Rezzo Schlauch. Er meint den Bruch der Koalitionsvereinbarung.

Dann werden Inhalte besprochen, aber es bleiben Versuche, Versuche, die scheitern.

Laut „Süddeutscher Zeitung" kritisieren die Grünen, dass Hochqualifizierten ein großer Empfang bereitet werde, während Flüchtlinge weniger Rechtssicherheit befürchten müssen. Dass Schily das Nachzugsalter allein einreisender Kinder von 16 auf 12 Jahre herabsetzen will, statt es, wie von der EU-Kommission vorgeschlagen, auf 18 Jahre anzuheben. Dass der Schutz von Bürgerkriegsflüchtlingen und geschlechtsspezifisch Verfolgten weiterhin nicht gesichert ist.

Fraktionschefin Kerstin Müller sagt, man müsse über die Regelungen für Ausländer, die schon in Deutschland geduldet werden, sprechen. Was aus denen werden solle, bleibe im Gesetzentwurf unklar.

Schily fragt, ob es das Ziel der Grünen sei, allen schwarzen Drogenhändlern einen verbesserten Status zu geben.

Kuhn antwortet, es sei empirisch nicht nachgewiesen, dass alle 200 000 in Deutschland geduldeten Ausländer schwarze Drogenhändler seien.

Draußen warten die Journalisten. Schröder und seine Parteifreunde wollten eigentlich schon nach einer Stunde vor die Presse gehen und erklären, der Konflikt sei leicht lösbar.

Die Grünen beantragen eine Unterbrechung, sie müssen sich besprechen. Die Vertreter der SPD verlassen den Raum. Claudia Roth sagt: „Ich kann das nicht mittragen." Sie beschließen, den Presseleuten zu sagen, dass es keine Einigung gegeben hat. Sie bereiten eine Erklärung vor, in der es heißt: „Wir haben den Dissens festgestellt."

Schröder versucht noch, diese Erklärung weicher zu spülen. Der Satz, der Entwurf Schilys sei für die Grünen „nicht zustimmungsfähig", soll in „noch nicht zustimmungsfähig" geändert werden.

Aber die Grünen lassen nicht mehr mit sich handeln. Sie müssen stehen, ihr Profil als Bürgerrechtspartei schärfen, um Inhalte kämpfen, nicht um Machterhalt. Parteichef Fritz Kuhn sagt, die Zuwanderung sei „eine so ernsthafte Frage, dass es bis zum Bruch der Koalition geht".

Zur Lage der Nation: Die Wirtschaft ist im 2. Quartal 2001 um 0,7 Prozent gewachsen (gegenüber dem Vorjahrsquartal), die Zahl der Arbeitslosen ist am Quartalsende auf 3 695 626 gesunken (Vorjahr: 3 725 548). 35 Prozent der Bundesbürger sind mit der Arbeit der Regierung zufrieden (Vorjahr: 32 Prozent), 39 Prozent präferieren die SPD, 35 Prozent die CDU. 29 Prozent trauen der SPD zu, mit den Problemen des Landes am besten fertig zu werden, nur 14 Prozent der CDU.

Kapitel 5

Der Kampf gegen den Terror

September – Dezember 2001

15. September 2001. Georg Milbradt wird neuer Ministerpräsident in Sachsen, zuvor war Kurt Biedenkopf wegen der „Ikea-Affäre" zurückgetreten. +++ 23. September. Die Hamburger SPD verliert nach 44 Jahren die Macht. Neuer Bürgermeister wird Ole von Beust (CDU). +++ 7. Oktober. Erste Militärangriffe der USA gegen Afghanistan. Das Taliban-Regime hatte sich geweigert, den Terroristen Osama Bin Laden auszuliefern. +++ 4. November. CDU-Chefin Angela Merkel greift die CSU und die baden-württembergische CDU an, die sich gegen sie als Kanzlerkandidatin ausgesprochen hatten. Sie stellt die Machtfrage, die CDU-Führung stellt sich einstimmig hinter sie. +++ 4. Dezember. Deutsche Schüler belegen bei der internationalen Pisa-Studie in Lesen, Mathematik und Naturwissenschaften die hinteren Ränge. +++ 22./23. Dezember. Sowohl die CDU-Vorsitzende Angela Merkel als auch CSU-Chef Edmund Stoiber erklären ihren Anspruch auf die Kanzlerkandidatur.

11. September 2001, Berlin, Kanzleramt

Um 14.46 Uhr deutscher Zeit kracht eine Maschine der American Airlines in den Nordturm des World Trade Centers in New York. Gerhard Schröder sitzt an seinem Schreibtisch und blättert in Akten. Der Fernseher in seinem Arbeitszimmer ist ausgeschaltet. Um 15.04 Uhr fliegt eine Maschine der United Airlines in den Südturm.

Es ist 15.06 Uhr, als Sigrid Krampitz, Schröders Büroleiterin, in sein Zimmer stürzt, „mach den Fernseher an", sagt sie.

Schröder sieht die rauchenden Türme. „Großer Gott", sagt er. Nach wenigen Minuten ist klar, dass es sich um den größten Terrorakt der Geschichte handelt. Islamische Terroristen, Angehörige von Osama Bin Ladens Terrorvereinigung al-Qaida, haben die Vereinigten Staaten von Amerika angegriffen.

Schröder ruft bei Joschka Fischer an. Der Außenminister ist vor ein paar Minuten von einem Termin ins Auswärtige Amt zurückgekehrt, er kam in sein Vorzimmer und sah die Bilder im Fernsehen.

Schröder beruft für 17 Uhr das Sicherheitskabinett ein, mit Fischer, Innenminister Schily und Verteidigungsminister Scharping. Eine weitere Maschine ist ins Pentagon eingeschlagen, eine vierte über Pennsylvania abgestürzt, als sie im Kanzleramt zusammenkommen.

„Das ist der Bündnisfall", sagt Fischer.

Am Abend tritt Gerhard Schröder vor die Fernsehkameras. Er sagt: „Es geht jetzt um die Solidarität mit den Vereinigten Staaten, es geht um die Tatsache, dass Deutschland fest an der Seite der Vereinigten Staaten steht und uneingeschränkte Solidarität übt."

12. September, Berlin, vor der amerikanischen Botschaft

Langsam, so dass es die Kameras gut filmen können, malt der Bundeskanzler seine Botschaft in das Kondolenzbuch. „In unendlicher Trauer. In Solidarität mit den Vereinigten Staaten von Amerika", schreibt er.

Hinter Gerhard Schröder hängt zwischen zwei Laternenmasten ein zerschlissenes Transparent: „No revenge please. No world war 3."

Trauer, Entsetzen und Angst vor Rache und Krieg liegen dicht beieinander an diesem Mittwoch in Berlin. Die schweigend vor den Absperrungen stehenden Menschen scheinen zu ahnen, dass die Terroranschläge in den USA auch ihr Land mit in einen Krieg ziehen könnten. Am selben Abend stellt die Nato, zum ersten Mal in ihrer Geschichte, den kollektiven Verteidigungsfall fest.

Die Deutschen könnten sich den Folgen nicht entziehen. „In Wirklichkeit sind wir bereits eine Welt", hatte Gerhard Schröder zuvor in seiner Regierungserklärung vor dem Bundestag festgestellt. Er nannte die Terroristenanschläge eine „Kriegserklärung gegen uns alle", gegen „die gesamte zivilisierte Welt". Die Bundesregierung stehe deshalb „fest an der Seite der Vereinigten Staaten von Amerika". Was das bedeutet, lieferte Schröder am Abend nach: militärischer Beistand für die USA. Krieg gegen unbekannt.

Nach dem Angriff auf die USA müssen die politisch Verantwortlichen die äußere wie die innere Sicherheit auch der 80 Millionen Deutschen neu definieren. Wie weit geht die „uneingeschränkte Solidarität" mit den USA, wenn die Deutschen Gefahr laufen, selbst zum Ziel von Terroristen zu werden? Braucht die Berliner Republik künftig eine Berufsarmee, um sich vor solchen Angriffen zu schützen? Muss das Land wieder mehr Geld für die Verteidigung einsetzen?

Aber auch für die innere Sicherheit stellen sich neue Fragen: Muss die Politik mit schärferen Gesetzen auf terroristische Bedrohungen reagieren? Mit stärkerer Überwachung der Bürger? Fischer, bekannt für eine leicht entflammbare apokalyptische Phantasie, sieht spontan eine globale Destabilisierung als Folge des Anschlags voraus. Osama Bin Ladens Wahnsinnstat werde zu einer Neuordnung der Welt führen müssen.

Es ist wieder wie damals im Kosovo-Krieg, wieder gibt es nur zwei Möglichkeiten. An der Seite der Amerikaner und des Nato-Bündnisses einen Krieg zu befürworten oder sich im Bündnis zu isolieren. Schröder und Fischer sind sich einig, dass ein Ausscheren aus der Allianz des Westens einem Ausstieg der Deutschen aus der Geschichte gleichkommen würde. Bündnissolidarität ist die Staatsräson, wieder einmal.

„Die uneingeschränkte, ich betone: die uneingeschränkte Solidarität", sagt Schröder dann noch einmal vor dem Bundestag. Er kettet die Außenpolitik an diese zwei Begriffe, er verwächst mit ihnen, er wird sich daran messen lassen müssen. Es ist ein politisches Bekenntnis, das mehr Kraft hat, bindender ist als alles, was zurückliegt, keine Floskel, die man erfindet und irgendwann wieder vergessen hat, keine „ruhige Hand".

Er fühlt sich nicht ganz wohl dabei. Gegenüber engen Vertrauten gesteht er seine Sorge, „dass der Bush jetzt irgendetwas in Gang setzt, was uns alle mit in den Schlamassel hineinzieht". Innenminister Otto Schily sagt vor der SPD-Bundestagsfraktion, „das Wichtigste" sei, bei aller Solidarität, „dass unsere Freunde in Amerika jetzt nicht etwas tun, das uns alle mit reinreißt".

Die Wucht des zu erwartenden militärischen Gegenschlags der USA könnte nicht nur die deutsche Gesellschaft entzweien, sondern auch das rot-grüne Bündnis zerstören, gleichsam als Kollateralschaden.

Joschka Fischer geht das Risiko ein, dass ihm die grüne Partei für seine Politik die Unterstützung verweigert. Womöglich, sagt Fischer, sei er bald schon Privatmann, falls seine Partei sich verweigere.

Für die Grünen könnte die militärische Eskalation unter Beteiligung der Nato noch schwieriger werden als die Bundeswehreinsätze in Bosnien, Kosovo und Mazedonien. Der Außenminister wirbt in seinen Parteigremien um Unterstützung. Wenn die Welt sich schon unausweichlich ändere, sagt er, sei es besser, die Grünen gestalteten die Entwicklung mit.

In hohen Regierungskreisen werden Alternativen durchgespielt. Denkbar ist eine SPD/FDP-Koalition bis zum Ende der Legislaturperiode oder, angesichts der Dimension, sogar eine Große Koalition.

21. September, Berlin

„Die haben selbst noch keine klare Peilung", sagt ein Vertrauter von Joschka Fischer. Der Außenminister ist aus den USA zurückgekehrt, ohne ein Gefühl, ohne eine Ahnung, was die Amerikaner machen werden. Fischer hat mit George W. Bush gesprochen, mit Außenminister Colin Powell, mit dem stellvertretenden Verteidigungsminister Paul Wolfowitz. Der legte ihm eine Liste vor mit möglichen Zielen von Vergeltungsschlägen, sie war lang, fast 50 Staaten sind im Visier der US-Regierung. Aber eine Antwort auf die Frage, die ihn wirklich bewegt, hat er nicht bekommen. Wird es einen Krieg geben mit vielen zivilen Opfern, einen Militärschlag, den ein grüner Außenminister innenpolitisch nicht rechtfertigen kann?

„Wenn eine ganze Stadt oder ein Land verwüstet und Unschuldige getötet werden, dann ist für mich die Grenze überschritten", sagt der Fraktionslinke der Grünen, Hans-Christian Ströbele. Das könne „zur Existenzfrage für die Grünen" werden.

„Das machtpolitische Kalkül ist der Basis vollkommen fremd", sagt Winfried Hermann, wie Ströbele ein bekennender Kriegsgegner. Sollte die Partei zum zweiten Mal einer deutschen Kriegsbeteiligung zustimmen und dann auch noch ihre Positionen in der Zuwanderungsdebatte aufgeben, dann, sagt Hermann, sei es „sehr realistisch, dass wir noch einmal 20 Prozent unserer Wähler verlieren".

Auch in der SPD häufen sich die Fragen. Es sind Fragen nach den Grenzen der „uneingeschränkten Solidarität". Im Parteipräsidium erkundigte sich die Entwicklungshilfeministerin Heidemarie Wieczorek-Zeul nach den Grenzen eines deutschen Engagements. Schröder verbittet sich „jede Art von Vorabfestlegung".

Jetzt ist die Zeit der Solisten, die Zeit des Machbaren, nicht des Wünschbaren. Es ist die Zeit von Schröder, von Fischer und, nicht zuletzt, die Zeit von Otto Schily.

Der frühere RAF-Anwalt, einst ausgestattet mit tief wurzelnder Ablehnung gegenüber dem starken Staat, wird nun selbst zum Vater Staat. Im Terrorakt vom 11. September sieht er die Bestätigung seines Kurses beim Zuwanderungsthema, er wird nicht nachgeben, im

Gegenteil. Was Schily unter innerer Sicherheit versteht, deutet er in seinem ersten Antiterror-Paket an, das seine Antwort auf die liberalen Tendenzen innerhalb der Koalition ist. Schily will die Bundeswehr zur Terroristenabwehr einsetzen, den Begriff „Datenschutz" neu fassen. Wo sich „Datenschutz als Terroristenschutz" auswirke, sagt Schily, werde er entschieden eingreifen. Später schlägt er vor, auf Personalausweisen biometrische Daten speichern zu lassen. Schilys Sicherheitspolitik ist so kompromisslos wie seine Frisur.

Seinen Gegnern in der Koalition wirft er ein Zitat von Wilhelm von Humboldt vor die Füße: Freiheit ist ohne die Gewährleistung von Sicherheit durch den Staat undenkbar.

Der Applaus, den Schily im Bundestag für solche Ansichten bekommt, ist der Applaus der Opposition.

7. Oktober, Kabul
Um 20.57 Uhr Ortszeit, kurz nach Einbruch der Dunkelheit, bebt in der afghanischen Hauptstadt Kabul die Erde. Amerikanische Kampfflugzeuge haben die ersten Bomben und Raketen abgeworfen. Das Rattern von Flugabwehrgeschützen ist zu hören, Taliban-Milizen versuchen, die US-Bomber vom Himmel zu holen. Wenige Minuten später folgen Explosionen im südlichen Kandahar und im östlichen Jalalabad. Der Krieg gegen den internationalen Terror hat begonnen.

14. Oktober, Berlin-Charlottenburg, in einem italienischen Restaurant
Claudia Roth landet am Abend in Tegel, sie wird von Ingeborg abgeholt, ihrer besten Freundin. Claudia Roth kommt aus Pakistan, sie hat afghanische Flüchtlingslager besucht.

Sie gehen in ihr Stammrestaurant, ein kleiner Italiener in Charlottenburg. Claudia Roth sagt „Mama" zu der Wirtin. Claudia isst immer das, was Mama gerade gekocht hat. Und Mama erfährt immer das, was Claudia gerade erlebt hat.

Sie erzählt von Pakistan und von der humanitären Katastrophe, die droht, wenn die Amerikaner weiterbomben. Mama sagt, sie habe schon mit ihrem Mann und den Kindern über das Thema gesprochen. Der Mann und die Kinder fänden, dass Schluss sein muss mit den Bomben. Ingeborg findet das auch.

Claudia Roth fand das immer schon. Jetzt hat sie eine Mehrheit.

Sie sagt: „Okay, ich sag das morgen."

Am nächsten Morgen um 7.15 Uhr gibt sie dem Deutschlandfunk ein Interview. „Solidarität heißt nicht Ja und Amen sagen. Deswegen muss jetzt die Phase eintreten, nach acht Tagen Bombardierung einzuhalten", sagt sie.

Joschka Fischer hört das Interview in seiner Wohnung. Er versucht eine Stunde lang, Claudia Roth zu erreichen. Am Telefon sagt er ihr, eigentlich sei es richtig, die Aufmerksamkeit auf die Flüchtlinge zu richten. Das Bombardement zu unterbrechen sei aber die falsche Konsequenz.

Fischer ahnt, was dieses Interview bedeutet. Die nächste Koalitionskrise zieht heran. Koalitionskrisen kommen inzwischen mit Routine, nur die Abstände werden immer kürzer.

Am Vormittag treffen sich die Grünen zum Parteirat, sie erleben einen Zusammenstoß der Lager. Auf der einen Seite die, die wie Umweltminister Trittin versuchen, die pazifistischen Wurzeln der Partei zu retten, auf der anderen Seite die Regierungspragmatiker, die den harten Kurs an Schröders Seite durchhalten wollen.

Ludger Volmer, Staatsminister im Auswärtigen Amt, der traditionell zu den Linken zählte, macht sich über die „so genannte Friedensbewegung" her. Einige fühlen sich dabei an den Ton Helmut Schmidts während der Raketendebatte in den achtziger Jahren erinnert. Auch die frühere Gesundheitsministerin Andrea Fischer erregt sich über die Naivität von „Friedensengeln" wie Hans-Christian Ströbele. Sie spottet über Demos, bei denen der Terror der Taliban verschwiegen wird. Am Ende schließt sich der Parteirat Roths Forderung nach einem Bombenstopp an.

Aus dem Kanzleramt kommt eine Stellungnahme von Gerhard Schröder. „Das ist nicht die Politik der Bundesregierung, und es wird auch nicht die Politik der Bundesregierung werden."

Abends treffen sie sich zur Koalitionsrunde beim Kanzler. Schröder sagt zu Roth: „Müssen Sie denn immer Ärger machen?"

8. November, Berlin, Bundestag

Der Kanzler ist noch nicht ganz wach, es ist neun Uhr morgens, er steht am Rednerpult im Reichstag, Schröder, ein Kanzler mit müden, kleinen Augen, dahinter, groß, mit ausgefahrenen Krallen, der Bundesadler.

„Der Beitrag, den wir leisten wollen, ist auch Ausdruck unserer Bereitschaft, der gewachsenen deutschen Verantwortung Rechnung zu tragen", sagt der Kanzler in seiner Regierungserklärung. Er erinnert an Sekundärtugenden. Pflicht. Verlässlichkeit. Gemeinsames Handeln. Und dann, noch einmal, die Worte, die seit dem 11. September wie eine Wolke über dem Land hängen: „Uneingeschränkte Solidarität mit den Vereinigten Staaten von Amerika."

Schröder stellt jetzt klar, was dem Land bevorsteht: „Die Bereitstellung geeigneter militärischer Fähigkeiten zur Bekämpfung des internationalen Terrorismus."

Zum ersten Mal nach dem Zweiten Weltkrieg sollen wieder deutsche Soldaten in einen Krieg außerhalb Europas ziehen, zu Wasser, zu Lande, in der Luft. 3900 Mann werden losgeschickt, sie sollen nicht nur Sanitätskoffer tragen.

Eine Umfrage ergibt: 43 Prozent der deutschen Bevölkerung sind dagegen, den Amerikanern uneingeschränkte Solidarität zu gewähren.

In den Regierungsfraktionen herrscht seit dem Kabinettsbeschluss die Angst vor der Auflösung. Die Bundeswehr ist eine Parlamentsarmee, Einsätze können nur vom Bundestag beschlossen werden, die entscheidende Sitzung ist in knapp zwei Wochen. Rot-Grün kann sich dabei nur wenige Gegenstimmen aus den eigenen Reihen erlauben. Eine breite Ablehnung der Regierungspolitik käme dem Ende der Koalition gleich.

In einer Fraktionssitzung der Grünen tritt Joschka Fischer auf, klar, entschlossen, bis zur letzten Konsequenz. Er sagt, in diesem Konflikt gehe es um Ordnungsfragen, um Selbstverteidigung und Bündnistreue. Wer zu den Bitten der Amerikaner „nein sagt, muss klar sagen, was das bedeutet". Wer dieses Land regieren wolle, dürfe an der Einbindung Deutschlands in das Atlantische Bündnis nicht rütteln. Ein Nein zur Entsendung deutscher Soldaten sei „fatal für Deutschland", sagt Fischer. Sollte es trotzdem dazu kommen, könne in ihm ein Entschluss reifen, und der hieße: „Das war's dann."

Die Bundestagsvizepräsidentin Antje Vollmer sagt, sie vertraue zwar ihrem Außenminister, dem Kanzler selbst aber „weniger". Es ist der Moment, in dem sich die Vertrauensfrage von allein stellt. Aber niemand spricht das Wort aus.

Fischer steht auf und sagt: „Ich klebe nicht an meinem Stuhl."
Er packt seine Aktentasche und verlässt den Saal.

Im November, Berlin, im Büro von Angelika Beer

Sie ist nicht blass geworden wie ihre Kollegen Kuhn, Schlauch und Müller, als die vom Kanzler gehört haben: Deutsche Soldaten ziehen in den Krieg. Ihr wird nicht schlecht, wenn sie Wörter hört wie „Sondereinsatzkräfte" oder „Flottenverband" oder „Spürpanzer ‚Fuchs'". Sie kennt das doch alles, lange schon, und „ich wusste, dass es bald so weit sein wird". Nein, sie war nicht schockiert, sondern dachte schnell, dass das „vertretbar" sein würde, was Gerhard Schröder da plante, das „Ausmaß" sei „richtig eingegrenzt", und „unsere Leute verheizen", das würden sie damit nicht.

Schön und gut, dass es noch Pazifisten gebe, „was wären unsere Partei und Gesellschaft ohne sie?", sagt Angelika Beer, 44, die verteidigungspolitische Sprecherin der Grünen im Bundestag. Zwischen Fraktionssitzung, Sonder-Fraktionssitzung, Verteidigungsausschuss sitzt sie in ihrem voll gestopften Abgeordnetenbüro und sagt solche Sätze, und es gibt Leute in ihrer Partei, auf die wirkt das wie Hohn.

Das ist dieselbe Frau, bei der „man lange Zeit den Eindruck hatte, dass ihr die friedlichen Lösungen wirklich am Herzen lagen", sagt der pazifistische Grüne Winfried Hermann. Diejenige, bei der „einen jetzt das Grauen packt, wenn sie im Fernsehen spricht", sagt Freyja Scholing, 88-jähriges Gründungsmitglied der Partei. Eine „Kriegstreiberin" sei die Beer, das ist öfter zu hören, laut und aggressiv von militanten Autonomen, aber leise auch von Leuten in ihrer Partei.

Jetzt ist Krieg, da richten sich die Blicke sehr auf sie. Es geht um Glaubwürdigkeit, es geht darum, ob die Grünen diesen Krieg als moralisch erklären können und eingegrenzt und vertretbar, ob man dem grünen Außenminister und dem grünen Parteisprecher und der grünen Wehrexpertin folgen soll, die ihre Fraktion auf Militärkurs drängen. Oder ob Moral in diesem Fall hieße, die Koalition platzen zu lassen, nach drei langen Jahren und hässlichen Kompromissen. Und zu sagen: Das war's.

Es sind fürchterliche Tage für eine Partei, die mal pazifistisch war. Es ist eine Zeit, in der Beer durch das Land reist und in Sälen und Nebenzimmern spricht: Ja, es sei Krieg, ja, es müsse sein, nein, man dürfe nicht aufhören, Afghanistan zu bombardieren. Im Gegenteil: Sie überlege, ob man dort nicht richtig mit Bodentruppen reinmüsse.

Sie sagt das wieder mal am ersten November-Wochenende, drei Tage vor jenem Moment, da der Kanzler zum ersten Mal von der Entsendung der 3900 Soldaten spricht. Die Niedersachsen-Grünen halten in Verden ihren Landesparteitag, und wenn Beer wissen will, wie die Basis denkt: Hier kann sie es erfahren. Sie ist als Gastrednerin da, und dass das „schwierig, sehr schwierig" werden würde, hat sie vorher schon gewusst. Die sind nicht wie die Berliner. Die haben nicht diese Warnblinklampe im Hirn, die sagt: Staatsräson.

Nicht wütend, nein, zunehmend verzweifelt treten sie ans Mikrofon, „dieser Krieg ist falsch", sagen sie und fragen: „Ist es nicht manchmal besser, in der Opposition zu sein?" Eine schickt einen scharfen Verweis nach Berlin: „Deutsche Außenpolitik ist Friedenspolitik, steht im Koalitionsvertrag – das habt ihr unterschrieben!"

Und Beer steht da vor 160 Delegierten, ziemlich allein wirkt sie, weit weg von dieser Basis, und warnt vor Pazifismus und Feuerpausen. „Der Dschihad kennt keinen Ramadan", ruft sie, und wer für Bombenstopp sei, nütze bloß den Taliban: „Es gibt keine Alternative!" Entschlossen, aber ein bisschen verstört stimmt man sie nieder. Man hat ja geahnt, dass sie so etwas sagen würde, aber seltsam ist es doch: Sie, die vor wenigen Jahren noch die Bundeswehr abschaffen wollte, und raus aus der Nato sowieso, jetzt geht sie weiter, viel weiter als die meisten Spitzen-Grünen.

Sie ist diejenige, die an Fischers Seite die Fraktion auf Kurs bringen soll, die Olivgrüne, die das Prinzip Krieg so gut kennt. Noch ist nicht klar, ob sich die Gruppe der überzeugten Neinsager weiter anreichern wird durch weitere Zweifler, solche, die womöglich infiziert werden durch den wachsenden Pazifismus in der Republik. Es gibt Hinterzimmergespräche, Einzeltherapie und nicht nur Argumente, sondern auch reichlich Druck in der Fraktion.

Joschka Fischer sagt: Wir müssen, sonst machen die Amerikaner alles ohne uns, und wenn ihr nicht wollt, schmeiß ich den Bettel hin. Fritz Kuhn sagt: Wir müssen. Wir sind doch keine Schönwetterpartei. Angelika Beer sagt: Wir müssen. Wir können jetzt nicht den Kopf einziehen.

Früher sind ihr manche Zweifler schon deswegen gefolgt, weil sie sagten: Wenn sogar sie das sagt, die Linke, dann ist sicher was dran. Das funktioniert nicht mehr. Ihre Sprache hat sich verändert. Sie redet, sagt einer, der ihr eigentlich wohl will, „als hätte sie ihr Leben lang nichts anderes getan, als militärische Einsätze zu planen".

Ist so jemand noch links? Klar, sagt sie, sie kämpft ja weiter gegen

Rassismus und für Menschenrechte. Sie betreibt ein Hilfsprojekt für Opfer von Rechtsradikalen. Sie setzt sich ein für Kurden, pflegt gute Kontakte zur türkischen Gemeinde. Sie tut weiterhin das, was eine gute Linke tun muss, und eine Zeit lang sah es so aus, als ließe sich das ganz gut kombinieren, das alte linke Leben und das neue olivgrüne. Aber das ist jetzt schwieriger geworden, bei diesem neuen Krieg.

9. November, Berlin

Hans Eichel kennt die Zahl schon seit ein paar Tagen, jetzt ist sie amtlich, jetzt steht sie da, riesig, monströs, mit so vielen Nullen dahinter, dass der Blick verschwimmt. 32 Milliarden.

32 Milliarden Mark, sagt die jüngste Steuerschätzung, werden Bund, Länder und Gemeinden in den kommenden zwei Jahren weniger einnehmen, als sie bisher angenommen hatten. 9,4 Milliarden davon entfallen allein auf den Haushalt von Hans Eichel. Ein Loch ist in seine Welt gerissen worden, die noch immer heil zu sein schien, nicht zu beeindrucken von dem, was um sie herum passiert war.

Als die Flugzeuge ins World Trade Center gekracht waren, als die Welt über eine neue Ordnung nachdachte, über neue Herausforderungen und neue Notwendigkeiten, sagte der deutsche Finanzminister: Wenn jetzt jemand von ihm fordere, neue Schulden zu machen, dann sei das genau das, „was die Terroristen auch gern erreichen wollten: dass wir von einer soliden Finanzpolitik abweichen".

Hans Eichel wirkte etwas entrückt, wie übrig geblieben aus einer Welt, die es nicht mehr gibt. Einer Welt, in der Geld verdient wird, in der das Wachstum keine Grenzen kennt, einer Welt, die es sich leisten kann zu sparen, etwas zurückzulegen. Eichel war ein Fixstern in dieser Welt gewesen, der Held einer Regierung, die mit ihm ihre Richtung gefunden hatte.

Im Herbst 2000, also vor genau einem Jahr, begann diese Welt zu zerbrechen. Mit dem Zusammenbruch der New Economy taumelte die Wirtschaft nach unten, seit dem 11. September liegt sie im Staub. 32 Milliarden Mark Steuerausfall sind die Konsequenz einer Wirtschaftskrise, die jetzt neue Ideen, andere Konzepte erfordert.

Hans Eichel hat keinen Alternativplan. Er lehnt alles ab, was die Konjunktur stützen könnte, was nach Ausgaben aussieht, nicht nach Sparplänen. Er will sein Konzept retten. Sein Ruf hängt daran.

9. November, Berlin, Kanzleramt

Am Morgen meldet der grüne Fraktionschef Rezzo Schlauch seinem Amtskollegen Peter Struck: „Bereitet euch auf alles vor."

Um 8.30 Uhr trifft sich die kleine Lage im Arbeitszimmer des Kanzlers, außer Schröder sind Struck, Müntefering und Frank-Walter Steinmeier, der Chef des Bundeskanzleramts, dabei.

Die Frage ist: Was passiert, wenn sich die Kriegsgegner nicht zum Ja zwingen lassen?

Kann man über einen Wechsel des Regierungspartners überhaupt nachdenken, und wenn ja, welches Bündnis böte sich zum Weiterregieren an? Rot-Gelb mit Guido Westerwelle als Juniorchef? Oder doch eine Große Koalition?

Es gibt nur Fragen, keine Antworten. Am Ende bleibt die Hoffnung, dass sich die Kriegsgegner überzeugen lassen. Schröder selbst will in der nächsten Woche bei den Grünen um Zustimmung werben.

10. November, Berlin, Kanzleramt

Um 17.00 Uhr landet die Kanzlermaschine aus Hannover auf dem Berliner Flughafen Tegel. Schröder empfängt am Abend rund 30 Schriftsteller und Künstler zu einem „offenen Meinungsaustausch" im Kanzleramt, darunter Günter Grass, Stefan Heym, Martin Walser und Christa Wolf. Viereinhalb Stunden lang diskutiert er mit den Etablierten des deutschen Kulturbetriebs, von denen kaum einer jünger als 60 Jahre ist.

Der Lyriker Volker Braun, 62, trägt der Runde ein Gedicht mit dem Titel „Gestaltungseinfluss" vor: „Der Erdkreis / Wird wieder wissen, wie man sich bewegt / Ohne Wenn, und aberwitzig, eine Gangart / Die sich Generationen einschleift."

Die Denker sind sich weitgehend einig: Der Krieg in Afghanistan ist falsch.

Gerhard Schröder nimmt das nur noch wie von ferne wahr. Er ist Solist, nicht Moderator, er benutzt oft den Begriff „Richtlinienkompetenz", ein Begriff, den die Kultur der 68er nicht kennt. Schröder sucht die Mehrheit, nicht den Konsens, notfalls reicht ihm die Mehrheit mit den Stimmen der Opposition.

Vor zwei Tagen hatte er seinen Fraktionschef Struck mit der Botschaft losgeschickt, das Fehlen der eigenen Mehrheit bedeute für die Koalition „keine Katastrophe". Die „rote Linie" sei für ihn erst überschritten, wenn eine der beiden Koalitionsfraktionen „mit Mehrheit" seiner Politik die Gefolgschaft verweigere.

Tief in der Nacht fliegt Schröder zurück nach Hannover.

11. November, Hannover

In einem „Positionspapier" legen sich acht Bundestagsabgeordnete der Grünen auf ein Nein gegen den Einsatz der Bundeswehr fest: „Der Krieg gegen Afghanistan ist politisch falsch, dient nicht der zielgerichteten Bekämpfung des Terrorismus, ist humanitär verantwortungslos und schafft neue politische Probleme."

Schröder sitzt zu Hause in Hannover und telefoniert. Grünen-Fraktionschef Rezzo Schlauch ruft an, er meldet 15 Abweichler. Mehr als sieben Nein-Stimmen, und Rot-Grün ist ohne Mehrheit. Auch Struck wird unruhig. Nach dem Beschluss der acht Grünen wollen auch zwei SPD-Abgeordnete mit Nein stimmen. Andere überlegen, ihr Mandat niederzulegen. Schröder wird klar, dass seine Strategie nicht aufgeht, vor drei Tagen war er noch davon überzeugt, er könne sich irgendwie durchmogeln, doch Müntefering und andere raten ihm ab.

12. November, Berlin

In der Morgenlage analysieren Schröder und seine Mitarbeiter die Vorhersagen von Struck und Schlauch. Das Presseecho ist verheerend. Die „FAZ" wirft Schröder eine „Schmierenkomödie" vor, die „Süddeutsche Zeitung" spottet: „Trägt die SPD-Fraktion maßgeblich zur Schlappe bei, müsste der Kanzler eigentlich Konsequenzen ziehen. Aber dazu regiert Gerhard Schröder wahrscheinlich einfach zu gern." Die „Bild"-Zeitung fragt: „Neuwahlen?"

Zu eindeutig ist die öffentliche Stimmung, Schröder muss reagieren. Nun heißt es: die Grünen unter Druck setzen. Wenn sie nicht mitziehen, wird am 6. Februar 2002 neu gewählt. Wenn sie mitziehen, werden sie auch zukünftig alles mitmachen. Kanzleramtschef Steinmeier soll die verfassungsrechtlichen Voraussetzungen für eine Vertrauensabstimmung nach Artikel 68 Grundgesetz klären; vor allem die Frage, ob das erforderliche Quorum („Kanzlermehrheit") sinkt, wenn Koalitionsabgeordnete ihr Mandat niederlegen. Ob er dieses Instrument wirklich einsetzen will, lässt der Kanzler offen. Noch.

9.30 Uhr. Im Willy-Brandt-Haus treffen sich die Spitzenfunktionäre der SPD zu einer außerordentlichen Präsidiumssitzung. Schröder erklärt, die Koalition sei am Ende, sollte sie bei der Abstimmung eine Niederlage erleiden. „Dann muss das ein anderer machen."

Alle Präsidiumsmitglieder sollen sich im Anschluss an die Abstimmung in vier Tagen zu einer Sondersitzung bereithalten.

11.00 Uhr. Der Parteirat der Grünen verabschiedet mit zehn gegen zwei Stimmen einen Beschluss, der den Abgeordneten die Zustimmung zum Regierungsantrag empfiehlt. Der Einsatz solle sich „ausschließlich gegen al-Qaida und deren Unterstützer" richten, die 100 Mann Spezialkräfte nur „quasi polizeilich-militärische Aufgaben übernehmen".

Anschließend deuten die grünen Parteichefs Claudia Roth und Fritz Kuhn an, dass die „Klarstellungen und Präzisierungen" mit der Bundesregierung abgestimmt waren. Und noch etwas: Wenn Rot-Grün keine eigene Mehrheit bekomme, sei das zwar „schade", aber die Koalitionsfrage stelle sich nicht, weil in jedem Fall „eine ausreichende Basis im Bundestag" gesichert sei.

12.15 Uhr. FDP-Chef Guido Westerwelle unterbricht eine Pressekonferenz nach nur 15 Minuten und fährt ins Kanzleramt. Er hat ein Vieraugengespräch mit Schröder. Der ermuntert Westerwelle, sich anschließend öffentlich über die Unterredung zu äußern.

Spekulationen kommen in Umlauf. Plant Schröder, den Koalitionspartner in einer Blitzaktion zu wechseln? Die FDP hofft. Die Union bangt um ihren einzigen möglichen Koalitionspartner.

Anschließend trifft sich Schröder mit einigen SPD-Spitzen. Müntefering drängt Schröder, Klarheit zu schaffen. Das Schicksal des Kanzlers hänge von der Frage ab: Hat Schröder den Rücken frei, Führung und Verantwortung zu zeigen?

Der Kanzler bittet Erhard Eppler, den klugen, alten Mann der SPD, um Hilfe. Eppler hatte mit seiner Parteitagsrede bereits 1999 Zweifler in der SPD vom umstrittenen Kosovo-Einsatz überzeugt. Eppler setzt sich an seine alte Schreibmaschine und tippt mit verrutschten Buchstaben einen zweiseitigen Brief an SPD und Grüne.

17.00 Uhr. Schlauch und Kuhn treffen im Kanzleramt ein. Schröder ist noch nicht entschieden, deutet aber die Vertrauensfrage an. Kuhn und Schlauch sind dagegen.

20.00 Uhr. Schröder empfängt 74 Vertreter der parlamentarischen Linken der SPD zum Abendessen im Kanzleramt. Er sagt, dass er das „Heft des Handelns in der Hand" behalten will. Der Kanzler zitiert Umfragen. Wenn die Koalition bricht, sind 56 Prozent der Deutschen für Neuwahlen. Diese würden „mit Sicherheit zu einer Stärkung der SPD führen".

Am Abend schlagen linke SPD-Abgeordnete ihren grünen Kollegen vor, die Krise im Losverfahren zu bereinigen: Fünf sollen ihr Gewissen beruhigen und den Antrag ablehnen dürfen. So habe die SPD „schon häufiger ähnliche Krisen bewältigt", meinen die Genossen. Die Grünen lehnen ab, empört.

22.00 Uhr. Schröder bespricht sich mit Struck. Beide sind sich einig: Das Desaster für die Regierung kann nur noch mit Hilfe der Vertrauensfrage verhindert werden. Struck plädiert für Neuwahlen, sollte die Abstimmung verloren gehen.

Gegen 22.30 Uhr. Grünen-Fraktionschef Schlauch ruft nacheinander mehrere seiner Abgeordneten an. Der Kanzler habe ihn gerade informiert, dass er im Parlament die Vertrauensfrage stellen wolle.

13. November, Berlin

9.20 Uhr. Die Kriegsgegner werden bearbeitet. Sie heißen jetzt nur noch „Abweichler". Struck lädt den bayerischen SPD-Mann Klaus Barthel vor. Was dran sei an den Gerüchten, er wolle zur PDS wechseln? Nichts, ein absurder Gedanke. Ein Wahlkreis in Bayern und Mitglied in der PDS? Unvorstellbar. Aber, sagt Barthel, es müsse doch erlaubt sein, Fragen zu stellen.

Außenminister Fischer hat die Uno-Vollversammlung in New York vorzeitig verlassen. Erst beim Anflug auf Berlin erfährt er, dass Schröder die Vertrauensfrage stellen will.

11.05 Uhr. Eine schwarze Mercedes-Limousine fährt beim Kanzleramt vor. Schröder hat Helmut Schmidt um Rat gebeten. Der Altkanzler hatte 1982 erfolgreich die Vertrauensfrage gestellt. Sieben Monate später war seine Koalition trotzdem am Ende. Auch von Ex-Parteichef Hans-Jochen Vogel will Schröder später wissen, ob die Vertrauensfrage der richtige Weg sei, Rot-Grün zusammenzuhalten. Beide raten ihm zu.

15.00 Uhr. Vor dem Fraktionssaal der SPD im Reichstag drängeln sich die Journalisten. Sie warten vergebens, der Kanzler nimmt den Hintereingang. Vor wenigen Minuten hat er dem Bundespräsidenten mitgeteilt, dass er die Vertrauensfrage stellen will.

Schröder redet vor der SPD-Fraktion, er wirbt um sie wie um eine betrogene Geliebte. Er erinnert an die Regierungsbildung 1998. Er sei „skeptisch gewesen", ob man mit den Grünen regieren könne. Heute

sei er „überzeugt, die Grünen sind der richtige Partner". Er wolle die
„erfolgreiche Arbeit fortsetzen". Schröder zählt die rot-grünen Erfolge
auf: Steuerreform, Homosexuellenehe, Atomausstieg, Rentenreform.
„Es macht Sinn, so weiterzumachen", sagt er.

Dann fällt der Begriff, den bis jetzt alle nur gedacht hatten: Er werde
die Vertrauensfrage mit der Abstimmung über die Bundeswehr verbinden, „jeder muss wissen, was er macht", sagt der Kanzler in die
Stille hinein.

Struck verspricht „null Gegenstimmen". Wer mit Nein stimmen
wolle, solle sein Mandat niederlegen.

Wut entlädt sich über den Kriegsgegnern, den „Abweichlern", die
ihrem Gewissen folgen oder feinem Kalkül, so genau lässt sich das
nicht auseinander halten. Der Abgeordnete Hans-Peter Bartels aus
Kiel verlässt den Saal, fassungslos, er sagt: „Am Ende sind wir als rot-
grüne Koalition schneller weg als die Taliban."

„Eine unglaubliche Dummheit. Die beenden das rot-grüne Projekt
und ebnen Rot-Gelb den Weg", sagt sein Kollege Christian Lange.

16.40 Uhr. Gerhard Schröder hat das Kinn nach vorn geschoben, er
geht mit schnellen, festen Schritten. Er zieht einen Pulk von Menschen
hinter sich her, Sicherheitsbeamte, Fotografen, Kameramänner. Es sieht
ein bisschen aus wie der Einzug eines Boxers.

Wortlos geht Schröder die 50 Meter hinüber zum Fraktionssaal der
Grünen, er setzt sich zwischen die beiden Fraktionschefs Kerstin
Müller und Rezzo Schlauch. Sein Gesicht spannt.

Rot-Grün, sagt er, sei „erfolgreicher, als ich je gedacht" habe. Doch
jetzt sei das Projekt, er sagt „mein Lieblingsprojekt", leider bedroht.
„Jetzt muss ich Handlungsfähigkeit beweisen, und ich bitte euch, das
zu respektieren."

Hans-Christian Ströbele meldet sich zu Wort. Er fragt, ob es eine
„Schmerzgrenze" für den Kriegseinsatz gebe. Schröder sagt: „Die
Schmerzgrenze ist doch längst definiert. Es wird keine Bodentruppen
geben und keine Bomben."

18.00 Uhr. Zwei Stunden lang redet Erhard Eppler am Telefon auf
die Abgeordnete Christa Lörcher aus Baden-Württemberg ein. Ver-
geblich. Die Krankenschwester aus Villingen-Schwenningen bleibt bei
ihrem Beschluss.

20.00 Uhr. Schröder, Kanzleramtschef Steinmeier und dessen Vorgänger Bodo Hombach sitzen im Restaurant „Witzmann" zum Abendessen.

Noch einmal werden die Optionen durchgespielt. Bekommt er seine Mehrheit, ist Schröder der große Sieger. Verliert er, könnte er eine fulminante Wiederwahl anstreben. Am Ende stünde immer der Triumph.

Bei Bundestagspräsident Wolfgang Thierse liegt inzwischen ein Brief des Kanzlers. Schröder beantragt, die Vertrauensfrage mit der Abstimmung über den Bundeswehreinsatz zu verknüpfen. Um die Fristen einzuhalten, muss die Abstimmung auf Freitag verlegt werden.

22 Uhr. Im Kanzleramt tagt das Sicherheitskabinett: Fischer, Schily, Scharping, Steinmeier, Schröder einigen sich auf eine Protokollerklärung, die den grünen Abweichlern das Ja erleichtern soll.

14. November, Berlin

9.30 Uhr. Kabinettssitzung. Die Schicksalsentscheidung ist hier kein Thema mehr, Schröder redet über das Fußballspiel Deutschland gegen die Ukraine am Abend. Er tippt 3:1 für Deutschland.

11.40 Uhr: Der Eppler-Brief trifft bei den SPD-Abgeordneten ein. Eppler empfiehlt trotz aller Kritik Zustimmung, um nicht „die Chancen einer linken Reformpolitik" zu verspielen.

18.00 Uhr: Im Bundeskanzleramt werden die aktuellen Meldungen über den Stand der Nein-Stimmen entgegengenommen. Schlauch meldet fünf bis sechs, Struck drei bis vier. Zu viele. Die Arbeit geht weiter.

15. November, Berlin

8.00 Uhr. Sondersitzung der SPD-Landesgruppe Baden-Württemberg. Ein letztes Mal versuchen Staatsminister Hans Martin Bury und Landeschefin Vogt, Lörcher auf Linie zu zwingen. Doch die lässt sich nicht beirren: „Ich fühle mich der Friedensbewegung mehr verpflichtet als der SPD." Vogt fordert sie auf, das Mandat niederzulegen.

13.00 Uhr. Im „Bistro" des Reichstages stoßen rote und grüne Umweltpolitiker auf den novellierten Entwurf zum Bundesnaturschutzgesetz an. Die Umweltschützer fordern die Abgeordneten auf, die Koalition zu retten, damit die Naturschutznovelle nicht das letzte grüne Reformwerk bleibt.

14.56 Uhr. Am Nebeneingang des Auswärtigen Amtes schließt Hans-Christian Ströbele sein Fahrrad ans Absperrgitter, holt eine Einliterpackung Vollmilch aus der Aktentasche und klemmt sie auf den Gepäckträger. Mit der Aktentasche, aber ohne Milch, marschiert er zu seinem Termin mit dem Außenminister.

Ströbele bietet seinem Parteifreund einen Deal an: Wir geben dir genug Stimmen, wenn du dich im Bundestag zumindest dezent von der US-Strategie distanzierst. Fischer lehnt ab.

15.10 Uhr. Christa Lörcher zieht die Konsequenz, aber anders als erwartet. In einem Fax an Struck erklärt sie ihren Austritt aus der Fraktion.

20.20 Uhr. Sitzung der SPD-Fraktion. Die Stimmung hellt sich auf. Struck verkündet, die Fraktion stehe geschlossen zum Kanzler. Schröder hat Ehefrau Doris mitgebracht. „Peter", sagt er, „ich bin dir persönlich sehr verbunden." Dann erzählt er von seinem Gespräch mit dem Altkanzler: „Da sitze ich also mit Helmut Schmidt und erzähle ihm Dinge, die er mir vor 20 Jahren auch erzählt hat." Daraufhin habe Schmidt gesagt: „Du hast ja Recht. Aber ich hatte vor 20 Jahren auch Recht."

16. November, Berlin

8.00 Uhr. Der Reichstag ist weiträumig abgesperrt. Vor den Gittern rufen Demonstranten: „Nein zum Krieg." Die Fraktionen tagen ein letztes Mal vor der Abstimmung. Die Probeabstimmung in der SPD ergibt ein einstimmiges Ja.

Bei den Grünen verspricht Fischer, der Bombenkrieg der USA werde in den nächsten Tagen aufhören. Die Abgeordneten werden alphabetisch aufgerufen, Ströbele, Annelie Buntenbach, Winfried Hermann und Christian Simmert stimmen mit Nein.

9.04 Uhr. Der Kanzler eröffnet die Debatte, er beschwört die „ermutigenden Erfolge" in Afghanistan. Dank der militärischen Maßnahmen sei nun der „Weg frei für die humanitäre Versorgung der notleidenden Bevölkerung".

Dann erklärt Schröder, was ihn bewogen habe, die Abstimmung mit der Vertrauensfrage zu verbinden: „Es geht, kurz gesagt, um die Verlässlichkeit der deutschen Politik. Der Bundeskanzler kann seinem Amt und seiner Verantwortung nur entsprechen, wenn seine Person und sein Programm die Zustimmung der ihn tragenden Mitglieder des Hauses finden."

9.21 Uhr. Fast zwei Minuten lang applaudieren die Abgeordneten der Koalitionsfraktionen. Anhaltend die Sozialdemokraten, verhalten die Grünen. Schröder nimmt einen großen Schluck Wasser. Er kann jetzt nur noch warten.

12.26 Uhr. Die Abstimmung. Bundeskanzler Schröder wirft als Erster sein Kärtchen aus Plastik ein. Blau für Ja.

12.46 Uhr. Bundestagspräsident Thierse gibt das Ergebnis bekannt: 336 Ja-Stimmen, zwei Stimmen mehr, als Schröder für die absolute Mehrheit gebraucht hätte.

Die Kameras suchen nach einer Regung in Schröders Gesicht, nach Erleichterung, Glück vielleicht, aber da ist nichts. Er freue sich, die Koalition fortsetzen zu können, sagt der Kanzler in die Mikrofone, dann eilt er aus dem Reichstag. „An die Arbeit", sagt er.

20.30 Uhr. Das Ehepaar Schröder betritt den Festsaal des Berliner Bundespresseballs. Es gibt Champagner und Bier, Hummer und auch Currywurst.

19. November, Nürnberg, auf dem Parteitag der SPD

Spannungslos steht er da, ohne Feuer, erschöpft. In der rechten Hand pendelt die Lesebrille, die linke Hand ist in der Hosentasche verstaut. Gerhard Schröder erinnert da oben auf dem Podium an einen Vorstandsvorsitzenden bei der Jahreshauptversammlung, nicht an einen Parteivorsitzenden, der seine Delegierten entzünden will.

Er redet von Macht, „die wir zu Recht haben", von Wirklichkeit, „die wir zur Kenntnis nehmen müssen", von der Kunst des Regierens. „Führung meint, dass man das Richtige tut."

Die Botschaft, die der Kanzler mitgebracht hatte, rührt nicht ans Gemüt der Partei: Die SPD müsse politik-, funktions- und machtfähig bleiben, „nur dann kann ich meine Arbeit, können wir unsere Arbeit tun". Mit „wir" sind auch die Grünen gemeint, und die, sagt Schröder, müssten die Frage beantworten, „ob man sich auf die Wirklichkeit einlässt oder ob Nostalgie und Verdrängung auf der Tagesordnung stehen sollen".

Wirklichkeit. Schröder gebraucht in seiner Rede oft das Wort „Wirklichkeit". Die Rede ist ein letzter, öffentlicher Abschied von der Kultur der 68er-Generation. „Liebe Genossinnen und Genossen", ruft er in den Parteitag hinein, „unsere Politik muss sich an der Wirklichkeit messen lassen."

Die Wirklichkeit ist, dass die rot-grüne Regierung Reformen durchgesetzt hat, die die Kultur der Gesellschaft verändert haben. Die Wirklichkeit ist, dass sie Deutschland an Kriegen beteiligt hat. Die Wirklichkeit ist aber auch, dass die großen Probleme des Landes noch größer geworden sind, Arbeitsmarkt, Sozialsysteme, Staatsfinanzen.

Die Mehrheit der SPD hat schon dem bisherigen Reformtempo kaum folgen wollen. Hans Eichels Konsolidierungskurs, die Senkung des Spitzensteuersatzes, Riesters Privatrente, die Steuerentlastung von 60 Milliarden Mark, die Steuerfreiheit auf Veräußerungsgewinne, alles zusammen wirkt auf die Partei wie ein Monster. Wenn sie auch nach der nächsten Wahl regieren will, dürfe es keine neuen Zumutungen mehr geben, darin ist die Regierung einig. „Wir machen nix mehr", hat Schröder in einer kleinen Runde beschlossen.

Am Ende seiner Rede auf dem Parteitag reißt Gerhard Schröder die Arme in die Luft, er spreizt die Finger zum Victory-Zeichen. Er hat 75 Minuten lang geredet. Manche Zuhörer hat sein Vortrag an Willy Brandt erinnert, aber nur deshalb, weil er manchmal den Schluss eines Satzes in die Länge zog und die Buchstaben am Ende der Worte betonte. Schröder bekommt vorsichtigen Applaus.

Auch nach drei Jahren Regierungszeit sind sich Kanzler und Partei fremd geblieben, sie belauern sich. Den einen ist Schröder zu modern, den anderen zu traditionell. Allen ist der Erfolgsmensch unheimlich.

„Schröder und seine Partei – jeder riecht den Angstschweiß des andern", sagt die Parteilinke Andrea Nahles.

25. November, Rostock, auf dem Parteitag der Grünen

Am Morgen sitzt Claudia Roth in der Stadthalle von Rostock, blass, leer, sie denkt über ihren Rücktritt nach. Die „taz" hatte die Parteichefin der Grünen auf ihre Titelseite gehoben, auf dem Foto trägt sie ein rotes Abendkleid, die Schlagzeile heißt: „Die Gurke des Jahres."

Der Parteitag soll über deutsche Kriegsbeteiligung debattieren, über die Rolle der Grünen, über Haltung und Prinzipien. Manche fürchten, es könne so werden wie 1999 beim Kosovo-Parteitag in Bielefeld, als ein Beutel mit roter Farbe an Joschka Fischers Kopf platzte.

„Wollt ihr den totalen Krieg?", ruft ein Delegierter in die Debatte.

„Wir biegen uns, dass es kracht", sagt Hans-Christian Ströbele.

„Die Grünen sind lebendig", sagt Claudia Roth.

Dann redet Joschka Fischer. Er wirbt, er kämpft, er brüllt. Er sagt, was passieren würde, wenn diese Koalition zerbricht. „Dann heißt die Alternative nicht Fischer oder Ströbele, sondern Roland Koch."

Der Parteitag segnet die Linie der Bundesregierung zur Terrorbekämpfung ab und spricht sich für den Fortbestand der Koalition aus. Mit rund 80 Prozent.

Die Partei hat wieder einmal für einen Wandel ihres Wesens gestimmt, weil sie an der Macht bleiben will.

6. Dezember, Berlin

Das eigentlich für Herbst geplante, dann aber geplatzte achte Treffen zum Bündnis für Arbeit wird erneut verschoben. Die Gewerkschaften rüsten sich für eine harte Lohnrunde im Frühjahr 2002 und wehren sich dagegen, tarifpolitische Fragen im Bündnis zu erörtern. Man wolle nicht ein „zweites Mal Lohnzurückhaltung üben", droht IG-Metall-Chef Zwickel. Die Stimmung in der Arbeiterschaft sei explosiv wie nie.

31. Dezember, Berlin

Die Neujahrsansprache. Der Staatsmann im neuen Kanzleramt. Er sitzt mit übereinander geschlagenen Beinen auf einem Stuhl in der hell erleuchteten Lobby, die Kamera fährt um Schröder herum, zoomt heran, zoomt weg, Schnitt auf eine andere Kamera, man sieht Kunstwerke weit entfernt irgendwo im Hintergrund, viel Platz da im neuen Haus, die Kamera zoomt schon wieder, Hollywood in Berlin. Die Welt ist in Aufruhr, der Kanzler ist ein Fels in der Brandung, die Hände ruhig im Schoß. Es geht um Krieg und Frieden. Um Anstand, Solidarität und Engagement. „Wir helfen mit dem Besten, was wir haben. Mit Diplomaten und Doktoren, mit Sanitätern und Soldaten." Es brechen neue Zeiten an, der Euro kommt: „Viele von Ihnen haben sich – wie meine Familie auch – die so genannten Starter-Kits besorgt, mit Kindern und Enkeln das neue Geld befühlt. Und sie haben es dann, wie wir, zu den Wertsachen gelegt mit dem Gedanken, dass diese ersten neuen Münzen mehr wert sind als die bezahlten 20 Mark." Krawatte: sehr schmale Streifen, sieht aus wie ein Strichcode.

Zur Lage der Nation: Das Wirtschaftswachstum beträgt im 4. Quartal 2001 nur noch 0,4 Prozent (Tiefstwert seit der Regierungsbildung), die Zahl der Insolvenzen ist auf 8099 gestiegen (1999: 6876), die Zahl der Neugründungen von Unternehmen erreicht einen Tiefstand, 3963503 Deutsche sind arbeitslos (1999: 4047221). Die Neuverschuldung des Bundeshaushalts ist im Jahr 2001 auf 22,8 Milliarden Euro gesunken (1999: 26,1 Milliarden Euro). 53 Prozent der Deutschen sind mit der Arbeit des Bundeskanzlers zufrieden (im 4. Quartal 1999 waren es 34 Prozent). Seit 1998 haben 57523 Mitglieder die SPD verlassen, die Partei hat nun 717513 Mitglieder.

Wahlkampf – Zuwanderung und Stoiber
Januar – Mai 2002

1. Januar 2002. Der Euro wird in zwölf europäischen Ländern als Zahlungsmittel eingeführt. +++ 7. Januar. SPD und PDS einigen sich auf rot-rote Koalition in Berlin. +++ 11. Januar. CDU-Vorsitzende Angela Merkel verzichtet auf eine Kanzlerkandidatur zugunsten von CSU-Chef Edmund Stoiber. +++ 17. Januar. In Berlin wird eine Koalition aus SPD und PDS gebildet. +++ 29. Januar. In seiner ersten Rede zur Lage der Nation bezeichnet US-Präsident George W. Bush Iran, Irak und Nordkorea als „Achse des Bösen". +++ 13. Februar. Kanzlerkandidat Edmund Stoiber wehrt sich gegen den Vorwurf, rechtslastig zu sein, und wirft der Regierung Nähe zur PDS sowie Versagen in der Wirtschafts- und Sozialpolitik vor. +++ 21. März. Der niedersächsische Baukonzern Holzmann beantragt Insolvenz. +++ 8. April. Die Kirch-Gruppe meldet Insolvenz an. +++ 21. April. Bei der Landtagswahl in Sachsen-Anhalt erleidet die SPD eine schwere Niederlage, die CDU stellt die neue Regierung. +++ 26. April. 18 Menschen sterben beim Amoklauf des Schülers Robert Steinhäuser im Erfurter Gutenberg-Gymnasium. +++ 12. Mai. FDP-Parteichef Guido Westerwelle wird als Kanzlerkandidat nominiert.

11. Januar 2002, Wolfratshausen

Angela Merkel trägt einen schwarzen Hosenanzug. Sie steht vor einer Doppelhaushälfte in Wolfratshausen, es ist acht Uhr an diesem Freitagmorgen. Edmund Stoiber öffnet ihr die Tür. Er traut ihr nicht.

Sie hatte gestern gesagt, dass sie mit ihm reden müsse. Er weiß nicht, was sie will. Verzichten? Kämpfen?

Fünf Tage vorher stand in einer Zeitung, dass Merkel kämpfen wolle. Die Vorsitzende der CDU hatte gesagt, sie sei bereit, Kanzlerkandidatin der Union zu werden. Es gab nur zwei Möglichkeiten: sie oder er.

Er hatte sich nicht festgelegt. Manchmal sagte er, dass er lieber in Bayern bleiben würde. Dass es ihn nicht nach Berlin dränge. Aber sie traute ihm nicht.

Drinnen ist für das Frühstück gedeckt. Semmeln, Honig, Marmelade, Wurst, Käse, Orangensaft.

Angela Merkel geht um kurz nach neun. Das Frühstück hat eine Stunde gedauert. Sie hat verzichtet.

Er ist jetzt Kanzlerkandidat.

11. Januar, Berlin, Kanzleramt

Sie nennen es „Strategiesitzung". Steinmeier, Müntefering und Struck treffen sich am Vormittag im Kanzleramt, die Frage ist, wie man reagieren soll, wenn der Herausforderer benannt wird.

Sie wollen ganz kühl bleiben, die Gelassenheit der Macht verbreiten, auf Polemik verzichten.

Dann melden die Agenturen Stoibers Sieg. Abwehrreflexe brechen durch. „Spalter", zischt Müntefering.

Das Meinungsforschungsinstitut Forsa startet eine Umfrage. Die Union gewinnt vier Punkte, sie hat jetzt 41 Prozent. Die SPD verliert zwei Punkte und kommt auf 36 Prozent. Zum ersten Mal seit zwei Jahren, seit dem Parteispendenskandal um Helmut Kohl, liegen CDU/CSU wieder deutlich vor der SPD.

Es sind noch 254 Tage bis zur Wahl.

14. Januar, Berlin, Kanzleramt

Am Abend kommen die Grünen mit einer Delegation ins Kanzleramt. Sie haben Ideen, Mut und Schwung. Sie wollen den Arbeitsmarkt mit einem milliardenschweren Hilfsprogramm anschieben. Das allerdings würde Hans Eichels Konsolidierungskurs gefährden.

„Was wollt ihr überhaupt hier?", blafft Schröder.

Schröder befürchtet, dass sein Koalitionspartner, diese Fünf-, höchstens Sieben-Prozent-Partei, in den nächsten Monaten auf Kosten der SPD Profil gewinnen will. Fischers Grüne sehen in einem Wahlkampf Stoiber gegen Schröder Chancen, im linken Traditionsmilieu Stimmen einzusammeln.

Vermehrt taucht jetzt der Begriff „Reformstau" auf. Reformstau war eigentlich die Überschrift über der letzten Phase der Regierung Kohl.

In einer vertraulichen und deshalb einigermaßen wirklichkeitsnahen Analyse der SPD-Wahlkampfzentrale heißt es: „Wenn es mit der Wirtschaft nicht richtig läuft, werfen die Leute dem, der regiert, vor, dass er es nicht kann." Der Wähler „nimmt das, was gelang, bald als gegeben hin und vergisst schnell, dass es zu Zeiten der CDU/FDP-Regierung einmal schlechter war". Im Fazit steht: „Eine diffuse Unzufriedenheit hat sich auf dem Wählermarkt breit gemacht." Angesichts der aktuellen Wirtschaftsdaten „droht Gefahr für die SPD". Und schließlich: „Konjunkturelle Flaute, fortdauernd hohe Arbeitslosigkeit und Euro-Ängste bilden die potentiellen Zutaten für ein oppositionelles Bilderbuch-Szenario."

16. Januar, Berlin, Wahlkampfzentrale der SPD

Es ist 9.00 Uhr morgens, und der Gegner muss sich warm anziehen. Joe, der Ost-Beobachter, meldet „sehr positive Reaktionen" aus Magdeburg und eine vergriffene Broschüre. „Wird nachgedruckt", sagt Matthias Machnig, der Bundesgeschäftsführer, den sie nur Matthias nennen. Alles spricht sich hier beim Vornamen an.

Weil die Zeit drängt, fügt Matthias noch hinzu, dass die Website www.nichtregierungsfaehig.de „noch ein paar Infos kommunizieren" müsse: „Die Kernbotschaft nächste Woche wird sein, dass Sicherheit ein sozialdemokratisches Thema ist." Das werde mit dem Kanzleramt noch abgesprochen. Der Franz sei leider heute morgen verhindert, wegen des Funktionärstreffens.

Noch 249 Tage.

Es ist „Morgenlage" in der Kampa 02, der Berliner Wahlkampfzentrale der SPD. 17 Parteiangestellte sitzen vor Thermoskannen um einen Tisch und besprechen die nötigen Manöver, die Taktik des Tages, um ihren Kanzler im Herbst wieder ins Amt zu bekommen.

Im vergangenen September mietete Franz Münteferings Truppe drei Etagen in der Oranienburger Straße an, in Berlins Osten. Das sei die neue Mitte der Stadt und programmatisch zu verstehen. Das große Plakat an der Fassade „Die Kampa 02. Wir haben noch viel vor" wird allerdings wieder abgehängt. Das Bezirksamt hatte Einwände.

Beim letzten Kampa-Einsatz 1998 zählte eine Riesenuhr am Dach den Countdown des Kanzlers Kohl. Die Uhr ist diesmal weg, logisch. Alles ist anders, vor vier Jahren wirbelte die Kampa die SPD durcheinander wie ein Tornado, jetzt ist sie ein Designerlüftchen.

Als Markenzeichen hat sich die Kampa das Tintenblau „HKS 42" ausgesucht. Alle Transparente und Parteitags-Hintergründe sind in diesem Farbton, alle Kampa-Broschüren, Sticker, Namensschildchen, Flyer und selbst die Papiermülltonne draußen vor der Tür, aber das mag Zufall sein. Zwischen der Kampa und dem Kanzleramt gibt es Streit über die Grundlinie des Wahlkampfes. Schröder will die Außenpolitik und den Kampf gegen den Terror zum Schwerpunkt machen, die Kampa den Kampf gegen die Arbeitslosigkeit. „Die glauben nicht mehr an einen Wahlsieg", wird im Kanzleramt über die Kampa verbreitet.

25. Januar, Berlin

Zum Auftakt der achten Gesprächsrunde im Bündnis für Arbeit appelliert der Kanzler an die Vernunft der Beteiligten und ihre Verantwortung für die Volkswirtschaft. Nach dem ergebnislosen Treffen treten die Spitzenvertreter der Verbände gereizt vor die Kameras. Arbeitgeber-Präsident Hundt spricht von einer „Blockadehaltung der Gewerkschaften", DGB-Chef Schulte kontert, es sei eine Bankrotterklärung Hundts, wenn er das „Wohl und Wehe" der Wirtschaft allein von der Höhe der Tarifabschlüsse abhängig mache. Von einem Scheitern des Bündnisses spricht niemand.

31. Januar, Washington

Die Deutschen kommen als Freunde nach Washington. Gerhard Schröder, Joschka Fischer, Regierungssprecher Heye, der deutsche Botschafter und drei Spitzenbeamte der Bundesregierung werden am Abend im Weißen Haus zum Staatsbesuch empfangen, und es sieht so aus, als sei Deutschland ein wichtiger Verbündeter. Die Amerikaner sind mit Präsident George W. Bush vertreten, mit Richard Cheney, seinem Stellvertreter, mit Colin Powell, dem Außenminister, mit Condoleezza Rice, der engsten Beraterin des Präsidenten, mit Ari Fleischer, dem Sprecher des Weißen Hauses.

Es ist 19 Uhr, als die beiden Delegationen in der Residenz des Weißen Hauses zum Diner zusammenkommen. Schröder und Bush sitzen sich gegenüber, es gibt Krabben aus Florida und gebratene Hirschlende. Cheney erzählt etwas von seiner Leidenschaft fürs Jagen. Dann reden sie über den Kriegsverlauf in Afghanistan, über den Kampf gegen den Terrorismus, über die internationale Allianz. Sie reden über die Vergangenheit, nicht über die Zukunft.

Jeder, der hier sitzt, weiß, dass der Irak das nächste Angriffsziel der Vereinigten Staaten sein wird. Erst gestern hatte Bush vor dem Kongress „die Achse des Bösen" beschrieben, er sagte, sie verlaufe von Nordkorea über Iran bis in den Irak. Der Feldzug gegen den Terror, sagte Bush, „wird unter unserer Führung zu Ende gebracht". Und am nächsten Tag wird es in München eine Wehrkundetagung geben, bei der amerikanische Teilnehmer von „Vergeltung" an den Ländern sprechen, die Terroristen beherbergen. Saddam Hussein sei „ein Terrorist", werden sie sagen, und die „nächste Front" werde es im Irak geben.

Es war eigentlich klar, was passieren würde.

Das Abendessen dauert zwei Stunden, aber das Wort Irak wird nicht ein einziges Mal ausgesprochen. Gerhard Schröder redet über das besondere Verhältnis der Europäer zum Krieg, er erinnert an die beiden Weltkriege, er sagt, der Kampf gegen den internationalen Terrorismus sei noch nicht beendet, es gehe aber auch darum, die internationale Allianz nicht zu gefährden.

Er ist an diesem Abend ein Diplomat, der davon ausgeht, dass seine Sprache verstanden wird. Er irrt sich.

Als der Nachtisch abgeräumt ist, rückt Bush mit seinem Stuhl etwas vom Tisch ab, er schlägt die Beine übereinander, sein rechter Arm liegt auf der Stuhllehne, das Gespräch ist jetzt weniger offiziell, es gibt Kaffee und Zigarren.

Bush sagt: „Wir müssen es ihnen antun, bevor sie es uns antun."

Keiner fragt, was Bush damit meint. Die Deutschen meinen, es gehöre zu den Spielregeln der Diplomatie, solche Fragen nicht zu stellen.

Am Ende sagt Bush, es sei selbstverständlich, dass er seine Partner konsultieren wird, wenn eine neue Lage entsteht.

Die Deutschen verlassen Washington mit diffusen Erkenntnissen. Sie glauben, dass Bush etwas gegen den Irak unternehmen wird, irgendwie, irgendwann. Sie glauben, dass er mit ihnen reden wird, bevor etwas passiert. Und sie glauben, dass sie klar gemacht haben, welche Haltung Deutschland im Fall eines Angriffs einnehmen wird.

Aber nichts davon ist beim amerikanischen Präsidenten angekommen. Er geht davon aus, dass Deutschland ihm folgen wird, wenn es so weit ist. Bush hat wahrgenommen, dass Deutschland nach dem 11. September erklärte, es sei uneingeschränkt solidarisch. Bush hat gesehen, dass Deutschland im Afghanistan-Krieg dabei war. Bush nennt Schröder „my old friend Görard". Bush versteht nicht, was

Deutschland meint, wenn es seine Position in den Rätseln der Diplomatensprache formuliert.

Monate später wird zu hören sein, George W. Bush habe über Gerhard Schröder gesagt: „That guy has been cheating on me" – dieser Typ hat mich betrogen.

13. Februar, Berlin, Kanzleramt

Es ist 9.30 Uhr, im 6. Stock des Kanzleramts trifft das Kabinett zusammen. Joschka Fischer, der Außenminister, ist der Erste, der eine Ahnung davon hat, was passieren wird. Er fürchtet, dass sich der Einsatz gegen den internationalen Terrorismus zum globalen Krieg ausweiten könnte. Er sagt: „Es kann der Tag kommen, an dem die Europäer klar machen müssen: Das ist nicht mehr unsere Politik."

Gerhard Schröder sitzt neben ihm, genau in der Mitte des Kabinettstisches, und er ist auch der Moderator dieser Runde. Bush, sagt er, habe zugesagt, dass er Deutschland konsultieren wird. „Und daran halte ich mich."

20. Februar, Berlin, DaimlerChrysler-Atrium

Schneeregen fällt auf die 2200 Quadratmeter Glasdach über dem DaimlerChrysler-Atrium am Potsdamer Platz. Im Trockenen hocken die Genossen wie Schäfchen so brav und spitzen die Ohren. Der Kanzler spricht. Es geht um die Mitte, das heißt: um die Wurscht.

Links von der Bühne haben die Leute der Kampa eine Ecke abgezäunt, damit die Fotografen freies Schussfeld haben auf das Wahlplakat: „In Deutschland ist die Mitte rot". Davor bleckt Franz Müntefering die Zähne, man sieht ihm die Hoffnung an, dass der Slogan sich erfüllen möge und niemand dabei an die PDS denkt.

Der Kanzler sticht seitwärts in den Saal, zügig, wach, aufgeräumt, die Augen auf Weitwinkel gestellt, der Anzug grau, die Haare frische Kastanie. „Guten Morgen", „guten Morgen", „guten Morgen"; jetzt sitzen in der ersten Reihe, von rechts: Schröder, Müntefering, Thierse.

Und auf geht's in die Mitte. „Münte" zuerst, er spult ab, was seinem Referenten auf die Schnelle eingefallen ist: Potsdamer Platz ist gleich „Mitte" Berlins, Deutschland 1945 war „ohne Mitte", CDU/CSU sind „nicht Mitte", dagegen ist die SPD voll und ganz „Mitte". In Sachen Gesellschaft sagt Müntefering: „Es dominiert der Eindruck der Normalität, des ganz und gar Unspektakulären." Das gilt auch für seinen

Vortrag. Aber was bedeutet es sonst? Im Rückraum sitzen unbekannte Genossen mit verschränkten Armen, und ihre Gesichter sagen: So ein Scheiß.

Es merkelt in der Halle. Von Mund zu Mund geht der Satz der CDU-Parteivorsitzenden, geschrieben in der „Frankfurter Allgemeinen", frei nach Ernst Jandl: „Die Mitte ist rechts von links." Oder war es umgekehrt? Stimmt nicht auch: links von rechts? Ist alles nur ein Wortspiel? Ein Rätsel? Ein Quiz? Der Kanzler hat Merkels Aufsatz gelesen. Nun stabreimt er zurück.

Die Mitte nennt er den Motor der Modernisierung, und Millionen Menschen machen dabei mit. Als müssten nach der Lösung der K-Frage nun alle deutschen M-Wörter in die Manege, wird aus Mitte und Mitbestimmung, Mittelstand und Marktwirtschaft ein rumpelnder Wahlkampftext. Für jeden etwas dabei; nur ein M-Wort fehlt: Machterhalt. Davon keine Rede.

Im Jahr 1998, als die SPD-Profiler den Begriff der „neuen Mitte" entdeckten, um an die Macht zu gleiten, lagen zwei Versprechen in diesem Slogan: Wir sind die Partei aller Deutschen, die nicht ganz unten und nicht ganz oben sind; und wir wollen allen, die ganz unten sind, helfen, weiter nach oben zu kommen. Vier Jahre später sind die Millionen der Mitte enttäuscht und die Millionen ganz unten empört. Darum hat „Mitte" nun so einen höhnischen Klang.

Ernst spricht der Kanzler, die leichte Metallbrille wie einen Taktstock in der Rechten. Erzählt, wie immer in Wahljahren, aus seinem Leben. Berichtet, Textbaustein eins, von seiner Herkunft, der ärmlichen, und, Textbaustein zwei, wie er die Welt dann doch aus eigener Kraft eroberte. Ist das schon Mitte? Aus kleinen Verhältnissen zu kommen und trotzdem Karriere zu machen? Ist es Geduld mit Spucke? Oder einfach nur Glück?

Aufsteigertum, das war einmal ein abschätziges Wort. Schröder hat es zur Marke veredelt, und damit sein eigenes Leben zum Modellfall gemacht. Jeder soll und darf was werden, sagt Schröder, egal, woher er kommt. Hauptsache, er kann was. Und kann er nichts, hilft Politik der Mitte auch, denn sie geht so: nicht links, nicht rechts, und keinen fallen lassen.

Wie das geht? Der Kanzler schwärmt. Am Schnittpunkt zwischen oben und unten, rechts und links, sozial und liberal, gestern und morgen – da irgendwo sieht er sie: die humane Gesellschaft, offen nach allen Seiten, bunt, ausgeglichen, ruhig, richtungslos, außer: vorwärts. Als Eintrittskarte reicht ein wenig Engagement, und vorn steht der Schaffner Schröder und lenkt mit ruhiger Hand. Super ist die Mitte.

Aber warum gehört sie nur der SPD? Und warum soll nur sie allein dort sitzen dürfen? Die Partei hat sich Gäste eingeladen, das Terrain zu vermessen. Die können fast alle nicht richtig mit der Mitte. Die Schriftstellerin Daniela Dahn hat in Lexika geschmökert und spottet nun fein. Mitte sei „die Quadratwurzel des Produkts aus zwei Zahlen", ansonsten nicht viel.

Der Journalist Richard Herzinger hält die Mitte für eine „beliebige Floskel", sie könne auch „ein Loch sein wie bei einem Abfluss". Der Theologe Friedhelm Hengsbach findet Mitte „diffus und farblos", der Politikberater und Publizist Warnfried Dettling immerhin verteidigt sie. Mitte, sagt er, beschreibe den Willen zum pragmatischen Management gesellschaftlichen Wandels. Sie sei nicht Zustand, nicht Ort, sondern Ziel.

Aber wieso ist dann Stoiber rechts? Und Gysi links? Und Westerwelle sonst wo? Was unterscheidet die Grundwerte der SPD – Freiheit, Gerechtigkeit, Solidarität – von den Grundwerten der CDU – Freiheit, Solidarität, Gerechtigkeit? Wie weit reicht Mitte? Von Heinrich Lummer bis Hans-Christian Ströbele? Von Glos bis Riester? Oder nur von Joschka bis Fischer?

Falsch geraten. „Ich nehme", sagte der Kanzler, „den Begriff der Mitte auch ganz persönlich für mich in Anspruch." Das ist es, natürlich. Gerhard Schröder ist die Mitte der Mitte. Das Wahlprogramm der SPD auf zwei Beinen. Eins links, eins rechts.

22. Februar, Berlin

Er handelt wieder. Zum ersten Mal seit langer Zeit teilt Gerhard Schröder eine innenpolitische Entscheidung mit. Er ernennt den SPD-Mann Florian Gerster zum neuen Chef der Bundesanstalt für Arbeit. Gerster behauptet von sich gern, er sei ein strammer Reformer.

Außerdem beauftragt Schröder Peter Hartz mit der Leitung einer überparteilichen Kommission. Hartz ist ein alter Bekannter des Kanzlers aus gemeinsamen Tagen beim Wolfsburger VW-Konzern. Er soll Konzepte zur Reform des Arbeitsmarktes entwickeln.

Hartz muss bis zum 16. August fertig sein. Dann wären noch fünf Wochen Zeit bis zur Wahl.

22./23. Februar, Stockholm

In Stockholm treffen sich die sozialdemokratischen Regierungschefs zum „Progressive Summit". Schröder hat ein Vieraugengespräch mit Englands Premierminister Tony Blair. Es geht um gemeinsame Initiativen in der Europapolitik, aber es geht auch um den Irak. Blair weiß mehr als Schröder über das, was im Irak passieren wird.

Am Abend sitzt der deutsche Regierungschef in einer kleinen Runde vor einem Glas Rotwein. Er sagt, es sei erkennbar, dass Blair früher über Bushs Pläne informiert wird als er selbst.

Er ahnt, dass alles nur eine große Illusion ist: dass Deutschland für Amerika eine Rolle spielt. Dass Amerika Deutschland in seine Entscheidungen einbeziehen wird.

Auf dem Rückflug nach Berlin redet der Kanzler mit zwei Journalisten, es geht um die Frage, wie sich Deutschland verhalten soll, wenn der Krieg ausbricht. Schröder sagt, dass die deutschen Spürpanzer, die jetzt schon im Rahmen von „Enduring Freedom" in Kuwait stationiert sind, bleiben werden, wenn es Krieg geben sollte. Andernfalls, sagt er, könne sich ein deutscher Regierungschef in den nächsten 20 Jahren nicht mehr in den USA sehen lassen.

25. Februar, Seefeld in Tirol

Otto Schily hat sich mit den Grünen geeinigt, tagelang haben sie über das Kleingedruckte im Zuwanderungsgesetz gestritten, das letzte wichtige Reformvorhaben vor der Wahl.

Bei der Kompromiss-Suche hatte der Innenminister weniger den grünen Bündnispartner im Blick als vielmehr das Land Brandenburg. Die SPD/CDU-Koalition dort verfügt in der Länderkammer über die entscheidenden vier Stimmen, die der Bundesregierung zur Mehrheit fehlen.

Schily steigt in einen Hubschrauber der Luftwaffe und fliegt Manfred Stolpe in den Winterurlaub nach Tirol hinterher. Sie führen lange Gespräche über das bevorstehende Einwanderungsgesetz.

Bei der ersten Behandlung des Gesetzes im Bundesrat hat Stolpe vier Forderungen erhoben, die er mit Kollegen von der CDU sorgfältig abgesprochen hatte.

„Auf dieser Basis", sagt der Ministerpräsident, „könnte Brandenburg das Gesetz mittragen."

Schily ist bereit, fast jeden Wunsch aus Brandenburg zu erfüllen.

Jörg Schönbohm, Stolpes Koalitionspartner in Brandenburg, bleibt zurück in Potsdam. Er ahnt etwas. Ihm fällt auf, dass Stolpes „rotes Handy", die telefonische Standleitung mit Schönbohm, erstmals über Stunden abgeschaltet bleibt.

Mit Grund? Schily gibt sich, zurück in Berlin, auffallend siegessicher.

Schönbohm fühlt sich von der Bundespolitik unter Druck gesetzt, der Druck hat zugenommen, seit Edmund Stoiber zum Kanzlerkandidaten ausgerufen wurde. „Manche wollen auf meinem Hintern durchs Feuer reiten", sagt er.

Stoiber will das Zuwanderungsthema machtpolitisch instrumentalisieren, obwohl Regierung und Opposition inhaltlich kaum auseinander liegen.

Nach dem Entwurf der Koalition soll es unter anderem künftig neben dem Visum nur noch die befristete Aufenthaltserlaubnis und die unbefristete Niederlassungserlaubnis geben. Einen befristeten Aufenthaltstitel sollen Flüchtlinge erhalten, die nicht in solche Staaten abgeschoben werden dürfen, in denen sie wegen politischer Überzeugung, Rasse, Religion, Staatsangehörigkeit, wegen des Geschlechts oder der Zugehörigkeit zu einer bestimmten sozialen Gruppe bedroht sind. Der Nachzug von Kindern soll bis zum Alter von zwölf Jahren erlaubt sein.

Die Union lehnt das Konzept ab, sie streitet über Formalien, über das Nachzugsalter der Kinder, über die Frage, ob geschlechtsspezifische und nichtstaatliche Verfolgung ein Asylgrund sein sollen oder nicht. In Wirklichkeit denkt Edmund Stoiber an ein Thema für den Wahlkampf. Bei 4,3 Millionen Arbeitslosen sollen nach Ansicht der Union überhaupt keine Ausländer mehr kommen.

Schönbohm schreibt der CDU-Chefin Angela Merkel einen Brief und fordert sie auf, Stoiber in dieser Frage ruhig zu stellen. Auf einmal zerren zwei Loyalitäten an Schönbohm. Weil er im Amt bleiben will, bedient er von nun an beide.

6. März, Potsdam

Zum ersten Mal tragen Stolpe und Schönbohm ihren schwelenden Konflikt in die Öffentlichkeit. Mit dem rot-grünen Kompromiss im Bundestag, erklärt Schönbohm bei einer Pressekonferenz, seien Stolpes vier Forderungen nicht erfüllt.

Stolpe antwortet: „Ob meine Forderungen erfüllt sind, entscheide ich."

Derweil lässt Kanzleramtschef Frank-Walter Steinmeier prüfen, mit welchen Hilfen Brandenburg die Zustimmung zum Einwanderungsgesetz erleichtert werden kann. Ein Rundruf ergeht an alle Bundesministerien. Stolpes Staatskanzleichef Rainer Speer telefoniert jetzt häufiger als sonst mit dem Kanzleramt. Öffentlich bestreiten Stolpe und Steinmeier jeden Handel.

In vertrauter Runde allerdings lässt Stolpe wissen: „Wir werden den Bund nicht daran hindern, einem armen Land zu helfen."

Die Potsdamer Regierung könnte finanzielle Hilfe beim Ausbau des Hauptstadt-Flughafens gebrauchen, beim Bau einer Chip-Fabrik in Frankfurt an der Oder und bei der angeschlagenen Firma „Cargo-Lifter".

16. März, Kleinmachnow

Schönbohm telefoniert in seinem Privathaus mit Stolpe. Er eröffnet ihm dabei, dass er überlegt, bei der Abstimmung im Bundesrat offen gegen seinen Ministerpräsidenten mit Nein zu stimmen. „Ist Ihnen klar, dass das Gesetz dann scheitert?", fragt Schönbohm.

17. März, Berlin, Parteitag der Grünen

800 Delegierte sitzen an langen Tischen. In Berlin-Kreuzberg gibt sich die Partei der Grünen ein neues Grundsatzprogramm. „Eine Festung Europa haben wir immer abgelehnt", heißt es unter dem Tagesordnungspunkt „Schlüsselprojekt Einwanderungsgesellschaft". Die „multikulturelle Gesellschaft" wird der „Idee einer deutschen Leitkultur" entgegengesetzt. Die Grünen wissen nun wieder, wofür sie antreten.

Mittlerweile dürfen Reiseschutzversicherungen auch im Ausland direkt verkauft werden. Vor der Botschaft in Kiew bieten fliegende Händler das Dokument für bis zu 1000 Dollar an. Plätze in der Warteschlange werden für 50 Dollar verkauft, lokale Schlägertrupps haben die Aufsicht übernommen. Weil die beiden deutschen Anbieter mit dem Drucken der Versicherungsscheine nicht mehr nachkommen, sind Kopien von Blankopässen im Umlauf. Wenn Mitarbeiter der Botschaft nach dem Reisegrund fragen, hören sie jetzt häufig: „Besichtigung des Kölner Doms".

Die Visastellenleiterin bittet in Berlin um restriktive Regeln. Sie schildert ihre Lage, es ist ein Hilferuf. Nach drei Wochen bekommt sie

Antwort. Ihre Bedenken seien „nicht durch entsprechende Statistiken gestützt", heißt es.

21. März, Potsdam, Berlin
Jörg Schönbohm hat wenig geschlafen, er sieht zerschlagen aus. Gestern im Morgengrauen hat er seine Rede geschrieben und zweimal korrigiert. Als er sie ausdrucken wollte, erlosch plötzlich das Licht im Potsdamer Innenministerium. Ein Bagger hatte ein Versorgungskabel gekappt. Das Manuskript musste auf einem Dienstcomputer des polizeilichen Lagezentrums getippt werden, wo es ein Notstromaggregat gab.

Jetzt sitzt er in einem Dienstzimmer, ein kleiner Mann mit Verantwortung, die ihn zu zerdrücken scheint. Die Lage, sagt er, gleiche „einer griechischen Tragödie: Da rennen zwei aufeinander los unter Umständen, die sie selbst nicht zu verantworten haben". Er fühlt sich „wie ferngesteuert".

16.00 Uhr: Klaus Wowereit, Regierender Bürgermeister von Berlin und zurzeit Bundesratspräsident, fährt vom Berliner Abgeordnetenhaus zum Bundesrat und bespricht im Präsidialbüro die möglichen Szenarien für die Sitzung. Er hat einen dreiseitigen Vermerk des Bundesratsdirektors Georg-Bernd Oschatz dabei, der aus seinem Urlaub zurückbeordert worden ist. Der Beamte mit CDU-Parteibuch beschreibt darin, wie Wowereit verfahren soll, falls Brandenburg uneinheitlich abstimmt. Wowereit soll das Land um einheitliche Abgabe bitten. Andernfalls wäre das Votum ungültig.

Im Berliner Abgeordnetenhaus reden Spitzenpolitiker der SPD jetzt davon, abends sei „Bescherung beim Kanzler". Berlin hat die Mittel für die Sanierung der Museumsinsel bei der Spar-Klausur am Montag bereits aus dem Berliner Haushalt gestrichen. Das Geld wird aus einem anderen Topf kommen.

17.00 Uhr: Bevor er nach Berlin zur Runde mit dem Kanzler fährt, ruft Manfred Stolpe seinen Sozialminister in die Staatskanzlei. Alwin Ziel erfährt, welche Rolle Stolpe ihm im Bundesrat im Notfall zugedacht hat: Er muss auf die erste Frage des Ratspräsidenten, wie Brandenburg abstimme, mit Ja antworten. Dann könne Schönbohm sein Nein rufen und er, Stolpe, den Streit mit seinem Ja schlichten. Dieses Szenario, sagt Stolpe, sei mit Schönbohm besprochen.

20.15 Uhr: Gerhard Schröder macht sich auf den Weg in die Bremer

Landesvertretung zum Treffen mit den SPD-Ministerpräsidenten. Finanzminister Hans Eichel nimmt an der Sitzung teil.

Eine halbe Stunde lang wird über das Thema Zuwanderung geredet. Stolpe sagt, es werde wohl ein unterschiedliches Votum aus Brandenburg geben, aber er habe das im Griff: „Lasst mich nur machen."

Wowereit weist auf die unklare juristische Situation hin; Schröder antwortet nur: „Hör zu: Lass dich nicht von Oberregierungsräten beeinflussen."

Schröder braucht die SPD-Länder, und die SPD-Länder brauchen Geld. Deswegen ist auch Hans Eichel dabei. Auf dem Weg zur Sitzung hatte der Finanzminister gesagt, er werde „sicher nicht mit mehr Geld von dort zurückkommen". 150 Millionen Euro vom Bund wird Berlin für den Ausbau regionaler Bus- und Bahnstrecken zusätzlich bekommen.

Mit Wowereit spricht Eichel gesondert. Ja, er werde mehr Geld für die Sanierung der Museumsinsel geben. Und ja: Auch einige Grundstücke in der Stadtmitte werde der Bund vom Land Berlin übernehmen.

22.00 Uhr: Die Unionsspitze bereitet sich in der CDU-Zentrale auf die Bundesratssitzung vor. Schönbohm kommt von einer Live-Diskussion im Regionalfernsehen dazu.

Kanzlerkandidat Stoiber lobt unter großem Applaus Schönbohms bisherige politische Bilanz. Er habe Brandenburg und die Landes-CDU „nach vorne gebracht" und befinde sich jetzt in einer „sehr schwierigen Situation".

Schönbohm berichtet, Stolpe werde zwar zustimmen, aber er selbst wolle „so laut nein rufen, dass das ein Taubstummer hören kann".

22. März, Berlin, Bundesrat

9.15 Uhr: Für den entscheidenden Tag hat sich Schönbohm eine blaue Krawatte mit winzigen beigefarbenen Osterhasen gebunden. Bedrängt von Kameras und Journalisten, betritt er den Bundesrat.

Was ist, wenn Stolpe mit Ja stimmt?

„Dann stimme ich mit Nein. Ich lasse mich nicht unter Druck setzen", sagt Schönbohm.

Im „Raum Brandenburg" wartet Stolpe, er hat eine Mappe mitgebracht mit der Entlassungsurkunde für seinen Innenminister, vorsorglich für den Fall, den er vermeiden möchte.

Sie reden noch mal miteinander, Stolpe erklärt seinen Plan. Ein einziges Mal, sagt er, dürfe Schönbohm, Stoiber zuliebe, nein sagen, aber nur in der ersten Runde gegen Sozialminister Ziel, den Stolpe zunächst vorschickt. Falls Schönbohm bei der Abstimmung zweimal nein rufe – also auch gegen das Schiedsrichtervotum des Ministerpräsidenten –, bedeute das sofortige Sitzungsunterbrechung und das Ende der Koalition.

„Herr Kollege, dann müssen wir uns heute hier trennen. Das können wir nicht vermitteln, wenn Sie zweimal nein sagen.“

14.28 Uhr: Ein letztes Mal zieht Stoiber den Mann, auf den alles ankommt, in eine Ecke des Saals: „Herr Schönbohm, Sie müssen jetzt bei Ihrem Weg bleiben!“

Dann werden sie von Wowereits Aufruf unterbrochen. Mit leichtem Beben in der Stimme eröffnet der Präsident die Abstimmung, der Schriftführer ruft die einzelnen Länder auf.

Es ist still im Bundesrat. Die Abstimmung vollzieht sich nach Stolpes Drehbuch. Nach Ziels Ja und Schönbohms Nein bittet Sitzungspräsident Wowereit Brandenburgs Ministerpräsidenten um seine Stimme.

Stolpe: „Als Ministerpräsident des Landes Brandenburg erkläre ich hiermit: ja.“

Wie reagiert Schönbohm? Ruft er tatsächlich nein, wie er noch um 9.15 Uhr angekündigt hatte? Riskiert er das Ende der Koalition, mit einem einzigen Wort? Oder fügt er sich schweigend, wie es Stolpe von ihm erwartet?

Schönbohm ruft: „Sie kennen meine Auffassung, Herr Präsident.“

Das ist kein Schweigen. Aber auch kein Nein. Stolpe beugt sich zu seinem Sitznachbarn und sagt: „Herr Kollege, das war ein Satz zu viel.“

„Dann sei es so“, sagt Schönbohm.

Stoiber und Hessens Ministerpräsident Koch hören still zu. „Sie kennen meine Auffassung“, das ist für die CDU kein Satz zu viel, sondern das entscheidende Wort, nein, zu wenig.

Wowereit erklärt: „Damit stelle ich fest, dass das Land Brandenburg mit Ja abgestimmt hat.“

Über den Bundesrat, ein stilles Haus eigentlich, in dem Zwischenrufe verboten sind, bricht ein Tumult ein, losgetreten von der CDU. „Das geht wohl gar nicht!“, brüllt Roland Koch, ein anderer ruft: „Verfassungsbruch!“

Immer wilder schlägt Koch mit der flachen Hand auf sein Pult. „Nein, Herr Präsident", ruft er, „Sie brechen das Recht!"

Koch versucht zum letzten Mal, das entscheidende Wort aus Schönbohm herauszupressen: „So!", ruft er Richtung Brandenburger Bank, „und was sagt Herr Schönbohm?"

Schönbohm sagt nichts.

Wowereit: „Dann ist das so festgestellt."

18.00 Uhr: Der Bundeskanzler bestreitet bei einem Pressestatement im Kanzleramt, dass die SPD die Entscheidung im Bundesrat irgendwie inszeniert haben könnte. Er habe ja immer gesagt, man solle die Angelegenheit nicht hochstilisieren nach „Western-Art. Das war eine Entscheidung in der Sache".

Aus der parlamentarischen Entscheidung über die für das Land wichtige Frage der Zuwanderung war ein Rüpelspiel der Macht geworden. Es ging nicht mehr um Ausländer, sondern um SPD oder CDU, um Schröder oder Stoiber.

Es wirkte, als wären die Spitzenbewerber der beiden großen Volksparteien, Kanzler und Herausforderer, angetreten, um das Urteil Richard von Weizsäckers zu bestätigen, wonach sich die Parteien der Bundesrepublik den Staat zur Beute gemacht hätten. Schon vor zwei Jahren warf ihnen der ehemalige Bundespräsident vor, sie hätten sich „die Herrschaft über die Verfassungsorgane weitgehend angeeignet".

Einmal mehr hat sich Politik als jener „machtversessene und machtvergessene" Betrieb erwiesen, der sich laut Weizsäcker „quasi fettfleckartig über nahezu alle staatlichen Institutionen" ausbreitet.

Wie sehr das stimmt, bestätigt drei Tage später der saarländische Ministerpräsident Peter Müller. Müller erklärt, dass die Tumulte der CDU inszeniert waren. Müller nennt das „legitimes Theater".

Kurzfristig hat Schröder gewonnen, langfristig könnte dieser Sieg allen schaden. Schröder feixt ein bisschen, als kurz darauf im Kanzleramt ein Mann aufschreit: „Im Namen der deutschen Sozialdemokratie: Wo ist die Taste für ‚rückgängig'?"

Den Satz spricht ein Schauspieler des Berliner Maxim Gorki Theaters, das für den Kanzler und 200 Kulturgäste eine „szenische Lesung" des Moritz-Rinke-Stückes „Republik Vineta" vorführt.

Richtiges Theater also.

24. März, Hannover

Am Abend trifft sich der Kanzler im Restaurant „Wichmann" mit den Chefs der großen Gewerkschaften. Sie vertreten acht Millionen Arbeitnehmer. Es geht um acht Millionen Stimmen.

Die Runde verständigt sich auf eine gemeinsame Linie für den Wahlkampf: Die SPD kündigt in ihrem Programm keine harten Sozialeinschnitte an. Als die Gewerkschafter nachfragen, worauf die Zusammenlegung von Arbeitslosenhilfe und Sozialhilfe hinauslaufe, werden sie vertröstet und getäuscht: Damit werde nur der Abbau von Bürokratie angestrebt, an eine Absenkung der finanziellen Leistungen sei nicht gedacht. Was nicht stimmte. Die Gewerkschaften versprechen, die Regierung in Ruhe zu lassen.

10. April, Berlin

Ein Genosse, dem Schröder seit vielen Jahren vertraut, hat beobachtet, dass es einsam wird um den Bundeskanzler. „Weil er keine richtigen Berater hat, macht er alles allein. Jetzt macht sich die Erschöpfung im Amt bemerkbar."

Seit Monaten regiert Gerhard Schröder im Wesentlichen mit drei Gehilfen. Mit Doris, der Ehefrau, mit Sigrid Krampitz, seiner Büroleiterin, und Frank-Walter Steinmeier, dem Kanzleramtschef. Vor der Wahl 1998 waren Hombach und dessen Vordenker an seiner Seite, Lafontaine hielt die Partei in Schach, und Müntefering und dessen Kampa-Experten befeuerten den Wahlkampf und den Gegner.

Vor engen Mitarbeitern im Kanzleramt sagt Schröder: „Wenn die Umfragen zwei Wochen vor der Wahl noch immer so aussehen wie jetzt, dann öffne ich eine Flasche Rotwein und lehne mich zurück."

In knapp zwei Wochen sind Landtagswahlen in Sachsen-Anhalt.

20. April, Washington

Joschka Fischer reist für eine knappe Woche in die Vereinigten Staaten. Er führt Gespräche mit Colin Powell, mit Condoleezza Rice, mit Journalisten und Lobbyisten. Als er mit Powell zusammentrifft, sagt Fischer, eher nebenbei: „Wir haben harte Wahlen vor uns. Wir hoffen, dass ihr den Irak nicht angreift."

Powell guckt auf seine Armbanduhr und fragt: „Lass mal sehen, wann sind diese Wahlen?" Er lacht, es sollte ein Scherz sein.

21. April, Magdeburg

Bei den Wahlen in Sachsen-Anhalt rutscht die SPD auf 20,0 Prozent ab. CDU und FDP übernehmen die Regierung von der SPD, die zwar keine Mehrheit hatte, aber von der PDS toleriert worden war. Für Schröder heißt das: Die Union hat nun eine eigene Mehrheit im Bundesrat. Auf die Stimmen der Großen Koalitionen in Brandenburg und Bremen kommt es nicht mehr an. Größere Reformen könnte er nur noch mit Hilfe von CDU und CSU durchsetzen. Damit ändert sich die Balance in der Koalition. Die Grünen verlieren an Gewicht, denn jetzt regieren Stoiber und Merkel mit.

22. April, Berlin, SPD-Zentrale

Noch hat Gerhard Schröder nicht verloren. Aber, und das ist das Neue seit dem Wochenende, er könnte verlieren. Sein rot-grünes Bündnis wäre eine Fußnote der deutschen Nachkriegsgeschichte.

Die SPD ist in Sachsen-Anhalt auf 20 Prozent gestürzt, 15,9 Prozent weniger als vor vier Jahren. Die CDU hat 37,3 Prozent bekommen. Der bisherige SPD-Ministerpräsident Reinhard Höppner, ein Mann mit gebeugtem Gang, sagt, die unerfüllten wirtschaftlichen Versprechungen der Bundesregierung seien die Ursache für diese Niederlage.

Der Kanzler sitzt in seinem Büro im fünften Stock des Willy-Brandt-Hauses. Er kommt von einer Präsidiumssitzung, bei der es auch um den Undank des ostdeutschen Wählers gegangen ist. Fraktionschef Struck hat geklagt: „Wir haben denen doch extra eine Autobahn versprochen."

Jetzt läuft unten im Foyer eine Pressekonferenz. Schröder will nicht hin.

Er hat Franz Müntefering geschickt, Müntefering funktioniert immer, wie ein Sprechautomat der SPD. Der Generalsekretär sagt: „Jetzt wird der Helm fester geschnallt." Seine Botschaft ist: Wir haben eine Wahl verloren, aber wir haben den besseren Kanzler. Er redet viel über ein geplantes Fernsehduell kurz vor der Wahl im September, Schröder gegen Stoiber, live, Mann gegen Mann, so wie in Amerika. Der Kanzler sei bereit dazu, „stehend, sitzend oder liegend". Müntefering trommelt.

Schröder zweifelt. Forsa hat für die SPD auf die Schnelle eine interne Analyse der Wahl in Sachsen-Anhalt gemacht, und darin steht: Gerhard Schröders Magie verliert an Kraft. Auch der Kanzler hätte die

Landtagswahl verloren. Nur noch knapp 70 Prozent der Wähler vom September 1998 bekennen sich zum Regierungschef. Stoibers Nominierung hat das konservative Milieu in Deutschland gestärkt.

Gerhard Schröder schießt aus der Hüfte. Er sagt: „Ich oder der."

Ich oder der. Eine neue Formel, ein neues Etikett, einfach, knallig, passt in jede Überschrift. Ich oder der war eigentlich die letzte Kugel, die er abschießen wollte, drei, vier Wochen vor der Wahl vielleicht. So hatte das auch die Kampa geplant.

Möglicherweise hat der Kanzler zu früh gezogen, das weiß er selbst. Aber er sieht keinen anderen Weg mehr, auf die Partei kann er sich sowieso nicht verlassen. Noch Monate später sagt er zu Vertrauten: „Was hätte ich anders machen sollen?"

Es gibt einen Satz von ihm, der heißt: „Wir sind ja alle Umfrage-Junkies." Die ersten Umfragen, in denen das Ergebnis von Sachsen-Anhalt berücksichtigt ist, sehen die SPD weiter fallen. Forsa, das der SPD zugeneigte Institut, meldet: Union 41 Prozent, SPD 32 Prozent. Seit Edmund Stoiber im Januar Kanzlerkandidat wurde, hat die Union immer nur gewonnen, die SPD im Schnitt 3 Prozent verloren.

Jahrzehntelang wussten die Wähler, was sie bekommen, wenn sie links wählen: Umverteilung. Damit ist es vorbei. Schröder schafft sich ein Problem, wenn er den Facharbeitern erklärt, dass es ökonomischer Selbstmord wäre, dem Kapital in der globalisierten Wirtschaft in die Bilanzen zu grätschen. Die SPD hat es versäumt, sich ein neues intellektuelles Fundament zu geben, mit dessen Hilfe auch den Facharbeitern zu begründen wäre, warum sie doch noch zur Wahl gehen sollen.

Sie hat auf die emotionale Ansprache ihrer Mitglieder verzichtet, sie hat ihre Stammwähler vernachlässigt. Lafontaines Ausfall und Schröders Versuch, seine Mehrheit in der politischen Mitte abzusichern, schlagen sich nun in den Umfragen nieder.

Schon vor knapp zwei Jahren analysierte der Parteienforscher Franz Walter die Hoffnungen der so genannten Restarbeiterschaft und neuen Unterschichten. Sie erwarteten von der SPD, so Walter, dass sie Regeln schafft, die dabei helfen, die sozialen Risiken kalkulierbar zu machen, neue Ungleichheiten abzubauen.

Eine „Entfremdung" der SPD von „weiten Teilen der eher unteren und mittleren sozialen Milieus" beobachtet auch der Mainzer Wahlanalytiker Gerd Mielke. „Ängste vor sozialer Kälte, schwindender Gerechtigkeit und einem bedrohlich erscheinenden Wandel der Lebensbedingungen in weiten Bereichen der unteren Hälfte der sozialen Pyramide" hätten schon zur Abwahl von Helmut Kohl beigetragen.

6. Mai, Berlin, SPD-Zentrale

Während der Präsidiumssitzung der SPD klagt der Niedersachse Sigmar Gabriel über die schlechten Umfragewerte. Die SPD liege bei 32 Prozent, sagt er. „31", raunt Schröder. Gabriel fragt: „Gibt es nicht noch ein Kaninchen, das wir aus dem Hut zaubern können?" Ministerin Heidemarie Wieczorek-Zeul antwortet ihm: „Wir brauchen nicht eins, wir brauchen drei." Am nächsten Tag teilt Franz Müntefering in einem Hintergrundgespräch mit: „Es gibt kein Kaninchen."

9. Mai, Kabul

Der Kanzler fliegt nach Afghanistan. Er versorgt die Menschen mit dem Nötigsten: Begleitet von Franz Beckenbauer, zieht Gerhard Schröder durch die staubigen Straßen der kaputten Stadt und verteilt Fußbälle an Schulkinder. Natürlich ist er auch gekommen, um die Arbeit der deutschen Soldaten zu besichtigen. Er steht in einem Zelt der Bundeswehr und sagt: „Mein Eindruck ist, dass man angesichts der klasse Arbeit, die gemacht worden ist, nicht einfach sagen kann: Das war es."

Es geht dabei um die Bundeswehr. Aber es klingt, als habe Schröder sich und seine Regierung gemeint.

Auf dem Rückflug berichtet ein Journalist von Franz Müntefering und dem Kaninchen. Er möchte wissen, was der Kanzler dazu sagt. Schröder steht auf und geht.

Es ist für ihn der emotionale Tiefpunkt eines Wahlkampfes, in dem immer nur der Gegner die Punkte machte. Er selbst fühlt sich umgeben von Parteiidioten, die ihn allein lassen, von einer Kampa, die alles falsch macht, und von Journalisten, die ihn nicht mehr lieben.

Es ist die Zeit, in der Gerhard Schröder selbst für Joschka Fischer nicht mehr erreichbar ist. Manchmal ruft der Außenminister Vertraute an: „Wisst ihr, was mit dem los ist? Ich verstehe ihn nicht mehr."

Zur Lage der Nation: Die Wirtschaft wächst im 2. Quartal 2002 nur noch um 0,3 Prozent, der Konsumklima-Index sinkt auf -1,0 (im 2. Quartal

2001 lag er bei 16,8), die Zahl der Insolvenzen steigt auf 9370 (2. Quartal 2000: 6992). 3 954 381 Deutsche sind arbeitslos, im selben Quartal des Vorjahres waren es 3 694 363. Zufrieden mit der Arbeit der Bundesregierung sind nur noch 31 Prozent (Vorjahr: 38 Prozent), 24 Prozent trauen der CDU zu, mit den Problemen des Landes am besten fertig zu werden (SPD: 21 Prozent). 39 Prozent wollen CDU wählen, 36 Prozent die SPD, 6 Prozent die Grünen, 9 Prozent die FDP.

Wahlkampf – Flut und Frieden

Mai – September 2002

23. Mai 2002. US-Präsident Bush spricht vor dem Bundestag. +++ 12. Juni. Das Oberverwaltungsgericht Berlin entscheidet, dass die CDU 21 Millionen Euro aus der staatlichen Parteienfinanzierung zurückzahlen muss. +++ 16. Juni. Rechtsliberaler Jean-Pierre Raffarin neuer Ministerpräsident in Frankreich. +++ 30. Juni. Deutschland unterliegt Brasilien im WM-Finale. +++ 15. Juli. Erstmals seit zweieinhalb Jahren ist der Euro wieder genauso viel wert wie der US-Dollar. +++ 18. Juli. Entlassung von Verteidigungsminister Scharping. +++ 31. Juli. Berliner Bürgermeister und Wirtschaftssenator Gregor Gysi tritt von seinen Ämtern wegen der „Bonusmeilenaffäre" zurück. Zuvor hatte schon der Grüne Cem Özdemir sein Bundestagsmandat abgegeben. +++ 15. August. Das Hochwasser der Elbe und ihrer Nebenflüsse erreicht seinen Höhepunkt. +++ 16. August. Die Expertenkommission unter dem Vorsitzenden Peter Hartz legt ihre Vorschläge zum Abbau der Arbeitslosigkeit vor. +++ 25. August. 15 Millionen Zuschauer verfolgen das Fernsehduell zwischen Bundeskanzler Gerhard Schröder und Gegenkandidat Edmund Stoiber. +++ 20. September. Erstmals seit fünf Jahren fällt der Deutsche Aktienindex (Dax) unter die Marke von 3000 Punkten.

22. Mai 2002, Berlin

Um 20.30 Uhr landet der amerikanische Präsident auf dem Flughafen Berlin-Tegel. Er wohnt im Hotel „Adlon" am Brandenburger Tor, seine Kaffeetasse wird eine Stunde lang ausgekocht, aus den USA ist Coca-Cola eingeflogen worden. Am späten Abend läuft der Präsident über den Pariser Platz, er hat eine Verabredung mit Gerhard Schröder. Bush bestellt Apfelstrudel mit Vanilleeis, Schröder Currywurst.

Sie sprechen über die Fußballweltmeisterschaft, die demnächst in Japan und Südkorea beginnen wird. Bush will wissen, ob die Deutschen eine Chance haben. Schröder sagt: „Ich bin froh, wenn wir die Vorrunde überstehen."

Vier Monate sind vergangen, seit Schröder und Bush zuletzt in Washington miteinander gesprochen haben, vier Monate, in denen scheinbar nichts passiert ist. Sie haben sich nichts Neues mitzuteilen. Bush sagt: „Görard, I will consult you."

Dann gehen sie in den Garten des Bundeskanzleramts, die Journalisten wollen etwas über den Irak wissen, und Schröder sagt, Bush habe ihm Konsultationen versprochen.

Bush versichert: „Ich habe keine Kriegspläne auf dem Tisch, und das ist die Wahrheit." Dann verliert er sich im Ungefähren. „Was ich an Gerhard so mag", sagt er, „ist die Tatsache, dass er immer bereit ist, in ganz offener Weise Probleme anzugehen, und dass er jemand ist, der Probleme löst – genau wie ich", sagt Bush.

Niemand fragt, was er damit genau meint. Der Besuch endet in der Sprachlosigkeit, die vor Monaten in Washington begann.

Daniel Coats, der amerikanische Botschafter in Berlin, sagt später: „Der Präsident hat Deutschland mit dem Gefühl verlassen, dass es in der Irak-Frage volle Übereinstimmung gibt."

2. Juni, Berlin, Hotel „Estrel", Wahlparteitag der SPD

Im großen Saal des Berliner Hotels „Estrel" warten die Genossen auf die Rede ihres Kanzlers. Sie hoffen auf etwas Wärme, auf etwas Sozialdemokratie.

Bevor Gerhard Schröder ans Rednerpult geht, zieht er sein Jackett aus. Er kämpft. Er redet nicht von „ich oder der", er redet viel von „wir". Er drischt auf „die anderen" ein, „die Amateure von der CDU und FDP", er spricht viel von Willy Brandt. Am Ende sagt Schröder: „Geht zu den Menschen und sagt ihnen, selbstbewusst und frei heraus: Der Mut wächst." Es ist auch eine Antwort auf Oskar Lafontaine, der ein neues Buch geschrieben hat („Die Wut wächst").

Als Schröder fertig ist, guckt sein Redenschreiber Reinhard Hesse auf die Uhr. Er stoppt die Zeit. Neuneinhalb Minuten Applaus. „Gut", sagt Hesse.

3. Juni, Berlin, Kanzleramt

Gerhard Schröder steht auf der Terrasse im achten Stock des Kanzleramts und redet sich Mut zu. Er sagt: „Wir haben jetzt fünf Punkte Abstand. Das ist innerhalb der Fehlertoleranz. Ich musste ein Signal geben, das Optimismus verbreitet. Wir haben ja nur auf die Fresse gekriegt."

Im direkten Vergleich mit Stoiber führt er nach wie vor. Er klammert sich an diese Werte. „Stoiber ist bruchlos, der will in das Amt befördert werden", sagt er. „Ich habe drei Scheidungen hinter mir und der eben nicht. Die Alltagserfahrungen der Leute ähneln diesen Brüchen. Ganz tief unten in sich sagen sich die Leute: ‚Der passt zu einer normalen Gesellschaft besser.' Wir haben keine Stimmung, die heißt: Der soll weg."

Nur: Das reicht nicht. Die Partei steckt bei 35 Prozent fest, 6 Prozent weniger als bei der Wahl '98. Es fehlen also 2,9 Millionen Stimmen.

Im Juni, Berlin, Kanzleramt

Regierungssprecher Uwe-Karsten Heye, Kanzleramtschef Frank-Walter Steinmeier und der Journalist Manfred Bissinger treffen sich im Kanzleramt zu einem Strategiegespräch. Es geht um die Frage, wie Gerhard Schröder den Schwenk von seiner „uneingeschränkten Solidarität" zu einem möglichen Nein hinbekommen könnte. Sie halten es für richtig, den Irak-Krieg abzulehnen. Sie entwerfen Papiere für den Kanzler, und Bissinger führt mit Schröder die Gespräche darüber. Bissinger ist der wichtigste Mann in dieser Runde. Er ist ein Außenstehender, und Schröder schätzt seinen politischen Sachverstand.

Die zentrale Botschaft der drei Strategen heißt: „Das Nein muss stehen. Daran hängt die ganze Glaubwürdigkeit." Offen bleibt die Frage, was passieren wird, wenn Schröder wirklich nein sagt. Hält Deutschland das durch? Und wenn: Was wird das für Deutschland bedeuten?

8. Juni, Berlin, Kanzleramt

„Was haben wir noch?" Die Frage steht im Raum, sie klingt nach Mutlosigkeit, nach Aufgabe irgendwie auch. Die Spitzen der Koalition sitzen zusammen, Schröder, Struck, Steinmeier für die SPD, Fischer, Schlauch, Müller und Kuhn für die Grünen.

Sie suchen noch einmal nach dem Kaninchen, dem letzten womöglich vor der Wahl.

Die Runde beschließt, dass die Ergebnisse der Hartz-Kommission zur Reform des Arbeitsmarktes schnell bekannt werden müssen. Eigentlich sollte das Konzept erst am 16. August vorgestellt werden. Aber das wäre zu spät. Die Regierung braucht einen Knalleffekt, und zwar bald.

24. Juni, Hamburg

Das Dossier hat 30 Seiten, streng vertraulich, 30 Seiten, die die Rettung bringen sollen, für den Arbeitsmarkt, für die Regierung.

Es ist Montag, der SPIEGEL veröffentlicht das Konzept der Hartz-Kommission. Vorgestellt wird der tiefgreifendste Umbau der Arbeitsmarktpolitik, der in Deutschland je unternommen wurde. Sozialleistungen sollen gekürzt, der Arbeitsmarkt flexibilisiert, die Zumutbarkeit verschärft, die Selbständigkeit gefördert werden. Arbeitsämter sollen in Zukunft „Agenturen für Arbeit" heißen, Arbeitslose von Personalservice-Agenturen eingestellt und an Unternehmen verliehen werden. Das Ziel ist, die Arbeitslosigkeit innerhalb einer Legislaturperiode weitgehend abzubauen. Werden die Vorschläge umgesetzt, behauptet Hartz, wird es in drei Jahren nur noch zwei Millionen Arbeitslose geben, „vorsichtig kalkuliert".

Für den Kanzler könnten die Pläne den entscheidenden Schub im Wahlkampf bedeuten, sie wären ein Ausweis der eigenen Reformfähigkeit.

Gerhard Schröder hat, wieder einmal, einen Ballon in die Luft steigen lassen. Erst die Süssmuth-Kommission, jetzt die Hartz-Kommission. Der Einsatz von Kommissionen gehört inzwischen zu den verlässlichen Konstanten seiner Politik. Schröders Kommissionen sind parteiübergreifend, neutral, ihre Arbeit macht die Arbeit des Kanzlers nicht angreifbar. Kommissionen ersparen ihm quälende Debatten im Parlament, sie nehmen Druck von der Regierung.

Jetzt wartet Schröder, er lauert. Er sagt noch nicht, ob die Pläne von Hartz auch die Pläne von Schröder sein werden. Er sagt nur: „Die Richtung gefällt mir."

Er will abwarten, was die Öffentlichkeit zu diesen Plänen sagt, woher der Wind weht, wohin es den Ballon treiben wird. Im Zweifel wird „nachgebessert".

24. Juni, Ottawa

Gerhard Schröder ist in der kanadischen Hauptstadt, beim G-8-Treffen der großen Industrienationen, weit weg von Deutschland. Aber er kennt die Nachrichtenlage.

Sein Kanzleramtschef Frank-Walter Steinmeier hat aus Berlin die neuesten Meldungen zum Hartz-Konzept telefonisch durchgegeben, Schröder kennt jetzt die Stimmen und Stimmungen, die Windrichtung. Von Lothar Späth, dem Schatten-Wirtschaftsminister der Union, bis zum SPD-Fraktionschef Peter Struck, von Außenminister Joschka Fischer bis zum Arbeitgeberpräsidenten Dieter Hundt durchweg positive Reaktionen. „Revolutionär", sagte Späth, „ausgewogen" Struck, „sehr, sehr wichtig" Fischer, „richtungweisend" Hundt.

Sogar die Gewerkschaften haben verhalten zugestimmt. „Wir sind gesprächsbereit", sagte Michael Sommer, der Chef des Deutschen Gewerkschaftsbundes. „Das Interessanteste und Intelligenteste, was zu dem Thema in den letzten Monaten auf den Markt gekommen ist", sagte der Wirtschaftsweise Bert Rürup.

In Kanada lässt der Kanzler die Fernsehteams anrücken. „Peter Hartz hat mein Vertrauen und meine Unterstützung", sagt er. Die Vorschläge der Kommission seien „eine große Chance, Bewegung in den Arbeitsmarkt" zu bringen.

Er hat es jetzt eilig. Er will sich mit den Gewerkschaftsführern treffen, noch in dieser Woche. Er hat eine neue Chefsache. „Alle müssen mithelfen", sagt Schröder.

Wenige Tage später veröffentlicht das ZDF-„Politbarometer" eine neue Umfrage. Die SPD hat fünf Prozentpunkte dazugewonnen.

27. Juni, Berlin, Auswärtiges Amt

Fischers Ministerium erfährt von Ermittlungen gegen Heinz Martin Kübler, den Lieferanten der Reiseschutzpässe. Zu seinen Kunden gehören Schleuser, er fliegt bei einer Telefonüberwachung auf.

Kübler ist längst ein enger Vertrauter des Ministeriums geworden. Das nun ein richtiges Problem hat. Die Vorgänge lassen sich nicht mehr mit der übergeordneten Vision von einer multikulturellen Gesellschaft begründen. Das Auswärtige Amt stoppt die Anerkennung von Küblers Reiseschutzpässen.

30. Juni, Yokohama

Man kann die Sieger jetzt nicht allein lassen. Rudi Völlers Nationalelf steht im Finale der Fußballweltmeisterschaft in Japan. Gerhard Schröder fliegt vom G-8-Gipfel in Kanada ein, Stoiber kommt aus München.

Deutschland verliert gegen Brasilien 0:2. Es ist in jeder Beziehung unglücklich gelaufen: für Oliver Kahn, für Gerhard Schröder und für Edmund Stoiber.

Nach dem Finale gibt der Deutsche Fußball-Bund einen Empfang. Irgendwann kommt auch der Teamchef Völler mit seiner Elf. Schröder schiebt die Fotografen zur Seite und drängt nach vorn. Als er gerade die Ehefrau von Rudi Völler umarmt, kommt von der Seite Edmund Stoiber. Stoiber umarmt Völler. Schröder ruft: „Ach, der Herr Kandidat. Hat hier keiner ein Bier für den Kandidaten?"

Ein Gruppenfoto wird geschossen, es geht schnell, die Fotografen ziehen weiter. Schröder fragt: „Was, will denn keiner mehr ein Bild von dem Kandidaten?"

So mag er es. Im Zweikampf fühlt er sich seinem Herausforderer überlegen. Er setzt auf die letzten Wochen. „Dann wird sich zeigen, wer die stärkeren Nerven hat", sagt er.

20. Juli, München

„Freut euch des Lebens" spielt ein Straßenmusikant, als Gerhard Schröder und seine Frau vorbeilaufen. Sie sind unterwegs zum Münchner Rathaus, wo Otto Schily seinen 70. Geburtstag feiert. Doris Schröder-Köpf wirft etwas Kleingeld in den Hut.

Schröder hat in den letzten Tagen häufig mit ihr darüber gesprochen, wie sich das Leben anfühlte, wenn er nicht mehr Kanzler wäre.

Schily lässt sich ausgedehnt feiern, in München, auch in Berlin. Hier ist der Schriftsteller Peter Schneider dabei, er will ein Loblied auf Linda Tatjana Schily singen, Schilys Ehefrau. Im Café „Einstein" ernennt Schneider, der einen Roman über das aufregende und bizarre Liebes- und Beziehungsleben der 68er-Generation geschrieben hat, die Schilys zu einem Gegenmodell des Ehepaars Stoiber.

Den Bundeskanzler amüsiert dieser Vergleich beträchtlich. Denn Gerhard Schröder, der mit seiner vierten Ehefrau Doris Schröder-Köpf gekommen ist, braucht nicht viel Phantasie, um diesen Vergleich zu erweitern – auf sich und seine Ehe, ja, auf nahezu die gesamte Festversammlung.

Eine bunte Truppe hockt da zusammen, die grau geworden ist. Fast alle Gäste, die sich zu Ehren Schilys versammelt haben, gehören zu der Generation, die sich in den sechziger und siebziger Jahren als Spitze des historischen Fortschritts betrachtete und die nun erkennbar Mühe hat, diesem Fortschritt zu folgen oder gar ihm eine Richtung zu geben.

Man sieht es den meisten an, dass die erkämpften Freiheiten ihr

Leben nicht einfacher gemacht haben. In Anwälten und Schauspielern, Malern, Schriftstellern, Musikern und Wissenschaftlern wuchert wilde Vergangenheit. Ist das nun die Hauptversammlung des rot-grünen Regierungsprojekts? Gerhard Schröders Verhältnis zu den Grünen ist eher der Erinnerung an die gleichen kulturellen Erfahrungen geschuldet als gemeinsamen politischen Zielen und Inhalten.

Sicher, sie haben damals in der Bonner „Provinz" ihr künftiges Kabinett entworfen. Und die politischen Konstellationen 1998 mögen den Eindruck nahe gelegt haben, als würde diese Generation endlich, wenn auch verspätet, den politischen Durchbruch zur Macht geschafft haben. Aber weder Schröder noch Fischer waren für höhere Sinnstiftung zu haben.

Und so wurde Rot-Grün ein Projekt des nachgeholten Pragmatismus für die 68er-Generation, wie der Soziologe Heinz Bude schreibt. Sie hat dazugelernt und ist „vernünftig" geworden. „Vernünftig" ist Schröders Lieblingswort.

25. Juli, Berlin, Bundestag

Peter Struck wird als neuer Verteidigungsminister vereidigt. Vor wenigen Tagen ist Rudolf Scharping entlassen worden, er war nicht mehr zu halten. Schon nach den Badebildern in einem Pool auf Mallorca mitten in der Mazedonien-Krise des vergangenen Jahres war sein Rücktritt gefordert worden, aber Schröder hielt zu ihm, mit einer erstaunlichen Begründung: „Den kann ich doch gar nicht entlassen. Dann würde sich seine Freundin von ihm trennen."

Nun wurde bekannt, dass Scharping von dem PR-Berater Moritz Hunzinger 140000 Mark Honorar für Vorträge und bisher unveröffentlichte Memoiren erhalten hat. Das Geld wurde 1999 überwiesen, als Scharping schon Verteidigungsminister war und deshalb keine Honorare beziehen durfte. Außerdem soll Hunzinger für Scharping eine Rechnung über 55000 Mark beglichen haben, die beim Einkauf des Ministers in einer Frankfurter Herrenboutique zusammengekommen waren. Deutschland brauchte einen neuen Verteidigungsminister, und Schröder sagte zu Struck: „Peter, du musst das jetzt machen."

Struck hat sich nie richtig gegen Gerhard Schröder gewehrt. Bevor Schröder Ministerpräsident in Niedersachsen wurde, stellte er Struck einen Posten als Finanzminister in Aussicht. Schröder sagte Struck, er werde ihn anrufen. Er rief nicht an. Struck wurde Fraktionsgeschäftsfüh-

rer. Schröder nannte ihn „den Vertreter des organisierten Mittelmaßes".
Irgendwann in dieser Zeit traf Schröder Strucks Ehefrau Brigitte, und
die sagte ihm: „Wir sind auf dich nicht angewiesen. Für den Peter gehe
ich notfalls putzen." Seitdem hat Schröder Respekt vor Frau Struck.
Jetzt ist ihr Mann Verteidigungsminister. In Berlin findet zur Amts-
einführung das öffentliche Gelöbnis von Rekruten statt. Struck schreitet die Reihen ab, Schröder schreitet an seiner Seite. Struck findet sich
bedeutend.

„Guck mal", sagt er leise zum Bundeskanzler, „alles meine Jungs."

„Ja", antwortet der Bundeskanzler, „aber nur in Friedenszeiten."

30. Juli, Berlin, Kanzleramt

Früh am Morgen bekommt Gerhard Schröder im Kanzleramt Besuch
von seinem Außenminister. Joschka Fischer ist davon überzeugt, der
einzige Politiker dieser Regierung zu sein, der in der Lage ist, strategisch zu denken.

Fischer ist Außenminister, und für das große Ganze des Landes ist
der Bundeskanzler zuständig. Aber der Außenminister macht sich
schon gern seine Gedanken darüber, wie das große Ganze aussehen
muss. Und was man tun muss, um in dem großen Ganzen auch noch
Wahlen zu gewinnen.

Das Ergebnis solcher Überlegungen nennt er dann „Grand Design".
Er erklärt mit großer Leidenschaft, dass in einem „Grand Design" alles
mit allem zusammenhängt: die Weltwirtschaft und die Konjunktur,
die demografische Entwicklung und die Rente, die deutsche Einheit
und Europa.

Fischer kann sein „Grand Design" in druckreifen Sätzen formulieren, und er formuliert es ständig. Beim Joggen, beim Kaffeetrinken,
vor dem Essen, nach dem Essen. Manchmal spricht er auch mit
Gerhard Schröder darüber. Aber immer nur dann, wenn kein anderer
zuhört. Fischer erteilt keine öffentlichen Ratschläge mehr. Sosehr er
früher die Hierarchien bekämpft hat, sosehr hat er jetzt begriffen, dass
er Hierarchien respektieren muss. Er spielt keine Spiele, die er nicht
gewinnen kann. Er respektiert Schröder nicht als Schröder, er respektiert Schröder als Kanzler.

Bevor Gerhard Schröder Bundeskanzler wurde, war das Leben leichter für Joschka Fischer. Er durfte über Schröder sagen, was er über
ihn dachte. 1997 dachte er so über Schröder: „Wenn die Mehrheit es

morgen erfordert, dass er sich zu Kaiser Wilhelm stilisiert, würde er sich einen wunderbaren Zwirbelbart zulegen. Und wenn es notwendig wäre, als bayerischer König Ludwig II. ins Kanzleramt zu kommen, würde er im Starnberger See schwimmen und einen Schwan küssen."

Im selben Jahr unterhielten sie sich miteinander darüber, was passieren würde, wenn sie an die Macht kämen. Schröder sagte: „Dein Programm ist mit niemandem in der SPD zu machen, noch nicht mal mit unseren Linksaußen." Fischer antwortete: „Hochwohlgeboren scheint es nicht mehr gewohnt zu sein, dass es andere Meinungen gibt." Schröder: „In einer rot-grünen Konstellation muss klar sein: Der Größere ist der Koch, der Kleinere ist Kellner."

Es ist jetzt klar. Seit Schröder Kanzler ist, hat Joschka Fischer aufgehört, sich an ihm abzuarbeiten.

Fischer und Schröder sitzen auf der Terrasse des Bundeskanzleramts beim Frühstück, Dieter Kastrup ist dabei, Schröders außenpolitischer Berater. Fischer glaubt nicht an gemeinsame amerikanische und europäische Positionen, wenn es um diesen Krieg geht, er ist sicher, dass Bush den Irak angreifen wird. Er will verhindern, dass Deutschland zu einer Reaktion gezwungen wird. Er sagt: „Wir müssen uns aufstellen, bevor wir aufgestellt werden."

Die Umfragen für Rot-Grün sehen schlecht aus. Fischer sagt, eine Haltung zu Krieg oder Frieden im Irak werde der Regierung womöglich nützen, Pazifismus könne im Wahlkampf Stimmen bringen.

„Du musst das hochziehen", sagt er.

1. August, Berlin, Wahlkampfzentrale der SPD

Abends um 19.00 Uhr sitzt SPD-Generalsekretär Franz Müntefering in seiner Wahlkampfzentrale mit Demoskopen beieinander, sie suchen nach Formeln für den Wahlkampf, nach der nächsten Etikette, nach einem Nachfolger für die „neue Mitte".

Ein Thema gibt es jetzt. Der Kanzler hat sich entschieden, sein Thema wird der Irak sein.

Im Verlauf der Sitzung fällt jemandem der Begriff „Der deutsche Weg" ein. Von wem der Einfall stammt, weiß hinterher niemand mehr. Ein Teilnehmer der Sitzung sagt: „Man hat sich einfach besoffen geredet."

Müntefering lässt den Begriff auf einen Flipchart schreiben und läuft damit am späten Abend zu einer Sondersitzung der SPD. Der

Kanzler ist dabei, einige Mitglieder des Kabinetts und SPD-Minister-präsidenten. Müntefering stellt den „deutschen Weg" vor. Die Runde findet den Begriff gelungen.

Erst später wird den Genossen klar, dass ihre Formel zu knapp aus-gefallen ist, dass sie Missverständnisse provozieren musste. Ein deut-scher Weg – aber wohin? Hatten wir den nicht gerade hinter uns gelas-sen? Und was wird, wenige Monate nach der Euro-Einführung, aus jenem europäischen Weg, den Kanzler und Außenminister so lange beschworen hatten?

Der deutsche Weg entwickelt sich zu einer rätselhaften Navigations-hilfe, die viele als Wegmarke in Richtung Vergangenheit verstehen mussten. Für Historiker bedeutet deutscher Weg der Sonderweg einer Nation, deren staatliche Einheit ohne bürgerliche Revolution zu Stande kam. Später lebte die Vokabel im Nachkriegsdeutschland weiter, das auf Grund des Hitler-Regimes einen deutschen Sonderweg zu gehen hatte.

Schröder hält die Formel für griffig, treffsicher. Er glaubt, sich damit zurück in die Mitte einer verängstigten Gesellschaft bewegen zu kön-nen. Der deutsche Weg soll gleichsam zur Wärmflasche werden für alle, denen die Welt zu kalt geworden ist, die Angst haben vor Ame-rikanisierung, vor Krieg, vor gierigen EU-Bürokraten.

In den Tagen danach begann er zu erklären, was mit dem „deut-schen Weg" wirklich gemeint sei: Vor allem das „Sozialstaatsmodell Deutschland" habe er im Auge gehabt, dazu den alten SPD-Wahl-kampfslogan vom „Modell Deutschland", auch in Abgrenzung zu den USA.

Gerhard Schröder will sich mit dem „deutschen Weg" der US-Kriegs-maschine verweigern. Er glaubt, damit eine Mehrheit hinter sich be-kommen zu können.

5. August, Hannover, Opernplatz

Der Bundeskanzler trägt einen grauen Anzug und eine rote Krawatte, die Sonne knallt ihm auf den Kopf, er wischt sich den Schweiß von der Stirn, er ist bereit.

5000 Menschen sind auf dem Opernplatz in Hannover, die SPD hat den Beginn ihres Wahlkampfs auf heute vorgezogen, weil die Um-fragen nicht besser werden.

Schröder ist in guter Stimmung, seine Frau Doris hat heute Ge-burtstag, es gab schon einen kleinen Sektempfang für sie, ein paar

Leute vom SPD-Präsidium haben hinter der Bühne, von der aus der Kanzler gleich reden wird, „Happy birthday" gesungen, Müntefering hatte einen Blumenstrauß mitgebracht.

Schröder sagt: „Es ist wahr, wir haben uns auf den Weg gemacht, unseren deutschen Weg." Dann zielt er auf Amerika. „Die Zeiten, in denen uns – was die Wirtschaft angeht – Amerika und andere als Vorbild dienen sollten, die sind nun wirklich zu überdenken. Pleiten, das Ausplündern kleiner Leute in den Vereinigten Staaten, die sich jetzt Sorgen über ihre Altersversorgung machen müssen, während ein paar Spitzenmanager Millionen und Milliarden nach Hause tragen, ich sage, das ist nicht der deutsche Weg, den wir für unser Volk haben wollen."

Nach 23 Minuten ist Schröder im Irak angekommen. „Diese meine Regierung hat bewiesen, dass sie in Zeiten zugespitzter Auseinandersetzungen sehr wohl in der Lage ist, entschieden, aber besonnen unser Deutschland auf einem vernünftigen Kurs zu halten … Wir sind zur Solidarität bereit … aber dieses Land wird unter meiner Führung für Abenteuer nicht zur Verfügung stehen … Und mit Bezug auf die Diskussion um eine militärische Intervention etwa im Irak sage ich: Ich warne davor, über Krieg und über militärische Aktionen zu spekulieren, und sage denen, die in dieser Situation etwas vorhaben: Wer das will, darf nicht nur wissen, wie er reinkommt, sondern der braucht auch eine politische Konzeption dafür, wie es weitergeht. Deshalb sage ich: Druck auf Saddam Hussein ja, aber Spielerei mit Krieg und militärischer Intervention – davor kann ich nur warnen. Das ist mit uns nicht zu machen."

Auf dem Opernplatz bricht lauter Beifall los. Uwe-Karsten Heye, Schröders Regierungssprecher, steht in der Menge und sagt: „Na, Gott sei Dank."

Niemand, nicht mal Schröders engste Berater, wusste vorher, was der Kanzler heute sagen würde.

Am Ende sagt Schröder, er werde diesen Weg weitergehen, in „der großartigen Tradition der Friedenspolitik von Willy Brandt und Helmut Schmidt".

Für Willy Brandt war die deutsch-amerikanische Freundschaft „ein Eckpfeiler im turbulenten Geschehen der Weltpolitik". Für Enkel Gerhard ist sie die letzte Chance im turbulenten Geschehen des Wahlkampfs. Die SPD hat wieder ein großes Thema, Feindbild, Moral und Werte inbegriffen.

Öffentlich sagt Fischer erst mal gar nichts zum „deutschen Weg". Später sagt er einem britischen Reporter: „Forget it."

10. August, Washington

Der deutsche Generalinspekteur Wolfgang Schneiderhan besucht Washington. Er hat eine Unterredung mit Condoleezza Rice. Bushs Sicherheitsberaterin fragt ihn: „Wer ist denn nun der Böse für Deutschland? Bush oder Saddam?"

12. August, Berlin, Kanzleramt

Der US-Botschafter Daniel Coats hat sich einen Termin im Kanzleramt geben lassen. Er ist Amerikas oberster Diplomat in Deutschland, aber die Zeiten, in denen Deutschland und Amerika in der Sprache der Diplomaten miteinander verkehrten, sind vorbei.

Coats ist gekommen, um sich über Schröders Angriff auf Bush zu beschweren. Bush habe in der Frage eines Irak-Kriegs noch keine Entscheidung getroffen, sagt er dem Kanzleramtschef Frank-Walter Steinmeier. Es gehöre sich nicht, den amerikanischen Präsidenten in die Nähe von Abenteurern zu rücken.

Coats lebt erst seit knapp einem Jahr in Deutschland, er muss sich von Steinmeier über das Wesen der deutschen Sozialdemokratie belehren lassen. In der SPD, sagt Steinmeier, spielten Fragen „von Krieg und Frieden" eine stärkere Rolle als beispielsweise in der CDU. Schröder sei auch Parteivorsitzender, er könne diese Diskussion „nicht wegdrücken", schon gar nicht im Wahlkampf.

Dass manche Botschaft „etwas zugespitzt" rüberkomme, sei unvermeidbar, leider.

12. August, Berlin, Passau, Juist

Es regnet in Deutschland. Seit fast 24 Stunden schon. Joschka Fischer ist mit seinem Wahlkampfbus in Dresden unterwegs, er sitzt auf dem Sofa, guckt aus dem Fenster und sagt: „Ein Tag zum Im-Bett-Bleiben". Dann gähnt er.

In Passau steigt die Donau. Über Berlin wird der Himmel nicht hell. Gerhard Schröder sitzt an seinem Schreibtisch und arbeitet. Er ist ganz wach. Nach den vorangegangenen Unwettern am Schwarzen Meer, in Italien, Österreich und Tschechien ahnt er, dass die entfesselte Natur seinem Wahlkampf neuen Saft geben könnte. Er geht hinüber zum Willy-Brandt-Haus, zur SPD-Präsidiumssitzung, und sagt: „Jetzt kommt das Klima-Thema auf uns zu. Das ist das Thema der Grünen. Was machen die eigentlich?"

Im Innenministerium kommen die ersten Alarmmeldungen aus der Republik an. Keller und Straßenunterführungen sind voll gelaufen, in Passau gibt es einen Katastrophenalarm. Otto Schily ruft den Kanzler an. „Wir müssen da was machen", sagt er. Schröder beauftragt seinen Kanzleramtschef Steinmeier, die Hilfe des Bundes zu organisieren, falls das nötig ist.

Abends sind in Bayern Gebirgsjäger und Panzergrenadiere der Bundeswehr mit Sandsäcken unterwegs. Das Wasser drückt auf die Dämme.

Edmund Stoiber ist mit seiner Ehefrau auf der ostfriesischen Insel Juist angekommen. Er möchte eine Woche Urlaub machen. Der Hotelier hat ihm einen Bayern-Wimpel auf den Tisch gestellt, aber er muss ihn wieder entfernen. Stoiber will keinen Bayern-Wimpel. Auf Juist scheint die Sonne.

13. August, Berlin, Passau, Juist

Im Kanzleramt wird Gerhard Schröder mit den Nachrichten aus Bayern und Sachsen versorgt. In Passau steht die Altstadt unter Wasser, in Dresden läuft die Semperoper voll, die ersten Dämme sind gebrochen. 500 Bundeswehrsoldaten evakuieren Kranke mit Hubschraubern. Otto Schily ist unterwegs zu den zerstörten Dörfern.

Auf Juist besteigt Edmund Stoiber eine Pferdekutsche, die ihn zum Flugplatz bringt. Er muss den Urlaub unterbrechen, es geht nicht anders. „Schau mal, dass du heute Abend wiederkommst", sagt seine Frau noch. Ein Helikopter bringt ihn nach Passau. Zwei Stunden lang guckt er hier ins Wasser, dann fliegt er zurück zur Familie.

Am Abend erzählt Schily im Kanzleramt von Obdachlosen und Plünderungen. In der Nacht setzt Frank-Walter Steinmeier ein nationales Hilfsprogramm auf.

14. August, Berlin, Grimma, Juist

In Deutschland beginnt die größte Evakuierung der Nachkriegsgeschichte. Während einer Kabinettssitzung stimmt der Bundeskanzler das Hilfspaket mit seinen Ministern ab. Es besteht aus zwölf Punkten, 385 Millionen Euro kommen von der Regierung als Soforthilfe. Finanzminister Eichel hatte vor der Sitzung vorsichtig nach der Fortsetzung des Sparkurses gefragt, und Schröder hatte ihm geantwortet: „Hans, nun lass das mal. Das ist jetzt nicht vordringlich."

Umweltminister Trittin hält einen Vortrag über den „Zusammenhang von Unwettern und globaler Erwärmung", er hat auch etwas Schriftliches mitgebracht, fünf Seiten Argumentationshilfe für jeden rot-grünen Wahlkämpfer. Schröder sagt: „Fotokopieren und an alle Minister verteilen."

Als Walter Riester später die Einzelheiten der Hartz-Kommission erklärt, ist Gerhard Schröder schon nicht mehr da. Er fliegt ins sächsische Grimma, ins Katastrophengebiet. Hartz ist ein Thema von gestern, Hartz liefert keine Bilder für den Wahlkampf.

In Grimma trägt Schröder Gummistiefel und eine grüne Jacke vom Bundesgrenzschutz, Kleidung für wundervolle Bilder.

Schröder sieht zusammengekrachte Häuser und weinende Menschen. Sein Blick fühlt mit ihnen. Der Kanzler ist bei den Leuten, ein sorgender Kanzler.

Das hier ist eine Katastrophe für Deutschland, aber es wird die Rettung für Deutschlands Kanzler.

Umweltpolitik hat seit dem Atomausstieg keine tragende Rolle mehr gespielt in seiner rot-grünen Regierung. Neben traditionsbewussten Grünen waren nur einige wenige sozialdemokratische Fachleute wie Hermann Scheer oder Fraktionsvize Michael Müller mit Öko-Papieren beschäftigt gewesen, allerdings immer gegen Widerstände innerhalb der SPD-Fraktion.

Schröder gelingt es mühelos, aus der Situation heraus eine rot-grüne Wurzel auszugraben. Vorhin bei der Kabinettssitzung hat er die Klimapolitik seiner Regierung gelobt, namentlich seinen Umweltminister.

Es war lange Zeit still geworden um die Grünen. Jetzt sind sie zurück, ihr Thema kam vom Himmel gefallen.

Gerhard Schröder hat zugepackt. Es ist der Moment, den ihm die Geschichte geschenkt hat. Das hier ist seine Chance.

Edmund Stoiber, der Herausforderer, der auf Wahlplakaten mit dem Slogan „Zeit für Taten" wirbt, spaziert über die Dünen von Juist. Er hat den Moment verpasst.

16. August, Berlin

Neben der Orgel steht ein Videobeamer. Er wirft Schautafeln nach vorn, dahin, wo der Altar steht. Peter Hartz steht hinter einem Pult, an dem normalerweise Prediger sprechen. Im Französischen Dom am Gendarmenmarkt präsentiert Schröders Helfer sein Konzept gegen die Arbeitslosigkeit. Es sind nicht viele Journalisten gekommen. Hartz und die Arbeitslosen sind im Moment nicht mehr so wichtig.

19. August, Berlin

Der Osten entlang der Elbe ist kaputt. Städte, Dörfer, Straßen, Schienen, Existenzen, alles im Wasser abgesoffen. Es wird Milliarden kosten.

Bis vier Uhr nachmittags wird im Finanzministerium gerechnet. Dann trifft sich das Kabinett zu einer Sondersitzung. Am Abend verkündet der Bundeskanzler das Ergebnis: Die Regierung will zur Finanzierung der Flutkatastrophe die zweite Stufe der Steuerreform um ein Jahr verschieben. „Alle müssen ihren Teil beitragen zu diesem nationalen Kraftakt", sagt er.

Der Vorschlag soll die Stimmung im Volk treffen, die Deutschen spenden ohnehin gerade wie noch nie. Dieses Opfer können sie jetzt auch noch bringen.

Außenminister Joschka Fischer spaziert am frühen Nachmittag über den Berliner Gendarmenmarkt. Er hat das Jackett über die Schulter gehängt und sagt: „So, der Osten ist jetzt verloren für Stoiber."

20. August, Leipzig, Berlin

Ein Helikopter bringt den Regierungschef zur Eröffnung eines Porsche-Werks in Leipzig. Als er über die überschwemmten Gebiete fliegt, ballt er die Faust wie früher Boris Becker auf dem Tennisplatz. Schröders Unterarm zischt durch die Luft, es ist wie die Geste nach einem gewonnenen Match-Ball.

„Ich hab die neuen Zahlen", sagt Schröder.

Abends blinzelt er im achten Stock des Kanzleramtes auf seiner Terrasse in die Abendsonne über dem Tiergarten, aus dem die Siegessäule golden leuchtet, und sagt trotzig: „Der Stoiber kommt hier nicht rein. Die glauben doch, der Staat gehört ihnen. Als wäre es Gottes Wille, dass die Konservativen Deutschland regieren."

Ja, er hatte Durchhänger, eine „Phase der Leere" lähmte ihn. Das war während seiner verunglückten Urlaubszeit in Hannover, als er das Gefühl kriegte, ihm werde alles Unheil dieser Welt persönlich angerechnet: vom Aktiensturz der Telekom bis zur Babcock-Borsig-Pleite, von Scharpings Kleiderrechnung bis zur miesen Weltkonjunktur.

Doch als die Hartz-Kommission die Halbierung der Arbeitslosigkeit ankündigte und die Flut anrollte, hatte Schröder dieses Tief schon hinter sich. Die aktuelle Lage, die seine besten Fähigkeiten freisetzt und dem spontanen Krisenmanager eine Bühne schafft, gibt ihm zusätzlich Chancen.

Vier Tage später veröffentlicht das ZDF die Zahlen des neuen „Politbarometers". In der politischen Stimmung gewinnt die SPD drei Punkte und kommt auf 40 Prozent. Die Union verliert vier Punkte und landet bei 39 Prozent.

Zum ersten Mal, seit Edmund Stoiber Kanzlerkandidat wurde, liegt die SPD wieder vorn.

27. August, Berlin, Kanzleramt

Der Nachrichtenticker im Bundeskanzleramt meldet Neuigkeiten aus Amerika. Dick Cheney hat dem Irak-Konflikt die entscheidende Richtung gegeben. Vor Kriegsveteranen sagte der Stellvertreter des US-Präsidenten: „Ein Regimewechsel würde eine Menge Vorteile für die Region bringen. Die Schlacht muss zum Feind getragen werden."

Mit Cheneys Rede wird klar, worum es Amerika geht. Nicht um die Beseitigung des internationalen Terrorismus, sondern um die Vernichtung Saddam Husseins.

Gerhard Schröder liest die Rede nach. Er weiß jetzt, dass er eine gute Begründung für seinen Weg hat. Vor den Fernsehkameras sagt der Kanzler: „Jetzt über einen Angriff auf den Irak zu sprechen ist falsch. Deutschland wird sich unter meiner Führung nicht daran beteiligen."

Die Flut ist aus Deutschland abgezogen, die Angst vor dem Krieg kommt. Und Schröder steht. Ein Mann aus dem SPD-Präsidium sagt: „Wir haben einen großen Wahlkämpfer für uns im Weißen Haus sitzen." Vielleicht wird es jetzt so wie 1976, als Helmut Schmidt Plakate mit dem Aufdruck „Den Frieden wählen" kleben ließ. Und Helmut Kohl im letzten Moment besiegte.

„Die Rede von Cheney", sagt einer von Schröders Beratern, „war der Kick."

Gerhard Schröder läuft jetzt nur noch geradeaus. Auf dem Münchner Marienplatz rät er den Amerikanern, „weniger über Militärfragen und mehr über den Beitritt zum Kyoto-Protokoll zu reden".

Seine Leute laufen breitbeinig hinterher. In Berlin setzt der neue Verteidigungsminister Struck, der auf den üblichen Antrittsbesuch in den

USA bislang verzichtet hat, auf amerikakritische Parolen. Die Deutschen seien „nicht die Mündel der Vereinigten Staaten", tönt er. „Für einen Feldzug gegen den Irak stehen die Soldaten nicht zur Verfügung."

Zu spät, wieder einmal zu spät kommt der Herausforderer aus Bayern. In der Fernsehdebatte war er diesem Thema noch ausgewichen, nun muss sich Edmund Stoiber erklären. Er sagt: „Die Frage eines amerikanischen Alleingangs in der Irak-Frage erfordert eine klare Antwort."

Die Antwort hat Schröder längst gegeben.

August, in einem Wahlkampfbus

Über den Bus ist eine Folie geklebt worden, ein einziges Wort steht darauf, ein Name, eine Botschaft. „Joschka". Das reicht.

„Joschka", das ist ein bisschen wie „Sting". Seit Wochen ist der deutsche Außenminister mit diesem Bus im Wahlkampf unterwegs, ein Polit-Popstar, der Einzige, der sich so etwas leisten kann. Er reist von Bühne zu Bühne, und am Ende seiner Reden sagt er immer diesen einen Satz. „Ich werbe auch ganz persönlich für mich: Ich möchte vier Jahre weiter Außenminister bleiben." Er bekommt immer den stärksten Beifall, wenn er diesen Satz sagt, manchmal hört man Bravorufe. Es ist, als sei der Posten des Außenministers ein Wahlamt.

Er redet von einer großen grünen Bühne herab, man sieht dort oben einen Mann, der kämpft, er steht vor sieben Meter hohen weißen Buchstaben, es sind dieselben Buchstaben wie auf seinem Bus. „Joschka". Nicht mal Helmut Kohl hat sich nach 16 Jahren Kanzlerschaft getraut, einfach nur „Helmut" auf die Plakate drucken zu lassen.

Niemand kann beantworten, was aus den Grünen geworden wäre ohne ihn. Mit ihm, sagt Fischer, hat Deutschlands Stimme in der Welt erheblich Gewicht gewonnen. Auf den Beliebtheitsskalen der Demoskopen belegt er den ersten Platz.

In Flensburg strömen an einem Dienstag um die Mittagszeit annähernd tausend Menschen zusammen, um den grünen Superstar zu sehen, „dreimal mehr als vorher bei Hans Eichel und Angela Merkel", schreibt das lokale Wochenblatt.

Sein Publikum entstammt Deutschlands Mitte: Junge, Alte, Ökos, Kegelbrüder.

„Woher kommt das?", fragt er nach einem Auftritt, er sitzt auf dem Sofa seines Busses, ein Mann, der mit sich zufrieden ist. Weit entrückt scheint er in solchen Momenten von seiner Partei. Sie bildet die Basis seiner Macht. Ohne sie wäre er nie dort angekommen, wo er hinwollte. Aber jetzt, wo er angekommen ist, wirkt diese Partei gelegentlich wie eine Zwangsjacke.

Als die Grünen vor vier Jahren in der Macht angekommen waren, wollte Fischer eine „Öko-FDP" aus ihnen machen, er wollte fliehen aus dem kulturellen Ghetto von Batik- und Palästinensertüchern. Nur, die „Zausels, deren Horizont immer noch die Schwäbische Alb ist", so etwa formulierte er es damals, die wollten ihm nicht folgen. „Die wollten kleinräumig bleiben", sagt er.

Er hat vor einiger Zeit immer mal wieder darüber nachgedacht, wie das wäre, wenn er zur SPD wechseln würde, wenn er als Sozialdemokrat möglicherweise eines Tages zum Regierungschef aufsteigen würde. Er ist dazu sogar von Gerhard Schröder aufgefordert worden. „Du hättest da mehr Beifall bekommen als ich", hatte der Kanzler ihm nach dem SPD-Parteitag im letzten November gesagt. Mehrmals hat Schröder ihn im Kabinett aufgefordert, den Verein zu wechseln. „Komm", sagt Schröder, „wir haben doch keinen für Außenpolitik, mach das doch als Unabhängiger." Fischers Antwort war schließlich: „Mich gibt's nur mit Rot-Grün."

Klar ist, dass es ihn nur als Außenminister weiter geben wird. Alles andere wäre zu klein. Auf die Frage, was er macht, wenn die Wahl verloren geht, sagt er: „Raus aus dem Dreiteiler, raus aus der Mühle, endlich wieder leben."

Es wäre ein Leben, das er wahrscheinlich schwer ertragen könnte.

4. September, Hannover

Der Bundeskanzler sitzt mit einem Reporter der „New York Times" im Garten seines Privathauses in Hannover. Die bedeutendste Tageszeitung Amerikas ist bei ihm, und Schröder, 1,74 Meter groß nur, wächst allmählich zum Riesen. Er erklärt, dass er den Irak-Krieg auch unabhängig vom Votum des Uno-Sicherheitsrates ablehnen wird. „Hands off", sagt er in dem Interview, „Hände weg" vom Irak. Schröder bietet Amerika die Stirn, als sei er der Epigone des früheren französischen Staatschefs Charles de Gaulle.

Er behauptet in dem Gespräch auch, dass seine Position nichts mit dem Wahlkampf zu tun hat. „Wir werden die Wahlen gewinnen", sagt Schröder.

8. September, Berlin, Fernsehstudio in Adlershof

Edmund Stoiber trägt einen dunklen Anzug, Gerhard Schröder auch. Stoiber trägt eine rote Krawatte mit hellen Streifen, Schröder auch. Es ist 20.30 Uhr, Sonntagabend. In der ARD heißt es, es handele sich um „das Finale".

Entscheidet es sich hier? Beim zweiten TV-Duell in einem Fernsehstudio?

Es geht um die Arbeitslosen. Stoiber sagt: „Da müssen Sie nur mal den Arbeitsamtsbezirk Freising hernehmen…" Schröders Augen zucken, dann fasst er zu: „Aber wir wollen hier doch nicht über Freising reden – oder?"

Es geht um das Sechshundertdreißig-Mark-Gesetz. „Sechsssssdreißig Mark…", sagt Stoiber, er fängt noch mal an, „das, das Sechsssssdreißig-Mark-Gesetz…" Schröder guckt ihn an, milde wie einen kleinen Deppen, der vorn an der Tafel steht und nicht mehr weiter weiß. Dann sagt er: „Das heißt: Sechshundertdreißig."

Und es geht um künftige Minister. Stoiber sagt: „Ich habe bewusst kein Schattenkabinett aufgestellt, weil ich immer gesagt habe: Ein Schattenkabinett…", er guckt Schröder an, „…das haben wir ja schon." Schröder grinst mit etwas Verzögerung. Dann sagt er: „Das war aber ein geglückter Gag, Herr Stoiber, gratuliere."

Infratest dimap startet eine Blitzumfrage. 50 Prozent finden, dass Schröder gewonnen hat. 28 Prozent sind für Stoiber.

Dann fährt der Kanzler in das italienische Restaurant „Sale e Tabacchi" in Kreuzberg. Seine Frau ist dabei, Müntefering, Steinmeier.

Die Runde feiert in die Nacht. Schröder hat seit ein paar Wochen ohne Alkohol gelebt. Jetzt trinkt er Rotwein. Es könnte reichen bis zur Wahl.

12. September, New York

Ein Jahr und einen Tag nach dem Anschlag auf das World Trade Center tritt George W. Bush vor der Uno-Vollversammlung auf. Kurz vor seiner Rede fragt Colin Powell seinen Kollegen Fischer, ob es der deutschen Regierung helfen würde, wenn Bush eine harte Rede hielte. Powell grinst dabei ein bisschen, so, als würde er diese Frage nicht ganz ernst meinen.

Fischer antwortet: Ja, eine harte Rede würde helfen. Powell sagt: „Okay, es wird eine sehr harte Rede werden."

Bush sagt, man müsse an der Autorität der Uno zweifeln, weil sie von Saddam Hussein seit zwölf Jahren ignoriert werde. Sie habe jetzt die letzte Chance, Saddam zu entwaffnen. Wenn sie diese Chance nicht nutze, müsse Amerika das eben allein erledigen. Bush behandelt die Uno, als sei sie die Vorzimmerdame der Vereinigten Staaten.

Er hat seine Entscheidung längst getroffen. Er möchte nur noch, dass sie von möglichst allen getragen wird, auch von der Uno. Deshalb ist er hier.

Beim Mittagessen winkt Bush den deutschen Außenminister an seinen Tisch. „Wann ist diese verdammte Wahl vorbei?", fragt er. Er zwinkert dabei mit den Augen. Es hat etwas Versöhnliches. Es heißt: Ich verstehe euch, aber nicht mehr lange.

Fischer sucht nach der richtigen Antwort. Er ist, einerseits, froh, dass die Amerikaner überhaupt noch mit ihm reden. Er will, andererseits, die deutsche Linie nicht als reine Wahlkampfstrategie verstanden wissen. Er sagt, man müsse nach der Wahl miteinander reden.

Dann telefoniert er mit Verteidigungsminister Peter Struck. Fischer und Struck sind sich einig, dass Bushs Auftritt hilfreich war. Fischer sagt, die offizielle Reaktion darauf sei „ein Fall für Schröder" im Parlament.

13. September, Berlin, Bundestag

Die Uhr im Deutschen Bundestag steht auf zwei Minuten nach neun. Edmund Stoiber steht hinter dem Rednerpult. Vor ihm liegt sein Manuskript. Es hat 26 Seiten. Es ist seine letzte große Rede vor der Wahl.

Vielleicht ist es seine wichtigste Rede der letzten neun Monate. Er redet fast 40 Minuten lang. Über Zahlen, über Statistiken, über Bilanzen. Er redet von Krieg, vom Niedriglohnsektor, vom Weltwirtschaftsforum und von der Tabaksteuer. Er hat nichts vergessen, aber er hat keine Linie.

Dann geht Gerhard Schröder an das Pult. Er stopft eine Hand in die Hosentasche, er dreht den Kopf zum Kandidaten und sagt: „Herr Stoiber, Ihre Rede hat eines deutlich gemacht: Sie wollen vielleicht Kanzler werden, aber Sie haben nicht die Fähigkeiten dazu."

Es ist der letzte Akt von „Der oder ich", Schröder inszeniert ihn als Zweikampf zwischen ungleichen Gegnern, zwischen Erbsenzähler und Staatsmann. Er zieht die großen Linien, er hält sich nicht mit Krümeln auf. Er sagt: „Über die existentiellen Fragen der deutschen Nation wird in Berlin entschieden und nirgendwo anders."

Schröder verzichtet in seiner Rede auf persönliche Angriffe gegen Bush. Er darf jetzt die Balance nicht verlieren. Dafür bricht er an diesem Tag erneut mit einem Tabu. Er erklärt, die Beschlüsse der Uno seien für ihn nicht bindend: „Die Argumente, die ich gegen eine Intervention habe, bleiben unabhängig von einer Uno-Entscheidung richtig."

Um 15.31 Uhr meldet die Deutsche Presse-Agentur: „Eine Woche vor der Bundestagswahl hat die rot-grüne Koalition die Kombination CDU/CSU und FDP in der Wählergunst überholt. Erstmals in diesem Jahr sehen Umfragen SPD und Grüne gemeinsam vor Union und Freidemokraten. Der Vorsprung beträgt – je nach Institut – 1,0 bis 2,5 Prozentpunkte."

15. September, Berlin, Brandenburger Tor

Die Idee hatte Wolfgang Niedecken, der Kölschrocker von der Gruppe BAP. Ein Konzert am Brandenburger Tor, Musik gegen gesellschaftlichen Mief, gegen das Spießertum, Musik für Liberalität, für ein offenes Deutschland, Musik für Rot-Grün, gegen die Konservativen. Es ist, als würde Helmut Kohl noch immer regieren.

20 000 Leute sind gekommen, Junge zumeist, Niedecken heizt an der E-Gitarre, und dann treten die Erlöser auf, Rot-Grün bekommt Gestalt. Gerhard Schröder und Joschka Fischer tänzeln über die Bühne, halten sich im Arm, der erste gemeinsame Wahlkampfauftritt. Fotografen und Kamerateams sind da, Bilder werden gemacht, wie Beweisfotos, dass es doch noch so etwas gibt wie ein gemeinsames Projekt, ein rot-grünes Projekt.

Schröder fällt über den Gegner her, „die wollen zurück zur Vergangenheit", sagt er. Wer Stoiber wähle, bekomme „eine Politik von Kohl, nur ohne Kohl", sagt Fischer. Kurze Sätze, verkürzte Botschaften. Für oder gegen den Irak-Krieg, für oder gegen Atomkraft. Das sei Wahlgrund genug, „für mich als Atomkraftkritiker und Bürger", sagt Fischer. Schröder guckt ihn von der Seite an, entrückt, als sei Fischer ein Pokal, den Schröder gerade gewonnen hat.

Dann spielt BAP weiter. Es ist großes Theater, eine perfekte Inszenierung. Sie reden sich besoffen, sie singen sich in einen Rausch.

Da ist es wieder, dieses Woodstock-Ohnesorg-Brokdorf-Gefühl, dieses semipolitische Wir-Gefühl der 68er, an dem schon Franz Josef Strauß scheiterte und das letztlich auch Helmut Kohl zum Verhängnis wurde. 1998 hat es gereicht, Gerhard Schröder ins Kanzleramt zu schubsen, und auch in diesem Wahlkampf geht es letztlich für viele Wähler darum, welchen Stallgeruch die beiden Kandidaten haben. Stoiber riecht immer noch zu sehr nach Strauß.

Nicht einmal fällt das Wort Reformen, im ganzen Wahlkampf hat man dieses Wort nicht gehört, das entscheidend sein wird für die kommenden vier Jahre. Stattdessen hat man sich an Vokabeln gewöhnt, die reflexartig Wohlbehagen beim Zuhörer auslösen. „Soziale Sicherheit." Die Magie jener Wortkombination aus den Anfangstagen der Republik, als Wirtschaftsminister Ludwig Erhard „Wohlstand für alle" versprach und Zigarren paffte, wirkt noch heute.

Rolf Heinze, der einmal für Gerhard Schröder in die Zukunft denken sollte, gehört schon lange nicht mehr zu den Beratern des Kanzleramtes. Seine Analysen sind nicht zu Politik geworden, er hat sie stattdessen in einem Buch aufgeschrieben, es heißt „Die blockierte Gesellschaft".

„Die Kapazitäten der parlamentarischen Demokratie scheinen überfordert", schreibt Rolf Heinze darin. Vom einstmals oft zitierten Modell Deutschland sei nicht mehr viel zu besichtigen: „Statt gesellschaftlicher Dynamik herrscht eher ein Gefühl der Erstarrung."

18. September, Tübingen

Justizministerin Herta Däubler-Gmelin tritt vormittags in der Sportgaststätte des Turnvereins Derendingen vor Betriebsräten aus Tübingen auf. Sie sagt: „Bush will von seinen innenpolitischen Schwierigkeiten ablenken. Das ist eine beliebte Methode. Das hat auch Hitler schon gemacht." Mit diesem Satz wird Däubler-Gmelin am nächsten Tag im „Schwäbischen Tagblatt" zitiert. Es ist ein kleiner Artikel in einer kleinen Regionalzeitung, der das deutsch-amerikanische Verhältnis endgültig zerstört.

Als die Nachricht in Washington angekommen ist, ruft ein Mitglied des Nationalen Sicherheitsrates in der deutschen Botschaft an und sagt: „Jetzt ist das Fass übergelaufen." Bush, der sonst wenig liest, lässt sich Agenturmeldungen zu der Affäre vorlegen. Die Amerikaner gehen davon aus, dass der Kanzler seine Ministerin entlassen wird. Aber Gerhard Schröder hatte vor kurzem erst seinen Verteidigungsminister Rudolf Scharping entsorgt, er kann sich wenige Tage vor der Wahl keinen Eklat mehr leisten.

Er will mit Bush telefonieren, aber Bush ist für Schröder nicht mehr zu sprechen. Dann schreibt er dem Präsidenten einen Brief, in dem er eine „angebliche Äußerung" bedauert. Der Brief ist weder mit dem Auswärtigen Amt noch mit den außenpolitischen Beratern aus dem Kanzleramt abgestimmt.

Ari Fleischer, der Sprecher der Weißen Hauses, sagt danach kühl: „Das las sich nicht wie eine Entschuldigung." Condoleezza Rice sagt später, mit dieser Affäre sei das Verhältnis zu Deutschland endgültig „vergiftet" gewesen.

22. September, Wahltag

Hannover, Kaiser-Wilhelm- und Ratsgymnasium, 11.13 Uhr: Trüber Wahlauftakt für Gerhard Schröder: Als der Kanzler mit Ehefrau Doris von seinem Haus in der Plathnerstraße in Hannovers Zooviertel zum wenige hundert Meter entfernten Wahllokal gehen will, regnet es in Strömen. Mit zehnminütiger Verspätung läuft er schließlich die Gneisenaustraße hinunter zum Kaiser-Wilhelm- und Ratsgymnasium, Wahlraum 801. Doris schützt ihren Mann mit einem grünen Schirm, er lächelt in die Kameras und winkt den Neugierigen zu. „Grün ist die Hoffnung", sagt ein Passant. Ein anderer ruft: „Viel Glück, Herr Kanzler."

Draußen vor der Schule sind eine Stellwand und ein Rednerpult aufgebaut. Doch Schröder will keine Erklärungen abgeben.

Berlin, Konrad-Adenauer-Haus, 16.16 Uhr: Stoibers Schatten kommt zu Fuß. Er hat keinen Schirm dabei, Regen tropft auf seinen blauen Anzug. Michael Spreng, Stoibers Berater, läuft durch einen Korridor aus Fernsehkameras, er guckt auf den Boden, mit rotem Kopf, er lacht nicht, er grüßt nicht, er sieht aus, als würde er sich wegducken.

Rastlos drückt der Wahlkampfmanager des CSU-Kanzlerkandidaten auf die Tasten seines Handys, so, als sei dieses Telefon ein Taschenrechner.

Kann er schon was sagen? „Alles viel zu unübersichtlich, alles viel zu spannend hier", sagt er.

Er stürmt in das Foyer der CDU-Zentrale. Natürlich hat er schon Zahlen. „Wahrscheinlich werden CDU/CSU stärkste Partei", sagt er und hetzt weiter. „Wie wahrscheinlich?" „Sehr wahrscheinlich."

Er sieht noch immer nicht glücklich aus. Michael Spreng steigt über eine Absperrung, dreht noch einmal den Kopf zurück und sagt: „Die FDP scheint abzuschmieren."

Hamburg, Redaktion der „Bild"-Zeitung, 17.29 Uhr: In der Chefredaktion ist es still wie im Inneren eines Schweizer Safes. Erste Meinungsumfragen sehen die Union knapp vor der SPD. Aber das miese Abschneiden der FDP vermasselt alles. Um 19 Uhr ist Andruck. Bis dahin muss die Schlagzeile stehen, die morgen früh die Stimmung am deutschen Frühstückstisch spiegelt. Es ist schwer. Stellvertreter Walter Mayer sagt: „Abwarten." Hat aber auch schon eine Idee. Sie heißt: „Glückwunsch, Kanzler! Aber diesmal musst du es besser machen." Nicht gerade die politische Richtung, welche „Bild" gemeinhin favorisiert. Im Hintergrund ruft eine helle Stimme: „Schröder hat's wieder gepackt." Sie gehört Kai Diekmann, „Bild"-Chefredakteur und Kohl-Biograf.

Berlin, Konrad-Adenauer-Haus, 18.00 Uhr: Edmund Stoiber guckt auf einen Fernseher, der in Angela Merkels Dienstzimmer steht, 6. Stock. Sie sitzen an einem ovalen Tisch: er, der Kandidat, seine Frau Karin, Angela Merkel, Laurenz Meyer, Stoibers Sprecher Martin Neumeyer und Ulrich Wilhelm und Michael Spreng, der Medienberater. Auf dem Tisch stehen Obst, ein paar belegte Brote und Mineralwasser. Stoiber trinkt Mineralwasser, als die ARD ihre Prognose sendet: Union 39 Prozent, SPD 37 Prozent. Stoiber springt aus seinem Stuhl.

Berlin, Willy-Brandt-Haus, 18.01 Uhr: „Es ist wie bei einem englischen Querfeldeinrennen", sagt der Filmregisseur Hark Bohm, er wirkt müde. „Nur dass dem Favoriten beim Start von seiner Justizministerin einige Gewichte in die Satteltasche gelegt worden sind." Bohm sitzt neben Maler Bruno Bruni und Kollege Sönke Wortmann im vierten Stock des Willy-Brandt-Hauses, irgendwo dahinten steht Scorpions-Sänger Klaus Meine, Peter Stein ist auch da. Aufgesprungen vor Freude sind sie bisher nicht, die hundert prominenten Schröder-Unterstützer, die der Kanzler zu einem intimen Künstler-Essen geladen hatte. Auf Videoleinwänden laufen die ersten Hochrechnungen. Bis eben saß auch noch Schröder bei ihnen. Jetzt muss er sich vorbereiten, draußen warten Presse und Volk.

Berlin, Tempodrom, 18.13 Uhr: Der Grüne Cem Özdemir steht weit hinten, weit weg von der Bühne, er trägt einen gut sitzenden Anzug, verschränkt die Hände vor der Brust und sagt nichts. „Überhaupt nichts, das müssen Sie verstehen." Er hat seine politischen Ämter abgegeben, weil er in eine Flugmeilenaffäre verwickelt war. Er muss den Jubelschrei noch in den Ohren haben, den von der ersten ZDF-

Wahlprognose um 18 Uhr – groß, laut und dröhnend, obwohl das Gerücht schon längst durch die Reihen gewandert war: „Wir haben mehr als die FDP." Das haben sie dann auch, neun Prozent, sagt diese erste Prognose. Sie sagt auch: Özdemir wäre drin. Er wäre wieder wichtiges Mitglied im Parlament, ein Jungstar der Grünen. Da triumphieren sie nun, und er darf nicht mehr.

Hamburg, „Bild"-Redaktion, 18.28 Uhr: Die erste Hochrechnung ist raus. SPD und Grüne kommen auf 301 Sitze, das reicht gerade zum Regieren. „Bild" hat noch 32 Minuten bis zum Andruck. Im Fernsehen sagt der SPD-Fraktionsvorsitzende: „Wir haben einen Wahlkampf gegen die ‚Bild'-Zeitung führen müssen." Der stellvertretende Chefredakteur Walter Mayer bastelt an der Schlagzeile, entweder „Joschka Fischer rettet den Kanzler" oder „Rettet Joschka Fischer den Kanzler?"

Berlin, Konrad-Adenauer-Haus, 18.40 Uhr: Stoiber steht neben seinem Stuhl in Angela Merkels Zimmer. Er sieht eine neue Hochrechnung der ARD. Zum ersten Mal ist Schwarz-Gelb vor Rot-Grün. Stoiber bewegt sich nicht. Er sagt nur: „Jetzt gemma runter." Ein Fahrstuhl bringt ihn ins Foyer, Angela Merkel steht neben ihm in der Kabine. Als sich die Tür öffnet, hört er Sprechchöre. Die Menschen von der Christenunion rufen: „Edmund, Edmund!"

Stoiber geht an einem Betonpfeiler entlang und sagt: „Sssooo." Sssooo. Der Mann, der jedenfalls für den Moment Kanzler der Bundesrepublik Deutschland ist, hört sich an, als habe er gerade einen Aktenordner zu Ende gelesen.

Dann steht er auf einem Podium mit grauem Teppichboden, er trägt einen dunklen Anzug und eine rote Krawatte mit silbernen Streifen, es ist dieselbe Krawatte, die er beim zweiten Fernsehduell trug, es ist die Krawatte einer Niederlage.

Jetzt streckt er beide Daumen in die Luft, Angela Merkel steht neben ihm, auch ihre Daumen zeigen nach oben. Es sieht aus wie bei einer Siegerehrung in der Formel 1, mit Michael und Ralf Schumacher.

„Eins steht jetzt schon fest", sagt Stoiber, „die Union, die CDU/CSU, wir haben die Wahl gewonnen."

Berlin, Willy-Brandt-Haus, 19.25 Uhr: Zwei Dutzend Journalisten drücken sich an einer Glasscheibe die Nasen platt und starren auf zwei Aufzugtüren. Wann kommt der Kanzler? Der eine Aufzug steht im sechsten Stock, der andere im vierten, wie an der blauen Leuchtanzeige über den Türen zu sehen ist. Nichts regt sich. Dann regt sich was. Dritter Stock, zweiter, erster. Die Tür fährt zur Seite, heraus treten der Kanzler und seine Frau. Sie gehen gleich nach draußen, wo das Volk wartet. Verhaltener Jubel. Dann redet Schröder, ein zehnminütiger Versuch über die Zuversicht. „Mehrheit ist Mehrheit. Und wenn wir sie haben, werden wir sie nutzen", sagt er.

Er hat jetzt das Zwangslächeln seines Kontrahenten, er hat jetzt das Stoiber-Lächeln. Auf dem Bildschirm lächelt Stoiber, er hat jetzt das Schröder-Lächeln.

Berlin, Tempodrom, 21.30 Uhr: Joschka Fischer wandelt im VIP-Bereich zum Ruheraum. „Tendenz positiv", knurrt er, nicht wirklich schlecht gelaunt. „But too early to say."

Berlin, Willy-Brandt-Haus, 23.40 Uhr: Die SPD feiert. Eine Combo aus Lateinamerika spielt auf, ein paar Frauen tanzen, deutsche Hüften schwingen irgendwie kubanisch. Udo Lindenberg ist da, Wolfgang Niedecken, Karl Dall und Moritz Rinke. Es gibt Kassler.

Ein Aufschrei geht durch den Saal, als die nächste Hochrechnung kommt. Die SPD rückt der CDU immer näher. Gläser klirren aneinander, Hände klatschen auf Schultern. Sieg. Matthias Machnig, der seine Müdigkeit überwunden hat, hebt ständig die Daumen. Sigmar Gabriel, der Hoffnungsträger der SPD, trinkt kräftig Bier und lässt seine Zigarre dampfen, eine Montechristo. Cohibas sind für Kanzler. Herta Däubler-Gmelin ist nirgendwo zu sehen.

München, Haus der Hanns-Seidel-Stiftung, 23.55 Uhr: Vor der Tür spielt die Stadtkapelle Wolfratshausen „Laridah", den Lieblingsmarsch von Edmund Stoiber, innen ertönt der Stadionklassiker „We are the Champions", und der Kandidat wird gefeiert wie der Trainer eines Provinzvereins, der bis ins Pokalendspiel gekommen ist und durch Elfmeterschießen verloren hat. Er trinkt nicht Kamillentee, sondern demonstrativ Bier und ruft: „Wir haben die Wahl gewonnen, wir haben die Wahl gewonnen, wir haben die Wahl gewonnen."

Seine Frau neben ihm lächelt nicht mehr, sie schaut ernst, müde und traurig. Ihr Mann redet frei und ohne Berater, er dankt allen, auch den Polizisten, „die Großes geleistet haben bei vielen tätlichen Angriffen", und lobt, „dass ihr alle bis nach Mitternacht hier ausgehalten habt, zeigt, was für eine tolle Partei die CSU ist". Es gebe „einen Sieger von höchstem Ausmaß, und das ist das Land Bayern". Edmund Stoiber ist jetzt wieder ganz der Landesvater, stolz auf seine CSU und seine

Bayern, wackelt vogelartig mit dem Kopf und legt ihn schräg vor lauter Rührung. Denen in Berlin droht er: „Ich werde binnen eines Jahres eine neue Regierung stellen", und darum bleibe er auch nach der Wahl Kanzlerkandidat.

Berlin, Willy-Brandt-Haus, 0.25 Uhr: Joschka Fischer ist gekommen. Die Grünen haben 1,9 Prozentpunkte mehr gekriegt als vor vier Jahren und damit den Sieg der rot-grünen Koalition gesichert. Die Regierung verfügt über eine absolute Mehrheit von fünf Sitzen, so knapp ist in der Bundesrepublik seit 1949, als Konrad Adenauer sich selbst zum Kanzler mitwählte, keine Abstimmung entschieden worden.

Der Kanzler und sein Außenminister stehen auf der Bühne, zwei Sieger, sie freuen sich so. Der Kanzler sagt scherzhaft, bei den Grünen hätten es ein paar Stimmen weniger sein können, dafür mehr bei der SPD. So feixen sie sich fröhlich an, zwei Jungs vom selben Kiez. Die Partygäste jubeln, Schröder klopft Fischer zweimal auf die Schultern. Es ist mehr als ein Klopfen, Schröders Kopf neigt sich zu Fischer, ein kleiner Moment von Nähe und Wärme. „Gerhard, Gerhard", jubelt das SPD-Volk.

Schröder sagt, die Partei habe „ihren Frieden gemacht mit ihrem Vorsitzenden".

Vor ihm auf dem Tisch stehen viele leere Rotweinflaschen.

Zur Lage der Nation: Im 3. Quartal 2002 erreicht die Zahl der Insolvenzen die Rekordmarke von 9846 (im selben Quartal des Jahres 1999 waren es 6627). Die Staatsverschuldung hat 1 269 438 200 000 Euro erreicht (80 Milliarden Euro mehr als 1999). 3 941 832 Deutsche sind arbeitslos, etwa so viel wie im 3. Quartal des Jahres 1999. 53 Prozent der Deutschen sind mit der Arbeit des Bundeskanzlers zufrieden (1999: 27 Prozent), 36 Prozent mit der Arbeit der Bundesregierung (1999: 19 Prozent).

Kapitel 8

Die zweite Chance – die Not regiert

September – Dezember 2002

12. Oktober 2002. 189 Menschen sterben bei einem islamistischen Terroranschlag auf der indonesischen Ferieninsel Bali. +++ 20. Oktober. Der Vorsitzende der nordrhein-westfälischen FDP, Jürgen Möllemann, erklärt seinen Rücktritt, nachdem er zur Finanzierung eines antiisraelischen Flugblatts illegale Spenden in der Höhe von 840000 Euro angenommen hatte. +++ 2. Dezember. Die Union beschließt die Einsetzung eines Untersuchungsausschusses „Wahlbetrug", um zu prüfen, ob die Regierung die Bevölkerung über wichtige Wirtschaftsdaten getäuscht hat. +++ 12. Dezember. Hessens Ministerpräsident Roland Koch (CDU) sorgt für Eklat im Landtag, indem er Parallelen zieht zwischen der Veröffentlichung der Namen von Reichen und dem Tragen des Judensterns. +++ 16. Dezember. Friedrich Merz, der Vize-Fraktionsvorsitzende der Union, wirft CDU-Chefin Angela Merkel vor, seine Ablösung seit Monaten geplant zu haben. +++ 18. Dezember. Das Bundesverfassungsgericht stoppt das Zuwanderungsgesetz.

23. September 2002, Washington

Während der täglichen Pressekonferenz im Weißen Haus wird Bushs Sprecher Ari Fleischer gefragt, ob der amerikanische Präsident dem deutschen Kanzler zum Wahlsieg gratuliert habe. Fleischer sagt, das Außenministerium werde demnächst dazu eine Stellungnahme abgeben. Amerika arbeite mit jeder demokratisch gewählten Regierung zusammen. „Aber niemand soll sich der Illusion hingeben, dass nun nach der Wahl alles wieder so wird, wie es war", sagt Fleischer.

30. September, Berlin, Parteizentrale der Grünen

Hans Eichel kommt mit einer Aktentasche. Er hat einen Ordner darin verstaut, eine Sammlung von ein paar Blättern, es sind nicht viele, aber es steht alles drauf. Es ist Eichels Plan für Deutschland. Er glaubt, dass man etwas an den Sozialsystemen verändern muss, bei der Rente, beim Arbeitsmarkt, bei der Gesundheit.

Es ist Montag, in der Parteizentrale der Grünen treffen sich 14 Vertreter von SPD und Grünen zum ersten Tag ihrer Koalitionsverhandlungen. Die Aktentasche steht neben Hans Eichel, aber niemand will wissen, was drin ist. Eichel hört, dass „Arbeitsgruppen" gebildet werden sollen.

Arbeitsgruppen. Das Ganze wird vereinzelt. Hans Eichel ist jemand, der schnell bockig werden kann, er denkt: „Wenn das so ist, dann guck ich erst mal auf meinen Haushalt."

Niemand hat in den vergangenen Monaten über den Haushalt geredet, irgendwie war das Thema zur Nebensache geworden im Wahlkampf. Es gab ein paar Prognosen, einige Sätze, die im Gedächtnis der Wähler hängen geblieben waren, Verheißungen. „Der Aufschwung kommt", hatte Gerhard Schröder gesagt, ein Satz, der hängen blieb wie Norbert Blüms „Die Rente ist sicher". Das Finanzministerium hatte Wachstumsprognosen ausgegeben, 2,5 Prozent. Alles klang irgendwie gut.

Und dann, als die Wahl gelaufen war, tauchten andere Worte auf, andere Zahlen. Sie kreisten um lahmende Konjunktur, um Haushaltslöcher und Steuererhöhungen. Die Wachstumsprognose musste auf 1,5 Prozent heruntergerechnet werden, im Haushalt fehlten zehn Milliarden Euro, alles kam ganz plötzlich, auch die Lösungsvorschläge. Erbschaftsteuer, Vermögensteuer, Mehrwertsteuer, Tabaksteuer, Ökosteuer auf Erdgas, alles könnte erhöht werden, müsste erhöht werden.

Es war, als werde Deutschland von Trickbetrügern regiert. Edmund Stoiber sprach von einem Täuschungsmanöver. Heute Morgen war die „Bild"-Zeitung mit der Schlagzeile „Heute gehen sie an unser Geld" erschienen, und wenige Stunden später, während der Präsidiumssitzung der SPD, hatte Gerhard Schröder gesagt: „Diese Steuerdebatte ärgert mich sehr. Die Leute draußen müssen doch glauben, wir seien mit dem Klammerbeutel gepudert." Er ordnete Sparmaßnahmen anstelle von Steuererhöhungen an. Es war das erste Basta der zweiten Legislatur.

In den Arbeitsgruppen redet Hans Eichel deshalb nicht über seinen Plan für Deutschland, sondern über Soll und Haben, über Konjunk-

turannahmen. Er spuckt Zahlen mit dem Tempo einer Rechen-
maschine aus. Er nervt ein bisschen. Eichel ist in den letzten Jahren oft
durch die Wirklichkeit widerlegt worden. Jemand von den Grünen
sagt: „Wir wissen doch gar nicht, ob die Zahlen stimmen. Auf welcher
Grundlage reden wir hier überhaupt?"

Eichel drückt sich in die Stuhllehne, er schüttelt den Kopf und sagt
leise: „Das ist ja unglaublich." Manchmal schnappt er nach Luft, er
wird immer kleiner.

Gerhard Schröder sitzt oft stumm in seinem Stuhl und saugt an
einer Zigarre. Er sagt nicht viel. „Da passiert erst mal gar nichts", sagt
er höchstens, als die Debatte um die Zukunft der Renten irgendwo
zwischen Beitragsbemessungsgrenze und Schwankungsreserve ste-
cken geblieben ist.

Irgendwie interessiert ihn das alles nicht. Der Grund dafür, sagen
seine Mitarbeiter, sei, dass der Kanzler vom Wahlkampf erschöpft sei.
Aber er ist nicht nur erschöpft. Schröder hat keine Illusionen mehr.

Was soll das hier? Was bringt es? Die Bundestagswahl hat er allein
gewonnen, mit dem Irak und der Flut. Er hat kein Vertrauen mehr in
den politischen Betrieb, in die großen Runden, wo man redet und
redet, ohne Ergebnis meist.

Schröder glaubt nur noch an einzelne Leute, an sich, an Peter Hartz,
den VW-Vorstand und Arbeitsmarkt-Modernisierer, an Bert Rürup,
den Wirtschaftsweisen, der für ihn eine Reform des Renten- und
Gesundheitssystems ausarbeiten wird, alles außerhalb des politischen
Betriebs.

Anfang Oktober, Berlin

Joschka Fischer macht während der Koalitionsverhandlungen einen
Scherz. Der Außenminister fragt den Finanzminister: „Sag mal,
Hans, willst du deine Steuerprüfer eigentlich auch auf die Flohmärkte
schicken?"

Fischer sorgt für Heiterkeit in der rot-grünen Runde, nur Hans
Eichel lacht nicht mit. Sein Kopf zuckt, er sagt: „Natürlich mach ich
das. Was glaubt ihr, wie viel da umgesetzt wird?"

Sie reden über Sparmaßnahmen, es geht gerade um das Thema
„Umsatzsteuer bei Privatgeschäften". Hans Eichel hat das in seine
„Giftliste" geschrieben; in seiner „Giftliste" stehen lauter solche Sa-
chen; überall will der Finanzminister schneiden, kürzen, streichen.

Eichels „Giftliste" nervt auch den Bundeskanzler. „Hans, nun hör doch mal auf damit", sagt Gerhard Schröder.

Niemand redet hier von einem Plan für Deutschland, von strukturellen Reformen, es gibt keine Idee, keinen Mut. Es ist, als wisse diese Runde nicht, worüber sie reden soll, als habe sie sich nicht vorbereitet auf diese Verhandlungen, weil sie nicht mehr daran geglaubt hat, noch einmal für vier Jahre Deutschland regieren zu müssen.

Inhalte zerfransen, die Runde erschöpft sich in Revierkämpfen, Muskelspiele sind zu beobachten, so, als säßen sie noch immer in einer Bonner Kneipe gegenüber vom Bundeskanzleramt.

Otto Schily war schon damals eine auffällige Gestalt, heute gehören seine Ausbrüche zu den verlässlichen Konstanten dieser Koalitionsverhandlungen.

„Er schreit unter äußerster körperlicher Anstrengung und läuft dabei hochrot an. Es ist einfach nur peinlich bei so einem Mann in diesem Alter", sagt einer, der dabeisitzt. Schily ist jetzt 70, der Bundeskanzler bat ihn, als Innenminister weiterzumachen. Schily muss eigentlich keinem mehr beweisen, dass er eine große Nummer ist. Aber er kann nicht anders.

Wenn es um Schilys Themen geht, sagt Gerhard Schröder vorher zu den anderen: „Behandelt den Otto bitte pfleglich." Denn bei Schilys Themen wird erkennbar, wie schnell die kulturellen Gemeinsamkeiten von Rot und Grün an Grenzen stoßen.

Während der Gespräche zwischen Sozialdemokraten und Grünen geht es auch um die Frage, ob Deutschland den Besitz von Haschisch in kleinen Mengen legalisieren soll.

Schily schüttelt den Kopf. „Suchtgefährdung", murmelt er.

Rezzo Schlauch von den Grünen meint, einem Familienvater, der samstags eine Kiste Bier ins Auto packt, um für die Woche versorgt zu sein, werde auch nicht gleich der Führerschein abgenommen, weil er schleichend suchtgefährdet sei.

Schilys Stimme schwillt langsam an. „Vorsicht vor Einstiegsdrogen! Das landet immer beim Heroin", sagt er. Es gibt Sozialdemokraten, die sehen das genauso. Schlauch ruft schließlich: „Nehmt doch endlich mal zur Kenntnis, dass Haschisch nicht gespritzt wird."

Schröder rollt die Augen zur Decke und sagt dann: „Komm, Otto, lass mal."

Joschka Fischer lauert noch.

Das Gespräch kreist dann um das Thema „Graffiti-Sprüher". Schily will, dass die Schmiererei in Zukunft härter bestraft wird. Die Grünen gucken sich stumm in die Augen.

Dann redet Fritz Kuhn für seine Partei. Kuhn hatte mal eine Professur an einer Hochschule für Gestaltung. Er sagt, an dieser Hochschule habe es viele begabte Graffiti-Künstler gegeben. „Wir haben die Wahl auf dem kulturellen Ticket gewonnen. Wir sollten uns nicht zum Spottobjekt sämtlicher Off-Künstler machen."

Jetzt brüllt Schily. „Das ist doch krank!"

Das ist der Moment, auf den Joschka Fischer gewartet hat. Er drückt seine Sessellehne etwas nach hinten, er lächelt verhalten und sagt: „Ach, lasst mal gut sein mit den Graffiti. Es reicht doch, wenn ab und zu die Bullen kommen und mal einen mitnehmen."

Fischer drückt sich in die Stuhllehne, er genießt den Moment still. Um glücklich zu sein, braucht Fischer immer Menschen, die meinen, sie wären größer als er. Er kann ihnen dann zeigen, wie klein sie eigentlich sind. Deshalb ist es ein Segen für ihn, dass es Otto Schily gibt.

Oktober, Berlin, Auswärtiges Amt

Es gibt Tage, an denen rot-grüne Konferenzen aus irgendwelchen Gründen im Auswärtigen Amt stattfinden müssen. Solche Tage sind Joschka Fischers schönste Tage.

An einem Dienstagmorgen um halb zehn ist eine solche Konferenz im Gang, Fischer ist noch nicht da, er hat nebenan in seinem Arbeitszimmer zu tun. Schily sitzt auf Fischers Stuhl. Irgendwann kommt Fischer dazu. Er stellt sich neben Schily und sagt: „Das ist mein Stuhl." Schily rührt sich nicht.

Fischer sagt: „Ich habe es nicht gern, wenn sich jemand in meinem Haus auf meinen Platz setzt."

Jetzt erst merkt Schily, dass es Fischer ernst ist. Er guckt von seinem Papier auf. Er ist beleidigt. Er sagt: „Ich kann ja gleich wieder gehen." Fischer antwortet: „Ich habe nichts dagegen."

Joschka Fischer hält Freundschaften im Politikbetrieb für schädlich. Über Schily sagt er aber: „Der ist mein Freund."

Fischer ist Außenminister, viel im Flugzeug unterwegs, in der Welt bekannt. Schily ist Innenminister, meistens im Büro, international eine Mücke. Manchmal leidet Schily.

Und manchmal redet er darüber. Schily sitzt in seinem Büro in der 12. Etage des Bundesinnenministeriums. Er steckt eine Zigarre der Marke 1492 in Brand, sie kostet im Laden 6,40 Euro pro Stück. Wahrscheinlich hat er sie nicht selbst gekauft. Er weiß nicht, was Zigarren kosten. Als er es erfährt, sagt er: „Passt eigentlich nicht in die Zeit, 6,40 Euro einfach zu verbrennen." Er guckt etwas verwundert seinem Qualm hinterher.

Aber darum geht es nicht. Es geht um Schilys Verhältnis zu Joschka Fischer.

„Ach ja", sagt Schily und rutscht tief in seinen Sessel. Ist schon viel drüber geschrieben worden, sagt er. Muss man alles nicht so ernst nehmen. Schily möchte den Eindruck machen, als würde ihn das Thema langweilen.

Fischer, Fischer. Schily guckt an die Wand. Weiß eigentlich jemand, wie das anfing mit Fischer? Mit ihm fing es an, mit Schily, sagt Schily.

„Damals rief mich mein Freund Rupert von Plottnitz an und sagte: Achte mal auf den. Guck dir den mal an." So war das.

Natürlich hätte er selbst damals in den Achtzigern der erste grüne Minister werden können in Hessen, sagt Schily. Fischer sei zu ihm gekommen und habe gesagt: Mach du das doch. Aber er habe nicht gewollt. Er habe es langweilig gefunden, Landesminister zu sein, sagt er.

Schily sitzt wieder gerade in seinem Stuhl. Er spricht jetzt immer schneller.

Er hat damals eine lange Unterhaltung mit dem hessischen Ministerpräsidenten Holger Börner geführt. „Börner wollte wissen, ob dieser Fischer Minister werden kann oder nicht. Ich habe ihm erklärt, dass Fischer Vertrauen verdient. Börner war schließlich überzeugt. Damals hab ich die Hebamme gespielt."

Er hätte auch sagen können: Fischer wäre nichts ohne mich. Eigentlich habe ich Fischer erschaffen. Aber so etwas sagt Schily nicht.

Die rot-grüne Koalition? War auch er. „Ich habe immer gesagt: Die SPD ist der geborene Koalitionspartner der Grünen." Fischer habe das nicht gleich kapiert, „er ist erst später auf die Richtung eingeschwenkt", sagt Schily, nur so, falls das jemand nicht weiß.

„Otto, kneif mich, ich glaub es nicht", raunte Joschka Fischer, als er am 27. Oktober 1998 vereidigt wurde. Fischer war jetzt Minister, Schily war Minister, und Schröder war Kanzler. Das Bierdeckel-Kabinett.

Fischer sah das Flugzeug, mit dem er von jetzt an in die Welt fliegen würde, und sagte: „Das ist jetzt alles meins."

Schily hat nicht so viel, Schily ist weniger als Fischer.

Vom Protokoll her, sagt Schily, stimme das vielleicht. Vom Protokoll her kommt erst der Kanzler, dann der Vizekanzler, dann der Innenminister. „Aber vom Protokoll hängt das Gewicht nicht ab."

Schily bläst die Reste seiner 1492 in die Luft.

7. Oktober, Düsseldorf, SPD-Fraktionssaal im Landtag

Das Gerücht gibt es seit Tagen, am Mittag um 14.00 Uhr wird es Wirklichkeit. Edgar Moron, Fraktionschef der SPD im Düsseldorfer Landtag, bekommt ein Handy gereicht, am anderen Ende spricht Wolfgang Clement.

Clement ruft aus Berlin an. Er musste zum Kanzler.

Am Ende des Telefonats schwirrt ein Satz durch den Landtag, der keine Sensation mehr ist. „Clement ist weg."

Der Ministerpräsident von Nordrhein-Westfalen wird in Berlin Minister für Wirtschaft und Arbeit, er trägt den Titel „Superminister". Er hatte gezögert, Zweifel, ob er das machen soll. „Lieber der Erste in Gallien als der Dritte in Berlin", hatte sein Finanzminister Peer Steinbrück noch am Wochenende zu ihm gesagt.

Jetzt wird Wolfgang Clement zum neuen Stern in einem Kabinett, das erschöpft ist. Für Clement hat Schröder Wirtschaftsminister Werner Müller und Arbeitsminister Walter Riester geopfert. Riester war irgendwie ein Symbol für die ersten vier Jahre dieser Regierung. Er hat eine Reform angeschoben, aber bevor sie Gesetz wurde, hatte ihn der Mut verlassen. Seine Reform ist so lange nachgebessert worden, bis sie unkenntlich war.

Clement ist Schröders Beitrag zum Start der zweiten Amtszeit. Die Person ist die Botschaft, nicht der Koalitionsvertrag.

Clement ist jemand, von dem man nicht sagen kann, mit welchem Programm er nach Berlin kommt. Er will etwas machen, irgendetwas Neues, er ist ein politischer Möbelpacker. Er hebt Dinge an, und wenn sie zu schwer sind, setzt er sie wieder ab. Er ist immer in Bewegung, wie früher Bodo Hombach. Aber bei Clement vermutet Schröder mehr Tatkraft.

Schröders neuer Star hat viele Qualitäten. Wolfgang Clement war vor 20 Jahren auch gelegentlich Gast in der Bonner Kneipe „Provinz".

Schröder imponierte, dass Clement ein Glas Bier schneller austrinken kann als andere ein Glas Schnaps. Das liegt daran, dass Clement nicht schlucken muss, wenn er trinkt. Clement kann das Zäpfchen in seinem Rachen nach oben klappen und die Flüssigkeit einfach laufen lassen.

Wolfgang Clement kann Sachen, die sonst eigentlich keiner kann.

Er soll den Arbeitsmarkt sanieren.

Es geht um 4,2 Millionen Menschen ohne Job. Die Deutschen haben Schröder gewählt, weil sie glaubten, dass er das in den Griff kriegen würde. Wer die Macht hat, muss alles in den Griff kriegen. Die Arbeitslosigkeit, das Gesundheitssystem, das Bildungssystem. Man kann das alles gar nicht in den Griff kriegen. Man kann nur so tun, als könnte man es, andernfalls verliert man die Macht.

Clement sagt jetzt Dinge, die unwirklich klingen, etwa, dass er daran glaube, in Deutschland bis 2010 Vollbeschäftigung zu bekommen.

Schröders Minister merken an kleinen Gesten, wen der Kanzler gerade besonders braucht. „Die meisten grüßt er nur flüchtig vor der Sitzung, Clement haut er auf die Schulter", sagt ein Minister.

Aber es ist gefährlich, neben Gerhard Schröder zu groß zu werden. Der Kanzler hat seinen neuen Star schon vorsichtig zurechtgerückt. „Pass auf", sagte er zu Clement, „sonst mache ich dich noch zu meinem Kronprinzen."

Oktober, Berlin, Parteizentrale der SPD

„Hat einer was dagegen, wenn ich rauche? Muss er nur sagen, ich hör sofort auf." Zwischen den Zähnen von Gerhard Schröder klemmt eine Cohiba-Zigarre. Er nimmt sie nicht aus dem Mund, wenn er spricht.

Der letzte Tag der rot-grünen Koalitionsverhandlungen in der Berliner SPD-Zentrale. In den Tagen vorher war es um die „Sachthemen" gegangen, und wenn es klemmte, warfen sich Schröder und Fischer kleine Zettelchen über den Tisch. Sie saßen sich immer gegenüber.

Jetzt geht es um die Posten.

Es geht um Posten in der Wirklichkeit, nicht um Posten auf Bierdeckeln aus der Bonner Kneipe „Provinz".

„Komm, Joschka, lass uns mal hochgehen", sagt Schröder.

Sie verziehen sich ins Büro des SPD-Vorsitzenden im sechsten Stock. Sie reden eine Dreiviertelstunde lang. Unten saugt Kerstin Müller an Zigaretten. Müller war Fraktionschefin der Grünen, aber sie will jetzt mehr, sie will Staatsministerin im Auswärtigen Amt werden. Auch

Rezzo Schlauch muss versorgt werden, der andere Fraktionschef der Grünen. Vielleicht Staatssekretär im Wirtschaftsministerium? Jürgen Trittin wirkt etwas angestrengt. Die Zuständigkeiten seines Umweltressorts sind noch nicht geklärt.

Dann kommen Schröder und Fischer zurück. Schröder bleibt mit seinen Leuten im großen Verhandlungszimmer, Fischer geht mit den Grünen in den Besprechungsraum, der im SPD-Haus für den Koalitionspartner reserviert ist.

Irgendwann steht Schröder vor dem Zimmer der Grünen. Es hakt. „Ich muss Joschka noch mal sprechen", sagt er. Sie gehen in ein kleines Büro, das gerade frei ist. Jetzt reden sie noch mal. Es geht um die allerletzten Posten.

Jeder Posten ist wichtig. In einer parlamentarischen Demokratie geht es nicht nur darum, Mehrheiten zu bekommen, sondern auch darum, Mehrheiten zu behalten. Man braucht Leute, die einem folgen. Man braucht Fraktionsdisziplin. Gerhard Schröder musste während der Afghanistan-Krise im Herbst 2001 die Vertrauensfrage stellen, weil die Fraktionsdisziplin aufgeweicht war. Man braucht die richtigen Leute auf den richtigen Posten, damit so was nicht noch mal passiert. Schröder und Fischer sprechen lange miteinander.

Dann kommen sie raus. Sie sehen aus wie Frank Bsirske und Otto Schily nach einer durchverhandelten Tarifnacht.

Sie nicken ihren Leuten zu. Die Regierung steht.

16. Oktober, Berlin, Neue Nationalgalerie

Eine große Halle, Glas, überall Glas, ein Ort, der ein Symbol sein soll, für Moderne, für Aufbruch.

Drei Sozialdemokraten sitzen am Vormittag um 11.30 Uhr in der Neuen Nationalgalerie am Potsdamer Platz, hinter einem Schreibtisch aus Sperrholz mit abgenutzten Kanten, vor ihnen liegen zwei Bücher, rot und grün eingebunden, 88 Seiten dick, der Koalitionsvertrag. Sein Titel: „Erneuerung – Gerechtigkeit – Nachhaltigkeit".

Zwei schwarze Füllfederhalter liegen auf dem Tisch und ein dünner grüner Tintenroller. Gerhard Schröder guckt den Tintenroller einen Augenblick lang an, ratlos, fragend, dann wirft er ihn auf den Boden. Wenigstens die Unterschrift unter diesen Vertrag soll so etwas haben wie Format.

Die rot-grünen Koalitionäre haben sich, in einer Art Abwehrreaktion auf die widrige Wirklichkeit, für ihre eigene Welt entschieden. Sie haben darauf geachtet, vor allem die Wahlversprechen gegenüber der Kernklientel einzulösen. Sie kündigen Zukunfts-, Aktions- und Investitionsprogramme an, Energiewende, Familienförderung, Frauenemanzipation.

In ihrem Katalog steht etwas über die Gewinnung von Bioenergie aus Kuhmist. „Wir werden Landwirte zunehmend zu Energiewirten machen", kann man lesen. Die Regierung will auch Verfahren entwickeln lassen, „um arbeitsbedingten Stress oder Mobbing abzubauen".

Lauter solche Dinge stehen in dem neuen Koalitionsvertrag, Nebensächliches, Kleinkram, ein Flickenteppich ist in den vergangenen zwei Wochen zusammengehauen worden, eine Wundertüte wird hier geöffnet und an den Ausgängen verteilt.

Nichts ist darin zu lesen von einem Sozialstaat, der vor dem Zusammenbruch steht, nichts davon, dass dieser Sozialstaat der globalisierten Welt des 21. Jahrhunderts angepasst werden muss, dass er verschlankt werden muss, um zu überleben. Nichts ist zu lesen von Strukturreformen im Gesundheitswesen, auf dem Arbeitsmarkt.

Die Gesundheitspolitik, eine Ruine der letzten Legislatur, bleibt unberührt. Ulla Schmidt, eine Ministerin, die immer am Rand des Versagens entlangtänzelte, bekommt neben der Gesundheit noch das Soziale dazu, auch sie leitet jetzt ein „Superministerium", so, als habe ihre Arbeit eine Belohnung verdient. Die Arbeitsmarktpolitik setzt auf Namen, auf Clement und Hartz, auf das Ungefähre, auf Hoffnung.

Vor vier Jahren, bei der Unterschrift des ersten Koalitionsvertrages, gab es Sonnenblumen, rote Nelken, viel Sekt und verheißungsvolle Reden. Diesmal gibt es Mineralwasser, keine Fragen und keine Antworten.

„Es geht nicht um das Wünschbare, es geht um das Machbare", sagt Joschka Fischer.

„Wer Visionen hat", sagt Wolfgang Clement mit einem Zitat von Helmut Schmidt, „sollte zum Arzt gehen."

„So, wir sind fertig eigentlich", sagt Gerhard Schröder, „also tschüss, schönen Tag."

Oben an der Decke laufen Lichtbänder der Künstlerin Jenny Holzer, Sätze leuchten auf, die in keinem erkennbaren Zusammenhang stehen.

Nach Lektüre des Koalitionsvertrags korrigieren die führenden deutschen Wirtschaftsforschungsinstitute ihre Prognose noch mal nach unten. In diesem Jahr wird die deutsche Wirtschaft demnach nur um 0,4 Prozent wachsen, im kommenden gerade mal um 1,4 Prozent. Damit liegen die Erwartungen deutlich unter den Prognosen vom Frühjahr.

29. Oktober, Berlin, Reichstag

Schröder wirkt matt, müde. Er redet eine Stunde, er liest ab. Es ist die erste Regierungserklärung nach der Wahl, Rot-Grün stellt sich vor zur zweiten Runde, aber es sieht so aus, als habe nicht einmal die Regierung selbst Lust darauf. Einmal versucht Schröder zu klingen wie John F. Kennedy: „Es geht nicht darum, immer nur zu fragen, was nicht geht. Es geht vielmehr darum, zu fragen, was jede und jeder Einzelne von uns dazu beitragen kann, dass es geht." Kennedy hatte mal gesagt: „Frage nicht, was dein Land für dich tun kann. Frage, was du für dein Land tun kannst."

Angela Merkel nennt in ihrer Replik Schröder den „Kennedy-Verschnitt aus Hannover". Es ist ihre erste Rede als Oppositionsführerin, sie hat Friedrich Merz aus dem Amt des Fraktionsvorsitzenden gedrängt. Ihre Rede wirkt gut, weil die von Schröder so schwach ist.

Aber wer genauer zuhört als Fischer, der ständig gegen die Müdigkeit ankämpft, erfährt, dass Schröder das Land auf etwas vorbereiten will, auf eine Zeit des Verzichts: „Zur Reform und Erneuerung gehört auch, manche Ansprüche, Regelungen und Zuwendungen des deutschen Wohlfahrtsstaates zur Disposition zu stellen." Aber das hat er so ähnlich immer wieder gesagt in den letzten vier Jahren, ohne dass Taten folgten.

Im November, Berlin, Bundestag

Immer wenn das Parlament der Bundesrepublik Deutschland über wichtige Anträge abstimmen muss, tutet im Bundestag eine Sirene. Das klingt so, als wäre gerade irgendwo ein Feuer ausgebrochen. Die Abgeordneten laufen dann aus der Lobby und den Snackbars in den Plenarsaal und gucken engagiert.

Jürgen Trittin sitzt in der Bundestags-Cafeteria und kaut auf einem Croissant, während es tutet. Er ist ganz ruhig. Er beobachtet die Abgeordneten über einen Monitor, der in der Cafeteria hängt. Wer wirklich wichtig ist, muss nicht als Erster zur Abstimmung laufen. Trittin ist Umweltminister, und damit ist er wichtig.

Je näher die Bundestagswahl kam, desto wichtiger wurde er. Je tiefer die Werte für Rot-Grün sanken, desto toller fand Schröder seinen Umweltminister. Er band das, wofür Trittin steht, wie eine Schleife um seine Reden: Atomausstieg, Dosenpfand, Umweltschutz. Im Wahlkampf entdeckte der Kanzler so etwas wie eine rot-grüne Kultur. Ein gemeinsames Projekt.

Viele sagen, Schröder habe die Wahl gewonnen, weil er die rot-grüne Großstadtkultur gegen Stoibers semibayerische Gemütlichkeitswelt ausspielte.

Kulturwahlkampf? Jürgen Trittin grinst ein bisschen. „Es war auch Kulturwahlkampf, Kampf um die kulturelle Hegemonie. Und von Hegemonie versteht der Kanzler was."

Rot-grünes Projekt? Trittin hat von dem Tag an nicht mehr daran geglaubt, als Oskar Lafontaine 1999 aus dem Finanzministerium floh. „Es ist rationaler, von Koalitionen zwischen Konkurrenten zum gemeinsamen Vorteil zu sprechen, als die leichte Rede vom rot-grünen Projekt zu pflegen", sagt er.

Als Schröder 1986 zum ersten Mal Ministerpräsident in Niedersachsen werden wollte, war Trittin Fraktionschef der Grünen in Hannover. Schröder sprach von einer „rot-grünen Option". Er schreckte damit Johannes Rau auf, der die SPD als Kanzlerkandidat ein halbes Jahr später bei der Bundestagswahl zu einer eigenen Mehrheit führen wollte. Rau schickte seine beiden Berater Bodo Hombach und Wolfgang Clement nach Hannover. Sie sollten Schröder die rot-grünen Phantasien austreiben.

Hillu Schröder, damals noch Schröders Ehefrau, hat das, was dann passierte, in ihrem Buch „Auf eigenen Füßen" so aufgeschrieben: „Hombach, Clement und Gerd nahmen sich drei Liegestühle und zogen sich auf die Terrasse zurück. Gerd sagte nicht viel. Als die beiden gegangen waren, sagte Gerd mit zerknirschtem Gesicht: ‚Ich kann hier nicht gegen Rau Wahlkampf machen.'"

Ein paar Wochen danach sagte Gerhard Schröder in einem Interview mit Radio Luxemburg: „Ich glaube nicht, dass die Grünen bündnisfähig sind."

Drei Jahre später, 1989, saßen Gerhard Schröder und Jürgen Trittin häufig in der Gaststätte „Plümecke" zusammen, von der es heißt, sie mache die beste Currywurst in Hannover. Sie entwarfen eine Strategie, mit der sie zusammen die Landtagswahl im nächsten Jahr gewinnen wollten. Die Strategie ging so: Die SPD rückt in die Mitte, um auf dem Land Stimmen einzusammeln, die Grünen bleiben links, um in den Städten zu gewinnen.

Trittin sagt: „Ich habe damals gelernt: Manchmal koaliert man einfacher mit rechten als mit linken Sozialdemokraten." Trittin war immer ein Anhänger Oskar Lafontaines, bis er mit Gerhard Schröder in Niedersachsen gewann. Er wurde Minister für Bundes- und Europaangelegenheiten. Er war ein Grüner, aber er stimmte für die Teststrecke von Mercedes und für die Vertiefung der Ems.

Unter Schröder lernte Trittin, dass man Programme opfern muss, um nach oben zu kommen und oben zu bleiben.

8. November, Berlin, Kanzleramt

Der Kanzler sitzt an seinem Schreibtisch, er hat ein schwarzes Telefon vor sich. Zum ersten Mal seit der Bundestagswahl wird er zum amerikanischen Präsidenten durchgestellt. Schröder gratuliert Bush zum Sieg der Republikaner bei den Kongresswahlen. Bush schweigt lange in den Telefonhörer hinein, dann sagt er kühl, zwischen Verbündeten herrsche normalerweise „Vertrauen und Verlässlichkeit". Er hoffe, man könne das wieder aufbauen „im Lauf der Zeit".

2. Dezember, Berlin, Willy-Brandt-Haus

Schröder ist wütend. Es müsse endlich Schluss sein mit der „Kakophonie", faucht er im Präsidium der SPD. Das Wort heißt Vielstimmigkeit. Gemeint ist, dass ein jeder aus der Partei öffentlich sagt, was er will, und sich daraus der Eindruck von Chaos ergibt, von Konzeptlosigkeit.

Nicht einmal auf die Treuesten der Treuen kann sich Schröder derzeit verlassen. In der Sonntagsausgabe vom „Tagesspiegel" hatte Fraktionschef Müntefering gefordert: „Weniger für den privaten Konsum – und dem Staat Geld geben, damit Bund, Länder und Gemeinden ihre Aufgaben erfüllen können." Das klang ein wenig nach neuer Staatswirtschaft, und das gefällt Schröder gar nicht. „Wir brauchen nicht neue Steuern, sondern privaten Konsum", weist er im Präsidium Müntefering zurecht. Doch sein Machtwort nützt gar nichts.

Weil Schröder keine klare Linie vorgegeben hat, fühlen sich viele aus den Reihen der Koalition berufen, selbst eine Linie zu erfinden. So kreuzen sich die Linien munter, und der Reformplan sieht ähnlich verwirrend aus wie das Schnittmuster für einen der Brioni-Anzüge, in denen Schröder früher so gern posierte.

Er sei „Vorsitzender, nicht der Diktator", erklärt Schröder seinen Mangel an Führung im Interview mit dem ZDF. Doch auch der Vorsitzende einer Volkspartei und Kanzler einer demokratischen Republik braucht Autorität. Sie bröckelt im Rekordtempo. Besonders unzuverlässig sind die Ministerpräsidenten der SPD. Sie trumpfen umso stärker auf, je schwächer die Regierung in Berlin erscheint. Kaum hat sich der Kanzler von der Vermögensteuer, die vor allem Reiche trifft, distanziert, melden sich Peer Steinbrück und Sigmar Gabriel zu Wort, die Ministerpräsidenten von Nordrhein-Westfalen und Niedersachsen. Natürlich müsse die Vermögensteuer wieder eingeführt werden. „1 Prozent Vermögensteuer für 100 Prozent Bildung" nennt Gabriel seine Initiative.

Ehe er sie auf einer Pressekonferenz vorstellt, ruft Schröder an. Ob das denn sein müsse? Es müsse sein, beharrt Gabriel, der in Niedersachsen Wahlkampf führt. Der Kanzler und sein mutmaßlicher Kronprinz streiten lautstark. Schröder knallt den Hörer auf.

Er hat sich entschieden, mit den Reformen weiterzumachen. Er will nicht Kanzler der Gewerkschaften sein, die Absprachen vom April, vor den Bundestagswahlen, sollen nicht mehr gelten. Es soll, nach den Korrekturen an den Hartz-Gesetzen, keine neuen Gefälligkeiten für Arbeitnehmer geben, im Gegenteil. Schröder hat sich für Zumutungen entschieden. In dieser Woche wird der Wandel erstmals deutlich.

Als er mit Arbeitnehmervertretern zusammensitzt, kündigt er an, er wolle dafür sorgen, dass die Geschäfte künftig an Samstagen bis 20 Uhr geöffnet bleiben dürfen.

Als er vor dem Bundestag spricht, sagt der Kanzler, er wolle „weitergehende Reformen". Die Regierung werde die Leistungen für die Gesundheit „auf das medizinisch Notwendige – aber dann für alle und nicht nur für Teile der Gesellschaft – reduzieren müssen".

Die Linken in seiner Partei wundern und ärgern sich. Sie geben Interviews, und die Kakophonie geht weiter.

Einige Mandatsträger trauen dem Kanzler nicht mehr, weil er ihnen nicht traut. Das Bündnis für Arbeit, die Weizsäcker-Kommission, die Süssmuth-Kommission, die Hartz-Kommission, nun auch noch der Ökonom Bert Rürup, der einen Plan für eine Gesundheitsreform ausarbeiten soll. Immer wieder bleiben Ministerien und Parlament von der Vorbereitung grundlegender Reformen ausgeschlossen. „Die Eins-zu-eins-Umsetzung eines Kommissionsbeschlusses kann nicht sein", sagt Fraktionsvize Müller. „Dann kann man ein Parlament gleich auflösen."

Nun erweist sich, dass ein strategisches Zentrum im Regierungsapparat fehlt. Zwar treffen Schröder, Müntefering und der neue Generalsekretär der SPD, Olaf Scholz, mehrfach pro Woche im Kanzleramt zusammen, um sich abzustimmen; meist am Montag und Mittwoch um 8.30 Uhr; zwar trifft sich Kanzleramtschef Steinmeier dienstags, donnerstags und freitags mit den Abteilungsleitern des Kanzleramtes und auch regelmäßig mit den Staatssekretären der Ministerien und den Leitern der Ministerbüros; doch eine Schaltstelle, in der zugleich analysiert, kurzfristig entschärft und langfristig geplant wird, gibt es nicht. Nicht im Kanzleramt, das die eigene Grundsatzabteilung aufgelöst hat; nicht in der Fraktionsführung, in der Franz Müntefering ein autoritäres Regiment führt; nicht in der Parteispitze, die neu formiert und personell unterbesetzt ist.

Schröder halte nicht viel von „vorausschauender, antizipierender Politikplanung", sagt einer aus dem engeren Führungskreis der SPD, „er zweifelt daran, dass man in dem schnelllebigen Politikgeschäft solche Linien durchsetzen könne, und darum setzt er lieber auf intuitive Augenblicksentscheidungen".

Anfang Dezember, Berlin

Jetzt reicht es Franz Müntefering. Jetzt steht er auf, geht zu seinem Schreibtisch und greift nach dem Koalitionsvertrag. Er blättert, liest vor: „Zeile zwölf: Nur Starke können sich einen schwachen Staat leisten." Er geht durch sein Büro, liest weiter, lässt die Hacken nach jedem Schritt gegeneinander knallen. „Wir stehen auf" – klack – „der Seite der Menschen," – klack – „die auf die Solidarität" – klack – „der Gemeinschaft angewiesen sind" – klack.

Es ist der kurze Marsch eines Parteisoldaten, eines Wächters über die Grundwerte der Sozialdemokratie. Nach dem letzten Klacken steht Müntefering stramm, winkt mit dem Papier und sagt, er empfehle, „dass einige ab und zu nachlesen, was da geschrieben steht".

Wen meint er wohl? Die Grünen? Wirtschaftsminister Wolfgang Clement? Den Bundeskanzler?

Er meint sie alle und ganz besonders den Kanzler. Denn Franz

Müntefering, Vorsitzender der SPD-Fraktion im Bundestag, gibt nicht nach. Er ist aufsässig gegen alle, die er im Verdacht hat, die Solidarität von Arm und Reich nicht so heilig zu nehmen wie er selbst.

Der Konflikt zwischen Müntefering und Schröder geht tief. Es stehen gegeneinander: ein Sozialdemokrat, der an Traditionen und Programme glaubt, gegen einen Sozialdemokraten, der an sich glaubt; ein Parteipolitiker gegen einen Machttechniker; ein Sturkopf gegen einen Wendehals.

Im Parteivorstand sagt Schröder, wenn einer denke, er könne es besser, solle er das sagen. Alle schweigen betreten. Später steht Müntefering auf, fordert einen klaren Kurs und Respekt vor dem Sozialstaat. Wieder darf sich der Bundeskanzler gemeint fühlen.

Müntefering ist loyal. In einem einstündigen Gespräch sagt er nicht ein kritisches Wort gegen den Kanzler oder gegen Clement. Aber er dreht fast jede Frage so, dass er über die Solidarität zwischen Arm und Reich und die Bedeutung des Sozialstaats reden kann. „Meine Sorge ist", sagt er, „dass unter der unehrlichen Überschrift ‚Totale Privatisierung' versucht wird, den Sozialstaat zu untergraben." Oder: „Ich will, dass der Sozialstaat in seiner Substanz erhalten bleibt."

Das sind keine dramatischen Sätze, aber in der Ballung, in der sturen Wiederholung wirken sie bockig. Auf den Vorwurf, ein Betonkopf zu sein, hat Müntefering einmal gesagt: „Beton ist doch ein dankbarer Stoff, mit dem man viel machen kann." Zum Beispiel einen Bunker bauen. Müntefering sitzt jetzt in einem Bunker und verteidigt die Schätze der Sozialdemokratie – auch gegen Sozialdemokraten.

In seinem Büro gibt es einen Bauhelm, einen Zollstock, eine Flasche Bier und zwei Schals von Schalke 04. Hier sitzt einer, der sich als Arbeiter versteht, obwohl er nie einer war.

In Schröders Büro gibt es ein Brockhaus-Lexikon, ein Bild von Günter Grass und einen großen Humidor für Zigarren. Hier sitzt einer, der bei den Intellektuellen und Vermögenden mithalten will.

Die Fraktion ist eine Macht. 251 Abgeordnete, ein jeder selbstbewusst, weil ihm das Grundgesetz Unabhängigkeit zusichert. Die stärkste Gruppe ist die „Parlamentarische Linke". Sie stellt 100 Abgeordnete und vier der acht Stellvertreter Münteferings. Die Parlamentarische Linke will die Vermögensteuer und einen starken Sozialstaat.

Die Fraktion ist empfindlich. Um die Genossen zu disziplinieren, hat Gerhard Schröder gesagt, er allein habe den Wahlsieg errungen.

Ich bin alles, ihr seid nichts, heißt das. Schröder hat auch gesagt: „Die Fraktion wird das tun, was ich vorschlagen werde." Ihr seid mein Instrument, heißt das.

„Mein Respekt vor frei gewählten Abgeordneten ist groß", sagt Franz Müntefering. Er sagt nicht, dass er sich damit gegen den Bundeskanzler wendet. Er sagt es so allgemein, wie er alles sagt. Aber er meint den Kanzler. Er will sich und seinen Abgeordneten nicht zumuten, nur Instrument zu sein.

Während Schröder immer über Partei und Fraktionen gestanden hat, steht Müntefering mittendrin. Er ist vor allem Teil der sozialdemokratischen Institutionen, Schröder ist ihr Nutzer.

Müntefering spürt jetzt die Macht und den Druck. Seine linken Abgeordneten nörgeln und quengeln. Er muss loyal zu ihnen sein – und loyal zum Kanzler. Das macht seine Rolle so schwierig. Eine Regierungsfraktion kann einem Kanzler das Leben so schwer machen, dass er schließlich stürzt, siehe Helmut Schmidt. Aber dann verliert sie selbst die Macht.

Müntefering macht die gespaltene Loyalität unsicher. Er hat seine Rolle noch nicht gefunden. Deshalb marschiert er mit dem Koalitionsvertrag durch sein Büro und zitiert ständig Parteibeschlüsse und das Grundgesetz. Im Gedruckten findet er die Wörter, die er am liebsten sagt: Solidarität, Sozialstaat, soziale Gerechtigkeit.

Seine Fraktion regiert er mit harter Hand. Müntefering würge Diskussionen ab und nehme Themen, die ihm nicht in den Kram passen, von der Tagesordnung, sagt ein junger Abgeordneter: „Eine Fraktion kann man nicht nach der Methode Befehl und Gehorsam führen."

Müntefering fordert bislang nicht so sehr Gehorsam gegenüber dem Bundeskanzler. Er fordert Gehorsam gegenüber der sozialdemokratischen Idee, auch wenn vielen Abgeordneten nicht mehr klar ist, wie die auszusehen hat am Anfang des 21. Jahrhunderts, in einer globalisierten Welt, bei hoher Arbeitslosigkeit, alternder Bevölkerung und immer weiter wachsender Staatsverschuldung. Er hat seine Abgeordneten in einer Rede vor drei Wochen auf soziale Gerechtigkeit und einen starken Sozialstaat eingeschworen. Damit, sagt ein Mitglied der Fraktion, seien alle abweichenden Meinungen, wenn auch unausgesprochen, in die Kategorie „unsozialdemokratisch" eingeordnet worden.

Müntefering hält derzeit auffallend viele Reden dieser Art, im Parteivorstand, in der Fraktion, in Pressegesprächen. Er wirkt, als hätte er eine Mission, als kämpfte er mit aller Macht gegen einen mächtigen Feind.

Dieser Feind heißt Neoliberalismus. Natürlich sagt auch Müntefering, dass er Reformen will. Jeder sagt das. Es kommt immer nur darauf an, wie groß das „aber" ist, das diesem Bekenntnis folgt. Bei Müntefering ist es sehr groß. Natürlich könne man dem Staat Ressourcen nehmen, „aber wer stopft dann die Schlaglöcher und sorgt dafür, dass die Schulen intakt bleiben?" Er will Reformen, aber nicht so schnell, nicht so tief greifend.

Münteferings Sorge ist, dass fast alle, die jetzt über Reformen reden, den Armen etwas nehmen wollen und den Reichen etwas geben. Er mag die Reichen nicht besonders. Für ihn sind es „die Leute in den Pelzmänteln", sind es „die jungen, schnittigen Unternehmer, Millionäre wahrscheinlich".

In dieser Woche gibt es ein langes Gespräch zwischen den beiden. Müntefering sitzt in Schröders Arbeitszimmer, neben Brockhaus und Humidor. Schröder redet wie einer, der seine Vergangenheit ein gutes Stück weit hinter sich gelassen hat. Müntefering redet wie einer, der in seiner Vergangenheit lebt.

Hinterher sagt Schröder, die Probleme zwischen ihnen würden total übertrieben dargestellt. Müntefering sage auf Sauerländisch das, was er, der Kanzler, schon immer sage: dass man den Sozialstaat verändern müsse, um ihn unter veränderten globalen Bedingungen erhalten zu können.

Der Unterschied ist, dass Schröder, jedenfalls im Moment, vor allem verändern möchte und Müntefering vor allem erhalten. Das ist der grundsätzliche Konflikt zwischen den beiden.

In einem Gespräch in dieser Woche wirkt der Kanzler munter und heiter, fast unbeschwert von den Konflikten der vergangenen Wochen. Es müsse klar sein, sagt er, „dass im Ergebnis das geschieht, was der Bundeskanzler und Parteivorsitzende für richtig hält".

20. Dezember, Berlin

Der Berliner „Tagesspiegel" veröffentlicht ein „Strategiepapier", das in Steinmeiers Büro geschrieben worden ist. Der Sozialstaat, heißt es darin, muss umgebaut werden, wenn er erhalten bleiben soll. Die

Zahlen deuten darauf hin, dass gekürzt wird, überall, auch beim kleinen Mann, bei dem, der eigentlich SPD wählt.

Steinmeier hat in den vergangenen Tagen die Staatssekretäre der Fachministerien im Kanzleramt empfangen. Es ging um die Frage, wie man das Land voranbringen kann. Nun gibt es ein Papier, und als das Papier öffentlich wird, geht Schröder in die Offensive.

Er hat keine andere Chance mehr. Der Kanzler ist nicht zu den Themen gekommen, die Themen sind zu ihm gekommen. Nach zwei Jahren Stagnation in der Wirtschaft ist die Lage so desolat, dass etwas geschehen muss. Im November fällt der Ifo-Geschäftsklima-Index zum sechsten Mal hintereinander. Nach einer neuen Steuerschätzung werden 89 Milliarden Euro bis zum Jahr 2006 fehlen. Wenn der Winter kalt wird, könnten es bald über fünf Millionen Arbeitslose werden. In der Rentenkasse fehlen fast vier Milliarden Euro. Der Rentenbeitrag wird auf 19,5 Prozent steigen. Die Krankenkassen rechnen mit einem Defizit von drei Milliarden Euro. Die Beitragssätze werden nach oben gehen. Wenn alles so weitergeht, könnten die Lohnnebenkosten auf über 50 Prozent anwachsen.

Die Zukunft, für die Hombach, Heinze, Streeck und die anderen Berater der Regierung Konzepte entwickeln wollten, ist Gegenwart geworden. Aber es gibt keine Euphorie des Wollens mehr, nun herrscht der Druck der Verhältnisse. Schröder ist zu Reformen gezwungen.

Die Zeit dafür ist längst nicht so günstig wie im Jahr 1999. Eine boomende Wirtschaft kann leichter verkraften, wenn ihr durch Sozialreformen Kaufkraft entzogen wird. Einsparungen in der Krise können die Krise zunächst verstärken. Schröders Zauderei rächt sich. Aber immerhin: Es passiert etwas.

Im Presse- und Informationsamt der Bundesregierung sitzt Regierungssprecher Béla Anda vor den Sprechern der Ministerien. Sie wissen nicht, was sie mit diesem Papier anfangen sollen. Sie fragen, wer es gemacht hat, welchen „Reifegrad" es hat. Béla Anda weiß es auch nicht.

„Seid vorsichtig", sagt er.

Zur Lage der Nation: Im 4. Quartal 2002 steigt die Zahl der Arbeitslosen auf 4 226 504 (im Jahr 2000: 3 809 582). 9450 Firmen sind in Insolvenz gegangen (im Jahr 2000: 7455). Die Staatsverschuldung hat sich gegenüber 1999 um über 77 Milliarden Euro erhöht. Mit der Arbeit der Bundesregierung sind noch 18 Prozent zufrieden, mit dem Kanzler noch 24 Prozent. Die SPD wählen wollen nur noch 30 Prozent, bei der Bundestagswahl drei Monate vorher hatte die Partei 38,5 Prozent bekommen. Die CDU/CSU präferieren nun 48 Prozent der Deutschen, am 22. September hatten 38,5 Prozent die Union gewählt. Seit dem Eintritt in die Bundesregierung 1998 haben über 81 000 Mitglieder die SPD verlassen, das sind mehr als 10 Prozent.

Kapitel 9

Die letzte Chance – Agenda 2010

Dezember 2002 – März 2003

21. Januar 2003. Die EU leitet ein Verfahren gegen Deutschland ein, weil es mit seinem Haushaltsdefizit von 3,75 Prozent die im Stabilitätspakt vorgesehene Grenze von 3 Prozent deutlich überschreitet. +++ 22. Januar. US-Verteidigungsminister Donald Rumsfeld kritisiert die ablehnende Haltung Deutschlands und Frankreichs zum Irak-Krieg und bezeichnet die beiden Länder als „altes Europa". +++ 30. Januar. Die Staats- und Regierungschefs von Spanien, Italien, Portugal, Tschechien, Dänemark, Großbritannien, Polen und Ungarn erklären überraschend ihre Solidarität mit den USA und offenbaren die Isolation Deutschlands und Frankreichs in der EU. +++ 2. Februar. Bei den Landtagswahlen in Hessen und Niedersachsen gewinnt die CDU deutlich. Die SPD erleidet in beiden Ländern zweistellige Verluste. +++ 20. März. US-Streitkräfte beginnen den Krieg gegen den Irak mit Bombenangriffen auf Bagdad.

24. Dezember 2002, Washington
Verteidigungsminister Donald Rumsfeld erteilt den ersten Marschbefehl für 25 000 Soldaten in die Golfregion.

28. Dezember, Berlin
Über die Ticker der Agenturen läuft eine Vorabmeldung über ein SPIEGEL-Interview mit Außenminister Fischer. Es geht um die Frage, wie Deutschland sich verhalten wird, wenn der Sicherheitsrat über einen Militärschlag im Irak abstimmt.

Fischer möchte sich nicht darauf festlegen, dass Deutschland mit Nein stimmen wird. Ein Nein würde einen offenen Affront gegen die Vereinigten Staaten bedeuten. Ein Nein würde das Verhältnis so sehr beschädigen, dass es womöglich nicht mehr repariert werden kann. Fischer sagt: „Deutschland wird sich auf der klaren Grundlage einer deutschen Nichtbeteiligung und der Erfüllung seiner Bündnispflichten verantwortungsvoll verhalten." Er meint damit: Deutschland könnte sich auch enthalten. Das Interview macht eine Menge Wirbel. War der Antikriegskurs nur für den Wahlkampf gut? Wird jetzt umgeschwenkt?

Gerhard Schröder erreicht die Vorabmeldung im Flugzeug nach Shanghai. Der Bundeskanzler kannte Fischers Pläne nicht. Er will sie nicht kommentieren.

31. Dezember, Berlin

Die Neujahrsansprache. Der Kanzler wirkt jünger nach der gewonnenen Wahl. Seine Haare werden von oben angeleuchtet, sie sehen beinah blond aus, der Schimmer eines Heiligenscheins. Krawatte: golden. Keine Kamerafahrten mehr, sparsame Bildsprache. Vorn links ein Adventsgesteck, hinten rechts, draußen vor der Tür, ein bescheidener Weihnachtsbaum. Die Bilanz: Flut gemeistert, Krieg verweigert. Die Aussicht: „Am heutigen Silvestertag haben wir in Shanghai den ‚Transrapid' eingeweiht, eine bei uns in Deutschland entwickelte Zukunftstechnologie, die eine vorzügliche Lösung der Mobilitätsprobleme bietet." Es geht aufwärts, mit China. Und Deutschland? Muss sich warm anziehen. „Um unseren Sozialstaat gegen die Stürme der Globalisierung wetterfest" zu machen, „müssen wir gemeinsam den Mut zu grundlegenden Veränderungen aufbringen." Er redet 8 Minuten und 14 Sekunden, die bis dahin längste Neujahrsansprache seiner Regierungszeit.

Im Januar 2003, Berlin, Kanzleramt

Der ovale Tisch, der im Großen Kabinettssaal des Bundeskanzleramts steht, ist 9 Meter lang und 3,35 Meter breit, seine Platte ist 4 Zentimeter dick und aus rotem Buchenholz. 18 Sessel stehen um den Tisch, sie sind mit schwarzem Leder bezogen und haben hohe Lehnen. An jedem Platz: eine silberfarbene Kaffeekanne und eine schwarze Schale, in der ein gespitzter Bleistift liegt.

Es ist kurz nach halb zehn, in Berlin tagt das Kabinett. Deutschland wird regiert.

Gerhard Schröders Platz ist genau in der Mitte, da, wo der Tisch am breitesten ist. Er blättert in Papieren. Schräg gegenüber sitzt Otto Schily. Er hat auch Papiere dabei. Joschka Fischer sitzt neben Schröder. Fischer und Schröder gucken sich an. Ein Dialog ohne Worte. Es geht darum, wer zuerst reden soll. Auf der Tagesordnung stehen große Dinge. Die Weltlage, das Europa der Zukunft. Es gibt nur zwei in diesem Saal, die über solche Sachen sprechen dürfen. Schröder und Fischer. Schröder nickt kurz und sagt: „Joschka, mach du das."

Fischer hält einen Vortrag. Er spricht darüber, was der deutsche Bundeskanzler mit dem französischen Präsidenten über das kommende Europa ausgehandelt hat. „Doppelspitze", „Kommissionspräsident", „Ratspräsident", „Schröder-Chirac-Papier". Wie Fischer eben redet.

Als er fertig ist, fällt sein Körper in den Sessel zurück, Fischer liegt jetzt mehr, als dass er sitzt. Er hat die Arme vor dem Bauch gekreuzt, er guckt durch seine Brille hindurch ins Unendliche, seine Mundwinkel sind nach unten gebogen. Fischer sieht aus, als gäbe es nichts mehr zu sagen.

Er weiß, was jetzt passiert, alle an diesem Tisch wissen das. Otto Schily bittet ums Wort. Schily bittet immer ums Wort, wenn Fischer geredet hat.

Der Bundesminister des Innern sagt kühl: „Ich danke dem Herrn Außenminister für seine sehr ausführliche und kompetente Berichterstattung." Schily macht eine Pause. Die Pause heißt: aber.

„Aber", sagt Schily, „bei aller Freude über die vom Herrn Bundeskanzler erzielte Übereinkunft möchte ich doch darauf hinweisen, dass es gut wäre, etwas früher konsultiert zu werden." Er sage das in seiner Eigenschaft „als Verfassungsminister". Es sei ihm wichtig, darauf hinzuweisen, sagt Schily.

Fischer guckt ins Unendliche. Schröder blättert in seinen Papieren.

Außen am Tisch sitzt die Familienministerin Renate Schmidt. Sie beugt sich nach links, zum Verteidigungsminister Peter Struck, und sagt in sein Ohr: „Wenn es nicht so nette Männer gäbe wie dich, dann würde ich jetzt nur noch sagen: Männer."

Die zweite Amtszeit von Rot-Grün hat vor 100 Tagen begonnen. Ulla Schmidt, seit zwei Jahren Gesundheitsministerin, hat die Spielregeln des Kabinetts einmal so erklärt: „Es ist immer das Gleiche: Zuerst redet der Kanzler, dann kommt der Außenminister. Und dann meldet sich ‚Mister Staat', pinkelt den Außenminister an und richtet noch eine Ergebenheitsadresse an den Kanzler." So wird Deutschland regiert. Die Jungs machen ihre Spielchen, die Mädels hören erst einmal zu, obwohl fast sämtliche Kabinettsmitglieder in einer Zeit politisiert wurden, als der Feminismus noch etwas galt. Verweht. Man rempelt gern wie auf dem Schulhof. Schily gegen Fischer, Schröder gegen Bush.

Schröder hat manchmal Probleme mit Frauen, die mit ihm Politik machen sollen. Sie tragen ihm zu viel Gefühl ins Geschäft. Den Frauen, die in seinem Kabinett arbeiten, hat er weiche Ressorts gegeben, Familie, Bildung, solche Sachen, „Gedöns" hat Schröder das einmal genannt. Die Frauen seiner Regierung haben ein Selbstbild entwickelt, das dem von Alice Schwarzer nahe kommt, als sie „Emma" gründete.

An jedem ersten Mittwoch eines Monats lässt die Kultur-Staatsministerin Christina Weiss in ihrem Büro einen Frühstückstisch für sieben Personen decken. Es sind nur Frauen, die zu ihr kommen. Renate Schmidt, die Familienministerin. Edelgard Bulmahn, die Bildungsministerin. Brigitte Zypries, die Justizministerin. Heidemarie Wieczorek-Zeul, die Entwicklungshilfeministerin. Renate Künast, die Landwirtschaftsministerin. Und Ulla Schmidt, die Gesundheitsministerin.

Die Frauen nennen diese Runde „das Weiberfrühstück". Es findet bei Christina Weiss statt, weil ihr Büro im Bundeskanzleramt ist. Ganz nah an der Macht. Es liegt im achten Stock, man muss von hier aus nur in den Fahrstuhl steigen und zwei Etagen runterfahren, dann ist man im Großen Kabinettssaal. Sie treffen sich am frühen Morgen, vor der Kabinettssitzung mit Gerhard Schröder. Es geht darum, sich gegenseitig Mut zu machen.

Es ist nicht einfach, Ministerin unter Gerhard Schröder zu sein. Seine Kabinettssitzungen dauern manchmal nur eine halbe Stunde, und die ist oft schon rum, wenn erst der Kanzler, dann der Außenminister und dann der Innenminister gesprochen haben.

Weil das Thema Bildung an Gewicht zunimmt, ist Edelgard Bulmahn eine wichtige Ministerin geworden. Es gibt viel zu sagen zum Thema Bildung, und genau davor fürchtet sich der Kanzler.

Wenn Edelgard Bulmahn den Finger in die Luft hebt, weil sie etwas sagen möchte, kommt es vor, dass Gerhard Schröder seinen Körper zur Seite dreht, damit es so aussieht, als würde er den Finger nicht sehen. Aber Bulmahn gibt niemals auf, und Schröder sagt schließlich: „Edelgard, aber bitte ganz kurz."

Von denen, die bei Christina Weiss zum Frühstück kommen, ist Heidemarie Wieczorek-Zeul die Frau mit der größten Erfahrung. „Wenn du wirklich was erreichen willst", sagt sie, „dann musst du

Doris anrufen." Als in Mosambik die Menschen ertranken, war die Ministerin für Entwicklungshilfe betroffen. Sie rief bei Doris an und sagte, sie finde, Deutschland müsse ein paar Hubschrauber nach Mosambik schicken.

Im Kabinett fand Schröder das dann auch.

20. Januar, New York

Fischer ist nervös, es ist seine erste Rede im Sicherheitsrat, wo die Deutschen seit dem 1. Januar für zwei Jahre einen Sitz haben. Obwohl auf der Tagesordnung der Kampf gegen den Terror steht, lenken Fischer und der französische Außenminister Dominique de Villepin die Debatte auf den Irak und die Bedeutung der Inspektionen. Powell ist überrascht und wütend. Er kontert und plädiert dafür, die Kriegsoption offen zu halten: „Wir dürfen nicht zurückschrecken, weil wir Angst vor den Konsequenzen haben." In einer Pressekonferenz droht de Villepin mit einem Veto. Powell ist empört, fühlt sich an der Nase herumgeführt.

21. Januar, Goslar

Am späten Nachmittag eilt der Kanzler von Berlin nach Goslar, um Ministerpräsident Gabriel im Wahlkampf zu helfen. Am 2. Februar stimmen die Bürger von Niedersachsen und Hessen über ihre Landtage ab.

Vor der Kundgebung sitzen Schröder und Gabriel im „Café am Markt", reden über die Dienstwagensteuer, aber das Gespräch interessiert den Kanzler nicht richtig, er guckt häufig auf seine Uhr, er hat noch etwas vor, er will ein Zeichen setzen im Wahlkampf. Die Umfragen sind verheerend für Gabriel und die SPD.

Aus der Außenpolitik der vergangenen Wochen haben Schröder und Fischer Selbstbewusstsein geschöpft. Sie haben der gesamten Nation ein neues Selbstbewusstsein gegeben. Man ist nicht der leinenführige Hund der Amerikaner, man folgt nicht auf Zuruf. Fischer charakterisiert die neue Lage mit dem Begriff von der „Partnerschaft im Widerspruch".

Es geht um die Neudefinition des deutsch-amerikanischen Verhältnisses. Der Kanzler und sein Außenminister glauben, dass es eine Rückkehr zu den alten und manchmal etwas unreflektierten Beziehungen nicht geben kann. Die USA müssten sich daran gewöhnen, dass Europa mitzuentscheiden gedenke. Nicht zuletzt Berlin reklamiert für sich mehr als einen Beobachterstatus, zumal die Bundeswehr mit jährlich zwei Milliarden Euro und rund 10 000 Soldaten an internationalen Friedensmissionen beteiligt ist.

Das alles hat der Kanzler im Hinterkopf, als er in Goslar ist. Und nun will er eine Rede halten, in der das neue Selbstbewusstsein so richtig deutlich wird. Vielleicht bringt es ja Stimmen.

Nach einer halben Stunde auf dem Marktplatz fährt er mit Gabriel ins Odeon-Theater. Schröder tritt ans Rednerpult, er sagt ein paar Dinge, die er schon immer gesagt hat. Dann sagt er: „Ich sage das hier jetzt ein Stück weitergehend als das, was ich in dieser Frage sonst formuliert habe: Rechnet nicht damit, dass Deutschland einer den Krieg legitimierenden Resolution zustimmt." Er macht eine Pause, und dann sagt er noch einmal: „Rechnet nicht damit." Das Publikum applaudiert heftig. Schröder hat Klarheit geschaffen. Deutschland wird dem Krieg nicht zustimmen, sich nicht beteiligen.

Er hat seine Worte mit niemandem abgestimmt. In der SPD ist man beruhigt. Fischer dagegen ist sauer auf seinen Chef. Der Wahlkampf sei keine Gelegenheit für außenpolitische Festlegungen. Man müsse fürchten, am Ende isoliert dazustehen. Kann man den Franzosen trauen? Werden sie bei ihrer ablehnenden Haltung bleiben oder am Ende doch mitmarschieren?

Fischer stört auch, dass er übergangen wurde. Wer macht eigentlich die Außenpolitik: der Kanzler oder der Außenminister?

22. Januar, Versailles

Schröder und Frankreichs Präsident Jacques Chirac feiern mit den Abgeordneten beider Parlamente 40 Jahre deutsch-französische Freundschaft im Spiegelsaal von Versailles. Sie verkünden, ihre Länder seien einig, dass über Krieg und Frieden allein der Sicherheitsrat zu entscheiden habe und dass Krieg immer die schlechteste Lösung sei. Der Kanzler ist erleichtert, beflügelt. Auf dem Rückflug sagt er zu seinen Mitarbeitern: „Na seht ihr, auf die Franzosen kann man sich eben doch verlassen."

Als Rumsfeld in Washington die Nachrichten aus Versailles hört, sagt er vor Journalisten: „Sie denken bei Europa an Frankreich und Deutschland. Ich nicht, das ist das alte Europa." Der Schwerpunkt habe sich nach Osten verlagert. Wie üblich trägt Rumsfeld seine Attacke in freundlichem Ton vor, er grinst übermütig. „Deutschland ist ein Problem, Frankreich ist ein Problem. Aber wenn Sie sich die riesige Zahl anderer Länder ansehen, sie sind auf der Seite der USA und nicht Frankreichs und Deutschlands."

Die große Mehrheit der Deutschen glaubt, wie Schröder und Fischer, dass der Krieg unmittelbar bevorsteht – und lehnt ihn strikt ab. Trotzdem findet die Regierung insgesamt keine Zustimmung. Schröder und seine Berater rätseln, wie sie die Antikriegshaltung der Deutschen für die Innenpolitik nutzen können. Kann man einen Zusammenhang herstellen?

29. Januar, Hannover

„Wir werden alles tun, eine hoch riskante Militäraktion zu verhindern", ruft Joschka Fischer zum Abschluss der Wahlkundgebung in Hannover den 2000 Anhängern im Filmtheater „Capitol" zu. Er erntet großen Beifall und rauscht zufrieden in seiner gepanzerten Limousine davon. Gerade hat er es sich bequem gemacht, da klingelt das Telefon. Sein Pressesprecher Walter Lindner meldet sich mit einer schlechten Nachricht. In einem Dutzend europäischer Zeitungen haben acht Staats- und Regierungschefs eine Art Gegenerklärung zu Versailles veröffentlicht. Ohne die Bundesregierung vorab zu informieren, ist aus London, Rom, Madrid, Prag, Warschau, Lissabon, Budapest und Kopenhagen eine Solidaritäts- und Ergebenheitsadresse an die USA abgegeben worden: „Das transatlantische Verhältnis darf der anhaltenden Bedrohung der Weltsicherheit durch das irakische Regime nicht zum Opfer fallen."

Schlagartig ist Fischer klar: Die deutsche Politik, obwohl mit der Grundstimmung der Bevölkerung überall auf dem Kontinent nahezu in Einklang, droht am Widerstand der Partner zu scheitern. Europa ist gespalten, das Schlimmste, was einem Pro-Europäer wie Fischer passieren kann. Er denkt an Rücktritt, aber er bleibt im Amt. „Allein der Gedanke hat gut getan", sagt ein Getreuer.

2. Februar, Hessen und Niedersachsen

Die SPD verliert die Wahlen mit katastrophalen Ergebnissen. In Hessen stürzt sie um 10,3 Punkte auf 29,1 Prozent ab. Roland Koch von der CDU bleibt Ministerpräsident. In Niedersachsen verliert die SPD 14,5 Punkte und landet bei 33,4 Prozent. Christian Wulff von der CDU löst Sigmar Gabriel als Ministerpräsident ab.

Schröder ist auf dem Tiefpunkt seiner Kanzlerschaft angekommen. Das Verhältnis zu den USA ist zerrüttet, die wirtschaftliche Lage miserabel. Schröder könnte als schlechtester Bundeskanzler seit dem Zweiten Weltkrieg in die Geschichte eingehen, schreibt der britische „Economist".

13. Februar, Berlin, Reichstag

Joschka Fischer schreckt auf. Fast eine halbe Stunde hat der Bundeskanzler in immer neuen Wendungen dem Deutschen Bundestag berichtet, wie „leidenschaftlich" er dafür kämpfe, dem Frieden in der Irak-Krise eine Chance zu geben – da brechen die Abgeordneten der Opposition plötzlich in prustendes Gelächter aus. „Ich – und mit mir der Außenminister", hat Gerhard Schröder gesagt. „Hohoho", höhnt der Abgeordnete Volker Kauder von der CDU: „Der wird auch einmal erwähnt."

Da hat sich Fischer auf der Regierungsbank längst wieder in seiner Selbstschutzpose verschanzt: Arme vor der Brust, Hand vor dem Mund, Blick ins Leere. Es ist Schröder, der für ihn antwortet: „Sie werden das heute schon noch erleben, seien Sie da ganz sicher."

Vierzig Minuten später röhrt Fischers Stimme wie ein Düsentriebwerk durch den Reichstag. „Sie haben fast die ganze Zeit nur über Stilfragen geredet", fährt er die CDU-Chefin Angela Merkel an: „Wir sind dem Frieden verpflichtet, Frau Merkel. Dazu haben Sie leider nichts Konkretes gesagt." Nun streckt sich der Kanzler mit Behagen auf seinem Sitz.

Es wirkt, als sei ihr freundschaftliches Bündnis unverbrüchlich, und genau daran hatte es in den letzten Wochen Zweifel gegeben. „Eiszeit" zwischen Fischer und Schröder? „Zerwürfnis"? Rücktrittsüberlegungen gar? Die Herren tun so, als hörten sie das alles zum ersten Mal. Fischer wüsste nicht, warum sie zerstritten sein sollten. Ihre Beziehung sei zu alt, um „durch so etwas" kaputtzugehen. Schröder versteht „das Ganze" nicht und war auch an nichts beteiligt. Weiß er etwa nicht die Qualitäten seiner Minister zu schätzen? Konkurrenzgefühle kenne er nicht, und nichts wolle er weniger als einen persönlichen Konflikt mit Fischer.

Während die Union das rot-grüne Bündnis am Ende wähnt, produziert sich während der Irak-Debatte im Bundestag die Gerd-und-Joschka-Show. Die beiden tatschen einander auf die Schultern, schütteln sich die Hände, grinsen sich an und frohlocken so hold wie Jungvermählte.

Fischer erhebt sich sogar, um Schröder nach seiner Rede zu gratulieren. Das ist mehr als eine Geste der Einigkeit nach außen. Dieser Handschlag besiegelt aufs Neue die Unterordnung des Grünen unter den Kanzler – Schröder ist und bleibt der Chef.

13. Februar, Berlin, Katholische Akademie

Sigrid Krampitz ist eine Frau, die nicht besonders auffällt, eine eher kleine, schmale Gestalt, sie redet nicht viel, aber sie weiß alles. Krampitz leitet das Kanzlerbüro, sie ist Schröders Vertraute.

Krampitz ist dabei, als Mitarbeiter des Kanzleramts mit Intellektuellen wie dem Politologen Herfried Münkler in der Katholischen Akademie über das Thema „Zivilgesellschaft" reden.

Nach der Diskussion steht Krampitz mit ihren Kollegen zusammen, Steinmeier, Reinhard Hesse, der Redenschreiber, Thomas Steg, der stellvertretende Regierungssprecher. Sie sind Gerhard Schröders neue Gehilfen. Er kennt sie aus seiner Zeit in Hannover, ihre Gedanken schwirren nicht davon, sie arbeiten eng am Mann. Er kann sich auf sie verlassen.

Sigrid Krampitz hat ihre Handtasche dabei, sie zieht einen Brief hervor. Wolfgang Gerhardt hat ihn geschrieben, der Fraktionsvorsitzende der FDP. Er fordert eine Erklärung der Bundesregierung zur wirtschaftlichen Entwicklung des Landes. Es gibt 4,623 Millionen Arbeitslose. Das Land ist depressiv. Der Ifo-Geschäftsklimaindex bewegt sich kaum nach oben. Gerhardt will die Regierung treiben.

„Was machen wir damit?", fragt Sigrid Krampitz.

Sie reden im Stehen. Sie glauben, dass Gerhardts Brief eine Chance ist, wenn man die richtige Antwort darauf findet. Man muss aus der Defensive raus. Heute Morgen hat der Bundeskanzler die Regierungserklärung zum Irak abgegeben. Es war ein starker Auftritt. Schröder war entschieden im Widerspruch zum Krieg. Der Tag hat Mut gemacht. Man könnte von hier aus einen Bogen schlagen, Außenpolitik mit Innenpolitik verbinden, neue Stärke in der Welt, starke Erneuerung im Land. So ungefähr könnte es gehen.

Die Frage ist nur: Wie macht man es? Und wo macht man es? Im Parlament? In einer Universität? Es soll eine Rede werden, eine große Rede, so viel ist klar.

17. Februar, Berlin, Kanzleramt

Steinmeier redet mit Schröder über die Ideen, die in der Katholischen Akademie geboren wurden. Schröder entscheidet, dass es eine Regierungserklärung geben wird, „in einer Sitzungswoche im März".

Es ist ein Moment, der einen neuen Schröder zeigt, einen Schröder, der sich zutraut, Macht anzuwenden auch da, wo es am meisten wehtut. Die kurze Frist lässt keine Gelegenheit für Debatten, für Abstimmung, für Kompromiss. Schröder entscheidet sich, einen eigenen Plan vorzulegen. Damit wirft er sein Gewicht als Bundeskanzler in die Waagschale, damit knüpft er sein politisches Schicksal an sein Bekenntnis zu Reformen. Es wird ernst, nach viereinhalb Jahren.

Er sitzt jetzt nicht mehr in einem Büro, das sein Vorgänger in 16 langen Jahren zerschrammt hat. Er ist der erste Kanzler der Berliner Republik. Von seinem Zimmer aus kann er sehen, wie der Potsdamer Platz ein bisschen an den Wolken kratzt. Schröder hat der großen Bundesrepublik einen neuen Platz in der Welt ertrotzt. Sie sucht sich einen eigenen Weg, einen deutschen. Schröder hat auch nicht mehr die ganz große Angst, die Macht zu verlieren. Er hat vier Jahre hinter sich, er ist wiedergewählt worden. Das macht ihn unabhängiger.

Die Rede will er vor dem Ausbruch des Krieges halten. Es darf nicht der Eindruck entstehen, die deutsche Haltung zum Irak solle von innenpolitischer Unfähigkeit ablenken. Die große Rede soll zudem nicht in den Bildern eines Krieges untergehen. Man entscheidet sich für Freitag, den 14. März.

Abends um sechs empfängt Steinmeier die Staatssekretäre, Leute vom Bundespresseamt sitzen dabei, Beamte aus dem Kanzleramt. Steinmeier sagt, die Ministerien sollten darüber nachdenken, „wie man Sparmaßnahmen mit Strukturveränderungen vernetzen kann". Es sollen fünf politische Schwerpunkte erarbeitet werden. „Bis Ende Februar abgeben", sagt Steinmeier.

18. Februar, Berlin, Gesundheitsministerium

Das Zimmer 3.071 ist die Herzkammer des deutschen Gesundheitswesens. Es liegt im Ministerium von Ulla Schmidt und gehört einem fröhlichen Rheinländer mit einer Brille. Franz Knieps leitet die Abteilung 2, Gesundheitsversorgung, Krankenversicherung, Pflegeversicherung.

Heute erfährt Knieps, dass schnell etwas passieren muss. Der Kanzler braucht Stoff für seine Rede, für die Rede, die Deutschland nach Jahren des Reformstaus aufrütteln soll.

Knieps bleibt ganz ruhig. Durch seinen Kopf rattern Fragen. Was haben wir? Was brauchen wir?

Vernetzung von Sparmaßnahmen und Strukturveränderungen, das ist der Auftrag. Knieps hat sein Zimmer, einen Auftrag und eine Deadline. Er telefoniert mit Unterabteilungsleitern und Referenten, 120 von ihnen sitzen in Bonn, zehn in Berlin. Er erstellt „Eckpunktepapiere", er entwirft Thesen, er soll zehn Überschriften liefern. Er muss sie mit dem Justiz- und dem Innenministerium abstimmen, und danach muss er alles „verdichten", wie die Beamten sagen, kleiner machen, verständlich machen.

Knieps weiß, dass der Bundeskanzler Freude an Strukturreformen hat, die ihm sofort einleuchten. Der Kanzler unterstützt zum Beispiel den Gedanken, dass in Deutschland demnächst Apothekenketten zugelassen werden sollen. Als seine Ehefrau Doris noch in New York lebte, hatte sie eine Wohnung direkt über einer Apotheke. Die hatte immer auf, die Sachen waren billiger, und Aspirin gab es sogar in durchsichtigen Fläschchen. So was müsse es auch in Deutschland geben, sagte der Kanzler.

Knieps hat keinen leichten Job in diesen Tagen, er muss immerzu auf zwei unterschiedlichen Ebenen denken. Die erste Ebene ist seine eigene, es geht dabei um fachliche Dinge, um Instrumente, um die Frage: „Mit welchen Mitteln kann ich was erreichen?" Die zweite Ebene ist die politische, es ist die Ebene des Kanzlers. Der Kanzler stellt andere Fragen, sie heißen: „Wen trifft das? Was ist die Botschaft?"

Franz Knieps bekommt in dieser Zeit häufiger als sonst Anrufe. Lobbyisten melden sich, Ärzte, Pharmavertreter, Abgeordnete, die vor allem etwas verhindern wollen. Er bekommt auch Briefe von solchen Leuten. Er hat nicht nur die Macht eines deutschen Spitzenbeamten. Er hat einen Auftrag vom Bundeskanzler.

Briefe machen ihm keine Angst. Er sagt sich: „Lesen, lachen, lochen."

20. Februar, Berlin, Paul-Löbe-Haus

„Mein Name ist Hans Eichel, geboren 24.12.41, Wohnort Kassel, Postleitzahl 34130." Es ist der erste Satz, den Hans Eichel sagt, und es ist die volle Wahrheit.

Vor ihm stehen zwei kleine blaue Flaschen Mineralwasser und ein

Glas. Eichel trinkt das Glas leer und öffnet die zweite Flasche. Der Morgen ist noch jung, Eichel steckt in einem blauen Anzug, er trägt seinen Scheitel, als käme er gerade aus dem Badezimmer, er lächelt freundlich.

Alles ist rein an ihm.

Der Finanzminister der Bundesrepublik Deutschland sitzt auf einem schwarzen Sessel im Paul-Löbe-Haus, Raum 4.900. Der Untersuchungsausschuss „Wahlbetrug" vernimmt seinen Hauptverdächtigen. Es geht um die Frage, ob Eichel im Sommer die Haushaltszahlen frisiert hat, damit die SPD im Herbst die Wahl gewinnt. Weil Untersuchungsausschuss „Wahlbetrug" etwas holprig klingt, heißt diese Veranstaltung hier auch „Lügenausschuss".

Ist Hans Eichel ein Lügner?

Links vor ihm blättert der CDU-Abgeordnete Peter Altmaier in seinen Unterlagen. Die wichtigen Sätze darin hat er angestrichen. Er ist gleich dran. Er ist der Obmann der CDU im Lügenausschuss und musste 30000 Blatt in 148 Aktenordnern lesen. Er hat viele Fragen.

Wenn er redet, streckt Hans Eichel seinen linken Arm aus. Links neben ihm sitzt ein Mann mit einem Bürstenhaarschnitt. Er hat einen Ordner vor sich liegen, zu jeder Frage holt er die richtige Akte aus dem Ordner und legt sie dem Minister in die Hand. Er heißt Werner Gatzer und hat im Finanzministerium den Titel „Leiter Leitungsstab". Gatzer weiß alles, was Eichel wissen sollte.

Manchmal braucht der Leiter Leitungsstab etwas Zeit, bis er die richtige Akte gefunden hat, Eichels Mund schnappt in solchen Momenten immer nach Luft, wie bei einem Karpfen, aber wenn er die Akte hat, ist er ganz ruhig. Er redet dann von „Prognosespektrum", „Einzeleffekten", „Schwankungsbreiten", und die Abgeordneten laufen zu einem Teewagen und kaufen sich Wurstbrote, weil das, wovon Eichel redet, niemand versteht.

Es ist kurz vor zwölf, als Hans Eichel eine Pause braucht. Er hat inzwischen sechs Flaschen Mineralwasser getrunken. Er wartet vor einer Toilette. Bei ihm stehen: sein persönlicher Referent, sein Büroleiter, sein Kabinettsreferent, sein Medienberater, sein Leiter Leitungsstab. Sie sprechen leise. Der Medienberater nickt kühl. Es läuft gut. Die Sitzung wird fortgesetzt.

Peter Altmaier hat Ordner 6 aufgeschlagen, es geht jetzt um alles oder nichts. Im Ordner 6 sind die Aussagen von Referatsleitern vergraben, die Hans Eichel als Lügner überführen sollen. Die Referatsleiter hatten schon im Juli die ganze Wahrheit zusammengerechnet: 10 Milliarden Steuerloch, 33 Milliarden Neuverschuldung, Maastricht-Kriterium verpasst.

Altmaier fragt, ob der Minister diese Zahlen im Sommer gekannt habe.

„Ja", sagt Eichel.

„33 Milliarden?"

„Ja." Eichel öffnet die siebte Flasche Mineralwasser.

„Maastricht-Kriterium?"

„Ja." Eichel pult an seinen Fingernägeln. Sein Justitiar knetet die Finger.

Warum er die Zahlen verschwiegen hat?

„Weil der Minister die Meinung eines Hauses bildet und kein anderer."

Eichels Meinung war, dass der Aufschwung kommt. Irgendwann später. Nach der Wahl. „Es geht hier nicht um Fakten", sagt Eichel. „Ein Minister hat politische Entscheidungen zu treffen." Ein Minister braucht keine Fakten, ein Minister braucht eine Meinung.

Fünf Stunden lang hat Peter Altmaier zugehört. Dann weiß er nicht mehr weiter. Er klappt seinen Ordner zu und sagt: „Herr Minister, wir sind davon überzeugt: Sie haben die Wähler getäuscht."

Er, Hans Eichel, geboren 24.12.41, Wohnort Kassel, Postleitzahl 34130, ein Täuscher? Betrüger? Lügner?

„Ich bin ein verantwortungsvoller Minister", sagt er.

Hans Eichel öffnet die achte Flasche Mineralwasser. Er schüttet das Glas bis zum Rand voll und trinkt es aus.

Er ist jetzt von innen gereinigt.

24. Februar, New York

Die USA, Großbritannien und Spanien bringen einen gemeinsamen Resolutionsentwurf in den Sicherheitsrat ein, der den endgültigen Bruch der Uno-Auflagen durch den Irak feststellt. Saddam habe seine „letzte Chance" vertan.

Frankreich legt ein „Memorandum" vor, das von Deutschland und Russland gestützt wird: mehr Zeit für Inspektoren mit konkreten Fristen für bestimmte Auflagen.

Ende Februar, Berlin, Restaurant „Manzini"

Reinhard Hesse hat es nicht weit zum „Manzini" in Berlin-Wilmers-dorf, seine Wohnung ist gleich nebenan. Thomas Steg lässt sich mit dem Dienstwagen bringen, er kommt aus dem Bundespresseamt in Mitte. Sie treffen sich abends. Hesse bestellt Weißbier, Steg einen Prosecco.

Hesse ist der Redenschreiber, Steg stellvertretender Regierungsspre-cher. Hesse war Redakteur bei „Transatlantik", er schrieb Bücher, die unter Schröders Namen erschienen sind. Steg ist Sozialwissenschaftler, Schröder holte ihn in den neunziger Jahren in seine Staatskanzlei.

Das „Manzini" ist ein neutraler Ort, ohne Telefone, ohne Fax-Ge-räte, ohne E-Mail-Terror, man hört nur das Fauchen einer Espresso-maschine.

Inzwischen sind die Zulieferungen aus den Abteilungen eingetrof-fen. Aus dem Gesundheitsreferat von Franz Knieps kamen engagierte Sätze, Sätze wie: „Es gibt Überversorgung in dem Sinne, dass Millio-nen zum selben ärztlichen Arbeitsgegenstand untersucht werden." Es sind keine Sätze, die Deutschland zum Fliegen bringen würden.

Steg und Hesse reden über einen „Bauplan" für die Regierungs-erklärung, den großen Befreiungsschlag. Sie werfen sich Stichworte zu, und Hesse schreibt Sätze auf einen DIN-A4-Zettel. Es sind Sätze, die von der Pflicht handeln, den Kindern Chancen auf ein gutes Leben zu erhalten. Sätze über die Zukunft, die gestaltet werden muss. Sätze über einen starken Staat, der sich um seine Aufgaben kümmert, und eine starke Gesellschaft, die sich ihrer Werte bewusst ist.

Hesse steckt den Zettel in sein Jackett. Er schreibt einen „Bauplan", dreieinhalb Seiten lang. Hesse hat schon viele Baupläne zu Kanzler-reden geschrieben, Baupläne sind wie Architektenentwürfe für den Ground Zero. Sie überleben nie.

3. März, Berlin, Kanzleramt

Am Abend trifft sich das Bündnis für Arbeit im Kanzleramt, zum neunten Mal. Es wird geredet und geredet, aber wie immer bleiben die acht Vertreter von Arbeitgebern und Gewerkschaften bei ihren Kern-forderungen. Nach zweieinhalb Stunden schickt Schröder die Herren nach Hause, noch vor dem geplanten Abendessen. Er will sie in gleich-er Runde nicht wiedersehen. Er macht die Reformen jetzt ohne sie. Das Bündnis für Arbeit, der runde Tisch, mit dem Schröder Deutschland reformieren wollte, das große Konsensversprechen des rot-grünen Projekts, wird erledigt, als wäre es viereinhalb Jahre lang nur ein Kaffeekränzchen gewesen. Und viel mehr war es auch nicht.

Die Spitzen der Verbände kamen aus ihren Rollen nicht heraus. Die Arbeitgeber vertraten die Interessen der Arbeitgeber, die Gewerkschafter die Interessen der Gewerkschafter. Die Interessen des Landes insgesamt fand man nicht so bedeutsam. Und der, der sie vertreten sollte, Bundeskanzler Schröder, schaffte es nicht, seine Gäste für einen breiteren Blick zu gewinnen. So wurde das Bündnis für Arbeit zu einem großen Akt der Vergeblichkeit.

Aus seinem Scheitern macht Schröder, wie gewohnt, einen Punkt für sich. Er stellt sich vor die Kameras und spielt den Letzten, der dieses Land noch retten kann, nachdem alle anderen ihre Kleinlichkeit nicht überwinden konnten. „Ich stehe in der Verantwortung", sagt Schröder gravitätisch dem ZDF. Soll heißen: Auf den Kanzler kommt es an. Jetzt gibt es nur noch seine Rede und sonst nichts mehr.

Das Rinderfilet, das für die Verbandsvertreter vorgesehen war, verspeisen Mitarbeiter des Kanzleramts.

6. März, Berlin, Kanzleramt

Es hatte diesmal keine schriftlichen Einladungen gegeben, es war nicht so förmlich wie sonst, die Damen aus dem Kanzlerbüro hatten den Termin übers Telefon verbreitet: Donnerstagabend in Schröders Privatwohnung im Kanzleramt.

Von den Grünen sind Joschka Fischer, Krista Sager, Katrin Göring-Eckardt und Reinhard Bütikofer gekommen, Gerhard Schröder und Frank-Walter Steinmeier sind für die SPD da. Die Arbeitslosigkeit ist im Februar auf 4,7 Millionen gestiegen. Die Pflegeversicherung hat ein Defizit von über 380 Millionen Euro.

Schröder sagt: „Die Situation ist schwierig. Wir müssen darüber reden, was wir damit machen."

Göring-Eckardt denkt: Zum ersten Mal heißt es nicht: Was habt ihr davon? Was haben wir davon?

Der Kanzler weiß jetzt, was er will, so ungefähr jedenfalls. Er hat in den letzten Tagen oft mit Wirtschaftsminister Clement, Müntefering und Scholz zusammengesessen. Sie haben ein Konzept gesucht.

Müntefering war ein bisschen defensiver als die beiden anderen, aber nicht viel. In den letzten Wochen hat sich etwas verändert in ihm, er ist nicht mehr der brave Parteisoldat, der Hüter der Traditionen der Sozialdemokratie. Er ist auf Schröders Reformkurs eingeschwenkt. Er habe in diesen Tagen schwer mit sich gerungen, sagt ein SPD-Funktionär, der Müntefering sehr nahe ist, zum zweiten Mal seit den Wahlkampferfahrungen 1998 habe er daran gedacht, Schröder die Gefolgschaft zu verweigern, aber aus Loyalität gegenüber der SPD habe er sich selbst einer Gehirnwäsche unterzogen. Man kann es auch Selbstläuterung nennen. Müntefering begründet seinen Gesinnungs-wechsel später damit, dass ihm die schlechten Wirtschaftszahlen keine andere Wahl ließen, dass es Sorge um Deutschland war. Aber es spielte wohl auch Sorge um sich selbst eine Rolle. Er kann als Fraktionsvor-sitzender dem Kanzler nicht ewig widerstehen, nicht gegen ihn arbeiten. Irgendwann hätte es ein „er oder ich" gegeben. Hätte Müntefering ge-wonnen, wäre es das Ende der rot-grünen Regierung gewesen. Hätte Schröder gewonnen, wäre Müntefering sein Amt los gewesen. Er hätte auf jeden Fall seine Macht verloren. Das will er nicht. Er muss mitma-chen, aber als ein loyaler Geist kann er dem Kanzler bald auch aus Über-zeugung folgen. Und der Kanzler ist ja schließlich kein Neoliberaler.

Als sie über die Reformen beraten, sitzt am Tisch immer auch ein Unsichtbarer, ein Wesen, das nörgelt und nein sagt. Das ist die alte SPD, die Basis. Ein Gespenst, das immerzu singt: „Brüder, zur Sonne, zur Freiheit!", die Hymne der Sozialdemokratie. Der Kanzler hat in vier Jahren zwar Selbstbewusstsein und Mut gewonnen, aber dieses Gespenst ist er nicht losgeworden. Wie soll er auch: Er ist Vorsitzender der SPD, seit 41 Jahren Mitglied und gewählt zum Kanzler von deren Fraktion im Bundestag.

Als jemand in der kleinen Kanzlerrunde vorschlägt, die Arbeit-geberbeiträge zur Sozialversicherung einzufrieren, regt sich das Ge-spenst und spricht aus dem Mund eines der Herren: Mit mir geht das nicht. So tastet sich die Runde vor, in einer seltsamen Mischung aus Reformwillen und Hasenfüßigkeit.

Mit den Grünen redet der Bundeskanzler bis in die Nacht hinein. Sie beschließen, dass Arbeitslosen- und Sozialhilfe zusammengelegt wer-den, dass der Kündigungsschutz gelockert werden muss, dass betrieb-liche Bündnisse für Arbeit entstehen sollen. „Ich muss dann auch noch was zu den Ausbildungsplätzen sagen", sagt Schröder, ein Bon-bon für die Basis. Das Gespenst hat aus seinem Mund gesprochen.

Aber Schröders Bekenntnis zu Reformen bekommt allmählich

Deckung. Es füllt sich mit Inhalten. Er läuft los, er fängt an zu rennen, er sieht ein Ziel, ein Thema seiner Kanzlerschaft. Adenauer und die Westintegration, Brandt und die Ostverträge, Schmidt und das Krisenmanagement, Kohl und die deutsche Einheit, Schröder und die Reformen.

Auf den Innovationskongressen vor der Wahl 1998 hatte die SPD die Vision eines modernen Deutschland entworfen, das gleichermaßen innovativ wie sozial sein sollte; einen riesigen Kürbis hatten die Imageberater der Partei den Deutschen in Anzeigen hingehalten und geschrieben, so könne „Deutschland im Jahre 2002 aussehen"; und der Kanzlerkandidat hatte ähnlich nebulös prophezeit, dass sich die „sozialen Traditionen unserer Gesellschaft nicht mehr auf traditionelle Weise erhalten lassen". Nun, Anfang des Jahres 2003, werden die Wähler bald erfahren, was Schröder damit gemeint hatte. Und der Kürbis? War wohl hohl.

6. März, Berlin, in einer Dachgeschosswohnung

Reinhard Hesse, Schröders Redenschreiber, sitzt vor einem schwarzen Laptop, Macintosh Powerbook G3, neben ihm glüht eine Zigarette im Aschenbecher. Es ist schon Nacht, dieselbe Nacht, in der Gerhard Schröder in seiner Kanzleramtswohnung mit den Grünen berät.

Bis morgen früh muss er einen Entwurf für die Regierungserklärung geschrieben haben. An der Wand hängt ein Foto von Gerhard Schröder und Willy Brandt. Hesse raucht, schreibt. „Wir sind es uns selber, aber vor allem den jüngeren Generationen und deren Kindern schuldig, dass sie auch in 20 oder 30 Jahren in einer guten, solidarischen, leistungsfähigen und toleranten Gesellschaft leben können." Er schreibt viele Sätze zum Thema Generationengerechtigkeit. Sie sollen dieser Rede einen Sinn geben, einen übergeordneten Gedanken, eine Vision.

Sein Entwurf hat 55 Seiten. Um 5.36 Uhr sendet er seinen Text an das Bundeskanzleramt. Dann geht er schlafen.

10. März, Berlin, Kanzleramt

Schröder kommt aus dem Wochenende, er hat gearbeitet. Nun bittet er seine Mitarbeiter zu einer Besprechung in sein Büro. Er legt den Entwurf, den Hesse geschrieben hat, auf den Tisch. Steinmeier, Krampitz und Steg sehen Striche im Text und Sätze, die Schröder an den Rand geschrieben hat.

„Das ist schon sehr gut", sagt Schröder, „aber Kinder, das ist zu viel." Er will sich auf drei Themen beschränken: Arbeit, Gesundheit, Gemeindefinanzen.

Ein dicker Strich zieht sich im Manuskript über viele Absätze, die Hesse bei der Suche nach einem Sinn aufgeschrieben hatte. „Es muss eine Rede ohne Schmus werden", sagt Schröder. Er will nicht begründen, er will machen.

Bis um halb sechs abends ist eine neue Version entstanden. Die neue Fassung ist von 53 Seiten auf 81 Seiten angeschwollen.

In der ersten Version hatte Schröders Programm zur Reform der Bundesrepublik den Titel: „Neue Chancen für Deutschland". Jetzt gibt es einen anderen Titel: „Agenda Deutschland 2010". Es war eine Idee von Doris Schröder-Köpf.

Steinmeier, Krampitz und Steg finden, dass 2010 ein gutes Signal ist, weil es in die Zukunft weist. Die Frage ist, ob Agenda gut ist. Agenda ist ein Fremdwort. Vielleicht kapieren das die Leute nicht. Vielleicht ist ein Fremdwort aber auch gerade gut. Vielleicht merkt man sich ein Fremdwort eher, weil es so sperrig ist. Vielleicht wird man dieses Fremdwort für immer mit der Person von Gerhard Schröder verbinden.

Thomas Steg redet mit einem Psychologen über diese Fragen. Der Psychologe sagt, wichtig sei vor allem die Aussprache der Zahl. Sie müsse als Datum identifizierbar sein, es müsse also „zweitausendzehn" heißen. Nicht „zwanzigzehn". Zwanzigzehn klinge nach Halbierung. Halbierung sei niemals gut.

11. März, Berlin

Am Nachmittag geht Gerhard Schröder in die Fraktionssitzung der SPD, wo er seine Pläne in Umrissen erläutert. Unter den Versammelten ist es totenstill, als er von „Mut" und „Balance" spricht.

Er sei nicht bereit, „aus psychologischen Gründen den Kündigungsschutz aufzugeben", sagt danach der Abgeordnete Peter Dreßen, und Fraktionsvize Ludwig Stiegler fordert ein „positives Signal an die Gewerkschaften". Der Kanzler hört sich ein halbes Dutzend Debattenbeiträge an, dann verabschiedet er sich.

Nach der Sitzung ist die Stimmung gedrückt. Viele Abgeordnete hatten mehr von ihrem Genossen erwartet – mehr Mut zu Reformen. Ihnen bleibt nur noch die Hoffnung auf die angekündigten „Über-

raschungen". Andere sind in Sorge, dass Prinzipien der Sozialdemokratie über Bord geworfen werden.

Nach der SPD besucht Schröder die Grünen und wird mit freundlichem Applaus sowohl begrüßt als auch verabschiedet. Am Abend
hält er in Hannover eine Rede zur Eröffnung der Cebit. Er ist nicht in
Form, wirkt müde, liest meist vom Blatt ab und hat wenig Konkretes
mitzuteilen. Wie will er so ein Volk mitreißen?

13. März, Berlin, im Kanzleramt

Das Zimmer von Sigrid Krampitz im 6. Stock ist zu klein geworden.
Zu viel Papier, zu voll, zu laut, zu hektisch. Sie kommen und gehen,
Steinmeier, Steg, Müntefering, Hesse, Scholz, Schröder, kleine Ange-
stellte zwischendrin. „Macht schnell", sagt Steinmeier, sie haben Papiere
bei sich, „das muss auch noch rein", Dateien werden geöffnet, ergänzt,
verkürzt, gespeichert. Dann ziehen sie in den 5. Stock, ins „Verfü-
gungszimmer".

Verschiedene Fassungen liegen da, fünf allein aus den vergangenen
zwei Tagen, sie werden verglichen, es wird gestrichen, verändert, ergänzt.

Beim Thema Kapitalflucht: „... besser, das Geld arbeitet in Leipzig
als in Liechtenstein", hat es mal geheißen. Das Finanzministerium
hatte Bedenken, „wir verhandeln gerade mit Liechtenstein, wir dürfen sie nicht verärgern". Liechtenstein wird gestrichen, es heißt jetzt:
„... besser in Leipzig und in Gelsenkirchen als im Ausland". „Langweilig", sagt einer, Liechtenstein kommt wieder rein.

Beim Thema vorgezogene Steuerreform: „... werden wir die letzte
Stufe der Steuerreform von 2005 auf 2004 vorziehen", stand im Entwurf, „gehört hier nicht hin, Belastungen ankündigen und Entlastun-
gen versprechen, das mache ich nicht", sagt Schröder. Gestrichen.

Beim Thema Arbeitslosengeld: „... das ist nicht leicht, zumal für
einen sozialdemokratischen Bundeskanzler nicht", eine winzige Gabe
an die Herzen der SPD, hinausoperiert, kein einziges Mal erscheint das
Wort SPD oder Sozialdemokratie oder sozialdemokratisch.

„Macht schnell", sagt Steinmeier.

Schröder lässt sich mit Michael Sommer verbinden, er erreicht den
DGB-Chef um 15 Uhr in einem Warteraum auf dem Köln-Bonner
Flughafen, es geht um die Frage von betrieblichen Bündnissen, „wir
werden sie fordern, aber wir werden kein zeitliches Limit setzen", sagt

Schröder. Die Gewerkschaften sind ihm wichtiger als Generationen-gerechtigkeit. Generationengerechtigkeit fliegt raus, die Gewerkschaf-ten kriegen fünf Seiten.

„Macht das noch rein", sagt Steinmeier.

„Das frisst Platz", sagt Hesse.

Die Leute, die an der Rede schrauben, erinnern an Spezialeinheiten, Bombenentschärfer aus amerikanischen Filmen, sie drehen an winzi-gen Schräubchen, sie schneiden dünne Kabel kaputt. Sie haben keine Zeit, das ist ihr größtes Problem. Die Uhr tickt.

Die Reform wird gejagt vom Terror der Verhältnisse, die Zeit ver-braucht sich in Gedanken, die um Instrumente kreisen, es ist zu spät für große Entwürfe. Vier Jahre wurden vergeudet, nun geht es holter-diepolter. Es wird eine Rede ohne Reife. Was reinkommt oder nicht, hat oft der Zufall entschieden. Der Zufall ist dankbar für Hektik, ein Feind des Abgerundeten, Durchdachten.

Es ist 17.54 Uhr, als eine Sekretärin im Kanzlerbüro die Version „0314RegErkl. MutzumFrieden3.doc" abspeichert. Sie hat 94 Seiten. Sie heißt nicht mehr „Agenda Deutschland 2010". Nur noch „Agenda 2010".

Gerhard Schröder geht in sein Arbeitszimmer und kürzt. Die letzte Fassung hat 83 Seiten. Es ist ein Uhr nachts.

14. März, Berlin, Reichstag

Eine Minute vor neun Uhr betritt Gerhard Schröder den Plenarsaal, setzt sich auf seinen Platz in der ersten Reihe der Regierungsbank, zupft sich die Manschetten zurecht. Vor ihm liegt eine weiße Mappe. Er nimmt sie, tritt ans Rednerpult, nennt das Motto seiner Rede: „Mut zum Frieden und Mut zur Veränderung".

Er beginnt mit dem drohenden Krieg im Irak. Er will die beiden großen Themen der letzten Monate an diesem Tag zusammenführen. Er will die Zustimmung, die er für seine Irak-Politik findet, auf seine Reformpolitik überleiten. Er begründet die Reformpolitik auch mit Deutschlands neuer Rolle in der Welt. Die könne man auf Dauer nur spielen, wenn man stark ist, das heißt, man müsse „wirtschafts- und sozialpolitisch beweglicher und solidarischer werden".

Von dort kommt er zur Agenda 2010, die gleichsam helfen soll, den Weltfrieden zu retten. Er liest von Blättern ab, die links auf einem Stapel liegen, und sortiert sie auf einen Haufen, der rechts davon liegt.

Seine Hände fahren an den Papierstapeln hoch und runter, es sieht aus, als würde er bügeln. Er spricht ohne Leidenschaft, arbeitet mehr einen Katalog ab, als dass er eine Rede hält. Er sagt: „Agenda zwanzigzehn." Nicht „zweitausendzehn". Es dauert eine Stunde und 25 Minuten. Die Abgeordneten der SPD klatschen 90 Sekunden lang. 90 Sekunden sind ein Almosen.

Sie denken, dass diese Rede ihrer Klientel viel zumutet. Sie wissen nicht, dass das Gespenst gute Arbeit geleistet hat. Die Struktur der sozialen Sicherungssysteme bleibt weitgehend unangetastet. Der Einstieg in die Steuerfinanzierung gelingt nicht. Bei der Rentenversicherung will Schröder „nachjustieren". Das ist ein sehr kleines Wort für ein sehr großes Problem. In der Gesundheitsversicherung peilt der Kanzler einen Satz von knapp 13 Prozent an statt derzeit 14,2 Prozent. Wie er dieses Ziel erreichen will, sagt er nicht. Es geht auch um Meisterbrief und Breitensport. Die Rede ist ein Sammelsurium des kurzfristig Machbaren, kein Plan für ein neues Deutschland. Es musste halt schnell gehen.

Der versprochene Zukunftsentwurf bleibt unscharf. Der Kanzler bietet für ein neu strukturiertes Wirtschafts- und Sozialwesen keine Vision an. Er versäumt es, die Herzen der Bürger anzusprechen. Er verkündet einen Katalog von Kürzungen und Streichungen, schafft aber keine Vorfreude auf ein runderneuertes Gemeinwesen. „Da kamen nur dürre, klapprige Sätze", sagt danach ein Kabinettsmitglied. Schröder habe „die Sinnstiftung nicht hingekriegt, da hätte er für etwas brennen müssen".

Immerhin hat sich der oberste Sozialdemokrat durchgerungen, seiner Partei einiges zuzumuten: Das Arbeitslosengeld soll bei den unter 55-Jährigen nur noch zwölf Monate lang bezahlt werden, der Kündigungsschutz vorsichtig gelockert, das Krankengeld aus der gesetzlichen Krankenversicherung genommen werden. Schröder will die relativ hohe Arbeitslosenhilfe abschaffen und mit der Sozialhilfe zusammenlegen – „in der Regel auf dem Niveau der Sozialhilfe".

Niemand von der SPD klatscht zu diesem Vorschlag.

Um die wunden Seelen seiner Genossen zu beruhigen, legt der Kanzler ein Investitionsprogramm in Höhe von 15 Milliarden Euro auf.

Schröder kündigt an, dass er den beteiligten Ministern schon am Montag Zeitpläne vorgeben und genaue Arbeitsaufträge erteilen will. Ziel ist, dass fast alle Vorhaben bis zum 1. Januar 2004 Gesetz werden.

Angela Merkel lässt an der Rede kein gutes Haar, sagt aber auch: „Wir bieten Ihnen eine nationale Kraftanstrengung an." Schröder braucht sie demnächst, weil einige Gesetze durch den Bundesrat müssen. Dort hat die Union die Mehrheit.

14. März, Reichstag, Kanzlerbüro

Eine Klimaanlage hält die Raumtemperatur bei 22 Grad, rechts der Fernseher, ein Glastisch, fünf schwarze Stühle. Sigrid Krampitz sitzt da und wartet, der Regierungssprecher Béla Anda ist da, Steg, Hesse, die Sekretärin Doris Leupold. Es ist kurz nach zwölf im Raum 1 N 002, „Vorzimmer Bundeskanzler" im Reichstag, es öffnet sich eine schwere blaue Tür, Schröder kommt herein.

Frau Leupold gießt Kaffee in eine Tasse, Königliche Porzellanmanufaktur, weiß mit goldenem Rand. Schröder geht nach nebenan in sein Arbeitszimmer, er sieht auf ein Bild des Künstlers Strawalde, ein roter Kreis mit einem dicken Klecks in der Mitte, es trägt den Titel „Wendekreis".

Er kommt zurück in das Vorzimmer, lehnt an einer Türzarge und trinkt seinen Kaffee. „Der Beifall ist dünn ausgefallen, das wird sich in der Berichterstattung wiederfinden", sagt Sigrid Krampitz.

Am Nachmittag werden im Bundeskanzleramt die Meldungen der Nachrichtenagenturen und Online-Dienste gesammelt, ein Lagezentrum erstellt jede Stunde eine neue Zusammenfassung.

„Das gibt morgen auf den Titelseiten nicht die Rezeption, die wir uns wünschen", sagt Steinmeier. „So sind sie eben", sagt Schröder.

18./19. März, New York, Sicherheitsrat

Letzte Runde im Sicherheitsrat. Ein „trauriger Tag", sagt Uno-Generalsekretär Kofi Annan. Nur Russland, Frankreich, Deutschland, Guinea und Syrien schicken ihre Außenminister nach New York. Fischer hat schon beim Frühstück Kopfschmerzen, ist erschöpft von der nächtlichen Anreise. Im großen Ratssaal hält er eine vehemente Gegenrede zu den Amerikanern: „Deutschland lehnt den drohenden Krieg nachdrücklich ab."

20. März, Berlin, Kanzleramt

Um halb vier wird Schröder in seiner Wohnung im Kanzleramt geweckt. Der Angriff auf den Irak habe begonnen, berichtet der außenpolitische Berater Bernd Mützelburg. Aus Bagdad würden erste Raketeneinschläge gemeldet. Schröder schaltet den Fernseher ein und guckt den Rest der Nacht CNN.

Zur gleichen Zeit wird Joschka Fischer informiert. Er fliegt im Luftwaffen-Airbus „Theodor Heuss" entlang der kanadischen Küste über Neufundland Richtung Deutschland. Fischer zieht sich in seine Schlafkabine zurück. Bushs Rede wird ihm per Telefon aus dem Lagezentrum des Auswärtigen Amtes übermittelt.

Am Nachmittag steht Schröder am Fenster des Kanzleramts und schaut auf Schülerscharen, die gegen den Krieg demonstrieren. „Das sind ja Zehntausende", sagt er leise, wie zu sich selbst. Hören kann er nichts, da das schusssichere Glas die Sprechchöre schluckt.

Hunderttausende versammeln sich auf Straßen und Plätzen, getrieben vom Zorn über den Alleingang der „Vereinigten Krieger von Amerika" („taz"). Auf den Plakaten stehen Sprüche wie: „Bushs Attacke ist Kacke", „Ölkonzerne und Diktatoren, ihr habt am Golf nichts verloren", „War is not the answer".

Das Kabinett in Berlin gilt den Friedensfreunden als engster Verbündeter. Der Fahrer von Regierungssprecher Béla Anda kann mit seiner Limousine den Zug der Demonstranten im Schritttempo durchqueren – ohne dass auch nur ein Faustschlag auf die Karosse niedergeht.

Auch die SPD rückt wieder zusammen, schart sich um den Kanzler. „Wir müssen streiten, aber das ist jetzt nicht die richtige Zeit", sagt die Parteilinke Andrea Nahles. In einer Sondersitzung der Fraktion wird Schröder mit donnerndem Applaus begrüßt. Müntefering – kein Freund pathetischer Gesten – reicht Schröder feierlich die Hand: „Lieber Gerhard, ich möchte dir und der Regierung dafür danken, dass ihr euch für eine friedliche Lösung dieser Krise eingesetzt habt."

„Es hätte einen anderen Weg zur Entwaffnung des Diktators gegeben", sagt Schröder in einer Fernsehansprache am selben Tag. „Es ist die falsche Entscheidung getroffen worden. Tausende von Menschen werden darunter schrecklich zu leiden haben."

Zur Lage der Nation: Die Staatsverschuldung ist bis Ende des 1. Quartals 2003 auf 1 311 922 300 000 Euro gestiegen, das sind über 60 Milliarden Euro mehr als im 1. Quartal des Vorjahres. Der Konsumklima-Index sinkt auf -3,5 (bei der Regierungsbildung 1998 lag er bei 21,1). Die Zahl der Arbeitslosen liegt um knapp 450 000 über dem Vorjahr, ist auf 4 609 649 angewachsen. 20 Prozent der Deutschen sind mit der Arbeit der Bundesregierung zufrieden, 26 Prozent mit der Arbeit des Bundeskanzlers. 46 Prozent präferieren die CDU, 31 Prozent die SPD. 51 Prozent der Deutschen sind der Meinung, keine Partei werde mit den Problemen des Landes fertig, 42 Prozent glauben, die wirtschaftlichen Verhältnisse werden sich weiter verschlechtern.

Kapitel 10
Ankunft in der Wirklichkeit
April 2003 – April 2004

25. Mai 2003. Die SPD gewinnt die Bürgerschaftswahl in Bremen. +++ 28. Juni. IG Metall verliert Arbeitskampf um 35-Stun-
den-Woche für Metallarbeiter in Ostdeutschland. +++ 7. Juli.
Das Parteipräsidium der CDU unterstützt einstimmig ein „seriös
finanziertes" Vorziehen der Steuerreform, nachdem sich Angela
Merkel in einem internen Machtkampf gegen Roland Koch
durchgesetzt hatte. +++ 21. September. Die CSU erringt bei der
Landtagswahl in Bayern eine Zweidrittelmehrheit der Mandate,
die SPD stürzt von 28,7 auf 19,6 Prozent ab. +++ 1. Dezember.
Die CDU spricht sich auf ihrem Bundesparteitag in Leipzig für
das so genannte Bierdeckel-Konzept zur Vereinfachung der Ein-
kommensteuer mit künftig nur noch drei Steuersätzen von 12,
24 und 36 Prozent aus. +++ 13. Dezember. US-Truppen ergreifen Saddam Hussein in der Nähe seiner Heimatstadt Tikrit. +++
7. Januar 2004. Die CSU spricht sich auf ihrer Klausurtagung
in Wildbad Kreuth gegen das Steuermodell der CDU aus. +++
29. Februar. Die Hamburger CDU gewinnt bei den Bürgerschafts-
wahlen die absolute Mehrheit. +++ 11. März. Das Terrornetz-
werk al-Qaida lässt zehn Bomben in Pendlerzügen Madrids
explodieren, 191 Menschen werden getötet. +++ 1. April. Als
erstes deutsches Bundesland verbietet Baden-Württemberg das
Tragen von Kopftüchern in staatlichen Schulen. +++ 28. April.
Der amerikanische Sender CBS enthüllt Fälle von Folter im Abu-
Ghureib-Gefängnis bei Bagdad.

Im April 2003, Kaufbeuren, in einem Supermarkt
Sie hat den Einkaufswagen voll, aber sie hat nicht genug Bargeld dabei.
Sie steht an der Kasse eines Supermarkts und reicht ihre Eurocheque-
Karte über das Band. Die Kassiererin liest den Namen. „Sigrid Skar-
pelis-Sperk."

„Ach, Sie sind das", sagt die Kassiererin.

Sie guckt auf eine lange Schlange von Menschen, die bezahlen wollen. Sie steht auf, läuft außen um das Band herum und reicht ihrer Kundin die Hand. Sie stehen zwischen Überraschungseiern und Pfefferminzbonbons, aber es ist ein großer Augenblick.

„Wissen Sie, wer das ist?", fragt die Kassiererin in die Menschenschlange hinein, „das ist Frau Skarpelis-Sperk." Die Menschen hinter den Einkaufswagen klatschen.

Sigrid Skarpelis-Sperk sitzt seit 23 Jahren im Bundestag, sie verehrt Brandt und kämpft für die kleinen Leute. Sie hat nichts dagegen, wenn man sie eine Linke nennt. Am 11. April startet Skarpelis-Sperk mit linken Parteifreunden ein Mitgliederbegehren. Sie sammelt Unterschriften, sie will die Agenda 2010 kippen. Der Krieg im Irak ist noch nicht vorbei, aber die Schonzeit für Schröder.

Er muss jetzt um seine Macht kämpfen, muss die Debatten führen, die er gemieden hat, als die Agenda entstanden ist. Der demokratische Prozess ist nicht abgeschafft, er ist nur auf den Kopf gestellt: erst das Programm, dann die Diskussion. Schröder ist wieder im politischen Betrieb angekommen. Er braucht die Fraktion, um seine Agenda Gesetz werden zu lassen. Er hat nur eine Mehrheit von vier Stimmen.

Am Nachmittag des 11. April fährt Sigrid Skarpelis-Sperk mit dem Auto in ihren Wahlkreis, als sich ihr Handy meldet. Franz Müntefering ruft an. „Ich muss dich sprechen", sagt er.

15. April, Berlin, Jakob-Kaiser-Haus

Skarpelis-Sperk nimmt ein Flugzeug nach Berlin, fährt zu Müntefering ins Jakob-Kaiser-Haus. Außer ihr kommen nur fünf andere der zwölf Rebellen aus der Fraktion. Schon das verärgert Müntefering. Sichtlich geladen, verlangt er, dass sie das Mitgliederbegehren zurückziehen, aber es gibt keine Verständigung mehr. Man trennt sich ohne Ergebnis.

Die Atmosphäre des Gesprächs beschreibt Müntefering hinterher als „kollegial, aber nicht freundschaftlich". Vor den Medien faucht er Wörter wie „hinterrücks" und „feige". „Denk- und Diskussionsverbote helfen dieser Partei nicht", gibt Sigrid Skarpelis-Sperk kühl zurück.

Den Rebellen geht es nur am Rande um Fakten. Wichtiger sind Gefühle und Traditionen, die verletzt wurden. Darüber hinaus steht der Regierungsstil des Kanzlers auf dem Prüfstand. Der wird zunehmend als autoritär empfunden. „Eine Führung ist gut beraten, auf die Argumente der Mitglieder zu hören", schimpft Skarpelis-Sperk, „sonst reitet unter Umständen der Feldherr allein auf den Hügel, mit aufgezogener Flagge."

Sie hat mit elf ihrer Fraktionskollegen und 17 weiteren SPD-Mitgliedern einen Prozess in Gang gesetzt, der in der bald 140-jährigen Geschichte der Sozialdemokratie ohne Beispiel ist. Weil das Willy-Brandt-Haus zunächst alle Warnsignale überhörte, ist aus vereinzeltem Grummeln in den Ortsvereinen und Kreisverbänden ein Beben geworden, von dem sich mittlerweile alle Gliederungen der Partei erfasst sehen. Der Aufruf der 29 unter dem Slogan „Wir sind die Partei!" hat die SPD-Führung gründlich irritiert. Eilig versuchen sich Schröder, Generalsekretär Scholz und Fraktionschef Müntefering bei einer Telefonkonferenz an die Spitze der Protestbewegung zu setzen. Am 1. Juni soll ein Sonderparteitag in Berlin den Druck der Basis kanalisieren. Im Präsidium wirbt der Parteichef für die Flucht nach vorn. „Wir müssen das machen", sagt Schröder. In der Sache lässt er sich allerdings nicht erschüttern: Da gebe es keine Kompromisse.

Noch Stunden nach dem Gespräch mit den Rebellen sitzt Müntefering ratlos in seinem Büro, zieht lange und tief an seinem Zigarillo und gibt sich düsteren Prophezeiungen hin: Der Partei drohe „die Handlungs- und im schlimmsten Fall sogar die Regierungsunfähigkeit". Entgeistert erzählt er von „konspirativen Sitzungen" und einem „schweren Vertrauensbruch", den die Rebellen begangen hätten, vor allem an ihm.

Zu diesem Zeitpunkt weiß er noch nicht, dass die Abtrünnigen einen mächtigen Verbündeten gewonnen haben: Der designierte IG-Metall-Chef Jürgen Peters ruft am selben Tag die Mitglieder dazu auf, an der Unterschriftenaktion teilzunehmen. Die Parteispitze habe sich „weit von der Basis entfernt", da helfe nur Druck. Er droht mit Demonstrationen im Mai.

Der Protest hat allerdings ein Problem. Die Partei fühlt sich unwohl mit diesem Kanzler, doch sie braucht ihn, um an der Regierung bleiben zu können. Die Rebellen wollen, dass der Kanzler seine Position ändert, können ihm aber nicht richtig Druck machen. Denn es gibt keine Alternative zu Schröder. Wenn er stürzt, hat die Partei niemanden, der für sie Wahlen gewinnen kann. Deshalb hat Schröder auch Rückendeckung bei vielen Genossen.

Von ihrem Kreisvorsitzenden Dieter Matthes bekommt Sigrid Skarpelis-Sperk harsche Post: „Die viel beschworene Basis steht nicht hinter Dir. Du bist von mir (meist wider besseres Wissen) immer verteidigt worden, das bedaure ich inzwischen zutiefst."

14. Mai, ICE 955 zwischen Hannover und Berlin

Sechzehn Stunden bevor er Deutschland erschüttern wird, fährt Hans
Eichel im Intercity-Express von Hannover nach Berlin. Er hat gerade
einen Vortrag vor einem Managerkreis gehalten – es ging darum, wie
man die Zukunft gestalten kann. Jetzt sitzt er in der ersten Klasse, auf
einem Fensterplatz, und liest die neue Ausgabe von „Auto, Motor und
Sport".

Der Finanzminister hat einen Bericht über den neuen „Fünfer" von
BMW aufgeschlagen, die Überschrift heißt „Bruder Leichtfuß". Eichel
liest den Text langsam, bis zum Ende. Er ist ganz ruhig.

Er hat noch eine Nacht und einen halben Tag Zeit. Dann wird er vor
der Bundespressekonferenz eine neue Katastrophe verkünden. Er wird
sagen, dass die Steuerschätzer gerade ein Minus von 126 Milliarden
Euro für die nächsten vier Jahre ausgerechnet haben. Und dass es so
etwas noch nie gegeben hat. Das alles hat sehr viel mit ihm zu tun,
dem Ressortchef Finanzen. Aber es kümmert ihn nicht. Er liest Ge-
schichten über schnelle Autos und tolle Designer. Für Eichel ist alles,
was jetzt noch kommt, nicht mehr so schlimm wie das, was er schon
zwei Wochen vorher erlebt hatte.

Da war ihm klar geworden, dass Deutschland vor einer Rezession
steht. Eichel hatte seine Leute rechnen lassen, und das Ergebnis war
noch nicht so dramatisch wie die tatsächliche Zahl der Steuerschätzer,
aber dramatisch genug. Sie beendete alle Täuschungs-, vielleicht
auch Selbsttäuschungsmanöver. Nichts von dem, wofür er als Politiker
stand, hatte danach noch Gültigkeit. Die bunten Sparschweinchen, die
auf seinem Schreibtisch stehen, waren auf einmal Witzfiguren geworden. Und er war ein Gescheiterter.

Hans Eichel holte seine Berater zusammen, sie sprachen über eine Strategie. Es gab zwei Möglichkeiten: Man könne bis Donnerstag warten,
wenn die Steuerschätzer mit ihren Zahlen kämen – oder gleich etwas tun.

Am Tisch saß jemand, der immer kühl bleibt, wenn es Hans Eichel
schlecht geht. Er war für die zweite Lösung. Klaus-Peter Schmidt-
Deguelle ist Hans Eichels Medienberater. Er fand, dass man diese

Katastrophe vorbereiten müsse. Man könnte ein paar schlechte Nachrichten vorwegschicken, freiwillig, damit es so aussieht, als habe man es immer gewusst. Damit am Donnerstag nur die Finanzen abstürzen, nicht der Finanzminister.

Schmidt-Deguelle hat früher als Journalist gearbeitet, er war Chefredakteur von Vox, er versteht etwas von den Medien. Eichel glaubte, dass er so jemanden brauchen würde, als er 1999 nach Berlin zog. Er kam als abgewählter hessischer Ministerpräsident, den man „nasse Nudel" nannte.

Bald hatte Hans Eichel keine bunten Krawatten mehr, und in den Zeitungen konnte man lesen, dass der Minister nur drei Paar Schuhe besitze. Aus Eichel wurde „der eiserne Hans", einer, in dem sich jeder gute Deutsche wiederfinden konnte.

Der Berater und sein Minister glaubten daran, dass Politiker erfolgreich sein können, wenn man sie erfolgreich inszeniert. Einmal sagte Schmidt-Deguelle, es gehe darum, Rückfälle in alte Gewohnheiten zu verhindern. „Erforderlich ist beständig ein gewisses Nachjustieren." Er sprach über den Minister wie über einen Gebrauchtwagen. Und Eichel hatte nichts dagegen. Er wurde ja immer schneller. Er galt mal als kommender Kanzler.

Jetzt gibt es ein Problem. Das schöne Image hat sich erledigt.

„Stimmt", sagt Klaus-Peter Schmidt-Deguelle gelassen. „Im Moment ist er der, der an allem schuld ist."

Sein Berater weiß aber auch, wie man da wieder rauskommt. Er sagt: „Es wird bis Herbst dauern. Dann haben die Leute verstanden, dass Hans Eichel der war, der die Probleme schon immer vorausgesagt hat. Jetzt ging es erst mal darum, sich ehrlich zu machen und in den Abgrund zu blicken."

Eichel hört meistens auf seinen Medienberater. Also macht er sich auf den Weg, erst zum SPIEGEL, dann zu Sabine Christiansen, er empfängt Fernsehteams während einer Benefizveranstaltung, bei der er eigentlich nur Spargel schälen wollte. Überall sagt er: Die Neuverschuldung wird explodieren, die Defizitgrenze wird gesprengt, der ausgeglichene Bundeshaushalt wird sich verschieben. Die Weltkonjunktur sei daran schuld.

Danach geht es ihm besser. Eichel hat zwar noch eine Woche vor sich, die wahrscheinlich seine schwerste als Finanzminister werden wird, aber er wirkt, als sei schon alles vorbei.

Es ist kurz vor eins am Donnerstag, als Hans Eichel die Treppe zum Saal der Bundespressekonferenz hochgeht. Drei Leibwächter sind bei ihm, sein Pressesprecher und der Medienberater. Eichel lächelt fröhlich. Dann erläutert er die Katastrophe. Der Berater sitzt hinter ihm und kaut auf einem Kaugummi. Eichel macht das gut. Sie haben vorher alles durchgesprochen, er und der Berater. Welche Fragen kommen können, welche Antworten man geben muss. Aber sie sind noch nicht fertig. Sie müssen noch zu den „Tagesthemen", wo ein Interview aufgezeichnet wird, und danach ins ZDF-Hauptstadtstudio, zu den „heute"-Nachrichten.

Bei der ARD geht alles gut. Dann stehen sie in einem ZDF-Fahrstuhl, Eichel guckt in einen Spiegel und kämmt sich die Haare.

„Genauso wie eben", sagt Schmidt-Deguelle. „Ja, aber ich hab weniger Zeit", sagt Eichel. Er wirkt etwas unsicher.

Sie gehen in ein kleines Studio, der Minister wird geschminkt, der Berater steht daneben.

„Ich fang dann an mit: ‚Es muss eine große gemeinsame Anstrengung geben'", sagt der Minister.

Der Berater nickt.

Dann kommt die erste Frage, und Eichel sagt: „Es muss eine große gemeinsame Anstrengung geben."

Die letzte Frage dreht sich um ihn. Ob er glaube, dass er noch lange in seinem Amt bleiben werde. „Ja", sagt Eichel, „solange der Kanzler Vertrauen zu mir hat."

Dann ist er fertig. Vorsichtig dreht er den Kopf zu seinem Berater. „Und? War das jetzt in Ordnung so?"

Nicht ganz, sagt Schmidt-Deguelle. Das mit dem Kanzler hätte nicht sein müssen – zu defensiv. Eichel kratzt sich am Kopf.

1. Juni, Berlin, „Estrel"-Hotel

Schröder ist in der Nacht aus St. Petersburg gekommen, heute noch muss er weiter nach Evian zum Weltwirtschaftsgipfel. Jetzt steht er am Rednerpult im Saal des „Estrel"-Hotels und will die SPD auf ihrem Sonderparteitag von der Agenda 2010 überzeugen. Es wird eine gute Rede, Schröder ist engagierter als sonst, er fordert von den Genossen „Mut zur Wahrheit". Der Applaus ist dünn, nur ein paar Zuhörer stehen auf.

Danach hagelt es Kritik. Andrea Nahles spricht, Ottmar Schreiner.

Sie ernten viel Beifall für ihre Beschwörungen der Solidarität und der Gerechtigkeit im traditionellen sozialdemokratischen Sinne. Dann treten Erhard Eppler und Hans-Jochen Vogel auf, zwei Senioren der SPD, und sie werben für Schröder.

Am Ende stimmen 90 Prozent der Delegierten für die Agenda, die meisten nicht frohen Herzens, sondern mit dem pragmatischen Willen, ihrer Partei die Macht zu erhalten. Das Mitgliederbegehren verläuft im Sande.

7. Juni, Kabul

Es ist kurz vor acht Uhr morgens, als sich ein Taxi neben einen Bus mit 33 deutschen Soldaten schiebt. Sie sind auf dem Weg von ihrer Basis „Camp Warehouse" zum Flughafen von Kabul, sie wollen nach Hause fliegen. Doch das Taxi ist eine fahrende Bombe, am Steuer sitzt ein Selbstmordattentäter. Als die Bombe explodiert, kippt der Bus von der Straße. Vier deutsche Soldaten sterben, sieben werden schwer verletzt.

Es gibt Vorwürfe, dass die Soldaten in einem Bus gesessen haben und nicht in einem gepanzerten Fahrzeug. Allerdings waren die Deutschen bis dahin nicht angegriffen worden, und es zählt zu ihrer Strategie, dass sie friedlich auftreten, nicht martialisch. „Ich kann nicht erkennen, dass wir fahrlässig gehandelt haben", sagt Verteidigungsminister Peter Struck.

Gleichwohl beginnt wieder eine Debatte um die Bundeswehr. Sie ist immer noch eine Streitmacht, die vor allem dafür gerüstet ist, Panzervorstöße aus dem Osten abzuwehren. Obwohl Scharping und Struck mit dem Umbau begonnen haben, ist die Bundeswehr immer noch nicht fit für vielfache Terrorbekämpfung in Asien oder Afrika.

Noch immer stützt sie sich vor allem auf die Wehrpflichtigen. Doch die sind für den Antiterroreinsatz nicht geeignet. Gerade der Umbau zur Berufsarmee fällt einem Verteidigungsminister wie Peter Struck schwer, da es in seiner Generation von Sozialdemokraten ein tief sitzendes Misstrauen gegen Soldatentum gibt. Es ist die Angst vor etwas Unkontrollierbarem, einer Ansammlung von Kampfmaschinen, denen alles zuzutrauen ist.

Bei den Jüngeren in der SPD und bei den Grünen gibt es dieses Misstrauen nicht. Sie finden die Wehrpflicht ungerecht, weil wegen der schrumpfenden Bundeswehr längst nicht mehr jeder junge Mann eingezogen werden kann. Aber die Debatte kriecht nur langsam voran.

Struck wehrt sich. Er schreckt vor der letzten Konsequenz der neuen Außen- und Sicherheitspolitik zurück.

28./29. Juni, Neuhardenberg

Unter einem Ahornbaum sitzt malerisch das Kabinett mit den Fraktionsvorsitzenden von SPD und Grünen zusammen. Daneben steht ein Schloss, von Schinkel umgebaut, weiß, sehr hübsch. Man ist in Klausur, man arbeitet oder tut jedenfalls so. Eigentlich ist längst alles beschlossen. Die nächste Stufe der Steuerreform wird um ein Jahr vorgezogen. Das soll die Bürger entlasten und zu mehr Konsum ermutigen. Allerdings muss das Gesetz durch den Bundesrat, braucht also die Zustimmung der Union.

Aber bis dahin ist noch Zeit. Die Staatsführung genießt das schöne Wetter. Bei schönem Wetter lässt es sich auch im krisengeplagten Deutschland gut leben. Verteidigungsminister Peter Struck schwingt sich auf seine BMW und schaukelt durch das Brandenburger Land. Manfred Stolpe, Wolfgang Clement, Hans Eichel und Renate Künast machen einen Ausflug in das Oderbruch. Schröder zieht sich am Abend mit Schily und Fischer zum Skatspiel zurück – und verliert: „Die haben falsch aufgeschrieben", beschwert er sich danach über seine Mitspieler.

Bei der Arbeit zeigt er sich weitgehend lustlos. „Schreib das mal lieber alles auf", raunzt er Sozialministerin Ulla Schmidt an, als die zu einem längeren Vortrag über die Pflegeversicherung ansetzen will. „Bitte fasse dich kurz", ermahnt er Bildungsministerin Edelgard Bulmahn, die zum Jahresforschungsbericht das Wort erhebt.

Nur einem schenkt der Regierungschef geduldig Gehör – Franz Müntefering. Wann immer der sich in die Gespräche einschaltet, neigt der Kanzler den Kopf und lauscht. Während andere den Koalitionsausflug vor allem für Vergnügungen nutzen, drängt Müntefering zu eiligen Reformen.

„Wir dürfen nicht aus Angst vor den Rentnern das System ganz kaputtgehen lassen", warnt der Fraktionschef, der sich einen spitzen Bleistift hinter das Ohr geklemmt hat und so besonders tatendurstig aussieht. Schröder zeigt sich weniger entschlossen: „Verkünden tun wir da nix", sagt er. „Lass die Fachleute erst mal rechnen. Wir brauchen Zahlen."

Münteferings Reformeifer sorgt bei den Kollegen für Spott. Der sei ja ziemlich verspätet auf den neuen Kurs eingeschwenkt, sagt ein

Teilnehmer der Klausur. Ein anderer spricht vom „Sauerland-Faktor" und meint damit die Langsamkeit, aber auch Beharrlichkeit Münteferings, der aus dem Sauerland kommt.

20. Juli, Landesvertretung von Baden-Württemberg in Berlin

Seit drei Wochen verhandeln Ulla Schmidt für die SPD und Horst Seehofer für die Union über die Gesundheitsreform. Sie haben alles, was schwierig war, nach hinten geschoben. Jetzt sind sie hinten angekommen. Es ist 19 Uhr, und noch zwei Punkte sind offen: Was ist mit dem Zahnersatz? Wird der Besitz mehrerer Apotheken erlaubt? Es gibt keine Annäherung in diesen Fragen. Jetzt können nur noch Schröder und Merkel einen Kompromiss finden.

Schmidt ruft im Kanzleramt an, Seehofer bei Angela Merkel. Um 0.30 Uhr telefonieren die beiden Parteivorsitzenden zum ersten Mal miteinander. Um 5.45 Uhr wird in der Landesvertretung mit Sekt angestoßen. Die Verhandlungen sind beendet. Der Zahnersatz wird aus den Kassenleistungen ausgegliedert, eine Apotheke darf künftig bis zu drei Filialen haben.

Hinterher sagt Seehofer: „Ich kann für meine Person sagen, dass es eine der schöneren Nächte in meinem Leben war."

Doch es gibt Unmut in allen Lagern. Die Strukturen des Gesundheitssystems bleiben weitgehend unangetastet. Bluten müssen vor allem die Patienten, mit höheren Zuzahlungen bei Arzneien sowie einer Praxisgebühr von zehn Euro pro Quartal.

Es hat schon mehrere Reformen dieser Art gegeben, meist mit einem ähnlichen Ergebnis: Die Patienten müssen zahlen. Es hat sich gezeigt, dass die Beiträge so auf Dauer nicht in den Griff zu kriegen sind. Meist sinken sie eine Weile, dann steigen sie wieder. Es fehlen der Mut und die Kraft, das ganze System zu verändern, die Gesundheitsbeiträge von den Arbeitskosten zu entkoppeln. So wird die Reform ein gigantisches Sparprogramm, dem in einigen Jahren das nächste folgen dürfte.

Als Schmidt und Seehofer zusammen am Leser-Telefon von „Bild" sitzen, melden sich empörte Bürger: „Die Reform ist ein Schlag ins Gesicht der kleinen Leute", raunzt eine Verwaltungsangestellte die beiden an. „Wir sind doch die Melkkühe der Nation", erregt sich ein Malermeister. „Wie sollen wir das bezahlen?", fragt eine Rentnerin, und ein Anrufer sagt: „Ihr werdet alle abgewählt. Ich kann euer Grinsen nicht mehr sehen."

21. August, Wiesbaden

Das Gespräch ist vertraulich, geladen hat Joschka Fischer. Ort ist das Wiesbadener Restaurant „Trüffel", gleich beim Landtag um die Ecke. Die beiden hessischen Landesvorsitzenden der Grünen sind gekommen, der hessische Fraktionschef und der Landesgeschäftsführer.

Fischer beginnt mit Nebensächlichkeiten. Es geht um das Für und Wider der Bürgerversicherung, um hessische Landespolitik. Dann spricht er den Punkt an, der ihn besonders beschäftigt.

Der Kanzler wolle ja unbedingt, dass er in Berlin bleibe, brummelt Fischer. „Wir haben das zusammen angefangen, wir werden es zusammen zu Ende bringen", zitiert er Schröder. Kleine Pause. „Ich werd wohl müssen." Größere Pause. „Aber ich hab auch Lust drauf."

Damit hat der Außenminister ein ganzes Bündel von Fragen beantwortet, die seine Partei seit Monaten in Unruhe versetzen. Geht Fischer nach Brüssel, um europäischer Außenminister zu werden? Welche Zukunft hat dann die rot-grüne Koalition? Wer folgt ihm nach?

Nun sind alle Fragezeichen verschwunden. Fischer bleibt.

Schröder wird 2006 einen Lagerwahlkampf führen. Das ist der Preis dafür, dass Fischer bleibt. Flirts mit der FDP sind nun ausgeschlossen.

1. September, Berlin, Willy-Brandt-Haus

Es beginnt, wie es immer beginnt, wenn der Bundeskanzler vor dem Parteirat auftritt. Leicht verspätet federt Schröder in den Saal, lehnt sich entspannt in seinem Sessel zurück und plaudert angeregt mit Olaf Scholz, der neben ihm sitzt. Routiniert berichtet er den knapp hundert Parteifreunden aus allen SPD-Bezirken über die aktuelle Lage, um dann ebenso routiniert deren Beifall entgegenzunehmen.

Doch dann meldet sich Gernot Grumbach, Bezirkschef von Hessen-Süd, zu Wort, und die sonst so müde Veranstaltung wird zum Tribunal über die Politik des Kanzlers. Der betreibe einen „Zickzackkurs bei den Gemeindefinanzen", zürnt Grumbach : „Die größte Austrittswelle in der Geschichte der SPD muss euch doch zu denken geben."

Der niedersächsische SPD-Landesvorsitzende Wolfgang Jüttner schimpft: „Die Kommunalpolitiker nehmen mit ziemlicher Wut zur Kenntnis, wie ihr mit euren Zusagen umgeht." Allein im Monat Juli hätten in seinem Bezirk Hannover 250 Mitglieder ihr Parteibuch zurückgegeben: „Viele Leute glauben euch Berlinern nichts mehr – trauen euch aber alles zu."

Schlechter hätte die Sommerpause für den Kanzler kaum enden können. In den vier Monaten bis Weihnachten sollen sich die Abgeordneten durch 2000 Seiten Gesetzestext arbeiten. Acht große Reformkomplexe stehen auf der Tagesordnung, darunter die Gemeindefinanzen, die Zusammenlegung von Arbeitslosen- und Sozialhilfe und die Gesundheitsreform.

Kanzleramtschef Steinmeier und Müntefering haben die Aufgabe übernommen, das komplizierte Gesetzgebungsverfahren zu organisieren. Es wird schwierig. Bei einer Abstimmung in der Fraktion der SPD verweigerten 13 Parlamentarier die Zustimmung zu der geplanten Zusammenlegung von Arbeitslosen- und Sozialhilfe, Hartz IV genannt.

Auch die Grünen rebellieren. 16 Abgeordnete beklagen in einer vierseitigen Erklärung bei den geplanten Gesetzen „schwerwiegende Mängel". In mindestens neun Punkten verlangen sie Veränderungen „im parlamentarischen Verfahren". Sonst, sagt Werner Schulz, „werden viele von uns im Bundestag mit Nein stimmen".

Müntefering zeigt sich dennoch optimistisch: „Es gibt in der Fraktion keine Sehnsucht nach der Opposition". Unter den Abgeordneten herrsche „eine hohe Rationalität". Die Bedenken gegen die Reformen glaubt er „auf der Strecke" durch intensive Diskussionen ausräumen zu können.

Gelingt es der Regierung, die Gesetze durch das Parlament zu bugsieren, folgt Phase zwei: die Kompromiss-Suche mit der Union im Vermittlungsausschuss von Bundestag und Bundesrat. Bis Weihnachten sollen alle Gesetze verabschiedet sein.

Eine Projektgruppe im Kanzleramt rechnet schon jetzt alle möglichen Varianten durch. Bis ins Detail analysieren die Experten um Steinmeier die bisherige Haltung der Opposition: Wann hat welcher Unionspolitiker welche Ansicht vertreten? An welcher Stelle signalisieren die Länder eine Bereitschaft einzulenken? „Aufsaugen" nennen die Schröder-Mitarbeiter diesen Prozess, in dem sie jedem Hinweis auf eine mögliche Änderung im Verhalten des politischen Gegners nachgehen.

29. September, New York

Wenn Lena Hassinger-Lees, Dolmetscherin des Kanzlers, redet, dann sind ihre Hände ständig in Bewegung. So ist es auch, als sich Schröder und George W. Bush im New Yorker Hotel „Waldorf Astoria" unterhalten. Kaum ist das Gespräch eröffnet, entgleitet ihr der Kugelschreiber aus der fuchtelnden Hand und landet nach einem kleinen Looping im Schoß von Bush.

„Dies ist ein Angriff mit Massenvernichtungswaffen", sagt der Präsident.

Alle lachen, die Peinlichkeit verschwindet, die Stimmung ist gelöst, und so bleibt es das ganze Gespräch hindurch, 40 Minuten lang, wie Teilnehmer berichten. Ein Mitglied von Schröders Team zeigt sich hinterher erfreut über den Zwischenfall: „Das war der Eisbrecher."

„Gerhard, wir sollten die Vergangenheit ruhen lassen und nach vorn schauen", begrüßt ein schwungvoller Bush den deutschen Regierungschef in Suite 35 H des „Waldorf Astoria", wo die amerikanische Regierung für die Dauer von 50 Jahren eine Etage angemietet hat.

Schröder nickt. Erleichtert sinken beide in das senfgelbe Gestühl, in ihrer Mitte ein Strauß gelber Rosen. „Eigentlich dürfte ich gar nicht hier sein", sagt Schröder. Zu Hause sei der Teufel los, seine Regierung versuche gerade, eine Reihe sehr wichtiger Sozialreformen durchs Parlament zu bringen. „Ich verstehe, Gerhard", erwidert der US-Präsident – und das klang schon ziemlich freundlich.

Derart ermuntert, klärt Schröder seinen Gastgeber über die Agenda 2010 auf und die Schwierigkeiten, sie durchzusetzen: „George, du weißt ja, ich hab nur eine Vier-Stimmen-Mehrheit."

Der Präsident zeigt sich doppelt überrascht: Dass der Bundeskanzler über derart wenig Spielraum verfügt, scheint er zum ersten Mal zu hören, und auch mit der entwaffnenden Offenheit seines Gesprächspartners hat er nicht gerechnet. Das Klima erwärmt sich spürbar. Schließlich war Bush, wie seine Sicherheitsberaterin Condoleezza Rice die Delegation aus Berlin vorab wissen ließ, mit den schlimmsten Befürchtungen in das Treffen gegangen.

Eine erneute Provokation oder zumindest fortgesetzte Sturheit hatte er nicht ausschließen wollen und entsprechende Vorkehrungen angeordnet: keine Fotografen. Nicht einmal das international übliche Händeschütteln sollte die Weltöffentlichkeit sehen.

Doch Schröder zeigt sich von seiner geschmeidigen Seite – keine Belehrungen und vor allem kein Anflug eines Triumphs angesichts des Terrors im Irak. Die deutschen Bedenken gegen den Krieg erweisen sich mit jeder Bombe, die in Bagdad oder Tikrit explodiert, mehr und mehr als gerechtfertigt.

Deutschland wolle beim Aufbau des Irak mithelfen, bietet Schröder an, Polizisten und Militärs ausbilden. Auch im Ziel, die Souveränität auf eine irakische Regierung zu übertragen, sei man sich doch einig – oder? Der Präsident nickt.

Natürlich müsse die Souveränität von den USA auf die Iraker übergehen, sagt Bush, aber in geordneten Bahnen und ohne Hast. Er sei da kein Dogmatiker, zumal sich seine Landsleute für das Gezerre um Uno-Resolutionen nur wenig interessierten: „Most people in the US don't give a damn about a UN resolution." Was in den Uno-Texten steht, heißt das frei übersetzt, ist den meisten schnuppe.

Vielleicht, schlägt der Kanzler listig vor, würde ja eine schrittweise Übertragung von Souveränität die Lage entkrampfen. „A new idea" sei geboren, flötet der Präsident und regt an, die Experten für schwierige Resolutionstexte, „unsere beiden Außenminister", mit der Lösung dieser Frage zu betrauen: „Was hältst du davon, Gerhard?" Der Kanzler ist einverstanden.

Als Nächstes wird über Iran gesprochen. Die Amerikaner stören sich sehr am Atomprogramm der Mullahs. Die Deutschen verfolgen mit Argwohn, dass sich in den USA – schon wieder – eine aggressive Tonart durchsetzt. Schröder fragt den Präsidenten, warum man die Regierung in Teheran nicht einen Verzicht auf jedes Hantieren mit waffenfähigem Uran unterzeichnen lasse, ohne ihr gleich die zivile Nutzung der Kernenergie zu verbieten.

Bush kontert – aber sanft. Auch er kleidet seine Position in Frageform, denn nichts soll die deutsch-amerikanische Annäherung jetzt noch stören. Die Iraner hätten nun wirklich genug Öl – „warum brauchen die noch die Kernenergie?" Eine Steilvorlage für Vizekanzler Fischer, der an dem Gespräch teilnimmt: „Da kann ich Sie nur unterstützen, Mr. President", das sei eine zutiefst ökologische Position.

Bush lächelt gequält. „Ein Land von der Größe der USA kann nicht nur mit Windrädern versorgt werden", weist er den forschen Außenminister zurecht, was wiederum dem Kanzler erkennbar behagt. Das Protokoll verzeichnet Heiterkeit auf beiden Seiten.

Herrscht nun in den amerikanisch-deutschen Beziehungen die alte Normalität? Zumindest Schröder und Fischer würden das bestreiten, denn in der Sache haben sie keine ihrer Vorkriegspositionen geräumt.

Er komme nicht als Bittsteller, hatte der Kanzler während des Hinflugs versichert, und auf dem Rückflug wiederholt einer seiner Berater jenen Satz, der vor Monaten als Kampfansage galt, mittlerweile aber nur noch einen Zustand beschreibt: „Deutsche Außenpolitik wird in Berlin gemacht."

Die Amerikaner können damit offenbar leben. Ein Abteilungsleiter des State Department flachst in der Lobby des „Waldorf Astoria" mit dem deutschen Botschafter Wolfgang Ischinger: „Wenn ihr happy seid und Condi Rice happy ist, bin ich es auch."

Anfang Oktober, Kaufbeuren

Vor dem kleinen Haus der SPD im bayerischen Kaufbeuren fährt ein knallroter Golf mit quietschenden Reifen ins absolute Halteverbot. Die Tür geht auf, und Sigrid Skarpelis-Sperk steigt aus. Das Verbotsschild interessiert die sozialdemokratische Bundestagsabgeordnete nicht. Sie lässt sich nicht gern Vorschriften machen. Nicht vom städtischen Ordnungsamt – und nicht vom Bundeskanzler.

Skarpelis-Sperk ist eine der sechs SPD-Parlamentarier, die gegen Schröders Gesundheitsreform gestimmt haben. Damit fehlt der Bundesregierung eine eigene Mehrheit. Das Gesetz kam mit den Stimmen der Opposition durch. Am 17. Oktober steht die nächste wichtige Entscheidung an – über die Zusammenlegung von Arbeitslosen- und Sozialhilfe sowie den Umbau der Bundesanstalt für Arbeit, die Gesetze Hartz III und IV. Wenn Skarpelis-Sperk und die anderen Abweichler erneut nein sagen, kann die rot-grüne Regierung einpacken. Diesmal wird die Union gegen die Gesetzesanträge stimmen.

Bei der SPD folgt eine Krisensitzung auf die andere. Der Kanzler hat, zum wiederholten Mal, seinen Rücktritt angedroht.

Sechs Hinterbänkler aus der Provinz zocken mit Gerhard Schröder um die Zukunft Deutschlands. Die Abweichler sehen sich als das letzte Bollwerk gegen eine unsoziale Politik – als sozialdemokratisches Gewissen. Der Kanzler hält sie für Querulanten und Wichtigtuer.

Müntefering wirft dem widerspenstigen Sextett vor, sich als Sozial-Helden der SPD aufzuspielen, während die anderen die unbequemen, aber notwendigen Entscheidungen zur Rettung der Sozialsysteme mittrügen. Das sei „feige und kleinkariert".

Selbst vormalige Gesinnungsgenossen halten den Kurs der Dissidenten für übertrieben: „So erreicht ihr gar nichts, ihr schadet nur der Linken insgesamt", rügt deren Sprecherin in der Partei, Andrea Nahles.

Bei Horst Schmidbauer, einem der sechs, klingelt das Handy ohne Unterlass. Es sind Kollegen, die ihn beschwören, seinen Widerstand aufzugeben. Vor ihm liegt ein Stapel mit Briefen und E-Mails, in denen ihm Bürger schreiben, er solle Schröder weiter einheizen: „Wir stehen hinter Ihnen." Die Unterstützung von der Basis, aber auch von Bürgern ohne Parteibuch motiviere ihn, sagt Schmidbauer. Natürlich verspüre er den Druck aus Berlin. „Aber das hier ist der Gegendruck."

17. Oktober, Berlin, Reichstag

Es gibt eine Panne bei der Auszählung. Die Abstimmung über Hartz III und IV muss wiederholt werden. Die Spannung steigt. Doch am Ende bekommt der Kanzler seine Mehrheit. Nur ein Abgeordneter der Koalition, der Grüne Werner Schulz, enthält sich.

Unter dem Stichwort Hartz IV sollen die Sozial- und die Arbeitslosenhilfe zum so genannten Arbeitslosengeld II fusioniert werden. Die Reform bringt Einschnitte für einen Großteil der rund 2,2 Millionen Bezieher von Arbeitslosenhilfe. Deren Unterstützung liegt derzeit mit bis zu 57 Prozent des pauschalierten Nettoentgelts oft deutlich über der Sozialhilfe, und das zeitlich unbegrenzt, im Extremfall bis zur Rente.

Künftig dagegen bekommen schwer Vermittelbare nur noch Leistungen in Höhe der Sozialhilfe, lediglich in den ersten beiden Jahren der Dauerarbeitslosigkeit gibt es Zuschläge. Einkommen und Vermögen werden stärker angerechnet, wer angebotene Jobs ablehnt, dem wird die Hilfe gekürzt.

Werden die Pläne Gesetz, rutschen schätzungsweise 25 Prozent der bisherigen Arbeitslosenhilfe-Bezieher ganz aus der Unterstützung, noch mehr Menschen müssen mit teils scharfen Einkommenseinbußen rechnen.

Die Union plant noch viel härtere Einschnitte. Nach den Reformvorschlägen, die der hessische Ministerpräsident Roland Koch vorgelegt hat, sollen die Hilfen für Dauerarbeitslose generell auf Sozialhilfeniveau gekürzt und die Sanktionen für Jobverweigerer drastisch verschärft werden. Die Hoheit über die neue Langzeitarbeitslosenhilfe sollen nicht die Arbeitsämter, sondern die kommunalen Sozialbehörden bekommen.

Im Bundesrat stimmt die Union gegen die Gesetze der Bundesregierung. Nun kommt es auf den Vermittlungsausschuss an.

18. November, Bochum

Als alles vorbei ist, zeigt Olaf Scholz zum ersten Mal, dass er weiß, wie es um ihn steht. Die vergangenen Tage seien „wirklich schwierig" gewesen, sagt der Generalsekretär beim traditionellen Umtrunk mit den Helfern des Bochumer Parteitags der SPD. Doch selbst in den düsteren Stunden habe er sich auf seine Mitarbeiter verlassen können: „Dafür danke ich euch." Er hat Tränen in den Augen.

Zur gleichen Zeit ist auch Franz Müntefering in der Parteitagshalle, die bereits leer geräumt ist. Auf der Bühne bespricht er sich mit den wichtigen Abteilungsleitern der SPD-Zentrale – nicht zufällig ohne Scholz. „Auch die Bundestagsfraktion kann bei der Organisationsreform der Partei helfen", sagt Müntefering.

Müntefering und Scholz verkörpern in Bochum Hoffnung und Verzweiflung der SPD. Scholz bekam bei seiner Wiederwahl nur knapp 52,6 Prozent der Stimmen – ein Desaster. Müntefering wurde bejubelt wie kein anderer Redner. Nach diesem Parteitag gibt es faktisch keinen Generalsekretär mehr. Es gibt den General Müntefering und den Sekretär Scholz. Der eine ist für die politische Strategie zuständig, der andere für die Organisation, die Plakate und die Büros in der Parteizentrale.

Schröder kommt die neue Arbeitsteilung nicht ungelegen. Sie wurde gegen Ende des Parteitags zwischen ihm und Müntefering besprochen; „nicht gegen Scholz, sondern als Ergänzung", wie Schröder im engsten Zirkel erklärte.

Gleichwohl war er wütend über die Delegierten, die dem Generalsekretär ihre Zustimmung verweigert hatten, nannte ihre Haltung „kollektive Unvernunft" und knöpfte sich zur mitternächtlichen Stunde in der Lobby seines Hotels die vermeintlichen Strippenzieher vor. „Ich mach euch fertig", raunzte er. Gemeint war unter anderen der niedersächsische Landesvorsitzende Wolfgang Jüttner.

In Bochum wurde deutlich, dass die Partei nicht Schröder folgt, sondern Müntefering. Der konnte es sich sogar leisten, die Genossen zu belehren: „Wer sich nur in der Partei umhört, wie man es denn gern hätte, der kann Politik nicht wirklich gestalten." Sein Fazit riss den Saal von den Stühlen: „Die Fraktion ist gut, die Partei auch." Über die Regierung sagte er nichts.

Der Bundeskanzler verfolgte die Rede mit gemischten Gefühlen. Einerseits fürchtet er jede Macht neben sich, andererseits braucht er einen starken Fraktionschef, um seine Reformen durchzubringen. Müntefering, sagt Schröder, sei „in seiner jetzigen Position absolut unersetzbar, so weit Menschen überhaupt unersetzbar sind".

1. Dezember, Leipzig

Vom Parteitag der CDU bleibt ein Foto in Erinnerung. Es zeigt Angela Merkel nach ihrer Rede. Sie steht da und empfängt den Applaus der Delegierten. Das Foto zeigt sie auf der Leinwand, die hinter dem Podium hängt. Sie ist riesengroß, sie strahlt, ihre Arme sind zur Seite gestreckt, als wollte sie gleich abheben, davonfliegen. Sie ist etwas unscharf, das gibt ihr etwas Unwirkliches, Übermenschliches. Vor ihr sitzt klein und sehr irdisch die Führung der CDU, Schneewittchen und die Zwerge. Es sieht aus, als stehe sie über allem, als habe sie die ganze Macht in der Union.

Leipzig ist ihr Triumph. Hier wird ihr Konzept für eine Gesundheitsprämie abgesegnet. Es soll das Ende der solidarischen Versicherung in Deutschland einläuten. Jeder zahlt für sich selbst. Es ist eine radikale Reform, die die Löhne von den Nebenkosten befreien soll. Merkel erwirbt sich damit den Ruf, eine deutsche Maggie Thatcher zu sein. Sie will Schröder beim Reformeifer übertrumpfen, eine klare Alternative sein. Gleichzeitig muss sie mit ihm zusammenarbeiten. Das Reformpaket ist im Vermittlungsausschuss, vor allem Hartz IV und die vorgezogene Steuerreform sind umstritten.

Aber Merkel will keine Totalblockade. Sie will nicht als Verhinderin von Reformen dastehen, das würde ihr neues Image zerstören. Sie braucht einen Kompromiss. Das ist Schröders Chance. Weil Merkel sein Amt will, muss sie sich staatstragend zeigen.

14. Dezember, Berlin

Seit fünf Tagen verhandeln die Politiker von Koalition und Opposition im Vermittlungsausschuss von Bundestag und Bundesrat. Es geht vor allem um Hartz IV und die Steuerreform, deren dritte Stufe Schröder um ein Jahr auf den 1. Januar 2004 vorziehen will. Man hat sich in allen Fragen geeinigt, mit Ausnahme der Steuerreform. Aber es wird nur einen Paketabschluss geben. Wenn sich die Politiker in dieser Frage nicht einigen, wird Schröder nicht als Reformkanzler in die Geschichte eingehen können.

13.50 Uhr, Kanzleramt: Kanzleramtschef Steinmeier telefoniert mit

Volker Kauder, Verhandlungsführer der Union im Vermittlungsausschuss. Er sagt: „Der Kanzler würde gern mit Frau Merkel reden."

14.00 Uhr, Niedersächsische Landesvertretung: Die CDU-Ministerpräsidenten von Sachsen, Georg Milbradt, Niedersachsen, Christian Wulff, Sachsen-Anhalt, Wolfgang Böhmer, und des Saarlands, Peter Müller, einigen sich auf einen harten Kurs. Sie wollen einer vorgezogenen Steuerreform nur zustimmen, wenn sie zu höchstens 25 Prozent über Schulden finanziert wird.

14.30 Uhr, Adenauer-Haus: Angela Merkel ruft von ihrem Büro aus im Lagezentrum des Kanzleramts an. Schröder: „Ich bin zum Kompromiss bereit. Wenn Sie reden wollen – ich gehe um 17 Uhr in den Vermittlungsausschuss." Der Ton ist freundlich.

16.58 Uhr, Foyer des Bundesrats: Gerhard Schröder und Joschka Fischer treffen gemeinsam ein, eine Minute später Merkel, Stoiber und Guido Westerwelle. Kurze Statements für die Journalisten, Geschrei, Gedrängel.

17.05 Uhr, Saal 1128: Schröder erläutert sein Angebot zur Finanzierung der Steuerreform vor dem Vermittlungsausschuss: Er will Staatsbesitz privatisieren und damit 5,3 Milliarden Euro erlösen. Die Hälfte soll an die Länder und Gemeinden gehen. Zudem will er die Subventionen stark kürzen. Nach ihm reden die Parteivorsitzenden und Ministerpräsidenten. Franz Müntefering langweilt sich, alles bekannte Positionen, Fensterreden. „Die Südkurve", sagt er und meint die Vertreter der SPD-Fraktion, werde sich jetzt nicht äußern. Man wolle Zeit sparen.

Schröder steht auf und verlässt den Saal. Volker Kauder folgt ihm. Er hat Sorge, der Kanzler könne zu den Journalisten sprechen, und will eine Gegenrede halten. Der Kanzler geht zum Klo. Kauder kehrt um, flüstert Merkel zu: „Der ist nur auf der Toilette." Um 19.20 Uhr wird die erste Runde der Verhandlungen beendet, nichts Neues, Erstarrung.

20.25 Uhr, Raum 2051: Die Elefantenrunde trifft sich zum ersten Mal. Teilnehmer sind Schröder, Merkel, Fischer, Stoiber, Westerwelle, Milbradt, Wulff und Steinbrück. Man sitzt auf schweren Sesseln und Sofas, die im Viereck stehen.

Stoiber ist konziliant im Ton, um Einigung bemüht. Wulff gibt den harten Knochen, ist stur, nickelig. Immer wenn Wulff geredet hat, denkt Steinbrück, dass die Verhandlungen scheitern werden. Müntefering und Westerwelle, sonst eher nicht befreundet, sitzen auf einem

Sofa beisammen und tauschen Zigarillos aus. Die Runde geht auseinander, ohne dass es Fortschritte gibt.

22.00 Uhr, Saal 2128: Die Vertreter der Union sind unter sich, diskutieren. Zweimal fragt Merkel jeden Ministerpräsidenten, mit welcher Position sie in die nächste Runde gehen solle: der Regierung entgegenkommen, die Gespräche scheitern lassen? Man einigt sich darauf, für die Länder 2,5 Prozentpunkte mehr von der Umsatzsteuer zu verlangen.

Eher nebenbei fragt Merkel, ob man nicht die Steuersätze weniger stark absenken könne. Aber sie sieht wenig Chancen für diese Idee: „Ich gehe davon aus, dass der Bundeskanzler das nicht akzeptiert." Niemand geht auf den Vorschlag ein.

23.00 Uhr, Raum 2051: Die Spitzen des Regierungslagers warten auf die Kollegen von Union und FDP. Steinbrück fragt, ob man nicht mal ein Gläschen trinken könne. Eine Flasche weißen Landweins aus der Gascogne wird gebracht. Außer Fischer trinken alle. Die leere Flasche wird neben Schröders Sessel versteckt.

24.00 Uhr, Raum 2051: Die Vertreter von Union und FDP sind in die Elefantenrunde zurückgekehrt. Einer von ihnen fragt, ob es Wein gebe. Die Sozialdemokraten schütteln die Köpfe: Nö, Wein gebe es hier nicht.

Stoiber fordert die Bundesregierung auf, den Ländern 2,5 Prozent mehr von der Umsatzsteuer zu geben. Jetzt stellt sich die SPD stur. Schröder sagt, dass er die Gespräche auch scheitern lassen könne. Dann müsse die Union das den Bürgern erklären. Insgesamt droht er an diesem Abend ein Dutzend Mal mit dem Abbruch. Fischer, der neben Schröder sitzt, sagt wenig, versendet dauernd SMS mit seinem Handy.

Angela Merkel sagt: „Man könnte ja auch den Tarif absenken." Schröder: „Wie meinen Sie das: nur unten?" Merkel: „Nein, an beiden Enden." Schröder: „Darüber kann man reden. 16 und 44 wäre doch schön." Geplant waren 15 Prozent als unterer und 42 Prozent als oberer Steuersatz. Schröder: „Wir lassen mal rechnen, wie viel 16/44 bringt."

Steinbrück geht hinaus, spricht mit Barbara Hendricks, der Parlamentarischen Staatssekretärin im Bundesfinanzministerium. Sie lässt ihre Mitarbeiter mit den neuen Sätzen rechnen, wählt aber als Grundlage aus Versehen eine veraltete Steuerschätzung.

KAPITEL 10

Die Elefantenrunde diskutiert derweil über den Abbau der Subventionen. Die SPD bietet an: 30 Prozent weniger Eigenheimzulage und eine Kürzung der Entfernungspauschale auf 25 Cent. Die Union blockt. Fischer ist sauer, ruft: „Das ist feige." Merkel kontert: „Herr Fischer, schreien Sie doch nicht so." Fischer: „Frau Merkel, gehen Sie nicht auf fremde Männer los." Wulff: „Sie sollten mal sehen, wie sie mit den eigenen Männern umgeht."

Steinbrück kehrt zurück in die Elefantenrunde und sagt, 16/44 sei zu teuer. Es wird weitergerechnet. Schließlich ermittelt Hendricks die Steuersätze 16 und 45, mit denen alle zufrieden sind. Das Papier mit den Zahlen, die den Durchbruch bringen, trägt die Kopfleiste: BMF – I A 5. 15. 12. 2003, 1.30 Uhr: Niemand merkt, dass mit veralteten Zahlen gerechnet wurde.

Alle sind müde, erschöpft. Westerwelle hat zwei Aspirin plus C geschluckt, um fit zu bleiben. Alle sind durstig. Die Saaldiener trauen sich aus Ehrfurcht vor den großen Politikern nur selten in den Saal, um Wasser zu bringen.

1.45 Uhr, Saal 2128: Merkel hat die Elefantenrunde verlassen und informiert ihr Lager über das Kompromisspaket. Sie nimmt Erwin Teufel, den Ministerpräsidenten aller Häuslebauer in Baden-Württemberg, beiseite und erklärt ihm, dass die Eigenheimzulage gesenkt werden soll. Teufel sagt: „Die Eigenheimzulage darf nicht gefährdet werden, dann stimme ich dagegen."

Einige der Ministerpräsidenten stellen sich auf Teufels Seite: „Dann stimmen wir auch nicht mit." Der Kompromiss scheint mausetot. Aber Merkel kämpft. Sie sagt, dass die Union fast alles erreicht habe. Wenn sie die Verhandlungen an diesem Punkt scheitern lasse, würden die Bürger das nicht verstehen. Zögerlich kommt Zustimmung. Der Kompromiss lebt wieder.

2.00 Uhr, Raum 2051: Merkel ist noch nicht zurück in der Elefantenrunde, aber Stoiber verkündet Schröder schon das Einverständnis der Union, ohne von ihren Problemen zu wissen: „Wir machen das jetzt." Der Kanzler sagt: „Dann fasse ich zusammen." Man hat sich in allen Punkten geeinigt, nicht nur bei der Steuer, sondern auch bei den Gesetzen zum Arbeitsmarkt. Roland Koch hat durchgesetzt, dass die Kommunen, so weit sie das wollen, die Betreuung der Langzeitarbeitslosen übernehmen können.

Auf dem Weg nach draußen stößt Westerwelle mit dem Fuß gegen die Weinflasche. Sie fällt klirrend um. „Oh, was für eine Überraschung", ruft er aus.

3.00 Uhr, Saal 1128: Gerhard Schröder trägt im Vermittlungsausschuss den Kompromiss vor. Danach fragt er Angela Merkel: „Haben Sie noch Ergänzungen?" Merkel: „Nein." Alles scheint geklärt, da meldet sich Finanzminister Hans Eichel zu Wort: Das, was jetzt beschlossen worden sei, reiche nicht aus, um den nächsten oder übernächsten Haushalt im Einklang mit den Maastricht-Kriterien aufzustellen. Schröder beugt sich vor, blickt an Fischer und Wirtschaftsminister Clement vorbei zu Eichel. Er schüttelt den Kopf. Eichel schweigt. Der Vorsitzende des Vermittlungsausschusses, Henning Scherf, fragt in die Runde: „Gibt es Widerspruch? Das ist nicht der Fall. Dann ist das so beschlossen."

3.27 Uhr, Foyer: Schröder und Fischer treten als Erste vor die Presse. Sie gucken ernst, fast mürrisch. „Das Ergebnis geht absolut in Ordnung", sagt der Bundeskanzler. „Natürlich kann man sich immer mehr vorstellen."

Das Vorziehen der dritten Steuerreformstufe entlastet die Bürger nur noch um 9 Milliarden Euro. Insgesamt sollen Bürger und Unternehmen im kommenden Jahr um 15 Milliarden Euro entlastet werden. Dass dies als Initialzündung für die Wirtschaft ausreicht, behauptet außer Schröder, Eichel und Clement niemand. Schon die komplett vorgezogene Steuerreform hätte nach Berechnungen des Sachverständigenrats das Wachstum nur um 0,2 Prozent beschleunigt. Die abgespeckte Variante wird kaum messbare Auswirkungen auf die Konjunktur haben.

31. Dezember, Berlin

Die Neujahrsansprache. Schröder trägt eine blaue Krawatte und sitzt vor einem blauen Hintergrund, der Reichstag schemenhaft. Der Staatsmann, hängende Augenlider, brüchige Stimme, ist traurig gestimmt: „Ein grauenhaftes Erdbeben hat vor wenigen Tagen die Stadt Bam im Iran zerstört." Der Umbau des Sozialstaats ist in vollem Gange, die Agenda 2010 verändert das Land, aber ein Erfolg wird alles nur, wenn sich jeder Einzelne mehr einbringt, im Gesundheitswesen, in der Rente, auf dem Arbeitsmarkt. „Auch Sie ganz persönlich können Konjunkturmotor sein: Ihr Vertrauen in die Zukunft entscheidet mit über den Arbeitsplatz Ihres Nachbarn."

24. Januar 2004, Borken

Als Franz Müntefering den Saal betritt, begrüßen ihn 350 Genossen mit lautem Pfeifkonzert. Während seiner Rede erntet er Buhrufe aus dem Saal. Schließlich wirft ihm der örtliche SPD-Chef vor, er mache die Partei kaputt.

„Die Leute sind stinksauer auf uns", berichtet Müntefering zwei Tage später im Parteipräsidium. Die Genossen nicken. Sie haben ähnliche Erlebnisse hinter sich: Parteiaustritte, aufgebrachte Wähler, wütende Briefe, resignierte Funktionäre. Reformblues bei den Sozialdemokraten.

Gerade 24 Prozent der Wähler würden jetzt für die SPD stimmen, meldet Forsa-Chef Manfred Güllner, Schröders liebster Demoskop. Schlechter hatte die Partei nur im vergangenen Herbst auf dem Höhepunkt des Reformgezerres abgeschnitten. Ein historisches Tief registriert die Konkurrenz aus Allensbach: Nur noch 14 Prozent der Bürger seien mit der Politik des Kanzlers einverstanden.

Das Jahr hat schlecht begonnen für die Koalition. Erst gab es große Aufregung, weil die niedergelassenen Ärzte seit dem 1. Januar zehn Euro Praxisgebühr von ihren Patienten kassieren, eine Maßnahme der Gesundheitsreform, die Schmidt und Seehofer ausgehandelt haben.

Dann musste der Präsident der Bundesagentur für Arbeit, Florian Gerster, zurücktreten, weil er wegen Verträgen mit Beraterfirmen in Verruf geraten war. Zudem konnte die Maut für Lastwagen nicht wie geplant erhoben werden, weil das Erfassungssystem nicht funktionierte.

Am meisten drückt die Praxisgebühr die Stimmung. Nun ist eingetreten, wovor der Kanzler die Genossen gewarnt hatte. Die mit den Reformen verbundenen Einschnitte belasten – und verärgern – die Bürger sofort, während die so oft beschworenen positiven Effekte erst später zu spüren sind. Wenn überhaupt.

Nun soll den Bürgern „Ruhe und Orientierung" geboten werden. Schröder: „Es geht darum, die Reformen auch zeitlich so einzurichten, dass sie verstanden werden können." Kurzerhand stoppte er in der Bundestagsfraktion Ulla Schmidts Reformpläne. Ihre Absicht, in der Pflegeversicherung künftig Kinderlose und Eltern bereits erwachsener Kinder mit monatlich 2,50 Euro mehr zu belasten, solle überprüft werden, verkündete Schröder: „Die Grenze der Belastbarkeit ist erreicht."

Solche Sätze machen vielen Grünen Sorgen. Sie argwöhnen, dass das

Moratorium bei der Pflegereform das Signal für einen grundsätzlichen Reformstopp sein könnte. Ohnehin sehen sie Schröders Politik immer kritischer: „Das Handling muss besser werden", mahnte Krista Sager den Kanzler in einem Gespräch. Die Probleme der SPD werden immer mehr auch zu den Problemen der Grünen, die erstmals in den vergangenen Wochen in den Umfragen verloren haben.

Die Frage des Jahres ist: Macht der Kanzler weiter mit den Reformen oder nicht?

6. Februar, Berlin, Kanzleramt

Es ist 13.35 Uhr, als Gerhard Schröder vor Journalisten im Kanzleramt eine Entscheidung bekannt gibt: „Ich habe, meine Damen und Herren, für morgen den SPD-Vorstand einberufen lassen. Ich werde ihm vorschlagen, auf einem Sonderparteitag Ende März Franz Müntefering als Parteivorsitzenden zu wählen."

Das Wort „Rücktritt" kommt in der Erklärung des Bundeskanzlers nicht vor. Nur dass er das Amt des SPD-Parteichefs, „das ich gern ausgeführt habe", ungern aufgebe, räumt Gerhard Schröder ein. Wer ihn später vor der Bundespressekonferenz sitzen sieht, fast wächsern, den linken Mundwinkel weit herabgezogen, den Kopf zwischen den Schultern versteckt, der glaubt dem Vorsitzenden aufs Wort. Er verliert nicht gern – und Macht schon gar nicht.

Umso mehr muss es ihn trösten, dass sein designierter Nachfolger, der Fraktionschef Franz Müntefering, dem Geschehen eine „historische Dimension" zu geben versucht. Ihn erinnere die gegenwärtige Situation an die Mühsal, mit der Ende der sechziger und Anfang der siebziger Jahre die Zustimmung zur Ostpolitik von Willy Brandt gefunden werden musste.

Ähnliches versuchten die Sozialdemokraten jetzt mit diesem „Erneuerungsprozess des Landes". Müntefering eindringlich: „Das werden Sie alle mal in Ihren Geschichtsbüchern schreiben, dass in einer entscheidenden Phase in diesem Jahrzehnt die Sozialdemokraten gestanden sind und den Weg nach vorne gemacht haben."

Fast ungläubig registriert Schröder, wie sein designierter Nachfolger aus seinem Rettungsmanöver eine geschichtliche Tat macht, allein das ist schon allerhand. Dass ihn Müntefering aber im Augenblick seines Scheiterns auch noch mit Willy Brandt vergleicht, das tut dem Kanzler sichtlich wohl.

Ein gewisses Maß an Resignation ist Schröder auf der Pressekonferenz gleichwohl anzusehen, als er sich als Retter des Vaterlandes geriert: „Wer etwa glaubt, dass die Kräfte, was diese Frage angeht, nachließen, der wird sich wundern, wie er sich schon gelegentlich gewundert hat." Ein paar Stunden später sitzt Schröder im Kanzleramt, der Rücken ist kerzengerade, die Finger spazieren über den Tisch. Sie greifen nach der Streichholzschachtel, drehen und drücken sie.

Ist er erleichtert? „Nicht erleichtert", sagt Gerhard Schröder, „die Verantwortung bleibt ja." Seine Stimme ist fest. Auch die Frage, ob er sich bei der Vermittlung seiner Politik in die Partei als gescheitert empfinde, will er so nicht stehen lassen. Er besitze durchaus die Fähigkeit, sich den Menschen mitzuteilen, aber die „Anschauung der anderen von dieser Fähigkeit" habe gelitten, weshalb er zügig habe handeln müssen.

Natürlich sei ihm die Entscheidung schwer gefallen, räumt er ein: „Das war nicht einfach, auch für mich nicht." Die Stimme wird leiser, die Daumen bleiben auf der Streichholzschachtel liegen. „Das war keine Geschichte, die von Müntefering ausgegangen ist", sagt er betont, um das später zu unterstreichen: „Ich bin zum Franz gegangen. Ich hab ihn überzeugt. Ich musste ihn aber auch überzeugen."

Gab es wirklich keine andere Möglichkeit, als den Parteivorsitz zu räumen? Schröder horcht in sich hinein und sagt dann: Nur den Generalsekretär auszutauschen, hätte er als schäbig empfunden – außerdem: „Es hätte nicht gereicht."

Er wusste ja genau, was passiert wäre – am Wochenende im Fernsehen, am Montag in Vorstand und Präsidium. Hatte in der Partei nicht bereits das laute Nachdenken über einen Schröderschen Verzicht auf den Vorsitz begonnen?

Das wochenlange Geraune von den „personellen Konsequenzen" im Kabinett drohte zum wütenden Orkan anzuschwellen. Schröder musste darauf reagieren, solange es noch nach einem Handeln aus freien Stücken aussah. Am Montag schon wäre er ein Getriebener gewesen, denn die zunehmend schäumende Partei forderte ein Opfer. Und weil er sich seit Wochen weigerte, dem nachzukommen – nicht im Kabinett, nicht auf dem Posten des Generalsekretärs –, musste er nun selbst verzichten. Er flüchtet aus dem Willy-Brandt-Haus, um sich das Kanzleramt zu erhalten.

Die Zeit des Stillhaltens ist vorbei, seit dem Eintritt in die Bundesregierung 1998 ist den SPD-Mitgliedern zu viel zugemutet worden, ohne dass Schröder sie wirklich überzeugt hat von seinem Kurs. Jetzt rächt sich, dass der Kanzler nie ein Netzwerk in der Partei aufgebaut hat, das ihn nun stützen könnte.

Es waren zum Schluss nicht mehr bloß die üblichen Verdächtigen aus Hessen-Süd, Niedersachsen oder Schleswig-Holstein, die Schröder angriffen. Auch der sonst eher bedächtige SPD-Landesvorsitzende von Nordrhein-Westfalen, Harald Schartau, und sein Generalsekretär, Michael Groschek, meldeten sich kritisch zu Wort.

„Es genügt ein Augenzwinkern aus Nordrhein-Westfalen, und dann geht es los", prophezeite Wolfgang Jüttner, SPD-Landeschef aus Niedersachsen und einer der Ersten, die den Aufstand probten.

Nach der Sitzung des Parteirats am letzten Montag, bei der sich rund hundert Genossen aus den Ländern ihren Frust von der Seele geredet hatten, war klar, dass ein weiterer Schwebezustand nicht mehr möglich war.

Unter dem Druck der Basis einigten sich Schröder und Müntefering am frühen Mittwochabend, dem 4. Februar, auf die Ämtertrennung. Zwischen dem Regierungschef und seinem Fraktionsvorsitzenden wurde striktes Stillschweigen vereinbart. Erst am 16. Februar oder wahlweise, so der Plan B, am Montag, dem 9. Februar, sollte die Sensation dem Parteivorstand verkündet werden. Müntefering drängte auf ein Verfahren, das nach geordneten Verhältnissen aussehen sollte.

Aber auch daraus wurde nichts. Als die Wutwelle aus den Landesverbänden weiterrollte und die ersten öffentlichen Forderungen nach einem Rücktritt Schröders vom Amt des Parteichefs laut wurden, wusste der Kanzler, dass er seinen Kritikern zuvorkommen musste. Ehe sie ihm öffentlich den Verzicht nahe legten, wollte er die Entscheidung selbst verkünden. Schröder am Freitagnachmittag: „Die Zeit drängte."

Mit höchster Dringlichkeit wurden am Morgen die fünf stellvertretenden Parteivorsitzenden ins Kanzleramt nach Berlin beordert. In einem kurzen Gespräch bat Schröder Generalsekretär Scholz, sein Amt niederzulegen. Weil der nicht gleich weichen wollte, einigten sie sich darauf, dass Scholz beim Sonderparteitag Ende März ausscheidet.

Die Stellvertreter waren nur noch Zuschauer in diesem Drama. Ernsthaften Widerspruch leistete allein Wolfgang Clement. Der Machtzuwachs seines alten Rivalen Müntefering war ihm nicht geheuer. Ein Teilnehmer: „Der Wolfgang wehrte sich mit Händen und Füßen."

Müntefering weiß, dass harte Überzeugungsarbeit auf ihn wartet: „Am schwierigsten ist es mit meiner Altersklasse", sagt er. Zu viele seien dem Irrglauben aufgesessen, „dass Wachstum ein Naturgesetz ist". Zahlreiche Genossen glaubten immer noch, dass im Keller ein Sack Geld stehe – „das ist aber nicht so". Müntefering sieht sich exemplarisch für den persönlichen Veränderungsprozess, der vielen in der SPD noch bevorsteht.

Er kassiert jetzt den Lohn der Anpassung. Er war eigentlich der Mann von Oskar Lafontaine, er hat oft Probleme mit Schröder gehabt, im Wahlkampf 1998, als er fast zurückgetreten wäre, weil er sich von Schröder schlecht behandelt fühlte, im Dezember 2003, als er fand, dass der Kanzler mit seiner Reformrhetorik zu weit gehe. Aber er hielt durch, er machte seine Aufgaben im Sinne Schröders, und jetzt wird er dessen Parteivorsitzender.

Schröder knüpft große Hoffnungen an das Opfer, das er gebracht hat. „Der Franz" müsse nun die Partei zur Räson rufen, die Partei müsse aber auch sich selbst disziplinieren: „Diese Entscheidung bietet eine Chance, die sie nicht verpassen darf." Das werde von allen kapiert, sagt er und fügt hinzu: „Ich hoffe das zumindest."

Auf die Frage, wer künftig über die Besetzung von Kabinettsposten entscheidet, entfährt es ihm: „Das ist meine Sache." Dann hält er inne. Schröder, der Neue, meldet sich zu Wort: „Natürlich", fügt er hinzu, „wird man das vorher untereinander bereden."

9. Februar, Köln, Landgericht

Anatoli Barg, Chef einer ukrainischen Schleuserbande, wird zu fünf Jahren Gefängnis verurteilt. In der Begründung sagt der Richter, er hätte Barg gern härter bestraft. Das allerdings sei ihm nicht möglich gewesen, weil das Auswärtige Amt dessen Taten „durch schweres Fehlverhalten" Vorschub geleistet habe. Der Richter bezeichnet den Visaerlass als „kalten Putsch gegen die bestehende Gesetzeslage".

9. März, Berlin, Landesvertretung von Nordrhein-Westfalen

Der Kanzler hat Wut, die muss raus. Beim Abendessen mit den SPD-Abgeordneten aus Nordrhein-Westfalen in der Berliner NRW-Landesvertretung bekommt zuerst der Hagener Abgeordnete René Röspel eine Abreibung. Er hat den Fehler begangen und sich erkundigt, ob das Tempo des Schröderschen Erneuerungsprogramms nicht etwas gebremst werden könne. „Viele von euch wollen doch gar keine Reformen", schnauzt der Kanzler ihn an, „das sind genau die Leute wie du, die das alles ablehnen."

Die Gäste sind entsetzt. Das Ganze sei eine „Horrorveranstaltung" gewesen, kommentiert hinterher ein Abgeordneter.

Schröder steht unter Druck, weil der SPD plötzlich Konkurrenz zu erwachsen droht – aus den eigenen Reihen. Ein halbes Dutzend bayerischer Metaller hat eine „Initiative für Arbeit und soziale Gerechtigkeit" aus der Taufe gehoben. Das Projekt könne „durchaus in die Gründung einer neuen politischen Partei münden", sagt der Schweinfurter IG-Metall-Bevollmächtigte Klaus Ernst. Die SPD habe sich „in eine Partei der sozialen Kälte verwandelt".

Ende März, Brüssel

Joschka Fischer erfährt es jetzt am eigenen Leibe: Wenn die Europäische Union um zehn Staaten erweitert wird, fordert das Opfer von allen – selbst vom deutschen Außenminister.

Beim EU-Gipfel in Brüssel muss er in die zweite Reihe rücken. Vorn am Tisch sitzen nur die 25 Staats- und Regierungschefs, für die Außenminister ist kein Platz mehr. Fischer ist erbost: „Nicht mal einen Tisch für die Akten", mosert er. Während die Chefs vorn über Europas Zukunft streiten, liest der Minister hinten grimmig die Zeitung. Sein Vorgesetzter sieht die Platzverteilung dagegen mit Wohlgefallen. Schröder nimmt huldvoll die Lektüretipps seines brummelnden Hintersassen zur Kenntnis und gibt ein paar Arbeitsaufträge zurück.

So soll Fischer mit seinem polnischen Amtskollegen Wlodzimierz Cimoszewicz die verschiedenen Optionen für die Stimmenverteilung im Ministerrat der EU durchrechnen. Schließlich seien die beiden Außenminister nicht nur „wirklich gute Politiker", so der Kanzler, sondern auch „große Mathematiker".

Die Zahlen meinen es jedenfalls immer noch gut mit Fischer. Nach fünfeinhalb Jahren Amtszeit ist er der dienstälteste Außenminister in einem der großen Staaten. Seit bald drei Jahren rangiert er an der Spitze der politischen Beliebtheitsskalen in Deutschland – mit an die 80 Prozent Zustimmung und großem Vorsprung vor seinen christ- und sozialdemokratischen Rivalen. Dennoch wirkt der Außenminister dieser Tage so schwach wie lange nicht.

Es bedrängt ihn ein hyperaktiver Bundeskanzler, der sagt, dass er „60 Prozent der Arbeit" in die Außenpolitik stecke und der kaum eine Gelegenheit auslässt, seinem Fachminister einen Platz in der zweiten Reihe zuzuweisen.

Zudem fällt es Fischer zusehends schwerer, seine Positionen, Pläne, Ziele selbst Gutwilligen verständlich zu machen. Als selbsternannter Chefstratege der globalen Ordnung errichtet er im Wochentakt wuchtige Gedankengebäude. Erst rief er nach der „Modernisierung des weiteren Nahen Ostens", dann ernannte er die Europäische Union zum strategischen Akteur in „kontinentalen Größenordnungen" – ein kleines „Kerneuropa" habe keine Chance. Schließlich grübelte er in einem Interview über etwas, das er die „Rekonstruktion des Westens" nannte.

Höher, schneller, weiter – im olympischen Jahr strengt sich auch der Außenminister ganz besonders an. Doch seinen gedanklichen Turnereien kann kaum noch einer folgen. Von Schröder bis zum Oppositionspolitiker Wolfgang Schäuble rätselt die politische Klasse Berlins über den Sinn der Übungen.

Seine besten Szenen gelingen Fischer seit einiger Zeit als Apokalyptiker. Wenn er mit sorgenvoll zerknautschtem Gesicht den großen Weltenbrand ausmalt, dann hat das durchaus Thriller-Qualität. Fischer verwendet kein Wort lieber als „strategisch". Die metallische Vokabel gehört zum Fischer-Ritual: Hat er ein Katastrophenszenario mit leidendem Genuss an sein fürchterliches Ende geführt, versinkt er zunächst in depressive Starre, bis er mit großer Mimik „strategische Visionen", „strategische Initiativen" oder, ganz schlicht, „strategische Vorstellungen" ausmalt. Ein klares Konzept lässt sich selten erkennen.

Seit der Amtsübernahme 1998 widmet er sich Krisenherden, er entwickelte Friedenspläne, Zukunftsentwürfe und Grundsatzreferate. Die Schwerpunkte waren Europa, USA, Nahost. Um viele undankbare Nebenthemen kümmerte sich der Minister nicht: Lateinamerika, Afrika, Asien. Die Goethe-Institute oder die Landminen-Konvention überließ er seinen Mitarbeitern.

Nach seiner außenpolitischen Sozialisation in den Balkan-Kriegen der neunziger Jahre verließ den Minister die Lust an dem Thema, nachdem der letzte Konflikt in Mazedonien 2002 eingehegt schien. Als dann das Kosovo erneut brannte, musste Fischer sich aus dem Stand in eine mittlerweile wieder fremde Materie einarbeiten. Nur zufällig war er in New York, als sich der Sicherheitsrat mit diesem Thema befasste. Als einziger anwesender Außenminister von Gewicht gab er mal wieder den Riesenstaatsmann in Sachen Weltpolitik.

Für den hält er sich ja auch. Aber was ist mit der Konkurrenz durch Schröder? „Kanzler und Vizekanzler gestalten die Außenpolitik gemeinsam", brummt Fischer.

Zur Lage der Nation: Im 1. Quartal 2004 sind 9867 Firmen in die Insolvenz gegangen, in einem Jahr rund 39000, ein Rekordwert. Die Staatsverschuldung hat 1 403 438 300 000 Euro erreicht, über 90 Milliarden Euro mehr als im 1. Quartal des Vorjahres. Die Wirtschaft wächst nach einem Jahr der Krise wieder um 1,6 Prozent (gegenüber Vorjahresquartal), der Geschäftsklima-Index steigt auf 95,4 (Vorjahr 88,9). Im letzten Jahr haben über 43 000 Mitglieder die SPD verlassen, rund doppelt so viele wie sonst jeweils in den letzten vier Jahren. Die Zufriedenheit der Deutschen mit der Bundesregierung ist Anfang 2004 auf 12 Prozent gesunken, Tiefstwert in der Geschichte der rot-grünen Regierung. 26 Prozent wollen noch SPD wählen, 48 Prozent die CDU. 58 Prozent der Deutschen glauben inzwischen, dass keine Partei mit den Problemen fertig werden kann.

Kapitel 11

Absturz und Auferstehung

Mai 2004 – Februar 2005

1. Mai 2004. Zehn Länder treten der EU bei: Polen, Tschechien, Slowakei, Ungarn, Slowenien, Estland, Lettland, Litauen, Zypern und Malta. +++ 23. Mai. Horst Köhler wird zum neuen Bundespräsidenten gewählt. Angela Merkel hatte ihn in einem Machtkampf zusammen mit der FDP durchgesetzt. +++ 13. Juni. Die SPD erleidet Niederlagen bei Europawahl und Landtagswahl in Thüringen. +++ 28. Juni. Die USA übergeben die Macht im Irak an den Übergangspremier Ijad Alawi. +++ 19. September. Starke Verluste der CDU bei Landtagswahl in Sachsen. Die SPD behauptet sich in Brandenburg als stärkste Kraft. +++ 28. September. Der Karstadt-Quelle-Konzern kündigt ein radikales Sanierungskonzept an und trennt sich von insgesamt 92 seiner 181 Kaufhäuser. +++ 12. Oktober. Friedrich Merz tritt von seinen Führungsämtern in Fraktion und Partei der CDU zurück. +++ 14. Oktober. General Motors kündigt an, bei Opel in Deutschland 10000 Stellen abzubauen. Das Werk in Bochum wird bestreikt. +++ 2. November. George W. Bush wird als US-Präsident wiedergewählt. +++ 15. November. CDU und CSU einigen sich auf einen Kompromiss in der Gesundheitsreform. CSU-Sozialexperte Horst Seehofer tritt daraufhin als Fraktionsvize zurück. +++ 22. Dezember. Laurenz Meyer tritt von seinem Amt als CDU-Generalsekretär zurück, nachdem bekannt wird, dass er von seinem früheren Arbeitgeber VEW Zahlungen von 250000 Mark erhalten hatte. +++ 26. Dezember. Mehr als 300000 Menschen sterben in Südostasien durch einen Tsunami nach einem Seebeben.

Im Mai 2004, Berlin, Sundern

Sie heißt Karin und wartet seit einer halben Stunde. Es ist ein Mittwochabend, sie ist ins Freizeitforum Berlin-Marzahn gekommen, weil sie nicht mehr weiß, wo es lang geht. Die SPD hat einen Saal im ersten

Stock gemietet, unten gibt es ein Bowling-Center, oben ein Karate-Studio, ein paar Plakate hängen im Foyer, demnächst kommen Costa Cordalis und Drafi Deutscher. Heute ist Franz Müntefering da.

Er ist ein bisschen zu spät und läuft mit seinen kleinen, schnellen Schritten in den Saal. Bevor er redet, sagt die Kreisvorsitzende, dass es gut sei, dass er da ist. „Franz", sagt sie, „du bist der, der die Seele der Sozialdemokraten findet." Darum geht es. Um die Seele der Sozialdemokratie. Franz Müntefering ist auch deshalb SPD-Chef geworden, weil es heißt, er sei ein Sachverständiger für die Seele.

Dann steht er da, blaues Jackett, graue Hose, und hält seine Rede. Das heißt, eigentlich hält er keine Rede, eigentlich trägt er Sätze vor. Sätze über Globalisierung, über Rente, über Gesundheit, über Arbeit. Manchmal nennt er die Namen von Willy Brandt und Ferdinand Lassalle, aber eigentlich merkt man das nicht. Seine Stimme verändert sich nicht. Er redet nicht laut und nicht leise, seine Stimme ist wie sein Gesicht. Es sieht immer gleich aus. Es hat Augenbrauen, die merkwürdig halbiert sind, und einige tiefe Furchen. Nichts ist abzulesen in diesem Gesicht, keine Freude, kein Leiden, es ist nicht so wie bei Gerhard Schröder, dem man am Morgen ansieht, wie der Abend war. Es ist ein trockenes Gesicht, das niemals schwitzt.

Und man fragt sich: Wie sieht eine Seele aus, die Franz Müntefering retten kann?

Die Frau, die Karin heißt, tritt vorsichtig an ein Mikrofon. Sie sagt, dass sie seit 46 Jahren arbeitet. Sie ist Betriebsratsvorsitzende in einem Betrieb in Lichtenberg, heute Morgen war sie um sechs Uhr im Büro. 100 Leute stehen vor der Entlassung. Sie sagt, dass sie die Agenda 2010 in der Theorie begriffen hat, aber wenn 100 Leute gehen müssen, weiß sie nicht mehr, was sie sagen soll.

Franz Müntefering hat ein DIN-A4-Blatt zweimal gefaltet, er schreibt etwas darauf, vielleicht sind es Antworten, auf jeden Fall hört er ihr zu.

Dann sagt er: „Karin hat gesagt, dass sie seit 46 Jahren arbeitet. Ich arbeite seit 50 Jahren. Und ich bin seit 50 Jahren in der DAK. Zum Jubiläum hab ich eine Schachtel Zigarillos bekommen."

Er steckt seinen Zettel ins Jackett und geht. Auf dem Zettel stehen ein paar Wörter, aber hauptsächlich hat er Striche und kleine Kästchen darauf gemalt.

Karin klatscht, als er geht.

Hat er ihre Frage beantwortet?

„Eigentlich nicht."

Hat es sich gelohnt, dass sie gekommen ist?

„Eigentlich ja."

Warum?

„Na, wegen seiner Art, irgendwie."

Vielleicht kann Gerd-Josef Plass etwas erklären von Franz Müntefering. Er öffnet sein Wohnzimmer, sein Haus liegt auf einem Hügel über Sundern. Ein langes schwarzes Ledersofa steht in dem Wohnzimmer, „da sitzt er immer, wenn er hier ist, Beine nach oben, Zigarillo in der Hand", sagt Plass. Vor ein paar Wochen war Franz Müntefering zum letzten Mal hier. Sundern im Sauerland ist seine Heimat. Es heißt immer, Franz Müntefering sei ein sehr typischer Sauerländer.

Plass und Müntefering sind zusammen zur Schule gegangen, sie waren zusammen bei den Pfadfindern, bei den Messdienern und später bei der SPD. Als Müntefering die Schule verlassen musste, verloren sie sich aus den Augen. Plass machte Abitur und studierte. Müntefering machte seine Lehre und spielte Fußball, bis er 18 war, dann hörte er auf mit Fußball und begann zu lesen. Er hat sieben Jahre lang nur gelesen. Dann wurde die Verbindung zu Gerd-Josef Plass wieder enger.

„Er konnte plötzlich die Unterschiede zwischen Camus und Sartre benennen", sagt Plass. „Wenn man so will, hat sich der Franz selbst erfunden."

Sind sie Freunde?

„Es ist sehr freundschaftlich. Aber so richtig Freund, das mag er nicht. Dafür steht er nicht zur Verfügung", sagt Plass. Müntefering weiß mehr über ihn als er über Müntefering, sagt Plass. „Ich will nicht sagen, dass es Distanz ist. Es ist eher Vorsicht. Franz ist vorsichtig."

Franz Müntefering hat keinen richtigen Freund. Der Einzige, den er so nannte, ist vor 30 Jahren bei einem Unfall gestorben. Niemand kennt ihn wirklich. Gerd-Josef Plass sagt, das passe eigentlich nicht zu jemandem, von dem es heißt, er sei ein typischer Sauerländer.

Am 21. März, als Müntefering zum neuen Vorsitzenden der SPD gewählt wurde, erschien im Berliner „Tagesspiegel" ein Interview mit Franz Müntefering und Gerhard Schröder. Es war der Tag, an dem sich Schröder an Müntefering ausgeliefert hatte. Schröder sagte in diesem Interview: „Ich hätte ihn gern zum Freund." Müntefering antwortete: „Ich bin kein Kumpel." Beim Lesen wurde einem kalt.

Sie haben sich kaum angeguckt während dieses Interviews. Schröder spielte mit einem Streichholzheftchen, auf dem „Bundeskanzleramt" stand. Das Streichholzheftchen sah aus wie ein Spieleinsatz.

Manchmal sagt Franz Müntefering gar nichts, wenn man ihn fragt, ob er bald Kanzler der Bundesrepublik Deutschland sein wird. Manchmal steht er nur da und bläst stumm den Rauch von einem Zigarillo in die Luft. Manchmal sagt er aber auch: „Nein, das war es dann." Wahrscheinlich stimmt das.

Er kann ja keine Außenpolitik, das sagt er selbst. „Da gibt es weiße Flecken." Wenn Israel den Hamas-Gründer Scheich Jassin ermordet und Müntefering etwas dazu sagen soll, dann sagt er: „Es wäre nicht vernünftig, sich von hier aus in dieser Sache zu positionieren." Israel. Mord. Was sagt man da, als Deutscher?

Müntefering will nicht Kanzler werden, so viel ist wohl klar. Aber sie belauern sich jetzt ein bisschen. Sie trauen sich nicht so ganz. Aber sie brauchen sich. Und wenn man sie beobachtet, kann man den Eindruck bekommen, dass Schröder Müntefering mehr braucht als umgekehrt.

In ein Buch, das Gerhard Schröder zum 60. Geburtstag geschenkt bekam, schrieb Müntefering den Satz: „Ich helfe Dir, so gut ich kann."

26. Mai, Berlin, Kanzleramt

Er hat nicht gewonnen, aber er sieht aus wie der Sieger, wie der geborene Kanzler. Gerhard Schröder steht vor den Kameras und verkündet mit dem Gestus des bedeutenden Staatenlenkers, dem nichts so am Herzen liegt wie das Wohl des ganzen Volkes, den Durchbruch beim Zuwanderungsgesetz.

Zeitgleich gibt Angela Merkel mit Edmund Stoiber eine Pressekonferenz, bei der sie wie die ewige Oppositionsführerin wirkt. Zwar hat sich die Union in vielen Punkten behauptet. Aber als Held des Tages gilt Schröder, weil niemand so gut wie er den Staatshelden mimen kann.

Niemand kann so virtuos Niederlagen in Siege verwandeln. Schröder ist als Bundeskanzler nicht ewiger Sieger, aber ewiger Siegeserheischer. Er macht was draus, er weiß, wie er Sonnenlicht auf sich lenken kann, auch bei bewölktem Himmel. Er hat nach dem Kompromiss im Vermittlungsausschuss aus einer halben Steuererhöhung einen ganzen Sieg gemacht. Er hat zugelassen, dass die Riester-Rente bis zur Unwirksamkeit verstümmelt wurde, sich aber dann den Einstieg in ein neues Rentensystem gutschreiben lassen. Jetzt verkündet er den Durchbruch bei der Zuwanderung wie einen Sieg seiner Politik, obwohl es ein Sieg der Opposition ist.

Seit zweieinhalb Jahren versuchen CDU und CSU beharrlich, die für die Koalition entscheidenden Regelungen aus der Vorlage zu streichen – mit Erfolg. Das einstige Vorzeigeprojekt von SPD und Grünen steht inzwischen nackt wie eine gerupfte Gans in der politischen Landschaft. Den Namen Zuwanderungsgesetz verdient es kaum noch.

Mit der Zeit wuchs bei den konservativen Unterhändlern nicht nur die Lust am Herausstreichen, sondern auch am Hinzufügen. Im Vordergrund steht nicht mehr, dass die besten Köpfe der Welt ins Land kommen, sondern dass mutmaßliche Terroristen Deutschland schnell verlassen.

Das von Rot-Grün favorisierte Punktesystem, mit dem gut ausgebildete Ausländer auch ohne konkretes Jobangebot hätten einwandern dürfen, wurde gekippt. Der Anwerbestopp für ausländische Fachkräfte bleibt auf Wunsch der Union bestehen. Terrorverdächtige sollen künftig auf Grund einer „tatsachengestützten Gefahrenprognose" abgeschoben werden können. So genannte Hassprediger dürfen die Behörden künftig ebenso schnell ausweisen wie Menschenschleuser. Zudem soll es eine Regelanfrage beim Verfassungsschutz geben, bevor eine Niederlassungserlaubnis erteilt wird.

Ein „großer Erfolg für den Kanzler, ein großer Erfolg für die Grünen", jubelt Joschka Fischer. Auch Umweltminister Jürgen Trittin, Fraktionschefin Krista Sager und der Parteivorsitzende Reinhard Bütikofer verteidigen die „politische Einigung" zur Zuwanderung.

In einer Telefonkonferenz mit den Landesvorständen bekam die Berliner Führung allerdings den Unmut der grünen Basis zu spüren. „Sehr enttäuscht" zeigte sich zum Beispiel der Berliner Landesvorsitzende Till Heyer-Stuffer. Gemessen an dem, was man eigentlich gewollt habe, sei das Ergebnis „beschämend".

17. Juni, Berlin, Kanzleramt

Vier Tage nach der historischen Pleite ist die Anspannung nicht von Gerhard Schröder gewichen. Wie hinter Glas wirkt er, gedämpft. „Haken schlagen nützt uns jetzt nichts mehr", sagt er wie im Selbstgespräch. Die SPD hat bei der Europawahl 21,5 Prozent bekommen, bei der Landtagswahl in Thüringen 14,5 Prozent.

Der Wahlschock vom 13. Juni sitzt tiefer als alle anderen Niederlagen, die Schröder bisher einstecken musste. Schon mit der ersten
Hochrechnung verfiel der Regierungschef nach Schilderung seiner
Gattin in eine Art Wachkoma: „Der Gerd ist zwar bei mir, aber er ist
gar nicht da", klagte Doris Schröder-Köpf gegenüber Freunden.

Den gleichen Eindruck macht Schröder in der Sitzung der SPD-
Fraktion. „Es gibt an der Parteibasis eine kollektive Verweigerungs-
haltung", trägt der Abgeordnete Willi Brase aus Nordrhein-Westfalen
vor. Der aus Thüringen stammende Bundestagsabgeordnete Carsten
Schneider sagt: „Auf dem flachen Land ist die SPD so gut wie tot."
Schröder lauscht in sich gekehrt. „Gerd, möchtest du auch etwas
sagen?", fragt Müntefering. Schröders Antwort: „Ja, soll ich denn?"
Resignierter hat er nie geklungen.

Bei der Europa-Wahl brach die SPD vor allem bei ihrer früheren
Stamm-Klientel dramatisch ein. Nach einer Analyse von Infratest
dimap für die ARD verlor sie bei Gewerkschaftsmitgliedern mit zwölf
Prozentpunkten überdurchschnittlich viel. Zum ersten Mal bei einer
bundesweiten Wahl lag die Union in dieser Gruppe mit 34 Prozent vor
der SPD (32 Prozent). Die Sozialdemokratie, urteilt der Göttinger Parteienforscher Franz Walter, „hat sich von der Arbeiterklasse, von den
Unterschichten der deutschen Gesellschaft abgekoppelt, mental weit
entfernt".

Die SPD sei „zertrümmert", sagt DGB-Chef Sommer, weil sie ihr
Markenzeichen, die soziale Gerechtigkeit, aufgegeben habe. Jetzt gelte
es, sich mit einem deutlichen Schnitt von dem einstigen Partner zu
trennen, um nicht mit in den Abgrund gezogen zu werden.

1. Juli, Berlin, Reichstag
So schön war es lange nicht mehr. Das politische Establishment sitzt
traut im Reichstag zusammen und hört mit Behagen, was der Mann
am Rednerpult zu sagen hat. Michael Glos ruft nicht dazwischen,
Joschka Fischer versendet keine SMS. Es herrscht ungewohnte Eintracht, gestiftet von Horst Köhler, der im Reichstag seine Antrittsrede
als Bundespräsident hält.

Union und FDP haben ihn gemeinsam gekürt. Er war Staatssekretär
im Finanzministerium und zuletzt Chef des Internationalen Wäh-
rungsfonds in Washington. Er gilt als Merkels Präsident, als der Mann,
der den Machtwechsel einleiten soll, indem er ständig nach Refor-

men ruft. Er gilt als jemand, der Schröder das Leben schwer machen könnte.

Aber heute herrscht Eintracht. Der neue Bundespräsident fordert einen Aufbruch für Deutschland, und alle im Reichstag sind dafür.

Wirklich alle?

Was ist mit den Zuschauern im Oberrang? Was ist mit den Touristen, die durch die Kuppel des Reichstags lustwandeln? Hält auch das Volk, wie sein neuer Präsident, „einen mühsamen Weg für erträglich"? Ist es bereit zu „einem Mentalitätswandel"?

Das Volk nervt derzeit ein bisschen. Die Politiker finden, sie hätten ein anderes Volk verdient. Bundeskanzler Gerhard Schröder hält seine Mitbürger zuweilen für „unbeweglich" und mahnt: „Gelegentlich reifen Ansichten später, manchmal – auch das lehrt die Geschichte – zu spät." CDU-Chefin Angela Merkel hat festgestellt, dass das „Reden von Freiheit und Eigenverantwortung eher Angst macht als Mut".

Auch Horst Köhler befasst sich in seiner Antrittsrede ausführlich mit den Schwächen der Deutschen. „Zum einen klammern wir uns schlicht zu sehr an dem fest, was wir haben. Zum anderen leben wir zu sehr in der Angst zu scheitern."

Zwar lobt Köhler auch einige Stärken, aber er lässt keinen Zweifel daran, dass er seine Amtszeit dazu nutzen will, gegen die Schwächen anzureden. Er will ein Präsident sein, der die Deutschen mit sozialökonomischen Reformen versöhnt. Er findet dafür einen angenehmen, leichten Ton, macht jedoch die Dringlichkeit eines Aufbruchs deutlich: „Wahr ist aber auch, dass uns aktuell immer mehr Länder überholen."

Die Politiker spenden ihm viel Beifall für seine Rede. Die Frage ist, wie die Bevölkerung reagiert. Was nützt ein Signal zum Aufbruch, wenn viele sitzen bleiben? Deutschland wirkt nach fast sechs Jahren Rot-Grün deprimierter, mutloser denn je. Nichts ist geblieben von der Hoffnung auf einen Aufbruch, wie sie im September 1998 geherrscht hat. Von der „Neuen Mitte" spricht niemand mehr, sie fürchtet abzusteigen, den Arbeitsplatz zu verlieren, den Lebensstandard.

Nach einer Umfrage des Instituts Gallup in 51 Ländern haben vor allem die Deutschen Zukunftsangst. Mehr als ein Drittel glaubt, dass sich die Lebensverhältnisse verschlechtern werden.

Die Folge ist eine blühende Kultur des Protests. Studenten laufen nackt durch die Straßen, Bürgermeister gehen baden, Einzelhändler verhängen ihre Geschäfte mit Pappen, vor Rathäusern wehen schwarze Fahnen – die Phantasie kennt kaum Grenzen, wenn es darum geht, Besitzstände zu verteidigen.

Horst Köhler will nun Vermittler sein zwischen Volk und Regierenden, aber Aufbruchstimmung wird er nicht allein herbeireden können. Die Politiker müssen schon mitmachen.

Ratlos ist nach wie vor die SPD. „Es fehlt der Überbau, die große Kampagne", sagt Reinhold Robbe, Anführer des konservativen Seeheimer Kreises in der SPD-Fraktion. „Wir müssen den Menschen Sinn und Zweck der ganzen Veranstaltung noch deutlicher machen", fordert Robbe. Es gehe darum, den Bürgern und Parteimitgliedern wieder „Mut und Selbstbewusstsein" zu geben.

Das Kanzlerlager hat die Suche nach der großen, Sinn stiftenden Formel längst eingestellt. „Die Belastungen, die wir den Menschen zumuten, kann man nicht mit Semantik und Rhetorik wohlklingend überdecken", sagt ein enger Vertrauter Schröders. „Wenn wir uns hinstellen und das Ganze noch überhöhen, lachen sich die Leute doch kaputt."

Es glaubt niemand mehr, dass diese Regierung übergeordnete Ziele verfolgt, dass es einen Plan gibt, ein Konzept und einen höheren Sinn hinter dem, was in der Politik passiert. Schröder wollte ja nie drüber reden.

Über 70 Prozent aller Deutschen sind der Meinung, dass die Regierung sich bei ihren Reformen nicht um soziale Gerechtigkeit bemüht, hat das Institut Allensbach ermittelt. Die wohlhabenden Schichten werden mehr und mehr als Nutznießer der Reformen empfunden. Als Opfer gelten die Älteren, sozial Schwachen, Arbeitslosen und Familien.

Das ist ein weites Feld für Horst Köhler, der verlangt hat, die Politik müsse „darauf achten, dass alle Verantwortung tragen und Opfer bringen, und zwar entsprechend ihrer Leistungsfähigkeit".

Doch gleichzeitig ändert sich im Schatten der Proteste – und scheinbar widersprüchlich dazu – allmählich die Grundhaltung der Deutschen. „Die Bevölkerung lernt zurzeit, mit wachsender sozialer Differenzierung zu leben", schreibt die Meinungsforscherin Renate Köcher. Horst Opaschowski, Chef des BAT-Freizeit-Forschungsinstituts, ergänzt: „Die Bereitschaft der Bundesbürger wächst, sich vom Obrigkeitsstaat als Macher, Versorger und Verteiler zu verabschieden und mehr auf Eigenleistungen zu vertrauen."

Anfang Juli, Berlin, Willy-Brandt-Haus

Die Arbeiterführer haben kaum auf ihren Stühlen Platz genommen, da hebt ihr Gastgeber zu einem Klagelied an. Die neue Linksgruppierung „Wahlalternative Arbeit & soziale Gerechtigkeit" – kurz ASG – sei wirklich eine „ernsthafte Bedrohung" für die SPD, sagt Franz Müntefering. Sollten die Abweichler bei der nächsten Bundestagswahl auch nur einen kleinen Stimmenanteil erzielen, seien „die Regierungs- und Koalitionsfähigkeit" der SPD in Gefahr – und zwar „dauerhaft". Ihn interessiere deshalb vor allem eines, faucht der SPD-Chef: „Unterstützt ihr diese Truppe, oder was ist da los?"

Die Gäste sind verdutzt ob dieser offenen, aggressiven Frage. „Die IG Metall stellt dieser Bewegung keine Infrastruktur zur Verfügung", sagt IG-Metall-Chef Jürgen Peters knapp, aber nicht ganz wahrhaftig. DGB-Chef Michael Sommer murmelt: „Wir halten den Weg dieser Gruppe für völlig falsch." Dann gehen die Gewerkschafter schnell zu einem anderen Thema über.

So sieht es aus, wenn eine langjährige Beziehung dem Ende entgegenkriselt. Der eine Partner erwischt den anderen beim Seitensprung und stellt ihn zur Rede. Es wird gelogen und betrogen. Das Misstrauen frisst sich tiefer.

In der „Wahlalternative" beginnen sich all jene zu sammeln, die die Agenda 2010 für unsozial halten. Es gibt erste Landesverbände, einen professionellen Internet-Auftritt, und landauf, landab finden in Städten und Gemeinden Gründungsveranstaltungen lokaler Untergliederungen statt.

5. August, Überherrn

Es ist der heißeste Tag des Jahres, Lafontaine sitzt auf einem grünen Gartenstuhl im kleinen Park des Landhotels „Linslerhof". Ein weißer Sonnenschirm und eine alte Eiche bieten Schutz vor der Sonne, aber Lafontaine schwitzt. Sein Kopf ist rot, die Stirn nass. Er trägt ein rosa Sommerhemd, eine khakifarbene Hose und weinrote Schuhe. Er möchte lässig wirken, aber er ist angespannt. Er kneift oft die Augen zusammen, er trinkt viel Wasser und Kaffee.

Oskar Lafontaine wohnt nur wenige Kilometer vom „Linslerhof" entfernt. Er kommt öfter zum Essen her. Hier, im Grenzgebiet zu Frankreich, hat er sich ein schickes Landhaus gebaut. Er wohnt am Rande der Republik, es ist still um ihn geworden, aber die Sätze, die er an diesem Tag im Gespräch mit dem SPIEGEL sagt, schleudern ihn noch einmal für ein paar Tage zurück in den Mittelpunkt. „Wenn er Anstand im Leibe hätte, würde er angesichts dieser Zahlen zurücktreten", sagt er über Gerhard Schröder und fordert von seiner Partei, den Kanzler auszuwechseln. „Es geht mit Schröder nicht mehr."

Es spricht der Mann, der ihn 1998 zum Kanzler gekürt hat, der die SPD in Schach hielt, damit Schröder seinen Wahlkampf durchziehen konnte. Es spricht die ganz große Verbitterung.

Dann folgt jene Ankündigung, die den Spitzen der Sozialdemokratie Angst macht: die Ankündigung, vielleicht zu einer neuen Linkspartei zu wechseln und damit die SPD zu spalten.

„Ich kämpfe für eine wirkliche Neuorientierung der SPD. Wenn dies nicht gelingt, werde ich eine Wahlalternative unterstützen." Im Verlauf des Gesprächs wiederholt er diese Ankündigung immer wieder. Er will sichergehen, dass seine Kampfansage verstanden wird.

Ende August, Spremberg, Wittenberge, Zwickau

Auf dem Marktplatz von Spremberg steht ein kräftiger Mann in der Abendsonne und wartet. In der Hand hält er eine Fahne von Attac, um den Hals baumelt eine Trillerpfeife, auf dem Kopf sitzt eine Baseball-Mütze des Schützenvereins. „Gab es kein deutsches Kind, das Schröder adoptieren konnte?", zischt er, „warum denn ein Russenkind?"

Er hat keine Zeit, die eigene Frage zu beantworten. Er läuft rot an und brüllt: „Lügner! Lügner!" Mit ihm schreien, pfeifen und johlen 200 weitere Männer und Frauen. Das Objekt ihres Hasses hat soeben die Bühne betreten: Matthias Platzeck, Sozialdemokrat, Ostdeutscher, Ministerpräsident von Brandenburg und Wahlkämpfer.

„Lass mal", sagt Platzeck zu seinem Leibwächter, der ihn mit einem Regenschirm schützen will. „Ich werde Ihnen hier keine Dinge versprechen, die ich nicht halten kann", ruft er in die Menge, seine Stimme versinkt im Geheul der Protestierer.

In Zwickau bekommt am selben Tag auch Franz Müntefering den Hass zu spüren. Die Pfiffe setzen ein, als der SPD-Chef noch gar nicht angefangen hat. Müntefering vermeidet den Symbol-Begriff „Hartz IV" und spricht vom „Gesetz zur Bekämpfung der Langzeitarbeitslosigkeit". Höhnisches Gelächter.

Er redet von Milliarden-Hilfen für die Kommunen. Ein Mann im Polohemd brüllt: „Was verdienen Sie denn?" Ein anderer schreit: „Was kostet Ihr Anzug?" Müntefering versucht zu kontern: „Der ist vom KaDeWe und wahrscheinlich viel billiger als Ihr Fahrrad-Dress." Grölen, Johlen.

Am Tag zuvor musste auch der Kanzler durchs Fegefeuer des ostdeutschen Volkszorns. „Lügner! Lügner!", brüllen Protestierer, als Schröder im brandenburgischen Wittenberge den 76-Millionen-Euro-Bahnhof der Stadt einweiht. Ein Ei fliegt, doch es verfehlt sein Ziel.

Anlass zu diesen Demonstrationen ist das Gesetz Hartz IV, das zu Beginn des nächsten Jahres in Kraft treten soll und vor allem Ostdeutsche trifft, weil es unter ihnen viele Langzeitarbeitslose gibt. Im Sommer wird in vielen ostdeutschen Städten jeden Montag demonstriert. Auf dem Höhepunkt der Welle treibt es 90 000 Menschen auf die Straße.

Bald geht es bei den Protesten nicht mehr nur um Hartz IV, um Freibeträge oder Zumutbarkeitsregeln – der Protest schlägt um in eine Mischung aus Ressentiments und blankem Hass gegen Westdeutsche, Demokratie und „die da oben". „Die müssen erst mal alle weg, das ganze System", schimpft ein Mann auf dem Marktplatz von Spremberg.

Die Stimmung in Ostdeutschland sei „in erschreckendem Ausmaß gekippt", sagt Bundestagspräsident Wolfgang Thierse, und Matthias Platzeck stellt fest, der Osten rutsche „stimmungsmäßig raus aus Deutschland".

15 Jahre nach dem Fall der Mauer sind viele Ostdeutsche immer noch nicht im neuen Deutschland angekommen. Nur jeder Zweite hält die bundesrepublikanische Variante der Demokratie für die beste Staatsform; im Westen sind es immerhin 80 Prozent.

Der nordrhein-westfälische SPD-Chef Harald Schartau warnt, die Ostdeutschen sollten die Lage bloß nicht weiter eskalieren lassen. Denn auch im Westen sei die Stimmung angesichts der Forderungen „explosiv". „Wenn man wollte", sagt Schartau, „könnte man im Ruhrgebiet eine richtige Welle erzeugen."

Schröder will vermitteln. Den Ostdeutschen will er deutlich machen, dass sie ihre Wünsche zurückschrauben müssen: „Was in Ostdeutschland zum Teil an Erwartungen an den Staat formuliert wird, das kann keine Partei erfüllen", sagt er. Im Westen will er dafür werben, die Stimmung nicht weiter aufzuputschen. Denn es gehe nicht nur um Transfermilliarden und missliebige Arbeitsmarktreformen: „Wir müssen verhindern", sagt Schröder, „dass es zu einer Konfrontation zwischen Ostdeutschland und Westdeutschland kommt."

In der Sache hat sich Schröder entschieden durchzuhalten. Hartz IV wird kommen. Im Osten, so sein Kalkül, sei die Autoritätsgläubigkeit besonders hoch, also seien die Menschen nur durch Standfestigkeit zu beeindrucken.

Als das Ei geflogen ist, sagt er zu den Wittenbergern: „Wir werden diesen Prozess gegen jeden Protest durchsetzen, weil wir fest davon überzeugt sind, dass es eine vernünftige Alternative für unser Land und unsere Menschen nicht gibt." Millionen Fernsehzuschauer hören und sehen es.

Am 24. August erkennen die Bürger ihren Kanzler als Steher, ein wenig überrascht, weil sie sich über die Jahre an beständige Wackelei gewöhnt hatten. Plötzlich imponiert Schröder, der zwischenzeitlich mit Brioni-Mantel und einem Prozess um angeblich getönte Haare in die Selbstveralberung abgerutscht war. Er hat die Lust an der Standhaftigkeit entdeckt.

Mitte September, Berlin

Schröder ist zufrieden mit sich und der Welt, sitzt im Luftwaffen-Airbus auf dem Weg von Budapest nach Berlin, pafft seine Cohiba und bedauert nur, dass er so selten Zeit hat für dicke Zigarren. Die Ruhe schon, aber eben nicht die Zeit. Er macht es jetzt so, dass er lange Zigarren in der Mitte durchschneidet.

Das pralle Selbstwertgefühl des Kanzlers kontrastiert mit den Daten, die ihn aus der Wirtschaft erreichen und die nach wie vor deprimierend sind. Die Lage der SPD ist kaum besser. Seit Schröders Agenda-Rede im März 2003 ist die Partei um 76 000 Mitglieder geschrumpft, in den Umfragen liegt sie bei mageren 23 bis 27 Prozent.

Doch Schröder ist heiter und gelöst wie seit langem nicht. Der Stimmungsumschwung des Regierungschefs ist den Journalisten nicht lange verborgen geblieben. „Es fällt zurzeit schwer, diesen Menschen Schröder nicht zu mögen", schreibt die „Zeit". Die „FAZ" stellt fest: „Schröder steht gut da", er habe „seinen Talweg überwunden".

Zu den Montagsdemonstrationen gegen Hartz IV kommen immer weniger Leute. Oskar Lafontaine wurde in Leipzig eher skeptisch aufgenommen, von einem Comeback ist seither keine Rede mehr. Der habe sich selbst zerlegt und darüber hinaus die Widerstandskräfte in der SPD gestärkt, sagen Schröders Berater. Es mache sich zunehmend eine „Trotz-alledem-Stimmung" breit. Auch Schröders notgedrungene Entscheidung, den Parteivorsitz an Franz Müntefering abzutreten, wird inzwischen als Erfolg ausgegeben.

„Ich war damals skeptisch", sagt Kanzleramtschef Steinmeier: „Aber ich glaube, dass sein Bauchgefühl richtig war. Das sagte ihm, du bist nicht mehr authentisch, wenn du als Parteivorsitzender in dieser und als Regierungschef in jener Sprache redest." Seitdem gebe es keinen Auftritt des Kanzlers mehr, in dem er sich selbst widerspreche.

Schröder erwirbt sich Respekt, indem er zu den angekündigten Reformen steht. Er macht auch keine Angst mehr, weil er neue Reformen nicht anpackt. In der SPD wird über die Bürgerversicherung diskutiert, ein Gesundheitssystem, das den Kreis der gesetzlich Versicherten auf Beamte und Selbstständige erweitert. Aber bis zur nächsten Wahl 2006 wird es kein Gesetz dazu geben. Das beruhigt viele Bürger, weil alles, was neu ist, unter dem Verdacht steht, neue Belastungen zu bringen. Anderen macht es Sorge, weil die Arbeitslosigkeit immer noch hoch ist, das Wachstum niedrig. Schröder hat Deutschland noch nicht fit gemacht für die Globalisierung.

Am meisten hilft ihm jedoch, was sich in der Union abspielt. Merkel gelingt es bisher nicht, ihr Konzept für eine Gesundheitsprämie bei der CSU durchzusetzen. Es gibt ständig Streit, der öffentlich ausgefochten wird. Es geht dabei auch um die Kanzlerkandidatur. Merkel muss immer noch darum kämpfen. Sie wirkt nicht mehr stark wie Maggie Thatcher, die Union nicht wie eine handlungsfähige, tatkräftige Alternative zur SPD.

Ende September, Berlin

Béla Anda trägt einen schwarzen Anzug und eine Hochglanzfrisur. Er öffnet seine Mappe und liest der Bundespressekonferenz Sätze vor. „Entwurf eines Vierten Gesetzes zur Änderung des Dritten Buches Sozialgesetzbuch und anderer Gesetze". Es sind Sätze, die kaum jemand versteht. Sätze über Änderungen, Nachbesserungen, hilflose Sätze. Sätze aus Mappen, in denen steht, was passiert, nicht, warum es passiert.

Die Veranstaltung schließt nach 20 Minuten. Anda klappt die Mappe zu und geht zum Auto, er lächelt freundlich, erleichtert irgendwie, der Sprecher einer Politik, die von sich behauptet, sie sei richtig, sie werde nur schlecht vermittelt. Sie habe ein Sprachproblem, sie finde nicht die richtigen Sätze, für die Agenda 2010, für Hartz IV, für den Umbau der Sozialsysteme.

Béla Anda ist der Verkäufer einer Politik, die es inzwischen als Erfolg wertet, wenn die SPD bei der Wahl in Brandenburg nur 7,4 Prozentpunkte der Stimmen verliert und in Sachsen 9,8 Prozent hinter sich versammelt. Die von Sieg redet, wenn sie verliert.

Béla Anda ist der Sätzesucher einer Regierung, die jeden Tag einen Haufen Wörter über das Land verstreut, Wörter, die ein Rauschen erzeugen, aber keinen Ton.

Es gibt im Bundespresseamt seit einiger Zeit ein großes, gläsernes Büro, das Anda geschaffen hat, um die Übersicht zu behalten. Er nennt es „News-Center", Neuigkeitenzentrale. Vorn sitzt ein Mann, der in seinem Computer durch die Meldungen der Agenturen blättert und dabei Zigaretten raucht. Werner Kolhoff ist der Chef der Neuigkeitenzentrale.

Hinten steht eine Wand aus Fernsehern. Es läuft alles gleichzeitig, ARD, ZDF, N24, Phoenix. Zwischen den Fernsehern und Kolhoff sitzen Männer und Frauen mit Kopfhörern über den Ohren. Sie hören, was Klaus Uwe Benneter, der Generalsekretär der SPD, im Deutschlandfunk sagt und Laurenz Meyer, der Generalsekretär der CDU, auf Radio 1. Alles könnte wichtig sein. Die Leute mit den Kopfhörern schreiben viel mit.

Es ist sieben Uhr morgens, aber alles dampft schon. Sie beobachten acht Nachrichtenagenturen, das sind, je nach Lage, bis zu 10 000 Meldungen am Tag.

Wie viele davon sind wichtig?

„Schwer zu sagen, 400 vielleicht", sagt ein Mann mit Kopfhörer. Wenn etwas sehr wichtig ist, schickt er es als SMS an die ganz Wichtigen, an Béla Anda, an die vielen Sprecher in den vielen Ministerien, an sämtliche Abteilungsleiter, 30-, 40-mal am Tag.

Um 7.30 Uhr kommt ein Bote, er trägt schwere blaue Mappen unter dem Arm, Fotokopien der großen Tageszeitungen, 180 Seiten pro Mappe, sie sind noch warm, als der Bote sie über den Tischen abwirft. Er verteilt Masse, warme Masse. Sie heißt „Kanzlermappe". Aber der Kanzler liest sie nicht.

Das Bundespresseamt beschäftigt 567 Menschen, sie arbeiten in Abteilungen, Gruppen, Referaten. Béla Anda sitzt vor einem Zettel, auf dem das Organigramm aufgemalt ist. Wenn man ihn fragt, wo das Zentrum ist, wo Strategien entwickelt werden, wo die Sprache entsteht, wo Kommunikation gesteuert wird, kreist sein Finger über dem Zettel, aber er stößt nicht zu. Sein Handy brummt, eine SMS ist angekommen. Franz Maget hat irgendwas zum Spitzensteuersatz gesagt. Franz Maget von der SPD in Bayern.

Die Regierung von Gerhard Schröder sucht noch immer nach dem Satz, der über allem steht, der den Reformprozess wärmen könnte. Ihr fehlt ein Dachbegriff. Die Begriffe, die sie ins Volk schleudert, sind Begriffe, die Angst machen.

Es sind Begriffe wie „Ein-Euro-Jobs", sie klingen nach Hungerlohn, nach Almosen, nach Discount. Sie klingen nach Arbeit, die nichts wert ist. Sie führen auch in die Irre, weil man nicht versteht, dass Sozialhilfeempfänger, die freiwillig arbeiten, einen Euro extra pro Stunde kriegen.

Es sind Begriffe wie „Job-Floater" und „Ich-AG", die nach New Economy klingen, nach Scheitern, nach geplatzten Blasen. Nach viel Geld für wenig Aufwand, nach Unseriosität.

Es sind Begriffe wie „Hartz IV", kalt, hart, technokratisch, geboren in Karteikästen. In der Zahl steckt die Andeutung einer Fortsetzung, einer endlosen Kette sozialer Zumutungen. Wo eine IV ist, kommt auch noch eine V. Jeder Schrecken ist denkbar, weil sich niemand etwas vorstellen kann unter Hartz IV. Hartz IV ist wie Godzilla II. Schröders Begriffe werden zu Synonymen des Grauens. Zu Monstern.

Man findet die schönen Wörter nicht mehr. Sie sind irgendwie verloren gegangen in den letzten Jahren. 1998 waren Schröders Leute die Herren über die schönen Wörter. „Neue Mitte", das hatte Eleganz und Schönheit. Perdu.

Das Bundespresseamt hat jetzt eine Eingreiftruppe zusammengestellt, die das Monster bekämpfen soll. Ein Sonderkommando. Es fahndet in der Kanzlermappe nach falschen Behauptungen und stellt eine Richtigstellung ins Internet. Neulich berichtete die „Bild"-Zeitung unter dem Foto eines traurigen Hundes, dass die Leute wegen Hartz IV ihre Haustiere aussetzen. Die Eingreiftruppe sendete eine Richtigstellung, unter Berufung auf den Deutschen Tierschutzbund.

Das Neuigkeitszentrum erzeugt keine Neuigkeiten, es beobachtet Neuigkeiten. Es weiß immer nur, aus welcher Richtung ein neues Monster kommt, wohin es sich bewegt.

Neben Kolhoffs Schreibtisch steht eine Telefonanlage, so groß wie ein Mischpult. Jeden Morgen um viertel nach zehn springt sie an, aus dem Lautsprecher hört man die Stimme des Regierungssprechers, manchmal auch die seiner Stellvertreter. Sie leiten eine Konferenz mit den Sprechern der Ministerien, sie nennen das „Schalte".

Die Stimme fragt: „BMI?"

Der Sprecher aus dem Innenministerium sagt: „Wir haben nichts Aktives heute."

Die Stimme fragt: „BMGS?"

Der Sprecher aus dem Gesundheitsministerium sagt: „Die Ministerin macht heute ein Interview mit den ‚Aachener Nachrichten'."

Die Stimme sagt: „Die Zahlen der Gesundheitsreform sind so überragend, wir sollten da offensiver werden. Mehr in die Massenmedien gehen, vor allem in die elektronischen Medien."

Es dauert nicht lange, dann singt die fröhliche Rheinländerin Ulla Schmidt abends über das Fernsehen gute Nachrichten ins Land. Dann sagt sie, dass die Reformen greifen, dass die Kassen weniger Geld ausgeben.

Die Regierung setzt frohe Botschaften über der Republik ab, die mit den Erfahrungen ihrer Bürger zusammenstoßen. Die Bürger zahlen zehn Euro Praxisgebühr, mehr Geld für Rezepte, demnächst mehr Geld für Zahnersatz. Die Bürger spüren als Belastung, was die Regierung als Entlastung verkauft.

Der Reparaturbetrieb dieser Kommunikation liegt in Berlin-Kreuzberg, weit weg von der Hitze der Neuigkeitszentralen. Die Werbeagentur „Zum Goldenen Hirschen" ist in einem Fabrikloft untergebracht, am Eingang stehen drei Skateboards, die dafür da sind, dass die Mitarbeiter schneller von vorn nach hinten kommen.

Bernd Heusinger ist hier der Geschäftsführer, er trägt schwarze Jeans, keine schwarzen Anzüge, er will kein herkömmlicher Reklamemensch sein. Er nennt seine Arbeit „Guerilla-Werbung", sie kommt eher von hinten, sie will aggressiv sein, manchmal auch sexy. Seine Kunden sind Energiekonzerne, Unternehmensberater, Autoverleiher. Sie kommen zu ihm, sie formulieren ein Ziel, und dann entwirft Heusinger eine Kampagne.

Seit Mai 2003 macht Heusinger Werbung für das Bundespresseamt. Das Ziel dieser Kampagnen ist es, Monster zu verscheuchen. Er kann nicht mehr mit seinen Mitteln arbeiten, Monster sind nicht sexy.

Werbung für Hartz IV ist wie Werbung für die A-Klasse, die beim Elchtest umgefallen ist. Heusinger muss Unfällen hinterherarbeiten.

Als im Sommer der Grusel um Hartz IV hereinbrach, als es hieß, dass man seine Datschen verkaufen muss, dass man in Plattenbauten umziehen muss, dass man die Sparbücher der Kinder auflösen muss, beschloss das Bundespresseamt, man müsse die Bürger mit sachlicher Information beruhigen. Heusinger hat versucht, den Terror der Worte mit neuen Worten zu bekämpfen. Er hat Anzeigen entworfen, die an Aushänge in Polizeirevieren erinnern. Textmassen unter der Überschrift „Betrifft: Hartz IV".

„Alles andere wäre falscher gewesen", sagt Heusinger. Er ist seitdem alle zwei Wochen im Amt und denkt mit Anda über die Zukunft nach. Die Zukunft soll jetzt wieder Gerhard Schröder sein, nicht Hartz IV. Vor ein paar Tagen ist deshalb eine neue Anzeige erschienen. Man sieht darauf das Foto eines Bundeskanzlers, der vorsichtig lächelt. Sein Blick ist milde, versöhnlich, ein Kanzler, der sich seinem Volk annähert.

26. Oktober, Berlin, Auswärtiges Amt

An alle Botschaften und Konsulate ergeht eine Weisung, die den Visa-erlass vom März 2000 aufhebt. Drei Monate zuvor hatte Joschka Fischer Post von Otto Schily bekommen. Der Innenminister bat darin den „sehr geehrten Herrn Kollegen" darzulegen, „welche Maßnahmen Sie ergreifen werden, um den erkannten Missständen abzuhelfen".

Vier Jahre hatte Schily geschwiegen. Vier Jahre hat Fischer diesen Erlass laufen lassen. Vier Jahre, in denen Hunderttausende über Deutschland in die EU gereist sind, darunter Kriminelle und Prostituierte.

5. November, Brüssel, Berlin

Am frühen Nachmittag erreicht Müntefering den Kanzler in Brüssel auf dem Handy. „Gerd, wir kriegen das nicht durch", sagt er, und Schröder weiß, dass er soeben eine schwere politische Niederlage erlitten hat.

Sein Plan, den Haushalt der Bundesregierung auch durch die Verschiebung des Tages der Deutschen Einheit auf den jeweils ersten Oktobersonntag zu sanieren, ist gescheitert – keine 24 Stunden, nachdem er verkündet wurde.

Kurz zuvor hatte Müntefering mit Krista Sager, der Fraktionsvorsitzenden der Grünen im Bundestag, telefoniert. Ob ihre Partei die Aktion unterstütze, wollte er wissen. Sager musste ihn vertrösten, sie habe noch mit ihren Kollegen zu reden. Wenig später rief sie zurück: Die Grünen könnten das nicht mitmachen.

Schröder muss seine Schlappe öffentlich einräumen – kein leichter Gang. Zornig beschimpft er auf seiner Pressekonferenz zum Abschluss des EU-Gipfels in Brüssel die Opposition wegen ihrer scharfen Kritik an dem Feiertagsprojekt – und lässt erkennen, dass er auch den Bündnispartner meint. Er sei am „Opportunismus einer ganz großen Koalition gescheitert", entfährt es dem Kanzler bitter. Das müsse er akzeptieren, „aber ich werde nicht nachlassen in dem Bemühen, Deutschland zukunftsfähig zu machen".

Unter vier Augen hatten Finanzminister Eichel und Schröder vor zwei Wochen die Verlegung verabredet. Nach Eichels Schätzung würde die Wirtschaft um 0,1 Prozentpunkte stärker wachsen, wenn der Tag der Einheit auf den jeweils ersten Oktobersonntag fiele. Dem Haushalt brächte das Mehreinnahmen von 500 Millionen Euro.

Der Plan kippt, als Bundespräsident Köhler davon erfährt und umgehend zur Feder greift. „Der 3. Oktober als Symbol für die Wiedervereinigung sollte erhalten bleiben", schreibt er an Schröder. Der Brief landet bei der „Frankfurter Allgemeinen Zeitung" und der „Süddeutschen Zeitung". Der Kanzler muss einen Rückzieher machen.

Aber das nimmt er nicht weiter tragisch. Der Kanzler lässt gerne bunte Luftballons aufsteigen, ohne vorher zu prüfen, ob sie flugtauglich sind. Das gehört zu seinen Machttechniken. Jost Stollmann als Wirtschaftsminister, Blauhelme in den Irak, das „Jahr der Innovationen" – Schröder kam schon auf die dollsten Ideen, ließ sie verbreiten und kurz darauf beschweigen. Ein paar Schlagzeilen waren sie immerhin wert.

Anfang November, Berlin

Für Otto Schily ist es eine wunderbare Woche. In der Berliner SPD-Zentrale erklärt er seinen Parteifreunden, warum sein Bundeskriminalamt (BKA) mehr Kompetenzen brauche, und findet Zustimmung. Brandenburgs Ministerpräsident Matthias Platzeck: „Da bin ich nah bei Otto Schily."

Am Tag darauf bei der BKA-Herbsttagung in Wiesbaden scherzt er, die versammelte Elite der Sicherheitsexperten möge angesichts des hohen Rednerpults aufpassen, sich keine Halsstarre zu holen, wenn sie zu ihm aufblicke. Außerdem habe er noch wichtige Dinge vor: „Wir brauchen eine Stärkung der Zentrale!"

Am späten Donnerstagabend registriert der Innenminister genüsslich, wie ihm in der Föderalismuskommission Berlins Regierender Bürgermeister Klaus Wowereit beispringt: „Ich unterstütze das Anliegen, den Bund bei der Terrorismusbekämpfung schlagkräftiger zu machen. Wir sollten sehen, wie wir das im Grundgesetz verankern können."

Mehr Macht für das BKA, ein gestärkter Verfassungsschutz, ein zentrales Anti-Terror-Lagezentrum in Berlin – seit Wochen lässt der deutsche Innenminister keine Gelegenheit aus, für einen starken Staat zu werben. Mit einem neuen Sicherheitspaket, dem dritten seit dem 11. September 2001, würde Schily der Republik gern eine neue Sicherheitsarchitektur verpassen.

Doch was er fordert, brächte nicht nur die schärfsten Überwachungsgesetze in der Geschichte der Bundesrepublik mit sich. Es wäre auch der Anfang vom Ende des Föderalismus bei der inneren Sicherheit – und damit im politischen System der Bundesrepublik eine mittlere Revolution. Das BKA, fordert Schily, müsse „ein Weisungsrecht erhalten", damit klar sei, wer entscheide – der Bund. Alles andere sei im Zeitalter des internationalen Terrorismus lebensgefährlich.

Früher oder später, fürchtet Schily, könnte ein Blutbad wie in New York oder Madrid auch am Berliner Reichstag oder auf dem Münchner Oktoberfest die Republik erschüttern – und ihn treibt die Angst um, nicht alles getan zu haben, „um jeden einzelnen Anschlagsplan zu verhindern".

Wieder und wieder zitiert Schily seit dem Terroranschlag von Madrid am 11. März eine Parole, mit der die nordirische Untergrundorganisation IRA einst die Briten verhöhnte: „Wir müssen nur einmal erfolgreich sein – ihr immer!" Sollten die Behörden auch nur ein einziges Mal versagen, warnt Schily, dann werde „die Republik danach eine andere sein".

Er handelt mit dem Selbstbewusstsein eines Ministers, der die Rückendeckung des Kanzlers hat. Mit Schröders Einverständnis darf er planen und provozieren. Selbst abwegige Vorstöße wie die Forderung nach einer Sicherungshaft für Islamisten oder die Idee, Flüchtlingslager in Nordafrika einzurichten, schaden ihm nicht. Die Grünen schreien auf, aber das beflügelt ihn geradezu.

Schröder weiß, dass Schily die rechte Flanke der Regierung absichert – und dass die innere Sicherheit in Umfragen neben dem Umweltschutz als zweite Stärke der Regierung gilt.

Die Grünen stehen im Abseits, wie so oft. Sie sind der Juniorpartner, vielleicht sogar nur die milde Opposition einer heimlichen Großen Koalition von SPD und Union. Schröder will Ergebnisse haben, und die bekommt er nur, wenn er sich mit der Mehrheit im Bundesrat einigt. Und er will die Zustimmung der Bevölkerung, und die bekommt er nicht, wenn er Umweltpolitik betreibt, die im Ruch steht, Arbeitsplätze zu kosten. Die großen Erfolge der Grünen, wie Atomausstieg und Homo-Ehe, liegen lange zurück. Im Streit um die Reformen wäre die Parteispitze unterhalb von Fischer gerne weiter gegangen als die SPD, musste sich aber zurückhalten, um den Kanzler nicht noch mehr in Schwierigkeiten zu bringen. So segeln die Grünen recht bescheiden durch die Regierungsjahre.

In den Umfragen schadet ihnen das allerdings nicht. Irgendwie ist man froh, dass es sie gibt, und vielleicht sogar froh, dass sie nicht übermäßig erfolgreich sind.

Anfang Dezember, Peking

So lieben deutsche Wirtschaftsführer ihren Kanzler: Bis kurz vor dem Landeanflug auf Peking lässt Schröder im Konferenzabteil der „Theodor Heuss" die Skatkarten mischen. Rotwein fließt reichlich.

Zur Freude der Mitzocker muss sich ausgerechnet Michael Rogowski, der als Präsident des Bundesverbands der Deutschen Industrie die Bürger gern zur Mehrarbeit ermuntert, nach der Landung zum Nickerchen zurückziehen. Während der Bundeskanzler in die Große Halle des Volkes eilt, bekennt Rogowski: „Ich kann nicht mehr."

Dem geschwächten Kanzlertross gelingt es dennoch, chinesische Bestellungen in Milliardenhöhe einzuheimsen. 23 Passagierflugzeuge, 180 Lokomotiven, mehrere Hochspannungsanlagen und ein Klärwerk werden verkauft.

Ermattet und zufrieden finden der Kanzler und sein Industriegefolge im Kempinski-Hotel kurz darauf erneut zueinander. Siemens-Chef Heinrich von Pierer, Unternehmensberater Roland Berger und Stahlbaron Jürgen Großmann bezeugten ihrem obersten Verkaufsförderer Dank. Er sei „nun wahrlich kein Jubelperser", schwärmt Großmann tags drauf, „aber der Kanzler leistet hier Großes für die deutsche Wirtschaft". Wieder werden die Karten gemischt.

Angestrengt lauschen derweil Spitzenpolitiker der rot-grünen Koalition im fernen Berlin, ob inmitten des geschäftigen Treibens nicht auch ein Wort zur Lage der Menschenrechte fällt. Sie hören nichts.

Im Gegenteil, Schröder nimmt das Pekinger Regime vor der eigenen Koalition in Schutz. Das europäische Waffenembargo gegen China, im Juni 1989 nach Panzereinsätzen gegen protestierende Studenten auf dem Platz des Himmlischen Friedens verhängt, empfindet er als unzeitgemäß und drängt darauf, es aufzuheben.

Den Protest aus den Reihen der rot-grünen Parlamentarier, die in einer Resolution die Verlängerung des Lieferstopps gefordert hatten, nehme er mit dem „gebotenen Respekt" zur Kenntnis. Man könne doch nicht auch noch das eigene Gesellschaftsmodell exportieren, fügt er mokant hinzu.

Im Spannungsfeld zwischen Moral und Markt hat er sich klar auf eine Seite geschlagen. Seine Rolle ist die des pragmatischen Realpolitikers, der als Kanzler der Kaufleute die Welt bereist. Seine Bilanz bemisst er in Milliardenaufträgen, überall sieht er „Interessen, die es zu realisieren gilt", womit vor allem die Geschäftsinteressen von Industrie und Mittelstand gemeint sind.

Es ist eine dramatische Abkehr von den Anfängen der rot-grünen Koalition, die bei Amtsantritt 1998 zwar nicht alles anders, aber manches besser machen wollte – auch in der Außenpolitik. Folter, Arbeitslager und öffentliche Hinrichtungen sollten geächtet, Pressezensur und Berufsverbote angeprangert werden. Die Menschenrechte erklärte Joschka Fischer damals „zur Leitmelodie deutscher Politik". Man hört sie nicht mehr.

13. Dezember, Hamburg

Tapfer lächelt die Familienministerin. In ihren Armen hält sie einen stämmigen, mittelgroßen Herrn im dunklen Anzug, der nicht mehr weiß, wohin mit seinen Gefühlen. Renate Schmidt hat Verständnis für den Mann. Es ist schließlich der Kanzler, der ihr spontan um den Hals gefallen ist.

Sie hat Schröder die ganze Zeit beobachten können im Kaisersaal des alten Hamburger Rathauses. Sie sah, wie er einen halben Schritt hinter Wladimir Putin stand und es trotzdem schaffte, mit seiner Schulter die Schulter des russischen Präsidenten zu berühren. Oder wie er keine Gelegenheit ausließ, seinem Gast auf den Arm zu klopfen, ihn zu knuffen, zu streicheln, zu tätscheln.

Zwischendurch grinste der Kanzler seine Ministerin an und winkte ihr ausgelassen zu. Stolz wie ein Zehnjähriger auf seinen großen Bruder: Seht her, das ist mein Kumpel. Renate Schmidt hat voller Verständnis zurückgelächelt.

Putin ist mit einer gewaltigen Delegation und vier Flugzeugen zu den „7. deutsch-russischen Regierungskonsultationen" angereist. Schröder und er sind jetzt Freunde und Partner. Von Amerika gelöst, zu Russland hingewendet – das ist der Kern von Schröders Außenpolitik. Es stört ihn nicht, dass Putin nicht gerade wie ein lupenreiner Demokrat regiert.

Als Journalisten auf der Pressekonferenz im Schloss Gottorf die heiklen Themen ansprechen, werden sie belächelt – oder angeraunzt. Der Krieg in Tschetschenien? „Es gibt seit drei Jahren keinen Krieg mehr in Tschetschenien", bellt Putin ungehalten auf Deutsch, „ist schon vorbei. Die Leute können ruhig nach Hause gehen, frohe Weihnachten."

Die Zerschlagung und teilweise Versteigerung des russischen Ölkonzerns Jukos? Alles laufe „in voller Übereinstimmung mit dem russischen Gesetz", versichert Putin, und der Kanzler nickt. Natürlich könne und wolle man nicht verhindern, sagt Schröder lapidar, „dass in einer freien Presse gelegentlich auch Kritisches über die Länder und über uns berichtet wird". Aber, fügt er dann hinzu, das werde „an den freundschaftlichen Beziehungen zwischen uns nichts ändern".

Ihre Freundschaft habe Anfang 2001 begonnen, erzählt der Kanzler. Zusammen mit ihren Ehefrauen feierten sie in Moskau orthodoxe Weihnachten und kutschierten mit dem Pferdeschlitten durch den Wald: „Wir haben ganz lange in der Nacht geredet. Daraus ist eine Beziehung über das Politische hinaus entstanden."

17. Dezember, Berlin

Am Ende herrscht zwischen allen Beteiligten große Einmütigkeit. Sie waren nicht schuld. Natürlich nicht. Nur die anderen.

Niedersachsens Ministerpräsident Christian Wulff wirft den Sozialdemokraten vor, sie hätten das „Scheitern der Verhandlungen als Ziel schon vorher festgelegt". Seine Kollegin Heide Simonis aus Kiel zeigt

sich „maßlos enttäuscht" über die CDU-Länder, die „aus Prinzipien-
reiterei die Föderalismusreform aufs Spiel gesetzt" hätten.

In Wahrheit haben sie alle versagt.

Die Föderalismusreform war der verzweifelte Versuch, die blockierte
Republik wieder flottzukriegen. Sie galt nicht zu Unrecht, so Stoiber,
als „die Mutter aller Reformen": eine Reform zur Wiederherstellung
der Reformfähigkeit im Land.

Dass sie scheitern werden, ist den beiden Kommissionsvorsitzenden
schon klar, als sie am Nachmittag die abschließende Sitzung eröffnen.
„Von den Kindergärten bis zur Hochschule wollen wir eine Kom-
petenz der Länder", fordert Stoiber. „Ich neige nicht zur Depression",
antwortet Müntefering, doch das Junktim der Unionsländer sei „in
hohem Maße unvernünftig". Er wollte dem Bund Zuständigkeiten für
die Hochschulen sichern.

Am Ende der Verhandlungen teilt Stoiber seinem Gegenüber mit:
„Herr Müntefering, wir bekommen alles hin, aber ohne Bildung geht
das nicht." Müntefering fühlte sich vorgeführt, doch Stoiber ließ sich
nicht mehr umstimmen.

17. Dezember, Berlin, Bundestag

Die Unionsfraktion setzt, ohne die Unterstützung der FDP, im Bundestag die Einsetzung eines Untersuchungsausschusses durch, der die
Praxis bei der Vergabe von Visa beleuchten soll. Alle Verantwortlichen
des Auswärtigen Amtes sollen gehört werden.

31. Dezember, Berlin

Die Neujahrsansprache. Das Weihnachtsbeben. Der Kanzler macht
lange Redepausen, die Kamera ruht auf seinem Gesicht. Schockstarre.
Der Kanzler würdigt die Hilfsbereitschaft der Deutschen. „Unsere
gemeinsame Antwort muss die der einen Welt sein. Politische Lager
sind jetzt nicht wichtig, religiöse und ideologische Unterschiede auch
nicht. Es geht um Solidarität aus gemeinsamer Verantwortung."
Schröder fordert Partnerschaften für den Wiederaufbau, konkrete
Hilfe, Länder für Länder, Städte für Städte, Schulen für Schulen. „Das
würde zeigen, dass wir über das Spenden von Geld – das gewiss wichtig ist – weit hinauswollen." Trost. Hilfe. Hoffnung. Und Demut: „Wir
können dankbar dafür sein, dass wir in einer der friedlichsten und sta-
bilsten Regionen der Erde leben dürfen." Frohes neues Jahr.

12. Januar 2005, Berlin, Kanzleramt

Mit einer Viertelstunde Verspätung trifft Joschka Fischer zur Kabinettssitzung ein. Er sieht erschöpft aus, er kommt gerade aus Südostasien. „Das kann man nicht beschreiben", sagt er über seinen Besuch in den Containern in Khao Lak, wo Opfer der Flutkatastrophe vom 26. Dezember obduziert werden. Ein Tsunami hat nach einem Seebeben riesige Landstriche überspült und mehr als 300 000 Menschen das Leben gekostet.

Die Bundesregierung sagt Hilfen in Höhe von 500 Millionen Euro zu, nicht wenig für ein überschuldetes Land. Aber das ist auch eine Chance für Rot-Grün zu zeigen, dass man doch noch zu den guten Menschen gehört, dass die Wurzeln dieser Regierung nicht ganz verkümmert sind: der Kampf für eine bessere und gerechtere Welt, in der den Schwachen großzügig geholfen wird.

Also doch: Sechs Jahre an der Macht haben die 68er nicht völlig von sich selbst entfremden können.

Aber es ist keine selbstlose Hilfe, wie sie ein Schröder oder Fischer in den siebziger Jahren gefordert hätten. Die 500 Millionen dienen auch der Machtpolitik.

Die Koordinierung der deutschen Hilfs- und Aufbaumaßnahmen in der Krisenregion liege im Auswärtigen Amt, ordnet Gerhard Schröder an. Ein interministerieller Ausschuss unter Leitung des Auswärtigen Amts werde die Führung übernehmen: „Wir müssen jede Ressort-Eitelkeit zurückstellen, sonst ist die Sache schon verloren."

Der präventive Ordnungsruf gilt Entwicklungsministerin Heidemarie Wieczorek-Zeul, deren Amt damit fast nebenbei unter die Oberhoheit des Außenressorts gestellt wird. Schröder und Fischer wittern die Chance, die milliardenschwere Entwicklungshilfe für die außenpolitischen Ambitionen der Bundesregierung zu nutzen. Die Monsterwelle im Indischen Ozean verschafft ihnen dazu den Vorwand. Mit der Zusage von 500 Millionen Euro versuchen der Kanzler und sein Vize zu dokumentieren, dass sie aktiver als bisher in der Weltliga mitspielen wollen.

Langfristige und selbstlose Hilfe soll nicht mehr das Hauptziel deutscher Entwicklungspolitik sein. In Zukunft soll sie sich vor allem an den strategischen Interessen und dem wirtschaftlichen Nutzen Deutschlands orientieren.

Da kann es politisch viel gewinnbringender sein, rasch und weithin sichtbar auf ein Erdbeben, einen Bürgerkrieg oder eine Überschwemmung irgendwo auf der Welt zu reagieren, als beharrlich im afrikanischen Hinterland den Aufbau von Kleinbanken zu betreiben, wie es Wieczorek-Zeul bislang gemacht hat.

Er sehe die „sehr große Chance", die Entwicklungspolitik aus dem bisher eher „defensiven Zusammenhang" herauszuholen, sagt Schröder. Von einem „defining moment", einer „ganz entscheidenden Phase", spricht Fischer. Die tödliche Welle habe nicht nur die Weltöffentlichkeit zusammenrücken lassen. Sie definiere auch die Arena der deutschen Außenpolitik neu.

Die Entwicklungshilfe werde zum „Teil der globalen Wirtschafts- und Außenpolitik" degradiert, kritisiert Hans-Dieter Evers, Direktor des Bonner Zentrums für Entwicklungsforschung. „Der Suche nach dem Platz an der Sonne wird alles untergeordnet."

1. Februar, Berlin, Auswärtiges Amt

Joschka Fischer ist aus Brüssel in sein Büro am Werderschen Markt zurückgekehrt. Die Zeitungslektüre beunruhigt ihn. Alle großen Blätter berichten über den Untersuchungsausschuss. „Fischer angezählt" heißt eine Überschrift. Bislang lief die Story vor allem unter dem Stichwort „Volmer-Erlass". Doch nun hat Fischers ehemaliger Staatsminister darauf hingewiesen, dass der Erlass die Unterschrift des Ministers trägt, nicht seine eigene. Er, Volmer, habe auf das Dokument lediglich einen letzten Blick geworfen. „Ich habe kein Wort davon geschrieben."

2. Februar, Nürnberg

Der Chef der Bundesagentur für Arbeit, Weise, verkündet die Arbeitsmarktdaten für den Monat Januar. Zum ersten Mal in der Geschichte der Bundesrepublik sind es mehr als fünf Millionen. Das liegt auch daran, dass Hartz IV am 1. Januar in Kraft getreten ist und nun mehr Sozialgeldempfänger in der Statistik mitgezählt werden. Aber es liegt vor allem daran, dass die Konjunktur trotz der Reformen weiter lahmt.

Damit ist Schröder in der Zwischenbilanz nach sechs Jahren an seinem wichtigsten Ziel gescheitert. Er wollte die Zahl der Arbeitslosen kräftig senken. Stattdessen ist sie gestiegen.

8. Februar, Berlin, Hotel „Adlon"

Draußen wartet die Vorspeise, sie dampft schon, aber drinnen läuft noch ein Film. Er zeigt das Leben einer Frau, zusammengeschnitten auf zwei Minuten. Viele Kinder tauchen auf in diesem Film, glückliche, lachende Kinder mit einer starken, lächelnden Frau.

Manchmal läuft ein Mann durchs Bild, ganz kurz immer nur, so wie Alfred Hitchcock in den eigenen Filmen auftauchte und wieder verschwand. Meistens hält sie den Mann im Arm, die Bilder flackern auf und verschwinden wieder, sie hinterlassen den Eindruck von Glück und Harmonie.

Am Ende des Films wird der Palaissaal im Berliner Hotel „Adlon" von Schmusemusik beschallt, aus den Lautsprechern hört man „She's the one" von Robbie Williams, dann geht das Licht an, und Doris Schröder-Köpf geht mit kleinen, vorsichtigen Schritten ans Rednerpult. Es ist Dienstagabend kurz nach acht, der Burda-Verlag kürt die Frau des Bundeskanzlers zur „wichtigsten Frau des Jahres", weil sie sich für die Interessen der Kinder eingesetzt hat.

Sie soll eine Dankesrede halten, aber sie hat das Manuskript vergessen. Es liegt noch auf ihrem Tisch, genau in der Mitte des Saals, auf einem silbernen Platzteller.

Ein Mann steht auf, er trägt die Blätter mit der Rede nach vorn und setzt sich wieder auf seinen Platz. Es ist ihr Ehemann, der Bundeskanzler, der Mann aus dem Film. Es sieht aus wie ein Zufall.

Doris Schröder-Köpf sagt dann ein paar Sätze über die Bedeutung von Kindern für die Gesellschaft, über Werte, glückliche Familien, aber darauf kommt es nicht an. Bemerkenswert ist, dass sie frei spricht. Sie braucht das Manuskript nicht. Ihr Vortrag endet mit einem Satz, der diesem Abend die Richtung gibt. Die wichtigste Frau des Jahres guckt auf ihren Ehemann und sagt: „Reden ablesen habe ich noch nie gekonnt und kann ich noch immer nicht. Vielleicht in der nächsten Legislaturperiode, Schatz." Man kann diesen Satz auch als Prolog verstehen. Er gibt den Klang vor für einen Wahlkampf, der an diesem Abend begonnen hat. Wahlkampf unter schweren Kronleuchtern, Wahlkampf im Samtkostüm, Wahlkampf inmitten blühenden Familienglücks.

Es sind noch anderthalb Jahre bis zur nächsten Wahl. Aber in Wirklichkeit ist diese Legislaturperiode schon jetzt zu Ende regiert. Hartz IV, das größte Reformprojekt in Schröders zweiter Amtszeit, ist geräuschloser Wirklichkeit geworden, als es noch vor einem halben Jahr den Anschein hatte. Damals, im Sommer, waren die Menschen gegen ihren Kanzler auf die Straße gezogen, weil seine Politik ihre Existenz bedrohte, weil sie nicht auf, sondern gegen die Bedürfnisse der Menschen gerichtet schien. Vor allem der Osten war ein Land voller Gegner, ein Land, das Eier auf seinen Kanzler warf.

Der Protest ist vorbei, er hat der Einsicht in Notwendigkeiten Platz gemacht. Heute Nachmittag war Gerhard Schröder zu Besuch in der sächsischen Kleinstadt Weißwasser gewesen, 26 Prozent Arbeitslosigkeit bei 23 000 Einwohnern, ein Ort voller Hartz-IV-Geschädigter. Sie standen am Straßenrand, und als ihr Kanzler vorbeikam, winkten sie ihm freundlich zu.

Der Wind hat sich gedreht, und es ist schwer zu sagen, warum.

Noch hat sich das Land ja nicht verändert. Noch sind die Sozialkassen leer und die Lohnnebenkosten hoch. Noch ist die Staatsquote auf Rekordhöhe, sie wird neue Höchststände erreichen in den nächsten beiden Jahren.

Die Bundesregierung will keine neuen Projekte mehr anschieben, nichts jedenfalls, was nach neuen Zumutungen aussehen könnte. Die Bürger sind erschöpft, der Begriff „Reform" ausgeleiert. Inhaltlich wird sich die Politik bis zur nächsten Wahl entleert dahinschleppen, aber er, der Kanzler, darf nicht gleich mit verschwinden. Gerhard Schröder muss da sein, da bleiben. Kanzler sein, um Kanzler zu bleiben.

Nach und nach erschafft er nun eine Welt wohliger Bilder, warmer, kuscheliger Bilder, als wäre Politik ein Kaminofen, an dem sich die Wähler wärmen können. Der Motor der Bewegung wohnt in Hannover, kocht am Wochenende für den Kanzler warm und wischt zu Hause selber durch.

Doris Schröder-Köpf ist klein und blass, ein wenig schüchtern steht sie da, als ihr der „Bunte"-Verleger Hubert Burda eine Ansteckadel ans grüne Samtkleid montiert. Burda spricht von einer „most distinguished audience", von einem absolut herausragenden Publikum, das sich hier versammelt habe, und es ist unwahrscheinlich, dass er damit den Friseur Udo Walz meint oder Verona Feldbusch, Vicky Leandros oder Sabine Christiansen, die natürlich alle auch da sind.

Ljudmila Putina, die Frau des russischen Präsidenten, ist aus Moskau eingeflogen. Sie berichtet von „Zärtlichkeit", die sie in der Familie Schröder beobachtet hat. Sie sagt: „Liebe Doris, lieber Gerhard."

Politisches und Privates werden eins, und was bleibt, ist die Erkenntnis, dass hinter jeder guten Frau ein guter Mann und hinter jedem guten Politiker ein guter Mensch steckt.

Es wirkt. Von der „neuen Doris" ist zu lesen, von einer, die sich aufs Altwerden freut, die nicht mehr so sehr in die Politik eingreifen will, wie sie das früher getan hat. Die neue Doris, da schwingt mit: der neue Kanzler.

Frauen, Familie, Kinder, Bildung – früher hat Gerhard Schröder solche Themen „Gedöns" genannt, was schon deshalb ein Fehler war, weil mehr als die Hälfte aller deutschen Wähler Frauen sind. Seine Herausforderin um das Kanzleramt wird womöglich Angela Merkel sein, eine Frau, aber eine Frau eben auch ohne Kinder.

Der Bundeskanzler, das lernende System, glaubt inzwischen auch den Weg gefunden zu haben, auf dem er das Private politisch nutzen kann, ohne dabei in alte Reflexe zu verfallen. Er zeigt sich mit der Ehefrau nicht mehr auf Wahlkampfplakaten, wie er es tat, als die Partnerin noch Hillu hieß. Seine Ehefrau sagt nicht mehr „wir", wenn sie das Kanzleramt meint.

Es gibt keine inszenierten Familienfotos mit Eltern, Kindern, Kindeskindern, wie es sie von George W. Bush aus dem Weißen Haus gibt. Es gibt ein Foto, das Gerhard Schröder mit der Adoptivtochter Viktoria auf den Schultern zeigt. Das Gesicht des Kindes ist unkenntlich gemacht, aber das Gesicht des Kindes ist für die Botschaft dieses Fotos unerheblich. Die Botschaft ist er, der Kanzler, der auch Vater ist. Durch sein Berliner Amt weht der gute Geist aus dem Reihenendhaus in Hannover.

Es ist halb eins in der Nacht, das Fest im Hotel „Adlon" zu Ehren von Doris Schröder-Köpf ist eigentlich vorbei. Der Gastgeber Hubert Burda hat sich ein Mikrofon gegriffen und singt laute Lieder. Ein paar Gäste sind noch da, solche, die sich wünschen, diese Party ginge niemals vorbei.

Gerhard Schröder hält seine Frau fest im Arm. Er bewegt sich im Takt des Augenblicks.

Nachwort

Wir haben Glück gehabt mit dieser Regierung. Wir können froh sein, dass Rot-Grün 1998 die Macht in Deutschland übernommen hat. Was wäre denn passiert, hätte Helmut Kohl noch einmal gewonnen?

Er wäre Bundeskanzler gewesen, als 1999 der Spendenskandal der CDU ans Licht kam. Er hätte, nach einer schlimmen Schlammschlacht, zurücktreten müssen. Wahrscheinlich wäre Wolfgang Schäuble sein Nachfolger geworden. Nach wenigen Wochen hätte man von dessen eigener Verstrickung in die Spendenaffäre erfahren: noch ein Rücktritt eines Bundeskanzlers. Die bundesdeutsche Demokratie hätte ihre schlimmste Krise erlebt.

Wir sind noch einmal davongekommen. Im Vergleich mit einer Staatskrise sind sechs Jahre Rot-grün eine Annehmlichkeit. Die Gesellschaft ist moderner geworden in diesen Jahren, es gibt ein neues Zuwanderungsgesetz, es gibt den Atomausstieg, die Homo-Ehe, die Zusammenlegung von Sozialhilfe und Arbeitslosenhilfe. In diesem Jahr ist die letzte Stufe der Steuerreform in Kraft getreten. Wir haben also Glück gehabt, aber glücklich sind wir nicht mit dieser Regierung. Woran liegt das?

Es gibt drei große Kriterien, um Politik zu beurteilen. Das eine ist die Politik selbst. In welchem Zustand sind die Institutionen und Politiker? Wie ist die politische Kultur, auf welchem Stand ist die politische Debatte? Das zweite Kriterium ist der Zustand des Landes. Wie sind die ökonomischen Daten, die sozialen Standards, wie steht es um den inneren Zusammenhalt der Gesellschaft? Das dritte Kriterium sind die Beziehungen zum Ausland.

Wir hatten in den vergangenen Jahren ein paar persönliche Begegnungen mit Gerhard Schröder. Dabei ließ sich gut beobachten, wie politische Ämter ihre Inhaber verändern können, wie eine Funktion allmählich die Oberhand gewinnt über die Person, wie Menschen schließlich eins werden mit den Institutionen.

Die erste dieser Begegnungen war im Mai 2000. Es sollte ein Gespräch geben zwischen Schröder, seinem Kulturstaatsminister Michael

Naumann sowie den Künstlern Marius-Müller-Westernhagen und Jürgen Flimm. Schröder hatte in seine Kanzlervilla in Berlin-Dahlem geladen.

Das offizielle Gespräch war etwas dröge, danach gab es ein Abendessen, bei dem sich die Stimmung langsam löste, weil Witze erzählt wurden, und dann saßen wir in den Sesseln am Kamin. Schröder holte Rotwein und verteilte Zigarren. Es gab bald heftige Diskussionen, eines der Hauptthemen war der Umgang mit Stasi-Mitarbeitern. Es wurde durcheinander geredet, geschrien, gelacht, getrunken, geraucht. Doris Schröder-Köpf legte sich in der Stasi-Frage mit ihrem Mann an und machte dabei eine gute Figur.

Um eins in der Nacht war der Abend zu Ende. Die Schröders verabschiedeten ihre Gäste und standen dann in der Tür und winkten. Es war wie nach einem Abendessen bei netten Nachbarn.

Am Ende dieses Abends waren Sympathie und Respekt vor diesem Kanzler gewachsen. Das lag auch an der Art, wie er das Gespräch führte. Er hörte zu, er revidierte Positionen, er ließ einen nie sein Amt spüren. Er war liebenswürdig in seiner Art, für das Wohl der Gäste zu sorgen.

Vier Jahre später, im Juli 2004, besuchten wir Gerhard Schröder im Berliner Kanzleramt. Es sollte ein Gespräch über innenpolitische Reformen werden, eine vorläufige Bilanz seiner Kanzlerschaft. Wir hatten um einen ausführlichen Termin gebeten, er sollte Eingang in einen SPIEGEL-Titel finden und in dieses Buch. Wieder rauchte Gerhard Schröder eine Zigarre, aber diese Zigarre war das Einzige, was noch an den Gerhard Schröder aus dem Jahr 2000 erinnerte.

Man kann sagen, dass er kaum eine Frage wirklich beantwortete. Er unterbrach seine Gesprächspartner mitten in einem Satz, er hörte nicht zu, er wirkte lustlos. Wir fragten nach Innenpolitik, er antwortete mit Außenpolitik. Nach einer guten halben Stunde war die Zigarre verglüht, Schröder sagte: „So" und stand auf. Er hatte versucht, die Hoheit über dieses Gespräch zu gewinnen. Er wirkte wie jemand, der Botschaften absetzen und dann seine Ruhe haben will. Eigentlich war Gerhard Schröder genauso geworden wie der späte Helmut Kohl. Für Kohl war dieser Umgang mit den Medien ein Element von Herrschaft, die Machtdemonstration einer langjährigen Kanzlerschaft, die sich in ein kleines Königtum verwandelt hat.

Bei Schröder ist es nicht ganz so weit. Er kann immer noch nett sein, charmant und witzig. Es ist auch nicht so, dass man am Umgang mit

Journalisten eine Kanzlerschaft messen sollte. Natürlich können Journalisten nerven, können ungerecht sein, können dumme Fragen stellen.

Gleichwohl ist Schröders mitunter herablassende Art gegenüber den Medien ein Indiz dafür, dass ihn die Institution Bundeskanzler verändert hat. Und das war ja eine der spannendsten Fragen an seine Generation: Verändern sie auf ihrem langen Marsch die Institutionen, was ursprünglich geplant war, oder werden sie durch die Institutionen verändert?

Wie sich Fischer und Schröder gewandelt haben, liegt auf der Hand. Es ist fast täglich in Berlin und anderswo zu beobachten. Fischer ist in seinen Jahren als Außenminister in andere Sphären entrückt. Es gibt kaum eine Situation, in der Fischer seiner deutschen Umgebung nicht klar macht, dass es einen großen Unterschied gibt zwischen ihm und den anderen im Raum. Es gibt da eine Grenze, einen Fischer-Graben, der liegt breit und tief zwischen Außenminister und Menschheit. In seinem Amt nennen sie ihn „Gottvater".

Es ist immer klar, auf welcher Seite sich das Genialische befindet und auf welcher nicht. Diesen Graben kennen die Politiker der Opposition, die grünen Freunde und die Journalisten. Es gibt nur wenige im Berliner Regierungsviertel, die von Fischer nicht schon ignoriert, erniedrigt, beleidigt oder belehrt wurden. Fischer hatte immer einen Hang dazu, aber die Institution Außenminister hat das Allerletzte in dieser Hinsicht herausgekitzelt.

Das hat auch etwas Beruhigendes. Denn es zeigt, dass die Institutionen stark sind. Sie gewinnen Macht über die, die sich in ihnen bewegen, und das ist letzten Endes besser als umgekehrt. Wären sie leicht zu okkupieren und zu verändern, wäre der Staat den Politikern ausgeliefert und verlöre an Stabilität.

Es geht auch bei Schröder und Fischer immer darum, dass sie den Traditionen ihrer Ämter gerecht werden, sie wollen nicht abfallen gegenüber einem Adenauer, einem Schmidt oder einem Brandt, einem Genscher. Sie sind nicht faul, nicht subversiv, wie von der Opposition und auch von einigen Parteifreunden anfangs behauptet, sondern euphorisch staatstragend.

Anfang 2005 war Joschka Fischer zu Besuch bei der US-Regierung, die gerade konkrete Drohungen auf den Iran abgefeuert hatte. Amerikas Präsident stand wieder einmal sehr breitbeinig auf dem Globus, und der deutsche Außenminister wurde gefragt, wie ernst er das eigentlich nimmt. Man konnte eine Haltung von ihm erwarten, eine Position zu einer Frage, die vielen Menschen Angst machte.

Fischer stand vor dem Weißen Haus, seine Augen verzehrten sich vor Bedeutung, dann sagte er: „Für uns ist es wichtig, dass wir hier im, äh, engen Dialog, äh, zwischen, über den Trans-, über den Atlantik hinweg, äh, hier, äh, nach Möglichkeit versuchen, die Positionen so zusammenzuführen, dass wir einen diplomatischen Fortschritt verzeichnen." In diesem Moment wirkte Joschka Fischer wie die Karikatur eines Außenministers. Ein Wiedergänger von Hans-Dietrich Genscher, ein Kind jener Generation, die Fischer immer aus den Ämtern jagen wollte, als er selbst noch kein Amt hatte, aber einen Haufen Visionen.

Wer Schröder und Fischer jetzt in ihren Herrschaftsgesten aus der Nähe betrachtet, muss sich vielleicht manchmal ärgern über so viel Blasiertheit, darf sich aber auch über den Erfolg des Staatsmodells Bundesrepublik freuen. Es hat selbst die 68er sozialisiert, indem es aus ihnen Staatsmänner mit all den bekannten Eitelkeiten gemacht hat.

Gleichwohl haben die Fischers und Schröders etwas verändert, das sich auf die Institutionen auswirkt und zwar nicht besonders günstig. Es geht dabei um Öffentlichkeit. Keine Generation vor ihnen hat so sehr um die Öffentlichkeit außerhalb von Wahlkampfzeiten gebuhlt wie die ihre. Sie haben alle Register gezogen, um Zustimmung für sich und ihre Politik zu bekommen, und darin liegt auch der Kern des Konflikts, den vor allem Schröder immer wieder mit den Medien hat. Es ist ein Kampf um die Öffentlichkeit. Schröders plumpste Waffe dabei ist der Ausschluss. Mal redet er nicht mit „Bild", mal lässt er den „Stern" nicht mitreisen. Diese Waffe hat sich nicht bewährt, weil sie die gesamte Presse gegen ihn aufbringt. Er hat sie auch nicht nötig, weil er wie kein andere Kanzler seine Botschaften direkt unters Volk bringen kann. Direkt heißt hier, unter eleganter Umgehung der Journalisten.

Schröder sucht sich seine Öffentlichkeit selbst. Er will an den kritikfähigen Medien vorbei die Menschen direkt ansprechen. Das hat auch mit einer Enttäuschung zu tun. Schröder und viele Journalisten seiner Generation haben sich für die SPD Willy Brandts begeistert. Sie sind einen langen Weg gemeinsam gegangen. Es gab, bei aller Kritik, immer eine grundsätzliche Solidarität dieser Journalisten mit allem, was SPD ist. Mit den Jahren von Schröders Kanzlerschaft sind viele dieser Journalisten in Rente gegangen oder haben Positionen, in denen sie nicht mehr direkt über Bundespolitik schreiben. Sie wurden ersetzt durch jüngere Journalisten, denen das Herz für die SPD fehlt, die Politik nüchterner betrachten und Angela Merkel nicht schon deshalb unmöglich finden, weil sie in der CDU ist.

Schröder, der weiß, dass er in der direkten Ansprache der Bürger gut ist, will an diesen Journalisten vorbei die Öffentlichkeit erreichen. Deshalb liebt er nichts so wie Kameras. Über Film und Foto kann er noch am ehesten einer ungünstigen Betrachtung entgehen. Deshalb dreht sich sein Kopf immer wie ein Radar, sobald er Kameras wittert. Er guckt frontal in die Objektive, er zeigt den Bürgern sein Gesicht, das fotogen ist. Auf diese Weise will er Vertrauen gewinnen.

Zu seiner Strategie gehört auch, dass er unablässig Bilder produzieren lässt, die für sich selbst sprechen können. Er inszeniert eine Wirklichkeit, die den Bürgern sagen soll, dass dieser Kanzler das Land tatkräftig regiert. Man soll beruhigt sein. Das ist Schröders Scheinpolitik, und sie wird beantwortet von der Scheinpolitik der Opposition. Zwar wird diese Scheinpolitik routinemäßig von den Leitartiklern als solche entlarvt, aber die Leitartikel sind auf graues Zeitungspapier gedruckt. Dagegen steht die Macht der bunten Bilder. Sie rieseln auf das Land, sie verdrängen, verharmlosen.

Anders als vom Kanzler erwartet, führt das auch zu einer Abkehr von Politik, zu Interesselosigkeit, die sich darin ausdrückt, dass immer weniger Deutsche wählen gehen. Im vergangenen Jahr mussten 14 Parlamente neu zusammengesetzt werden, nur in Hamburg lag die Beteiligung der Bürger bei über 60 Prozent. Viermal gab weniger als die Hälfte der Stimmberechtigten ihre Stimme ab. Ein Jahr vorher hatte die durchschnittliche Wahlbeteiligung noch bei 58,3 Prozent gelegen.

Eine dritte Strategie, die Bürger direkt zu erreichen, ist eine familiäre Umtriebigkeit im außerpolitischen Bereich. Noch keine Kanzler-Gattin hat in der Öffentlichkeit eine so große Rolle gespielt wie Doris Schröder-Köpf. Der Kanzler zeigt sie gern her, aber fast noch wichtiger sind ihre publizistischen Aktivitäten. Sie gibt ein nettes Kinderbuch namens „Der Kanzler wohnt im Swimmingpool" heraus. Sie lässt den Familienhund mit Nikolausmütze fotografieren und dieses Bild auf einen Adventskalender für Hunde drucken, der dann über eine Drogeriekette vertrieben wird.

Das mag lustig sein, und vielleicht ist Würde ein altmodischer Begriff, aber wer diesen Kalender sieht, denkt naturgemäß an den

Bundeskanzler – es ist sein Hund –, und irgendwie ist einem das peinlich.

Dieser schamlose Zugriff auf die Öffentlichkeit hat der Institution Bundeskanzler ein Stück Würde genommen. Wer sich so hemmungslos inszeniert wie Schröder, lässt Zweifel an der Ernsthaftigkeit von Politik aufkommen. Damit tut sich Schröder keinen Gefallen, denn natürlich hat er an der Agenda 2010 ernsthaft gearbeitet, aber er hat seine Politik und auch Politik insgesamt unter den Generalverdacht gestellt, sie könne für irgendeinen Zweck inszeniert sein. Es ist auch während seiner Kanzlerschaft Vertrauen in die Politik verloren gegangen. Das ist der Schaden, den die Institutionen am Ende des langen Marsches genommen haben.

Und, zweitens, der Zustand des Landes? Für die Antwort auf diese Frage ist vor allem eine Zahl wichtig. Das ist die Zahl 5216000, die Arbeitslosenzahl vom Februar 2005. Ein Kanzler, der seinem Volk diese Zahl erklären muss, kann nicht gut regiert haben, zumal, wenn er bei Amtsantritt angekündigt hat, dass er für neue Jobs in Deutschland sorgen werde. In Wahrheit liegt die Arbeitslosigkeit nun höher als Ende 1998.

Man kann nicht behaupten, dass Schröder nichts unternommen hat, um gegen die Massenarbeitslosigkeit anzukämpfen. Die Agenda 2010 ist eine große Anstrengung, sie weist in die richtige Richtung, reduziert Versorgungsansprüche und fordert dazu auf, sein Leben mit eigener Leistung zu bestreiten. Das war zu vielen in Deutschland nicht mehr selbstverständlich.

Gerhard Schröder hat Mut gehabt mit seiner Agenda. Das Wort Reform hat einen neuen Klang bekommen, der überfällig war. Bedeutete Reform bis dahin Verbesserung, mehr Wohlstand, mehr Behaglichkeit, so ist Reform jetzt mit Entbehrung verbunden, mit Einschnitt und Verzicht. Schröder hat diese Einsicht durchgesetzt und den Alptraum jedes Politikers in Kauf genommen, sinkende Umfragewerte, Liebesentzug. Doch er hat diesen Katalog aus dem Stegreif entworfen, so hastig ist selten regiert worden.

Die Agenda 2010 ist nicht nur die Folge von Schröders Einsicht, dass Veränderungen notwendig sind. Diese Einsicht hatte er schon länger, aber sie blieb lange ohne Konsequenz. Die Agenda ist auch ein Produkt von Verlustangst, der allmählichen Gewissheit, dass dieses Land diesen Kanzler abwählen wird, wenn er nichts unternimmt.

In jedem Fall hat Schröder mit der Agenda eine Menge richtig gemacht. Er hat aber womöglich auch verhindert, dass die Bundesrepublik in absehbarer Zeit grundlegend modernisiert wird. Das ist die
Tragik seiner Regierungszeit.

Vielleicht hat er mal gedacht, dass man Reformen nach einer Art
Eskalationsmodell machen kann. Man fängt gemäßigt an und steigert
die Dosis in den nächsten Runden. Denn die Agenda 2010 ist eine
gemäßigte Reform. Auch in Zukunft werden die Sozialkassen über die
Lohnnebenkosten aufgefüllt, womit die Arbeit teuer bleibt und damit
auch das Waren- und Dienstleistungsangebot der deutschen Wirtschaft.
Also löst die Agenda 2010 das Hauptproblem Deutschlands nicht.

Es gibt aber auch keine Eskalation. Schröder hat seine Bemühungen
um Strukturreformen vorerst eingestellt. Die Agenda hat viel Kraft
gekostet. Er verlor das Amt des Parteivorsitzenden, die SPD wäre fast
zerrissen, und die Bevölkerung ist den ewigen Streit um Reformen leid
und vielleicht auch die Belastungen, die sie mit sich bringen.

Schröder wartet jetzt ab. Eine wirkliche Reform des Gesundheitssystems, eine neue Pflegeversicherung, eine Unternehmenssteuerreform,
niedrigere Lohnnebenkosten, ein modernes Bildungssystem – alles
das liegt auf Wiedervorlage, vielleicht taucht es auf den Marktplätzen
wieder auf, 2006, wenn Wahlkampf ist und Politik ohnehin erstarrt.
Schröder will nicht nur Deutschland reformieren, er will auch wiedergewählt werden. Deshalb macht er keine Reformen mehr, die weh tun.
Er hofft, dass die Zahl der Arbeitslosen allmählich sinkt und ein nach-
haltiger Aufschwung kommt. Das würde er dann seiner Agenda zu-
schreiben.

Auch die Union wartet ab. Angela Merkel hatte im Herbst 2003 den
Mut, ein radikales Reformprogramm für das Gesundheitswesen vorzulegen. Aber die CSU unter Edmund Stoiber verfolgte mit Bangen,
wie schwer sich die SPD mit der Agenda tat und wie sie in den Umfragen abrutschte. Stoiber hatte auch andere Gründe, gegen Merkels
Programm zu opponieren, unter anderem seine Machtambitionen,
aber der Reformverdruss bei den Bürgern war einer der wichtigsten.
Er rang Merkel einen faulen Kompromiss ab, der wohl nie in Politik
umgesetzt wird.

So ist das Zwischenergebnis der Agenda 2010: eine unzureichende
Reform, eine tatenlose Regierung, eine mutlose Opposition, eine ver-
zagte Bevölkerung. Zweifellos hat diese Regierung Kohls Reformstau

gelöst, aber die Stimmung hat sich verdunkelt, weil die Reformen keine Befreiung bedeutet haben. Es wird sehr schwer, einen neuen, gründlicheren Reformanlauf hinzukriegen. Deshalb hat das, was Deutschland zukunftsfähig machen soll, Deutschland auch Zukunftsfähigkeit genommen.

Aber das Land, man vergisst das manchmal, hat noch andere Probleme als Arbeitslosigkeit. Die bemerkenswerteste Veränderung der letzten Jahre ist eine neue Spaltung, eine Fragmentierung der Gesellschaft, verbunden mit einer neuen Immobilität zwischen den gesellschaftlichen Gruppen. Gleichheit, auch die Gleichheit von Chancen, gilt nur noch bedingt.

Es haben sich drei größere Gruppen herausgebildet, die am Rande der Gesellschaft leben, manchmal sogar schon außerhalb, Menschen, die dem Grundkonsens nicht zustimmen wollen oder können, die keinen Wert legen auf Teilhabe in dem einen oder anderen wichtigen Bereich. Diese Menschen leben in eigenen Welten, sie sind Immigranten mitten in Deutschland.

Eine dieser Gruppen sind Ostdeutsche, die zumeist älter als fünfzig sind. Sie haben die Ankunft in der Bundesrepublik verweigert. Sie verachten die politische Klasse, sie können mit der Demokratie wenig anfangen, ihre Sehnsucht richtet sich zurück auf die DDR, die nicht kritiklos betrachtet, aber doch grundsätzlich für den besseren Staat gehalten wird. Diese Leute machen sich keine Gedanken darüber, wie man die Bundesrepublik reformieren könnte, sondern reformieren gedanklich im Nachhinein die DDR. So leben sie emotional und geistig in dieser imaginierten DDR plus, mit ein bisschen Reisefreiheit, mehr Effizienz in der Produktion und sehr viel Gemütlichkeit in Gleichheit.

Diese Leute sah man im Sommer 2004 bei den Demonstrationen gegen Hartz IV. Sie sorgen dafür, dass die Zustimmung zur Demokratie in den ostdeutschen Bundesländern bei 40 Prozent liegt, gegenüber 60 Prozent im Westen. Sie sind keine Bedrohung für das System, sie grummeln und motzen, fahren gut geputzte, nicht allzu alte Autos, wählen PDS oder zum Teil auch mal NPD, und so werden sie älter und sterben langsam aus.

Sie sind kein Produkt von Rot-Grün, sondern Produkt der DDR und für nicht-radikale Politik nicht erreichbar. Es ist traurig, dass sie so wütend leben müssen, aber wohl nicht zu ändern. Schlimm wäre, wenn sich ihre romantische Überlieferung von der guten alten DDR in den Köpfen der Jüngeren festsetzt, weil die in der Bundesrepublik keine Chance für sich sehen. Chancen sind Arbeitsplätze, wobei man dann doch wieder bei der Reformpolitik wäre.

Die zweite Gruppe der inneren Immigranten sind eingewanderte Muslime und deren Nachkommen, die starr an den Regeln ihrer Herkunftsländer und des Korans festhalten. Sie stammen aus der Türkei oder arabischen Ländern. Es sind gleichermaßen Männer und Frauen, aber die Probleme machen vor allem die Männer.

Ob eingewandert oder hier geboren, ihnen ist ein Stolz eingepflanzt, der ihnen das Leben in den westlichen Ländern zur Zumutung macht. Die Männer sind stolz, aber sie erleben wenig, was diesen Stolz untermauert. Sie finden keine Arbeit, die Jüngeren sind schlechte Schüler, weil ihr Deutsch schlecht ist. Sie haben wenig Geld. Aber das größte Problem haben sie mit ihren Frauen. Sie sehen, wie die muslimischen Frauen einer Gesellschaft ausgesetzt sind, die den Männern als untauglich für Frauen erscheint, als ehrverletzend. Es gibt Nacktheit allerorten, im Fernsehen, in der Werbung; Eros, Sex, Pornografie, Promiskuität, Ehebruch, Scheidungen. Die Männer leben das zum Teil mit, aber sie wollen nicht, dass ihre Frauen das mitleben, mit ansehen. Ihre Ehre ist oft verletzt, sie sind sehr wütend.

Sie holen sich Mädchen aus ihren Herkunftsländern, Mädchen ohne Deutschkenntnisse, ohne Selbstbewusstsein, Mädchen, die in ihren Wohnungen hocken und türkische Programme gucken, die sich in ihrer Einsamkeit und Not an die Imame wenden und denen ihre Kinder anvertrauen. Die Imame machen aus den Kindern gute Muslime. Deutsch spielt keine Rolle.

So entsteht eine Parallelwelt. Es gibt kaum Verbindungen. Aufmerksamkeit bekommt die Welt der Muslime nur, wenn eine der Frauen die Parallelwelt verlässt. In Berlin wurden innerhalb eines halben Jahres fünf Frauen ermordet, weil sie den Stolz muslimischer Männer verletzt haben.

Es ist schwer zu sagen, wie große diese Parallelwelt ist. Natürlich leben nicht alle Muslime so. Aber man kann sagen, dass die Abschottung zugenommen hat. Es gibt keine flächendeckende Integration in Kreuzberg, Neukölln und anderswo.

Es geht dabei um nicht weniger als die Frage, ob das Grundgesetz und die nachgeordneten Gesetze für die gesamte Bevölkerung gelten sollen. Es geht um die Frage, ob die Menschenrechte für die gesamte Bevölkerung gelten sollen. Es geht um die Frage, ob alle Kinder, die in Deutschland aufwachsen, eine Chance auf Teilhabe bekommen sollen.

Die Auseinandersetzung um Ausländer in Deutschland wurde lange stark polarisiert geführt. Da gab es die Ausländerfeindlichkeit, die sich aus Rassismus und Angst speiste. Da gab es die Ausländerfreundlichkeit, die jede Kriminalstatistik, die vermerkte, dass Männer aus bestimmten Ländern vergleichsweise mehr Verbrechen begehen als Deutsche, zur Ausländerfeindlichkeit erklärte.

Das kam vor allem von den Grünen und ihrer Klientel. Sie haben lange für einen beschönigenden Multikulturalismus geschwärmt und diesen mit Weltoffenheit verwechselt: Sollen doch viele kommen und machen, was sie wollen. Ausdruck dieser Haltung ist der so genannte Volmer-Erlass, der Joschka Fischer als verantwortlichen Außenminister sehr schlecht aussehen ließ.

Als er im Juni 2000 die deutsche Botschaft in Kiew besuchte und das blanke Chaos sah, eine Warteschlange von mehr als 2000 Menschen, die plötzlich Deutschland besuchen wollten, soll Fischer gesagt haben: „Meine Güte, sind die alle meinetwegen gekommen?" Das ist der Satz eines Königs, der von der Sänfte herab auf das Volk blinzelt.

Entschiedenheit in einer politischen oder gesellschaftlichen Frage heißt oft: bereit zu sein, etwas zu übersehen, nicht genau hinzugucken. Genau das war lange grüne Haltung in dieser Frage. Wer nicht deutsch ist, muss vor Ausländerfeindlichkeit verteidigt werden, alles andere ist egal. Als Regierende lernen die Grünen allmählich, dass es so nicht geht. Der Volmer-Erlass wurde zurückgenommen. In der Einwanderungspolitik wurden, wenn auch zähneknirschend, Kompromisse akzeptiert, die eher restriktiv sind.

Der nächste Schritt wird das genau Hinsehen sein müssen, wer in Deutschland eigentlich wie lebt. Und dann wird man sich zwei Fragen beantworten müssen: Will man, dass noch mehr Menschen mit dieser Lebensweise nach Deutschland kommen? Und wie kann man die, die schon hier leben, zur Teilhabe überzeugen?

Die größte Gruppe der Menschen, die kaum noch teilhaben am gesellschaftlichen Leben, sind Deutsche der neuen Unterschicht. Es sind Menschen, die sich in einem Sozialhilfeleben eingerichtet haben, oft schon in der zweiten oder dritten Generation. Sie haben wenig Geld, aber Geld genug, um nicht Not zu leiden. Es reicht für Essen,

Hygiene und in vielen Fällen für eine gute Ausstattung mit Unterhaltungselektronik. Der große Fernseher beherrscht das Wohnzimmer. Er ist fast immer eingeschaltet.

Das Elend dieser Menschen ist nicht so sehr materielle Armut, sondern seelische und geistige Verwahrlosung. Sie haben nicht die besten Voraussetzungen zur Teilhabe, ihre Verbindung zur Welt ist der Fernseher. Talkshows am Nachmittag, Soaps am Vorabend und Krimis bis in die Nacht. Die Hauptwirkung von all dem ist Betäubung. Sprache, Emotionen und Nachdenken reduzieren sich auf das Niveau, das ausreicht, um das Fernsehleben mitzuleben. Darüber geht die Teilnahme am Leben der realen Gesellschaft verloren. Da die Kinder von Geburt an das Fernsehleben mitleben, haben sie keine Chance, dieses Milieu zu verlassen. Elend wird erblich und endlos.

Insgesamt ist die Gesellschaft nicht mehr so durchlässig wie noch in den siebziger und achtziger Jahren. Die Pisa-Studie hat gezeigt, dass Lernerfolge bei Schülern an die sozialen Schichten gekoppelt sind. Zudem ist der Anteil der Arbeiterkinder, die studieren, geschrumpft. Die Schere zwischen Arm und Reich geht weiter auseinander, auf insgesamt hohem Niveau allerdings.

Es ist ein Verdienst der SPD, dass die Möglichkeiten zum Erfolg für die Arbeiterkinder in den siebziger Jahren gewachsen waren. Bildungsreformen und ein dichteres soziales Netz haben die Mobilität zwischen den Schichten verstärkt. Dieser positive Trend ist gestoppt, und hat sich umgedreht. Und: Die neue Unterschicht wächst schneller als vorher. Im Vergleich zu 1998 ist der Anteil der Menschen, die unter der Armutsgrenze leben, Ende 2003 von 12,1 auf 13,5 Prozent gestiegen. Weder wirken Schröder oder Müntefering besonders alarmiert wegen dieser Zahlen, noch gibt es eine Politik des Zurückholens. Man hat sich damit abgefunden, dass ein Teil der Bevölkerung aus der Gesellschaft herausgleitet.

Es zeigt sich, dass die SPD nie eine Partei der Elenden war, sondern eine Partei der Arbeiter. Der Stolz der Arbeiter im industriellen Zeitalter ist der Stolz der SPD. Zwar schwindet das Milieu und damit auch ein Teil des Traditionsbewusstseins bei den Sozialdemokraten, aber es entwickelt sich auch keine neue Verantwortung gegenüber den Elenden. Sie sind abgeschrieben. Es ist gewiss nicht leicht, ihnen aus der Betäubung zu helfen. Es gibt kein Patentrezept. Aber es gibt auch keine Debatte darüber.

Wie haben sich, drittens, unter Schröder und Fischer die Beziehungen Deutschlands zum Ausland entwickelt? Ohne Frage ist die Außenpolitik von Rot-Grün ein Erfolg. Schröder und Fischer haben für die Bundesrepublik einen neuen Platz in der Welt gefunden. Er liegt ein bisschen weggerückt von den Vereinigten Staaten, man ist nicht mehr still und zahm, nicht mehr Pazifist mit dem besten aller Gewissen. Die Generation, die besonders scharf zwischen Gut und Böse trennen konnte, hat eingesehen, dass nicht unbedingt gut ist, wer sich aus jedem Krieg heraushält, dass es keine Unschuldigen gibt, solange Böses geschieht. Man kann es zulassen oder bekämpfen, es gibt meistens gute Gründe für das eine oder andere. Man muss von Fall zu Fall entscheiden.

Rot-Grün hat das dreimal getan. Man war für einen Kriegseinsatz im Kosovo und in Afghanistan, man war gegen den Krieg im Irak. Die Frage, warum die Regierung Deutschland da rausgehalten hat, ob es einer Überzeugung entsprang oder Wahlkampfkalkül oder vielleicht beidem, verliert im Nachhinein an Relevanz. Es waren drei richtige Entscheidungen. Im Kosovo und in Afghanistan ist die Lage für die Menschen dort nach dem Krieg besser als zuvor. Für den Irak darf das bezweifelt werden, auch wenn es ein Fortschritt ist, dass der Diktator Saddam Hussein nicht mehr regiert. Schwerer wiegt die Tatsache, dass es nun neben Palästina eine zweite offene Wunde der Weltpolitik gibt, einen Herd für Terror weltweit.

So ist nun eine neue Phase der deutschen Außenpolitik möglich. Bislang wurde sie vor allem als Zeichen eines neuen Selbstbewusstseins gedeutet, und entsprechend ging Schröder manchmal recht hemdsärmelig vor, weshalb auf dem neuen deutschen Weg sehr viel Porzellan zerschlagen wurde. Die nächste Phase könnte die der neuen Normalität sein. Deutschland macht ganz selbstverständlich mit im Konzert der Staaten, nach Maßgabe seiner Interessen und seiner Geschichte, wie alle. Ob dabei zum Beispiel Auschwitz für oder gegen einen Krieg spricht, ist jeweils zu diskutieren, wie ja im Fall Kosovo schon geschehen. Die Vergangenheit spielt eine Rolle, ist aber keine Festlegung – das ist Teil einer erneuerten deutschen Identität, wie sie sich unter Rot-Grün entwickelt hat.

Und, viertens, die Schlussfolgerung aus all dem? Rot-Grün war eine Notwendigkeit, das ist das Beste, was man nach sechs Jahren über diese

Regierung sagen kann. Es ist notwendig für Deutschland, dass diese Generation die politische Verantwortung für die Bundesrepublik tragen musste. Denn nur so konnte sich überhaupt etwas bewegen, ohne dass es zu großen Verwerfungen in der Gesellschaft kommt.

Man denke, eine Koalition aus Union und FDP hätte die Agenda 2010 gemacht. SPD und DGB hätten die Gesetze im Bundestag und auf den Straßen mit wildem Furor als abgrundtief unsozial bekämpft.

Man denke, eine Koalition aus Union und FDP hätte deutsche Soldaten in die Kriege im Kosovo und in Afghanistan geschickt. Die Grünen hätten eine neue Friedensbewegung auf die Beine gestellt.

Man denke, eine Koalition aus Union und FDP hätte Otto Schilys Sicherheitsgesetze gemacht. Teile der SPD und die Grünen hätten schrill das Lied vom Ende der Freiheit gesungen.

In Deutschland sind Debatten von der Linken lange Zeit vor allem moralisch geführt worden. Die gute Moral war dabei immer auf Seiten der Linken. Man war mit bestem Gewissen sozial, pazifistisch und liberal. Die anderen mussten das schlechte Gewissen haben.

Das geht jetzt nicht mehr. In den Regierungsjahren haben die Roten und die Grünen, manchmal unter Schmerzen, Pragmatismus gelernt. Sie haben die Unschuld verloren, und das ist gut so. Damit verschwindet die Starrheit aus den Debatten, sie werden freier und offener, und es kann sich etwas bewegen. Dahinter kommen Rot und Grün nicht mehr zurück, auch nicht irgendwann in der Opposition. Weil man sie ja nur erinnern muss an ihre Regierungsjahre.

Matthias Geyer, Dirk Kurbjuweit